本书出版获国家自然科学基金面上项目（72272100）资助

大数据金融
实证研究方法与Stata应用

Big Data in Finance:
Empirical Methods Using Stata

张健　肖懿　朱薪宇　主编

上海交通大学出版社
SHANGHAI JIAO TONG UNIVERSITY PRESS

内容提要

本书的主题是借助 Stata 统计软件对金融大数据进行量化分析并进行因果关系的推断。本书内容包括基本实证计量工具、经济变量因果关系分析的方法论,以及从数据收集到研究分析结论的全过程和全周期的金融实证研究展示。本书具有理论与实例并重的特点。对于每一个金融实证分析工具,本书都配有基于真实金融数据的分析实例以及 Stata 程序代码,帮助读者加深对理论的理解,并快速掌握分析技巧。本书适合有一定数理统计基础的金融和财务管理专业的本科生、研究生阅读使用,对金融分析从业人员也有较高的参考价值。

图书在版编目(CIP)数据

大数据金融实证研究方法与 Stata 应用/ 张健,肖懿,
朱薪宇主编.—上海:上海交通人学出版社,2024.1(2025.1 重印)
ISBN 978-7-313-29965-9

Ⅰ.①大… Ⅱ.①张… ②肖… ③朱… Ⅲ.①统计分
析-应用软件-应用-金融-数据处理-研究 Ⅳ.
①F830.41

中国国家版本馆 CIP 数据核字(2024)第 007699 号

大数据金融实证研究方法与 Stata 应用

DASHUJU JINRONG SHIZHENG YANJIU FANGFA YU Stata YINGYONG

主　编:	张　健　肖　懿　朱薪宇		
出版发行:	上海交通大学出版社	地　　址:	上海市番禺路 951 号
邮政编码:	200030	电　　话:	021-64071208
印　　制:	浙江天地海印刷有限公司	经　　销:	全国新华书店
开　　本:	787 mm×1092 mm　1/16	印　　张:	20.75
字　　数:	380 千字		
版　　次:	2024 年 1 月第 1 版	印　　次:	2025 年 1 月第 2 次印刷
书　　号:	ISBN 978-7-313-29965-9		
定　　价:	72.00 元		

前 言 | Foreword

  金融研究是指针对金融领域的市场、机构、投资、服务、政策等的研究。它的目的是探索金融市场的基本原理和运作方式，以改善金融系统的效率和动态稳定性，同时帮助投资者和其他金融决策者更好地分析金融产品和金融市场，识别投资机会，提高决策效率。金融研究结合了经济学、财务学、市场学、金融工程等多个学科。实证研究作为金融研究常用的方法之一，主要是利用实证数据（如实际财务报表和市场数据）来研究金融现象和行为。它涉及数据收集、数据分析、统计模型构建、统计模型实现、结果检验等多个步骤，可以帮助金融分析师和金融决策者做出更加准确的决策。目前，随着新的数据技术的发展，金融实证研究的范围正在不断扩大，使得金融实证研究可以在更大的范围内进行。

  大数据作为新一轮工业革命中最为活跃的技术创新要素，正在全面重构全球生产、流通、分配、消费等领域，对全球竞争、国家治理、经济发展、产业转型、社会生活等各个方面产生了深刻的影响。大数据与金融的深度融合同样是大数据时代的一个重要发展趋势。关于大数据的特征，目前普遍得到认可的是 4V 观点：规模性（Volume）、多样性（Variety）、高速性（Velocity）和价值性（Value）。对于金融领域的研究而言，上述四个特征的核心价值在于，可以通过更广泛的真实数据来拓宽实证研究的分析维度，获得更丰富的研究成果。在实证研究过程中，数据是最基本也是最重要的要素。一般来说，计量分析对随机性的要求往往是借助数据样本量的富足才能在技术上得以实现。但无论是时序上的时间限制，还是截面上的空间桎梏，都从数据上对金融研究进行限制，数据的准确性和完整性也影响着实证研究的效率和结论。而信息时代数据的膨胀无疑为解决上述问题提供了一把"利器"，而这把"利器"也为我们研究金融问题提供了便利。首先，大数据技术提供了更多的数据源，使研究者能够获取更多的数据，比如通过收集、存储和处理海量的历史金融数据，可以更好地分析出金融市场的趋势和变化，提高研究的准确性和可靠性。其次，大数据技术可以利用可视化工具将金融数据可视化,从而帮助研究者更好地了解金融市场的内在机制。最后,大数据技术还可以提高金融实证研究的效率,利用机器学习和人工智能技术,更快地得出结论,从而节省时间和资源。近年来,金融学科与其他学科结合的趋势加强,在很多方面都是大数据方法引入的结果。

由此可见,大数据从数据丰富程度和数据处理能力两个方向大大地拓展了传统金融的研究范围,这无疑对金融研究中数据不足和内生性的问题提供了很好的解决思路。由传统的实证研究到大数据金融实证研究,这其实对金融研究者的统计学能力、软硬件设备都提出了更高的要求。在传统的实证研究中,Stata 作为一款功能强大的统计软件,本身就适合很多的应用场景。数据收集方面,Stata 可以从多种不同的文件格式(如 Excel、SPSS、SAS、ASCII 等)中导入数据,并可以从网页信息或其他数据库中抓取数据;数据清洗方面,Stata 可以根据研究者的要求对数据进行清洗,包括去除缺失值、异常值、重复值等;数据分析方面,Stata 可以使用多种统计方法(如回归分析、卡方检验、t 检验、多元分析等)对数据进行分析;此外,Stata 还可以用于数据可视化,将分析结果以图表的形式展示出来,使研究者更加直观地理解。在金融实证研究领域,Stata 可以用于处理和分析大量的金融数据,包括股票价格、汇率、利率、投资收益等,可以帮助金融研究者进行财务报表分析、回归分析、时间序列分析等,从而帮助使用者更好地理解市场的行为和金融产品的运作机制,也可以为投资者提供投资指导,更好地把握投资机会。目前,大数据技术在金融中的应用依然处于摸索阶段。但毫无疑问,金融研究尤其是金融实证研究,在未来不可避免地会进入大数据时代,"高频""海量"会成为这个领域未来的关键词,一些金融学传统的理论大厦可能会因此倾覆,另一些新的大楼正在奠基。

基于以上背景,笔者编写本书,介绍如何借助 Stata 统计软件对金融大数据进行量化分析并进行因果关系的推断,旨在提供一本系统、全面、实用的教科书,以满足大数据金融实证研究方法的教学和研究需求。全书共 11 章,第 1~3 章包括基本实证计量工具、经济变量因果关系分析的方法论,以及金融实证研究从数据收集到研究分析结论的全过程和全周期的展示,介绍了简单回归模型和多元回归模型的基本假定、参数估计和统计检验,这是实证研究的基础;第 4 章阐述样本容量趋于无穷时,统计量的渐近性质,即渐近理论;第 5 章探讨进行金融实证研究时回归模型设定的相关问题,包括变量的函数形式、变量的选择、因果推断过程中可能出现的偏差等;第 6 章介绍利用自然实验进行因果关系推断的方法,包括双重差分模型和断点回归模型,可以帮助读者更好地解决复杂的社会问题,并为决策提供更有效的支持;第 7 章阐述解决内生性问题的一大重要方法——工具变量法;第 8 章介绍面板数据模型,其中对固定效应模型进行重点阐述,这一模型在金融实证研究中拥有广泛的应用;第9章介绍动态回归模型,包括分布滞后模型和自回归模型;第10章阐述广义线性模型,即在一般线性回归模型的基础上,将模型的假设进行推广,使其应用范围更为广泛;第11章通过两个研究实例系统地介绍了金融实证研究的一般过程。对于每一个金融实证分析工具,本书都配有基于真实金融数据的分析实例及Stata程序代码,帮助读者加深对理论的理解,并快速掌握分析技巧。本书内容丰富,逻辑清晰,理论与实际相结合,适合有一定数理统计基础的金融和财务管理专业本科生及研究生学习阅读,金融分析从业人员也可从本书中获得大数据量化分析的知识和研究经验。

在本书的编写过程中,笔者查阅了大量的国内外书籍、文献资料,借鉴和引用了相关领域的一些研究成果与理论观点,在此向各位专家和学者表示由衷的感谢。由于时间、能力的局限,书中存在的不足和错漏之处,恳请广大读者批评指正。

目　录｜Contents

第1章
简单回归模型

1.1 简 介

线性回归可以说是经济金融领域中最流行的建模方法,它浅显易懂,易于构建,是一种非常稳健的统计方法。即使对因果关系不感兴趣,线性回归也有助于描述变量之间的关系。作为研究人员,感兴趣的是如何解释世界运行的规律。例如,公司选择的杠杆如何受投资机会的影响,也就是说,如果投资机会因为某种随机的原因突然增加,预计公司的杠杆率平均会发生怎样的变化。更通俗地说,当 y 和 x 都是随机变量时,y 如何用 x 来解释。

要考虑这个问题,我们需要知道任何随机变量都可以写成

$$y = E(y \mid x) + \varepsilon$$

其中,(y, x, ε) 是随机变量,且 $E(\varepsilon \mid x) = 0$,$E(y \mid x)$ 是给定 x 时 y 的期望值。换言之,y 可以分解为由 x、$E(y \mid x)$,以及与 x、ε 均无关的因素来解释的部分。

$E(y \mid x)$ 是条件期望函数(Conditional Expectation Function,CEF),它具有非常理想的性质,是度量 x 和 y 之间关系的一种方式。并且,在最小均方误差下,它是给定 x 时,y 的最佳预测。也就是说,$E(y \mid x)$ 使 $E\{[y - m(x)]^2\}$ 最小,其中,$m(x)$ 可以是 x 的任何函数。$E(y \mid x)$ 是固定的,但我们无法观测到。对于 x 的任何值,y 的分布都以 $E(y \mid x)$ 为中心。所以,我们的目标是了解条件期望函数,而线性回归可以帮助我们找到条件期望函数。

经济金融实证研究的主要重点是利用数据估计经济金融模型的变量关系,并进一步检验关于这些关系的假设。所分析的核心模型是"经典线性回归模型":

$$y = x_1\beta_1 + x_2\beta_2 + \cdots + x_K\beta_K + \varepsilon$$

其中,我们感兴趣的因变量 y 由 $k=1, \cdots, K$ 个解释变量或自变量 $x_1, \cdots, x_K$,以及一个均值为零的无法观测到的随机扰动项 ε 来解释。统计任务是使用 y, x_1, $\cdots$, x_K 的数据来估计 x_k 对 y 的影响 β_k。例如,y 可以是工资收入,x_k 可能包括教育、经验和人口特征,数据可能是随机抽样的工人的横截面数据。或者 y 可以是总投资,x_k 可能是利率、GDP(Gross Domestic Product,国内生产总值)、总资本存量和税率,而数据可能是一个国家总量的季度时间序列数据。在某些情况下,数据集是面板数据,包括多个个体的横截面和时间序列数据。

我们很多时候主要关注一个解释变量的影响,例如教育水平对收入的影响,这个时候控制其他变量的影响也很重要。因此,将模型设置为允许多个独立自变量是必要的。我们从一个较简单的单变量模型开始,其中模型包含一个截距项和一个解释变量:

$$y = \alpha + \beta x + \varepsilon$$

其中,y 是因变量,x 是自变量,ε 是误差项(或干扰项),β 是斜率参数。y 也可以叫作结果变量、响应变量、被解释变量、被预测变量、回归子。x 也可以叫作协变量、控制变量、解释变量、预测变量、回归元。

对于部分读者来说,关于简单回归模型的解释只是一个简单的回顾,能够使我们熟悉基本的符号和概念,并在进入到一般模型之前回顾一些关键的统计结果。

1.2 作为描述性统计的最小二乘法

我们开始先不考虑正式的统计模型,而是描述两个变量 x 和 y 的含 n 个数据点的样本:

$$(x_i, y_i), i=1, \cdots, n$$

数据最显著的特征是前两个样本矩,即样本均值和方差及样本协方差:

$$\bar{x} = n^{-1} \sum_{i=1}^{n} x_i, \quad \bar{y} = n^{-1} \sum_{i=1}^{n} y_i$$

$$s_x^2 = (n-1)^{-1} \sum_{i=1}^{n} (x_i - \bar{x})^2, \quad s_y^2 = (n-1)^{-1} \sum_{i=1}^{n} (y_i - \bar{y})^2$$

$$s_{xy} = (n-1)^{-1} \sum_{i=1}^{n} (x_i - \bar{x})(y_i - \bar{y})$$

这五个样本统计量是总结数据中最普遍的一种方式。

还有一个衡量相关性的统计量,即 x 和 y 之间的相关系数,被定义为

$$r_{xy} = \frac{s_{xy}}{s_x s_y}$$

这个统计量的优点是没有单位,而且可以证明 $-1 \leqslant r_{xy} \leqslant 1$。

如果认为两个变量之间存在潜在的线性关系,检验的另一种方法是在散点图上拟合一条线。此时需要一个标准来确定最佳拟合线,即

$$y = a + bx$$

通过 x 对 y 的最小二乘法(Least Squares,LS)回归拟合直线,可以得到以下最优化的结果:

$$(a, b) = \arg\min_{a_0, b_0} \sum_{i=1}^{n} e_{i0}^2$$

其中,$e_{i0} = y_i - a_0 - b_0 x_i$,这里向 e_{i0} 是由 x_i 和参数为 a_0、b_0 的回归线预测的 y_i 的误差。这个问题的一阶条件为

$$\frac{\partial \sum_{i=1}^{n} e_{i0}^2}{\partial a_0} = -2 \sum_{i=1}^{n} (y_i - a_0 - b_0 x_i) = 0$$

$$\frac{\partial \sum_{i=1}^{n} e_{i0}^2}{\partial b_0} = -2 \sum_{i=1}^{n} (y_i - a_0 - b_0 x_i) x_i = 0$$

令 (a, b) 表示方程的未知数,可得到一般方程:

$$\sum_{i=1}^{n} (y_i - a - b x_i) = 0$$

$$\sum_{i=1}^{n} (y_i - a - b x_i) x_i = 0$$

对 a, b 进行求解,可得

$$a = \bar{y} - b \bar{x}$$

$$b = \frac{\sum_{i=1}^{n} x_i (y_i - \bar{y})}{\sum_{i=1}^{n} x_i (x_i - \bar{x})}$$

因此,在给定数据的情况下,可以直接计算 LS 回归线。LS 回归线的残差可以表示为

$$e_i = y_i - a - b x_i$$

1.3 回归方程的性质

对于最小二乘法方程,其有如下性质(可以使用代数恒等式表示):

(1) $\sum_{i=1}^{n}(x_i-\bar{x})=0$ 和 $\sum_{i=1}^{n}(y_i-\bar{y})=0$。

(2) $\sum_{i=1}^{n}(x_i-\bar{x})(y_i-\bar{y})=\sum_{i=1}^{n}(x_i-\bar{x})y_i=\sum_{i=1}^{n}x_i(y_i-\bar{y})$。

(3) $\sum_{i=1}^{n}x_i(x_i-\bar{x})=\sum_{i=1}^{n}(x_i-\bar{x})^2$。

以上性质的证明过程简单且直接,例如:

$$\sum_{i=1}^{n}(x_i-\bar{x})=\sum_{i=1}^{n}x_i-\sum_{i=1}^{n}\bar{x}=\sum_{i=1}^{n}x_i-n\,\bar{x}=0$$

$$\sum_{i=1}^{n}(x_i-\bar{x})^2=\sum_{i=1}^{n}(x_i-\bar{x})x_i-\sum_{i=1}^{n}(x_i-\bar{x})\,\bar{x}$$

$$=\sum_{i=1}^{n}(x_i-\bar{x})x_i-\bar{x}\sum_{i=1}^{n}(x_i-\bar{x})$$

$$=\sum_{i=1}^{n}(x_i-\bar{x})x_i$$

因此,LS 斜率系数可以改写为

$$b=\frac{\sum\limits_{i=1}^{n}(x_i-\bar{x})(y_i-\bar{y})}{\sum\limits_{i=1}^{n}(x_i-\bar{x})^2}$$

注意,也可以写为

$$b=\frac{(n-1)^{-1}\sum\limits_{i=1}^{n}(x_i-\bar{x})(y_i-\bar{y})}{(n-1)^{-1}\sum\limits_{i=1}^{n}(x_i-\bar{x})^2}=\frac{s_{xy}}{s_x^2}$$

综上所述,LS 回归线具有以下性质:

(1) 回归线穿过平均值,即满足 $\bar{y}=a+b\,\bar{x}$。

(2) 残差均值为零时, $\sum_{i=1}^{n}e_i=0$ 或者 $\bar{e}=0$。

（3）x 和 e 是不相关的，即 $s_{xe} = (n-1)^{-1} \sum\limits_{i=1}^{n} (x_i - \bar{x})(e_i - \bar{e}) = 0$。

这是因为

$$\sum_{i=1}^{n} (x_i - \bar{x})(e_i - \bar{e}) = \sum_{i=1}^{n} x_i(e_i - \bar{e})$$

$$= \sum_{i=1}^{n} x_i e_i$$

$$= \sum_{i=1}^{n} x_i(y_i - a - bx_i) = 0$$

（4）令 $\hat{y}_i \equiv a + bx_i$ 表示基于回归的 y_i 的预测值，即根据 LS 回归线预测的值：

$$y_i = \hat{y}_i + e_i$$

其中 $\hat{y}_i \equiv a + bx_i$。

从上述性质可以看出 $\bar{\hat{y}}_i = \bar{y}$ 及 $s_{\hat{y}e} = 0$，即 $\hat{y}$ 和 e 是不相关的。

1.4　拟合优度 R^2

得出 LS 回归线之后，可以衡量它的拟合程度，也就是说，散点图的点是沿着这条线紧密地排列，还是四处分散。

我们定义 $\text{SSE} = \sum\limits_{i=1}^{n} e_i^2$，SSE 被称为平方误差和或残差平方和（Sum of Squared Errors），是对各点偏离直线的程度的衡量，对于这一指标我们很难直接解释，因为它的值反映了变量的测量单位。为了得到一个更有用的衡量标准，我们将 SSE 与回归所解释的 y 的总变化进行比较：

$$y_i - \bar{y} = (\hat{y}_i - \bar{y}) + e_i$$

对上式两边进行平方并求和，得

$$\sum_{i=1}^{n} (y_i - \bar{y})^2 = \sum_{i=1}^{n} (\hat{y}_i - \bar{y})^2 + \sum_{i=1}^{n} e_i^2 + 2 \sum_{i=1}^{n} (\hat{y}_i - \bar{y}) e_i,$$

并能得到：

$$\sum_{i=1}^{n} (y_i - \bar{y})^2 = \sum_{i=1}^{n} (\hat{y}_i - \bar{y})^2 + \sum_{i=1}^{n} e_i^2$$

也可以写成

$$SST = SSR + SSE$$

其中

$$SST \equiv \sum_{i=1}^{n} (y_i - \bar{y})^2$$

SST 表示 y_i 偏离均值 $\bar{y}$ 的总平方和(Sum of Squares for Total),

$$SSR \equiv \sum_{i=1}^{n} (\hat{y}_i - \bar{y})^2$$

SSR 表示回归平方和或解释平方和(Regression Sum of Squares),

$$SSE \equiv \sum_{i=1}^{n} e_i^2$$

SSE 表示误差平方和(Sum of Squared Errors)。

回归的拟合优度,也被称为判定系数,定义为

$$R^2 \equiv \frac{SSR}{SST} = 1 - \frac{SSE}{SST}$$

它有如下性质:

(1) 若 $SSR, SSE \geqslant 0$, $0 \leqslant R^2 \leqslant 1$。

(2) 如果 $R^2 = 1$,所有的点都正好位于回归线上。

(3) 如果 $R^2 = 0$,那么 $b = 0$,因此 x 的变化不能解释 y 的变化。

(4) 同时,我们可以证明 $R^2 = r_{xy}^2$。

之前我们一直在用数据 (x_i, y_i), $i = 1, \cdots, n$,研究 y 对 x 的回归。此外,我们也可以研究 x 对 y 的回归,这个回归也是最小化平方误差之和,但其中每个数据点与回归线的偏误是在水平方向而不是在垂直方向测量的。结果发现,在一般情况下,能够得到,一条不同的回归线,仅从描述性统计的角度来看是没有办法在这两条回归线之间做出选择的,它们都是对数据的良好估计,特别是这两个回归的 R^2 是一样的。此时做出选择的依据必须是我们想要估计的基本统计模型。

1.5 模型假设

我们现在回到统计模型 $y = \alpha + \beta x + \varepsilon$,并将 LS 视为估计该模型参数的一种方

式。我们可以简化目前的假设,模型仅包含一个独立的解释变量和截距。

假设①线性参数:$y_i = \alpha + \beta x_i + \varepsilon_i$, $i = 1, \cdots, n$, 变量 ε_i 被称为随机干扰项,且 $E(\varepsilon_i) = 0$, $i = 1, \cdots, n$。

假设②解释变量的样本有波动:$n \geqslant 2$ 且 $s_x^2 > 0$, 即解释变量 x 中一定有变化。

假设③自变量 x 具有外生性:$E[\varepsilon_i \mid x_1, \cdots, x_n] = 0$, $i = 1, \cdots, n$。 因此,x 对预测 ε_i 没有任何有用信息。假设 $E(\varepsilon_i \mid x_1, \cdots, x_n) = E(\varepsilon_i) = 0$ 可以放宽到 $E(\varepsilon_i \mid x_1, \cdots, x_n) = E(\varepsilon_i) = \delta$, 这是因为我们可以把模型写为 $y_i = \tilde{\alpha} + \beta x_i + \tilde{\varepsilon}_i$, 其中 $\tilde{\varepsilon}_i = \varepsilon_i - \delta$, 且 $\tilde{\alpha} = \alpha + \delta$。 假设③在以这种等价的方式写出的模型中能再次得到满足,因为 $E(\tilde{\varepsilon}_i \mid x_1, \cdots, x_n) = E(\tilde{\varepsilon}_i) = 0$。

假设④同方差性和非自相关性:

$$\text{var}(\varepsilon_i \mid x_1, \cdots, x_n) = \sigma^2, \ i = 1, \cdots, n, \text{并且}$$
$$\text{cov}(\varepsilon_i, \varepsilon_j \mid x_1, \cdots, x_n) = 0, \ i \neq j$$

假设 ε_i 的条件方差对所有观测值都是相同的,而且,从 x 的条件来看,各观测值与干扰项是不相关的。

假设⑤数据生成:x 可能是随机的或非随机的。

假设⑥正态分布:$\varepsilon_i \mid x_1, \cdots, x_n$ 对每一个 $i = 1, \cdots, n$ 来说都是正态分布的。

假设③、④和⑥表示 $\varepsilon_i \mid x_1, \cdots, x_n \overset{\text{iid}}{\sim} N(0, \sigma^2)$, $i = 1, \cdots, n$。 我们最终会看到,假设①~⑥的一些假设可以放宽。当这些假设都得到满足时,我们将得到最有力的结果。

对于简单回归方程 $y = \beta x + \varepsilon$, 我们认为 y、x、ε 是随机变量,y、x 是可观测的,β、ε 是不可观测的。在确定 x 之后,ε 包含决定 y 的其他所有变量。我们想要估计 β。 简单地说,OLS(Ordinary Least Squares,普通最小乘法)找到使均方误差最小的 β:$\beta = \arg \min E[(y - bx)^2]$。 使用一阶条件 $E[x(y - bx)] = 0$, 得到 $\beta = E(xy)/E(x^2)$。 根据定义,该回归的残差 $y - \beta x$ 与 x 不相关。这种线性回归有什么好处? 可以证明,βx 是给定 x 时 y 的最佳线性预测,βx 是 $E(y \mid x)$ 的最佳线性近似,这是一个非常有用的结论。即使 $E(y \mid x)$ 是非线性的,回归也给出了它的最佳线性近似。但这里需要注意对于 y 与 x 的因果关系的结论,回归方程有助于我们理解 x 如何解释 y 的方式,如果需要确定 x 对 y 的因果关系,则需要更多的假设。

假设①:$E(\varepsilon) = 0$。 对于截距来说,这个假设并不是十分重要。只需将回归改为 $y = \alpha + \beta x + \varepsilon$, 其中 α 是截距项。现在假设 $E(\varepsilon) = k \neq 0$, 我们可以重新写成 $\varepsilon = k + w$, 其中 $E(w) = 0$。 然后,模型变为 $y = (\alpha + k) + \beta x + w$, 截距现在是 $\alpha + k$, 误差项

w 的平均值是 0,也就是说任何非零平均值均被截距吸收。

假设③：$E(\varepsilon \mid x) = E(\varepsilon)$。换句话说,$\varepsilon$ 的平均值(即 y 的未解释部分)不取决于 x 的值,这是"条件均值独立"(Conditional Mean Independence,CMI)。如果 x 和 ε 相互独立,意味着 ε 和 x 不相关,这是人们进行因果推断时所做的关键假设。假设对于 x 对 y 的因果效应,我们已经得到了正确的 CEF 模型。如果 CEF 描述了 x 变化的平均结果差异,则 CEF 是因果关系。也就是说,x 从值 a 到值 b 的增加等于 $E(y \mid x = b) - E(y \mid x = a)$,很容易看出,只有在 $E(\varepsilon \mid x) = E(\varepsilon)$ 时才成立。假设 $y = \alpha + \beta x + \varepsilon$,$E(y \mid x = a) = \alpha + \beta a + E(\varepsilon \mid x = a)$,$E(y \mid x = b) = \alpha + \beta b + E(\varepsilon \mid x = b)$。因此,$E(y \mid x = b) - E(y \mid x = a) = \beta(b - a) + E(\varepsilon \mid x = b) - E(\varepsilon \mid x = a)$。如果 $E(\varepsilon \mid x = b) = E(\varepsilon \mid x = a)$,这就等于我们认为的 x 从 a 变为 b 的"因果"效应,即 CMI 假设成立。

然而,在现实应用中,导致这一假设不成立的原因有很多,ε 代表了除 x 之外的所有对于 y 的影响因素。让我们举几个例子。

例 1.1 资本结构回归。

考虑以下公司层面的回归：

$$\text{Leverage}_i = \alpha + \beta \text{Profitability}_i + \varepsilon_i$$

CMI 意味着 ε 的平均值对每个盈利能力都是相同的,很容易找到一些例子来说明为什么这不一定是成立的：① 无利可图的公司往往有更高的破产风险,根据权衡理论,这意味着更低的杠杆率；② 无利可图的公司积累了更少的现金,这意味着它们应该有更多的杠杆。

例 1.2 投资支出。

考虑以下公司层面的回归：

$$\text{Investment}_i = \alpha + \beta Q_i + \varepsilon_i$$

CMI 意味着每个托宾 Q 对应的 ε 的平均值是相同的,很容易找到一些例子来说明为什么这不一定是成立的：① Q 值较低的公司可能陷入困境,投资较少；② 高 Q 值的公司可能是规模较小、较年轻的公司,难以筹集资金进行投资。

那些可能违反条件均值假设的情况通常被称为"模型识别问题",也就是说,我们需要寻找模型干扰项 ε 与 x 相关的原因。违反条件均值假设的三个原因包括：遗漏变量偏误、测量误差偏误、联立性偏误。我们试图找到方法确保条件均值假设成立，并做出因果推论，这也是整个经济金融领域中的研究重点，我们将在第 5 章中进行详细阐述。

计量模型的一个理想的特殊情况是对其他变量进行控制。假设我们想要使用不同地块的数据来估计肥料对作物产量的影响。理想情况下，我们会随机在不同的地块选择不同数量的肥料，以确保肥料数量 $x_1, \cdots, x_n$ 独立于其他因素，即与其他影响产量 y_i 的因素 $\varepsilon_i (i=1, \cdots, n)$ 不相关。这是可行的，因为对于每个 $i=1, \cdots, n$，ε_i 和 $(x_1, \cdots, x_n)$ 在统计学上是独立的，这意味着 $\varepsilon_i \mid x_1, \cdots, x_n$ 的分布等于 ε_i 的分布，意味着 $E(\varepsilon_i \mid x_1, \cdots, x_n) = E(\varepsilon_i) = 0$。

因此假设③得到了满足。当然，这并不能保证其他假设也能得到满足，但正如接下来我们将看到的，假设③是实现无偏性的关键假设。而且，刚刚给出的论证一般都能延伸到多元回归模型。例如，当我们没有对其他变量进行控制时，假设③可能被违反。假设降雨量会影响作物产量，并且在不同的地块上的影响是随机的，如果没有在模型中包含降雨量，那么它就是随机干扰项 ε_i 之一，如果农民决定在降雨量较高的地块上施用更多的肥料，那么 x_i 和 ε_i 就是相关的，违背了假设③。

在经济学中，偶尔也有在现实生活中进行的田野实验，但是大多数控制实验只出现在大学的实验经济学的实验室中，且实验对象通常为在校学生。当无法进行控制实验时，经济学家越来越多地寻找次优的方法：自然实验。在自然实验中，一些外生的随机因素导致了我们感兴趣的自变量的变化。如果做不到这一点，我们至少需要使用多元回归来尽可能多地控制其他因素的影响。在刚才的例子中，我们需要包括每块土地上降雨量 z_i 的数据，并估计一个模型，其中 y_i 取决于 x_i 和 z_i。这些理论和方法将在第 5 章中进行详细阐述。

1.6　最小二乘法 LS 的估计

给定数据 (x_i, y_i)，$i=1, \cdots, n$，我们考虑由 LS 回归线决定的对 α 和 β 的估计。在之前提到过的假设下，这将提供一个具有良好性质的估计量。

真实模型：

$$y_i = \alpha + \beta x_i + \varepsilon_i$$

LS 估计：

$$y_i = a + bx_i + e_i$$

其中，$b = \dfrac{\sum\limits_{i=1}^{n}(x_i - \bar{x})(y_i - \bar{y})}{\sum\limits_{i=1}^{n}(x_i - \bar{x})^2}$，且 $a = \bar{y} - b\bar{x}$。

需要注意的是，a 和 b 是随机变量，因为它们取决于 y_i 的样本值，因此取决于随机干扰 e_i 及 x_i 的样本值，其中 $i = 1, \cdots, n$，x_i 也可能是随机的。

1.6.1 无偏性

我们首先证明 a 和 b 是对 α 和 β 的无偏估计。先将无偏性估计解释为关于 a 和 b 的条件期望（以 x_i 的实际数值为基础，$i = 1, \cdots, n$），为了方便起见，写成 $x' = (x_1, \cdots, x_n)$。然后我们可以用 $E(\cdot \mid x)$ 来表示一个变量在 $(x_1, \cdots, x_n)$ 条件下的期望值。由假设③我们有 $E(\varepsilon_i \mid x) = 0$，$i = 1, \cdots, n$。

为体现 b 的无偏性，我们有

$$b = \frac{\sum\limits_{i=1}^{n}(x_i - \bar{x})y_i}{\sum\limits_{i=1}^{n}(x_i - \bar{x})^2} = \frac{\sum\limits_{i=1}^{n}(x_i - \bar{x})(\alpha + \beta x_i + \varepsilon_i)}{\sum\limits_{i=1}^{n}(x_i - \bar{x})^2}$$

$$= \alpha\frac{\sum\limits_{i=1}^{n}(x_i - \bar{x})}{\sum\limits_{i=1}^{n}(x_i - \bar{x})^2} + \beta\frac{\sum\limits_{i=1}^{n}(x_i - \bar{x})x_i}{\sum\limits_{i=1}^{n}(x_i - \bar{x})^2} + \frac{\sum\limits_{i=1}^{n}(x_i - \bar{x})\varepsilon_i}{\sum\limits_{i=1}^{n}(x_i - \bar{x})^2}$$

$$= \beta + \frac{\sum\limits_{i=1}^{n}(x_i - \bar{x})\varepsilon_i}{\sum\limits_{i=1}^{n}(x_i - \bar{x})^2}$$

即 $b = \beta + \sum\limits_{i=1}^{n} w_i\varepsilon_i$，其中 $w_i = \dfrac{x_i - \bar{x}}{\sum\limits_{j=1}^{n}(x_j - \bar{x})^2}$。

注意，w_i 是一个关于 $x_1, \cdots, x_n$ 的函数。接下来，使用 $E(\cdot \mid x)$ 的线性关系，可以看出：

$$E(b \mid x) = \beta + E\left(\sum\limits_{i=1}^{n} w_i\varepsilon_i \mid x\right)$$

$$= \beta + \sum\limits_{i=1}^{n} w_i E(\varepsilon_i \mid x)$$

$$= \beta$$

由于对所有 i 有 $E(\varepsilon_i \mid x) = 0$，因此 b 是 β 的一个条件无偏估计量。

类似的，我们可以得到：

$$E(a \mid x) = E(\bar{y} \mid x) - E(b \mid x)\bar{x}$$
$$= E(\bar{y} \mid x) - \beta\bar{x}$$

则

$$\bar{y} = \alpha + \beta\bar{x} + \bar{\varepsilon}$$

其中，$\bar{\varepsilon} = n^{-1}\sum_{i=1}^{n}\varepsilon_i$。由于 $E(\bar{\varepsilon} \mid x) = n^{-1}\sum_{i=1}^{n}E(\varepsilon_i \mid x) = 0$，我们有 $E(\bar{y} \mid x) = \alpha + \beta\bar{x}$，且

$$E(a \mid x) = \alpha + \beta\bar{x} - \beta\bar{x} = \alpha$$

所以，a 是 α 有条件的无偏估计。

a 和 b 有条件无偏的说法实际上比 a 和 b 无偏的说法更有力，因为它意味着无偏性对所有可能的 x_i 值都成立。为了说明 a 和 b 也必须是无条件无偏的，我们使用迭代法则(Law of Iterated Expectations，LIE)。这表示对于任何一对随机变量 x 和 y，我们有

$$E(y) = E_x(E(y \mid x))$$

E_x 表示随机变量 x 的期望值，LIE 对变量 x 和变量 y 普遍地成立。对于目前已知有条件，我们有

$$E(b) = E_x(E(b \mid x)) = E_x(\beta) = \beta$$

由于 β 是非随机的，所以

$$E(a) = E_x(E(a \mid x)) = E_x(\alpha) = \alpha$$

1.6.2　a 和 b 的分布

我们还可以计算出 a、b 的方差和它们的概率分布。回顾之前的结果：

$$b = \beta + \sum_{i=1}^{n}w_i\varepsilon_i$$

其中，w_i 是一个关于 x 的函数，因此可以被视为 b 的条件分布的给定量。利用随机变量方差的性质，可得

$$\mathrm{var}(b \mid x) = \mathrm{var}\left(\sum_{i=1}^{n}w_i\varepsilon_i \mid x\right)$$

$$= \sum_{i=1}^{n} \text{var}(w_i \varepsilon_i \mid x)$$

$$= \sum_{i=1}^{n} w_i^2 \text{var}(\varepsilon_i \mid x)$$

$$= \sum_{i=1}^{n} w_i^2 \sigma^2$$

$$= \sigma^2 \sum_{i=1}^{n} w_i^2$$

在证明的第二行,我们利用了假设④,即 $\text{cov}(\varepsilon_i, \varepsilon_j \mid x) = 0$, $i \neq j$,意味着 $\text{cov}(w_i \varepsilon_i, w_j \varepsilon_j \mid x) = 0$, $i \neq j$,此外,在证明的第四行,我们使用了 $\text{var}(\varepsilon_i \mid x) = \sigma^2$,这也是假设④的一部分。接着我们可以得到:

$$\sum_{i=1}^{n} w_i^2 = \sum_{i=1}^{n} \left[\frac{x_i - \bar{x}}{\sum_{j=1}^{n} (x_j - \bar{x})^2} \right]^2$$

$$= \frac{\sum_{i=1}^{n} (x_i - \bar{x})^2}{\left[\sum_{j=1}^{n} (x_j - \bar{x})^2 \right]^2}$$

$$= \frac{1}{\sum_{i=1}^{n} (x_i - \bar{x})^2}$$

所以

$$\text{var}(b \mid x) = \frac{\sigma^2}{\sum_{i=1}^{n} (x_i - \bar{x})^2}$$

同样地,我们还可以得到 $\text{var}(a \mid x)$ 的表达式:

$$\text{var}(a \mid x) = \sigma^2 \left[\frac{1}{n} + \frac{\bar{x}^2}{\sum_{i=1}^{n} (x_i - \bar{x})^2} \right]$$

同时, $\text{var}(b \mid x)$ 可以改写为

$$\text{var}(b \mid x) = \frac{\sigma^2}{(n-1)s_x^2}$$

由于 $s_x^2 = (n-1)^{-1} \sum_{i=1}^{n} (x_i - \bar{x})^2$ 的估计值是无偏的,我们希望 $\text{var}(b \mid x)$ 越小,此时

估计值越准确。我们知道，$\text{var}(b \mid x)$ 由 σ^2、n 和 s_x^2 三个因素决定，如果 σ^2 很小，n 很大，s_x^2 很大，那么 $\text{var}(b \mid x)$ 会较小。

最后，在 x 给定的条件下，估计值 b 和估计值 a 是正态分布的。这是因为 ε_i 是正态分布的，而且正态随机变量的线性组合也是正态的。从

$$b = \beta + \sum_{i=1}^{n} w_i \varepsilon_i$$

可以看出，$b \mid x$ 是正态分布的，因此

$$b \mid x \sim N\left(\beta, \frac{\sigma^2}{\sum_{i=1}^{n}(x_i - \bar{x})^2}\right)$$

1.6.3　σ^2 的估计

由于 $b \mid x$ 取决于通常未知的参数 σ^2，所以我们还需要估计 σ^2。根据 LS 回归线，有一个 σ^2 的自然的估计。LS 的残差 $e_i = y_i - a - bx_i$ 是无法观测的随机干扰项 $\varepsilon_i = y_i - \alpha - \beta x_i$ 的一个自然估计。由于 $E(\varepsilon_i^2) = \sigma^2$，所以可以用 e_i^2，$i = 1, \cdots, n$ 的样本平均值来估计 σ^2。

实际上，我们可以证明

$$s^2 = \frac{1}{n-2} \sum_{i=1}^{n} e_i^2$$

是 σ^2 的一个无偏估计量，即

$$E(s^2 \mid x) = \sigma^2$$

之所以用 $(n-2)$ 进行修正，是因为我们在估计 e_i 时失去了两个自由度。直观地说，如果样本量为 $n = 2$，LS 回归线将完全拟合数据，我们就没有关于 σ^2 的信息。

1.7　统计推断

现在我们有了 α、β 和 σ^2 的估计值，可以讨论统计推断，即检验假设和置信区间。我们从以下公式开始：

$$b \mid x \sim N\left[\beta, \frac{\sigma^2}{\sum\limits_{i=1}^{n}(x_i - \bar{x})^2}\right]$$

因此

$$\frac{b - \beta}{SD(b)} \mid x \sim N(0, 1)$$

其中

$$SD(b) = \sqrt{\frac{\sigma^2}{\sum\limits_{i=1}^{n}(x_i - \bar{x})^2}}$$

$SD(b)$ 表示 b 的条件标准差。

由于 σ^2 是未知的,我们不能直接使用这个结果来检验假设。但是,我们可以用 s^2 估计 σ^2,因此我们考虑通过以下公式来估计 $SD(b)$:

$$SE(b) = \sqrt{\frac{s^2}{\sum\limits_{i=1}^{n}(x_i - \bar{x})^2}}$$

进行这一替换改变了上述比率的分布,也就是说,它不再是标准正态分布的。可以证明的是

$$\frac{b - \beta}{SE(b)} \mid x \sim t(n-2)$$

对于 a 来说,类似的结果也成立。因此可以用 t 分布来检验关于 a 和 b 的假设。

1.7.1 假设检验

假设我们想进行一个双侧检验:

$$H_0: \beta = \beta_0, \text{ vs.}$$
$$H_1: \beta \neq \beta_0$$

如果 $\delta = 0.05$,就是在 5% 的显著性水平上。当

$$\left|\frac{b - \beta_0}{SE(b)}\right| > t_{\delta/2}(n-2)$$

时,我们会拒绝 H_0,否则在 $\delta\%$ 的水平上接受或不能拒绝 H_0。这是一个双侧检验,同样也适用于单侧检验。

1.7.2　置信区间

从公式:

$$\Pr\left[-t_{\frac{\delta}{2}} \leqslant \frac{b-\beta}{SE(b)} \leqslant t_{\frac{\delta}{2}}\right]=1-\delta$$

我们可以得到:

$$\Pr\left[b-t_{\frac{\delta}{2}}SE(b) \leqslant \beta \leqslant b+t_{\frac{\delta}{2}}SE(b)\right]=1-\delta$$

所以,区间为

$$b \pm t_{\frac{\delta}{2}} \cdot SE(b)$$

这是一个 $(1-\delta)\%$ 的置信区间,当 $\delta=0.05$ 时就是 95%。也就是说,以这种方式构建的区间包括真实值的概率为 95%。

例 1.3　假设我们认为实际总消费的变化是实际可支配收入变化的一个线性函数,即

$$DC_t = \alpha + \beta DI_t + \varepsilon_t$$

我们使用美国在 1950—2013 年间的年度数据(以十亿美元计)进行估计,得到以下结果:

$$\widehat{DC}_t = \underset{(15.06)}{20.18} + \underset{(0.078)}{0.793}DI_t$$
$$R^2 = 0.625,\ s=67.10,\ n=64$$

s 称为 MSE(Mean-Square Error,均方误差)的平方根,这里的 $SE(a)$ 和 $SE(b)$ 在点估计值 a 和 b 下面的括号里显示。选择 $\delta=0.05$,我们从表中得到 $t_{0.025}(62)=2.00$。

考虑

$$H_0: \beta=1$$
$$H_1: \beta \neq 1$$

检验统计量为

$$\left|\frac{0.793-1}{0.078}\right|=2.65$$

因此,我们可以在 5% 的水平上拒绝 H_0。也就是说,在 H_0 条件下,我们只在不到 5% 的情况下才会小概率偶然得到这个极端的结果。β 的 95% 的置信区间为

$$0.793 \pm 2.00 \times 0.078 \text{ 或 } 0.793 \pm 0.156$$

另一个有意义的假设为

$$H_0: \alpha = 1$$
$$H_1: \alpha \neq 1$$

检验统计量为

$$\left| \frac{20.18}{15.06} \right| = 1.34$$

由于 $1.34 < 2.00$,我们无法在 5% 的显著性水平上拒绝 $\alpha = 0$。

1.8 Stata 代码示例

这部分是第 1 章的 Stata do 文件代码示例——简单回归的数据准备。这个 do 文件包含了日常使用 Stata 处理、清洗和合并数据,并进行相关分析的主要步骤和代码。

∗ **步骤一:导入主数据集**

```
clear all
set more off
global dir "C:\Users\yix\Desktop\lectures\Session 2"
    ∗ set directory (saves time)
log using "$dir/data.log", replace
import excel "$dir/A 2016.xlsx", sheet("Sheet1") firstrow clear
br
gen A = 1
label variable A "GRFP Award"
gen year = 2016
lab var year "Year of GRFP receipt"
save "$dir/A2016.dta", replace
```

* **步骤二：导入另一数据集**

```
clear all
set more off
import excel "$ dir/HM 2016.xlsx"，sheet("Sheet1") firstrow clear
gen HM = 1
lab var HM "GRFP Award"
gen year = 2016
lab var year "Year of GRFP receipt"
save "$ dir/HM2016.dta"，replace
```

* 或者,将其设置为循环

```
    ** Loop
    foreach x in A HM {
    clear all
    set more off
    import excel "$ dir/'x' 2016.xlsx"，sheet("Sheet1") firstrow clear
    gen 'x' = 1
    lab var 'x' "GRFP 'x'"
    gen year = 2016
    lab var year "Year of GRFP receipt"
    save "$ dir/'x'2016.dta"，replace
    }
```

* 如果我们也想要 2015 年的数据呢？考虑使用双循环

```
{
    foreach x in A HM {      /* set up 1st loop */
    forvalues i = 2015(1)2016 {      /* set up 2nd loop */
    clear all
    set more off
    import excel "$ dir/'x' 'i'.xlsx"，sheet("Sheet1") firstrow clear
        /* 'x' pulls all information after "in" -> A and HM */
        /* 'i' pulls values 2015 and 2016 respectively */
    gen 'x' = 1
    lab var 'x' "GRFP 'x'"
```

```
gen year = 'i'
lab var year "Year of GRFP receipt"
save "$ dir/'x''i'.dta", replace
}      /* close 1st loop */
}      /* close 2nd loop */
}
```

* 步骤三：添加 2015 年和 2016 年的数据

```
clear all
set more off
use "$ dir/A2015.dta"
    /* 手动添加
    append using "$ dir/A2016.dta"
    append using "$ dir/HM2016.dta"
    append using "$ dir/HM2015.dta"
    */
    * 或使用 foreach 循环添加
foreach x in A2016 HM2016 HM2015 {
append using "$ dir/'x'.dta"
}
```

* 步骤四：处理变量名

```
rename BaccalaureateInstitution bac
lab var bac "Baccalaureate Institution"
rename FieldofStudy field
lab var field "Field of Study"
rename CurrentInstitution cur_inst
lab var cur_inst "Current Institution"
rename Name name
lab var name "GRFP PI"
* generate Unique ID for each PI
gen pi_id = _n
```

* **步骤五：将变量转为数值型**

* Name variables

* Split the string variable

br name

split name, p(",")

rename name1 last

lab var last "PI last name"

split name2, p(" ")

rename name21 first

lab var first "PI first name"

gen middleinitial = substr(name22,1,1)

lab var middleinitial "PI middle initial"

drop name2 name22 name23 name24

* 调整变量大小写

br name first middle last

foreach x in first middle last {

replace 'x' = lower('x')

}

* 数据集中有多个机构

br cur_inst

sort cur_inst

by cur_inst：gen counterN = _N

by cur_inst：gen countern = _n

count if countern == 1

* 有多少 PI 没有报告当前所在的机构?

count if cur_inst == ""

/* 步骤六：因为我们很难用字符串操作,所以需要数据集数字类型的 **ID**

br cur_inst

gen cur_trimmed = trim(itrim(lower(cur_inst)))

foreach x in cur_trimmed {

replace 'x' = subinstr('x', " of ", "", .)

```
replace 'x' = subinstr('x', " at ", "", .)
replace 'x' = subinstr('x', " the ", "", .)
replace 'x' = subinstr('x', " and ", "", .)
replace 'x' = subinstr('x', "&", "", .)
replace 'x' = subinstr('x', "—", "", .)
replace 'x' = subinstr('x', ",", "", .)
replace 'x' = subinstr('x', "/", "", .)
replace 'x' = subinstr('x', "(", "", .)
replace 'x' = subinstr('x', ")", "", .)
replace 'x' = subinstr('x', ".", "", .)
replace 'x' = subinstr('x', "state", "st", .)
```

* 步骤七：清理字段变量

```
br field
split field, p(" — ")
rename field1 division
lab var division "Academic Division"
tab division, gen(div)
rename field2 fieldv2
lab var fieldv2 "Field, cleaned"
set more off
tab fieldv2, gen(dept)
    clear all
    use " /Dropbox/Emerging Scholars/Data/GRFP/GRFP list with uni IPEDS.dta"
    keep PI baccalaureate current_uni department cur_clns_to_match grfp_year type
offered_award
    keep if grfp_year == 2013 | grfp_ == 2014
    rename cur_clns_to_match string_to_match
    sort string_to_match
    save " $ dir/Master File_GRFP 2013 2014.dta", replace
    clear all
    use " /Dropbox/Emerging Scholars/Data//IPEDS/IPEDS list clean round_cur.dta"
```

```
rename cur_clns_to_match string_to_match
save "$dir/Using File_GRFP 2013 2014.dta"，replace
```

* 步骤八：合并两个文件

```
clear all
set more off
use "$dir/Master File_GRFP 2013 2014.dta"
merge m:1 string_to_match using "$dir/Using File_GRFP 2013 2014.dta"
drop _merge
clear all
set more off
use "Dropbox/Emerging Scholars/Data/GRFP/GRFP list with IPEDS & NRC
dept clean.dta"
keep baccalaureate grfp_dept grfp_uni current_uni grfp_year type ipeds_dept_id_
to_merge ipeds grfp_dept_to_id
rename ipeds cur_inst_id
lab var cur_inst_id "University ID"
rename grfp_dept_to_id field_id
lab var field_id "Field ID"
rename baccalaureate bac
rename grfp_dept field
rename current_uni cur_inst
rename grfp_year year
rename ipeds_dept_id_to_merge uni_field_id
lab var uni_field_id "Unique ID — university，field"
save "$dir/Master File_GRFP 1994 2014.dta"，replace
```

* 步骤九：数据处理

```
clear all
set more off
use "$dir/Master File_GRFP 1994 2014.dta"
gen counter = 1
```

```
br counter cur_inst_id
sort cur_inst_id
collapse (sum) counter, by (cur_inst_id)
br
drop if cur_inst_id < 0 | cur_inst_id ==.
id OR (see key stroke above the "enter") cur_inst is missing  * /
lab var counter "Number of GRFP acknowledgements per university 1994 - 2014"
sum counter
drop if cur_inst_id < 0 | cur_inst_id == . | field_id == .
gen counter = 1
preserve
sort cur_inst_id field_id type year
collapse (sum) counter, by (cur_inst_id field_id type year)
sum counter
restore
br cur_inst_id field_id type year
sort cur_inst_id field_id year
by cur_inst_id field_id year: gen uni_field_annual_sum = _n
egen max = max(uni_field_annual_sum), by (cur_inst_id field_id year)
lab var max "Max number of GRFP (A & HM) for field, uni, year"
collapse (sum) counter, by (year type cur_inst_id)
br
gen award = 1 if type == "Offered Award"
recode award (.=0)
drop type
sum year counter award
sum counter if award == 0
sum counter if award == 1
preserve
keep if award == 1
rename counter a_count
save " $ dir/award.dta", replace
```

restore

drop if award == 1

rename counter hm_count

sort year cur_inst_id

merge 1:1 year cur_inst_id using "$dir/award.dta"

drop _merge award

recode hm_count (.=0)

recode a_count (.=0)

gen award = a_count if a_count ！=0

lab var award "GRFP Award Count (any A)，uni & year"

gen hm = hm_count if hm_count ！=0

lab var hm "GRFP HM Count (any HM)，uni & year"

egen tot_count = rowtotal(* _count)

lab var a_count "GRFP Award Count (full sample)，uni & year"

lab var hm_count "GRFP HM Count (full sample)，uni & year"

lab var tot_count "Total GRFP Count，uni & year"

gen a_ratio = a_count/tot_count

lab var a_ratio "Ratio A/Tot，uni & year"

gen hm_ratio = hm_count/tot_count

lab var hm_ratio "Ratio HM/Tot，uni & year"

sum * _count * _ratio hm award

global count * _count * _ratio hm award

estpost sum $count

estout using "$dir/Descriptive Stats.xls"，replace cells（"count mean sd min max"）label

** 完成

思考题

（1）总体回归函数和样本回归函数之间有哪些区别与联系？

（2）简述简单线性回归模型的基本假定。

（3）在计量经济模型中，为什么会存在随机误差项？

（4）OLS 法得到的估计量的性质有哪些？

（5）总平方和（SST）、解释平方和（SSE）和残差平方和（SSR）的计算公式分别是什么？

（6）简述最大似然法和最小二乘法依据的不同原理。

第2章
多元线性回归模型

2.1 简 介

本章将探讨多元"经典线性回归模型"：

$$y = x_1\beta_1 + x_2\beta_2 + \cdots + x_K\beta_K + \varepsilon$$

其中,因变量 y 可以由 K 个解释变量(自变量) $x_1, \cdots, x_K$ 及不可观测的随机干扰项 ε 来解释。统计学上的任务是使用关于 y 及 $x_1, \cdots, x_K$ 的数据来估计 x_k 对 y 的影响 β_k。$x_1, \cdots, x_K$ 通常也被叫作"回归元"。

回顾第1章开头部分的例子,当 y 为工人工资水平, x_k 可能包括受教育程度、工作经历和人口学特征,数据可能是随机抽样的工人横截面数据。当 y 为总投资, x_k 可能是利率、GDP、总股本和税率,数据可能是美国的季度时间序列数据。我们将使用这些变量的数据来估计未知参数,我们的主要估计方法将再次基于最小二乘法。

我们将大量使用向量和矩阵的方法,因此首先需要建立一些变量符号。对于每个样本 $i = 1, \cdots, n$,我们假设以下线性关系成立：

$$y_i = x_{i1}\beta_1 + x_{i2}\beta_2 + \cdots + x_{iK}\beta_K + \varepsilon_i$$

按如下方式整理变量和参数：

$$y = \begin{pmatrix} y_1 \\ \vdots \\ y_n \end{pmatrix}, \quad \varepsilon = \begin{pmatrix} \varepsilon_1 \\ \vdots \\ \varepsilon_n \end{pmatrix}, \quad \beta = \begin{pmatrix} \beta_1 \\ \vdots \\ \beta_n \end{pmatrix}$$

$$\text{以及 } X = \begin{pmatrix} x_{11} & \cdots & x_{1K} \\ \vdots & \vdots & \vdots \\ x_{n1} & \cdots & x_{nK} \end{pmatrix}$$

可以将模型简写成

$$y = X\beta + \varepsilon$$

该模型也可被表示为其他形式。如用观测值来表示：

$$X = \begin{pmatrix} x_1' \\ \vdots \\ x_n' \end{pmatrix}, \ x_i' = (x_{i1} \ \cdots \ x_{iK})$$

因此，对于 $i = 1, \cdots, n$，有 $y_i = x_i'\beta + \varepsilon_i$。在这里，我们使用 a' 或 A' 表示向量 a 或矩阵 A 的转置。我们通常认为向量为列向量，因此使用转置来表示行向量。

此外，我们还可以根据变量来表示模型，即

$$X = (x_1 \ \cdots \ x_K), \ x_k = \begin{pmatrix} x_{ik} \\ \vdots \\ x_{nk} \end{pmatrix}$$

此时

$$y = \beta_1 x_1 + \cdots + \beta_K x_K + \varepsilon$$

需要注意的是，x_i 或 x_k 表示的是单个数据点上所有自变量的向量，还是单个自变量的所有观测值向量，这取决于前后的提示内容。为了便于理解，我们总是用 k 来表示自变量，用 i 来表示观测值。

2.2 模型假设

与简单线性回归的假设类似，现在我们对多元回归模型重复这些假设，并用向量的形式表示。

假设①：线性假设——$y = X\beta + \varepsilon$，$E(\varepsilon) = 0$

假设②：满秩假设——$n \times K$ 矩阵 X 的秩为 K。这意味着变量之间没有精确的线性关系。假设②的一个必要条件是 $n \geqslant K$。

假设③：自变量的外生性假设——$E[\varepsilon \mid X] = 0$。

假设④：同方差和无自相关假设——$E[\varepsilon\varepsilon' \mid X] = \sigma^2 I$，其中 I 为 $n \times n$ 的单位矩阵。

假设⑤：数据收集假设——X 可以是非随机的(固定的)或随机的。

假设⑥：正态分布假设——$\varepsilon \mid X$ 服从正态分布。

假设③、假设④和假设⑥共同意味着 $\varepsilon \mid X \sim N(0, \sigma^2 I)$。

在假设①中,线性意味着参数的线性,而不是变量的线性。例如,$\ln(y_i) = \beta_1 + \beta_2 \ln(x_{i2}) + \cdots + \beta_K \ln(x_{iK}) + \varepsilon_i$ 在要求上仍满足线性条件。

假设②排除了一个自变量是其他变量的线性组合的可能性。如果一个变量与另一个变量成比例,那么就无法单独确定单个变量对 y 的影响。例如,在农作物产量的例子中,当 $K = 3$,意味着除截距外,还有两个解释变量。具体假设 $y_i =$ 作物产量,$x_{i1} = 1$,$x_{i2} =$ 肥料的数量,$x_{i3} =$ 灌溉水量。如果假设 $x_3 = \lambda x_2 (\lambda > 0)$,则不满足满秩条件,我们将无法区分 x_2 和 x_3 单独对 y 的影响,因为

$$\beta_2 x_2 + \beta_3 x_3 = (\beta_2 + \lambda \beta_3) x_2 + 0 x_3 = 0 x_2 + (\lambda^{-1} \beta_2 + \beta_3) x_3$$

假设③是一个至关重要的假设。该假设是指对于 $i = 1, \cdots, n$,有 $E[\varepsilon_i \mid X] = 0$。因此对于 $i = 1, \cdots, n$,$E[\varepsilon_i \mid x_i] = 0$ 成立;对于 $k = 1, \cdots, K$ 及 $i = 1, \cdots, n$,有 $E(\varepsilon_i \mid x_{ik}) = 0$ 成立。

而且,$E(\varepsilon) = E[E(\varepsilon \mid X)] = E(0) = 0$,与假设①一致。假设③也意味着对于 $j \neq i$,$E(\varepsilon_i \mid x_{jk}) = 0$,在时间序列回归中,这一假设非常严格。假设③满足的传统设定是 $y_i = x_{i1} \beta_1 + x_{i2} \beta_2 + \cdots + x_{iK} \beta_K + \varepsilon_i$ 且 $E(\varepsilon_i) = 0$,其中自变量为 x_{ik},除了截距和其他固定(非随机)回归元外,均为随机变量。例如,对于每个自变量 k,$i = 1, \cdots, n$ 时的 x_{ik} 值,为服从某些特定分布的随机变量。这保证了 x_{ik} 对于所有 i,k 在统计上独立于 $\varepsilon_1, \cdots, \varepsilon_n$,$X$ 和 ε 的独立性同时意味着 $E(\varepsilon \mid X) = E(\varepsilon) = 0$。

在实际应用中,通常没有随机对照实验的数据,因此我们的目标是建立和估计统计模型。其中自变量独立于随机扰动项 ε,这个随机扰动项包含了模型中未包含的所有其他可能影响 y 的因素。现实中有许多情形可能违反假设③,其中有两个非常重要的情形:遗漏变量和联立性偏误。如果一个影响 y 的因素并没有作为解释变量,而是包含在 ε 内,而且该变量与解释变量相关,则 ε 和解释变量之间存在相关性,违反了假设③。此外在结构式模型中,一些变量可能在一个方程中作为解释变量,而在另外一个方程中又作为被解释变量,这就使得解释变量与随机误差项之间存在相关关系,违反了假设③。

如果 ε_i 与 x_{ik} 相关,则 ε 对 y_i 的部分影响将归因于 x_{ik}。在作物产量的例子中,肥料数量和灌溉水量作为解释变量,如果农民倾向于将资源集中在产量更高的土地上,那么这种违反了假设③的情况就可能发生。如果在 ε_i 较高时,农民选择使用比平

均水平更多的肥料和灌溉水量,这将导致 ε_i 与 x_{i2} 和 x_{i3} 之间存在正相关关系,从而对 β_2 和 β_3 的估计会产生偏误。直观地说,ε_i 对 y_i 的部分影响将被最小二乘法归因于肥料数量和灌溉水量,β_2 和 β_3 的估计可能偏高。

假设④有时被称为"球形扰动"。由于 $\varepsilon\varepsilon'_{n\times n} = (\varepsilon_i\varepsilon_j)$,其中 $(\varepsilon_i\varepsilon_j)$ 表示 i,j 位置为 $\varepsilon_i\varepsilon_j$ 的矩阵,因此假设④表示为

$$E[\varepsilon\varepsilon' \mid X] = \begin{bmatrix} E(\varepsilon_1^2 \mid X) & \cdots & E(\varepsilon_1\varepsilon_n \mid X) \\ & & \vdots \\ E(\varepsilon_n\varepsilon_1 \mid X) & \cdots & E(\varepsilon_n^2 \mid X) \end{bmatrix}$$

$$= \begin{bmatrix} \sigma^2 & \cdots & \cdots & 0 \\ 0 & \sigma^2 & \cdots & 0 \\ & & \vdots & \\ 0 & 0 & \cdots & \sigma^2 \end{bmatrix}$$

由此假设④有两个特定的假设:

(1) 同方差:对于 $i = 1, \cdots, n$,有 $E(\varepsilon_i^2 \mid X) = \sigma^2$,即 $\mathrm{var}(\varepsilon_i \mid X) = \sigma^2$。

(2) 无自相关:对于 $i \neq j$,有 $E(\varepsilon_i\varepsilon_j \mid X) = 0$,即 $\mathrm{cov}(\varepsilon_i, \varepsilon_j \mid X) = 0$。

需要注意的是,$E(\varepsilon\varepsilon' \mid X) = E\{[\varepsilon - E(\varepsilon \mid X)][\varepsilon - E(\varepsilon \mid X)]' \mid X\} = \mathrm{var}(\varepsilon \mid X)$,即 ε 的条件协方差矩阵。

假设⑤非随机解释变量的一个特例是全为 1 的列向量,即 $x_1' = (1, \cdots, 1)$,也就是截距的表示方式。其他形式的非随机解释变量如时间趋势项和季节性虚拟变量。

假设⑥意味着对于 $i = 1, \cdots, n$,$\varepsilon_i \mid X$ 呈正态分布。

2.3 最小二乘法

我们将使用最小二乘法(Least Squares, LS)来估计未知参数向量 β。与简单回归模型一样,我们首先使用最小二乘法推导出回归系数表达式并探究其相关性质,接着我们分析估计量 β 的最小二乘统计特性。

对于多元回归最小二乘法 LS,我们的任务是对于在超平面上给定的一组数据点即 $\{y_i, x_i'\}_{i=1}^n$,其中 $x_i' = (x_{i1}, \cdots, x_{iK})$,找到最佳拟合的"线"。我们将使用 b 来表示 LS 回归估计系数的 $K \times 1$ 向量,那么观测值 i 的残差为 $e_i = y_i - x_i'b$,残差的平方

和为 $\sum_{i=1}^{n} e_i^2$。我们需要用其他参数来表示 b，将估计量表示为 b_0 及其残差 $e_{i_0} = y_i - x'_i b_0$，那么要解决的问题就是

$$\min_{b_0} \sum_{i=1}^{n} e_{i_0}^2 = \sum_{i=1}^{n} (y_i - x'_i b_0)^2$$

最方便的方法是使用矩阵表示，即

$$e_0 = \begin{bmatrix} e_{1_0} \\ \vdots \\ e_{n_0} \end{bmatrix} = \begin{bmatrix} y_1 \\ \vdots \\ y_n \end{bmatrix} - \begin{bmatrix} x'_1 \\ \vdots \\ x'_n \end{bmatrix} b_0，有 e_0 = y - X b_0$$

因为对于任意向量 $z' = (z_1, \cdots, z_n)$，有 $z'z = \sum_{i=1}^{n} z_i^2$，因此可以写为

$$\min_{b_0} e'_0 e_0 = \min_{b_0} (y - X b_0)'(y - X b_0)$$

接下来，我们使用矩阵求导来解决以下最小二乘最优化的问题：

$$\min_{b_0} e'_0 e_0 = \min_{b_0} (y - X b_0)'(y - X b_0)$$

将等号右边乘积展开，又因为 $b'_0 X'y$，$y'X b_0$ 为标量，因此有 $b'_0 X'y = y'X b_0$。可以得到：

$$e'_0 e_0 = y'y - 2y'X b_0 + b'_0 X'X b_0$$

使用公式 $\dfrac{\partial}{\partial b}(a'b) = a$，以及对于对称矩阵 A 有 $\dfrac{\partial}{\partial b}(b'Ab) = 2Ab$，可以得到一阶条件：

$$\frac{\partial (e'_0 e_0)}{\partial b_0} = -2X'y + 2X'X b_0 = 0$$

用 b 表示这一结果可以得到：

$$X'X b = X'y$$

这些被称为（多元）正规方程，共有 K 个。

如果满足假设②，$X'X$ 满秩，是可逆的。可以证明 $\mathrm{rank}(X'X) = \mathrm{rank}(X)$。

由此我们可以得到 LS 公式：

$$b = (X'X)^{-1} X'y$$

由于

$$\frac{\partial^2(e_0'e_0)}{\partial b_0 \partial b_0'} = 2X'X$$

可以证明 $X'X$ 为正定矩阵,因此 $b = (X'X)^{-1}X'y$ 实现了最小值。

给定 (y_i, x_i'),其中 $i = 1, \cdots, n$,现在我们将利用最小二乘法(LS)来讨论 $(K \times 1)$ 个向量 β 的估计值。我们从如下模型中来探究:

真实模型:

$$y_i = x_i'\beta + \varepsilon_i,\ \text{其中}\ i = 1, \cdots, n$$

LS 估计:

$$y_i = x_i'b + e_i,\ \text{其中}\ i = 1, \cdots, n$$

或以矩阵形式表示:

真实模型:

$$y = X\beta + \varepsilon$$

LS 估计:

$$y = Xb + e$$

其中,$b = (X'X)^{-1}X'y$。

我们保持假设①～⑥成立,已知 $\text{rank}(X) = K$ 和 $\varepsilon \mid X \sim N(0, \delta^2 I)$,我们的下一个任务是推导 $b \mid X$,即 b 在 X 的条件下的值。将 $y = X\beta + \varepsilon$ 代入 LS 公式,可得

$$b = (X'X)^{-1}X'X\beta + (X'X)^{-1}X'\varepsilon$$

即

$$b = \beta + (X'X)^{-1}X'\varepsilon$$

所以

$$E(b \mid X) = \beta + (X'X)^{-1}X'E(\varepsilon \mid X) = \beta$$

因此,b 是有条件的无偏估计。此外,利用期望迭代法则,可得

$$E(b) = E_X E(b \mid X) = E_X\beta = \beta$$

因此,b 也是无条件的无偏估计,注意 b 无偏性不取决于假设④或⑥。

我们还可以得到 b 的条件协方差矩阵,定义为:

$$\mathrm{var}(b \mid X) = E\{[b - E(b \mid X)][b - E(b \mid X)]' \mid X\}$$

即

$$\mathrm{var}(b \mid X) = E[(b - \beta)(b - \beta)' \mid X]$$

因此

$$
\begin{aligned}
\mathrm{var}(b \mid X) &= E\{[(X'X)^{-1}X'\varepsilon][(X'X)^{-1}X'\varepsilon]' \mid X\} \\
&= (X'X)^{-1}X'[E(\varepsilon\varepsilon' \mid X)]X(X'X)^{-1} \\
&= (X'X)^{-1}X'(\delta^2 I)X(X'X)^{-1} \\
&= \delta^2(X'X)^{-1}
\end{aligned}
$$

等价为

$$
\begin{aligned}
\mathrm{var}(b \mid X) &= \mathrm{var}[\beta + (X'X)^{-1}X'\varepsilon \mid X] = \mathrm{var}[(X'X)^{-1}X'\varepsilon \mid X] \\
&= (X'X)^{-1}X'\mathrm{var}(\varepsilon \mid X)X(X'X)^{-1}
\end{aligned}
$$

利用 $\mathrm{var}(\varepsilon \mid X) = \delta^2 I$，我们能得到 $\mathrm{var}(b \mid X) = \delta^2(X'X)^{-1}$。

最后，由于 ε 是多元正态分布的，所以 $b \mid X$ 也是正态分布（正态分布的线性组合是正态分布）。因此

$$b \mid X \sim N[\beta, \delta^2(X'X)^{-1}]$$

我们也可以从 b 的无条件协方差矩阵直接从期望迭代法则中得到：

$$\mathrm{var}(b) = \delta^2 E_X[(X'X)^{-1}]$$

从期望迭代法则中可以得到：

$$
\begin{aligned}
\mathrm{var}(b) &= E((b - \beta)(b - \beta)') \\
&= E_X[E(b - \beta \mid X)(b - \beta)' \mid X] \\
&= E_X[\mathrm{var}(b \mid X)]
\end{aligned}
$$

由于 $E(b \mid X) = \beta$，因此 $\mathrm{var}(b) = E_X[\delta^2(X'X)^{-1}] = \delta^2 E_X[(X'X)^{-1}]$

2.4　高斯-马尔可夫定理

高斯-马尔可夫定理表明，在假设①～⑤下，LS 估计量 b 是最优条件线性无偏估计量，即在条件线性无偏估计量中，b 具有最小的条件方差，即对于任意的条件线性

无偏估计量 b_0，满足

$$\text{var}(b_0 \mid X) - \text{var}(b \mid X)$$

是一个半正定矩阵，半正定矩阵是正定矩阵的推广。另外需要注意的是，假设⑥并非必须满足的条件。高斯-马尔可夫定理得到了一个非常有用的结果，这个结果超出了我们在简单回归设置中得到的结果，让我们知道 LS 估计量是最优的。定理的证明如下：

我们认为存在条件线性无偏估计量 $b_0 = Cy$ 满足

$$D = C - (X'X)^{-1}X'$$

然后

$$
\begin{aligned}
b_0 &= [D + (X'X)^{-1}X']y \\
&= [D + (X'X)^{-1}X'](X\beta + \varepsilon) \\
&= DX\beta + \beta + [D + (X'X)^{-1}X']\varepsilon
\end{aligned}
$$

即

$$E(b_0 \mid X) = DX\beta + \beta$$

因为对于所有可能的 β，b_0 是有条件无偏的，我们一定有

$$DX = 0$$

且

$$
\begin{aligned}
\text{var}(b_0 \mid X) &= \text{var}\{[D + (X'X)^{-1}X']\varepsilon \mid X\} \\
&= [D + (X'X)^{-1}X']\delta^2 I[D + (X'X)^{-1}X']' \\
&= \delta^2[DD' + (X'X)^{-1} + DX(X'X)^{-1} + (X'X)^{-1}X'D'] \\
&= \delta^2[DD' + (X'X)^{-1}]
\end{aligned}
$$

又因为 $DX = X'D' = 0$，因此

$$\text{var}(b_0 \mid X) - \text{var}(b \mid X) = \delta^2 DD'$$

这就是半正定矩阵（$Q.E.D.$）。

如果矩阵是半正定的，那么它必然有非负的对角元素。因此，对于每个属于 β 的组成部分 β_i，我们有 $\text{var}(b_{0,i} \mid X) \geqslant \text{var}(b_i \mid X)$。更一般的情况，我们考虑估计 $w'\beta$，β 与特殊的常数向量 w 的任何线性组合。为了方便，我们将半正定矩阵写作

P，即 $P = \delta^2 DD'$。比较条件线性无偏估计 $w'b_0$ 和 $w'b$，我们有

$$\text{var}(w'b_0 \mid X) = w'(\text{var}(w'b_0 \mid X))w = w'(\text{var}(b \mid X) + P)w$$
$$= w'(\text{var}(b \mid X))w + w'Pw = \text{var}(w'b \mid X) + w'Pw$$

对于某些半正定矩阵 P，我们使用了高斯-马尔可夫的结果 $\text{var}(b_0 \mid X) - \text{var}(b \mid X) = P$。由于 $w'Pw \geqslant 0$，即

$$\text{var}(w'b_0 \mid X) \geqslant \text{var}(w'b \mid X)$$

因此，在拥有最小条件方差的情况下，估计值 $w'b$ 是最优条件线性无偏的。

同样，高斯-马尔可夫定理也表明 LS 估计量在条件线性无偏估计量中是最好的。这里的"最好的"意味着与任何其他估计量相比，LS 的条件协方差矩阵是最小的。

高斯-马尔可夫定理通常被总结为：在假设①～⑤下，LS 估计量 b 是"最优线性无偏估计量 BLUE(Best Linear Unbiased Estimator)"，也被称为"最小方差线性无偏估计量 MVLUE(Minimum Variance Linear Unbiased Estimator)"。这里的"无偏"正如我们先前证明的，应当被理解为"有条件无偏"。

进一步，我们讨论高斯-马尔可夫定理的无条件情况。可以证明高斯-马尔可夫定理在假设①～⑤下也无条件成立，前提是 $E[(X'X)^{-1}]$ 存在。也就是说，对于所有条件线性无偏估计 b_0 的 $\text{var}(b_0)$，

$$\text{var}(b_0) - \text{var}(b)$$

是一个半正定矩阵。

由此可得

$$\text{var}(b) = E_X[\text{var}(b \mid X)]$$

因为 $E(b \mid X) = \beta$，所以

$$\text{var}(b_0) = E_X[\text{var}(b_0 \mid X)]$$

满足另一种条件无偏估计量。但是

$$\text{var}(b_0 \mid X) - \text{var}(b \mid X)$$

是针对所有 X 的半正定矩阵。既然它适用于所有 X，它的期望值一定保持不变，即当我们在所有可能的情况下求 X 的平均值时，结果是不变的(半正定矩阵的和与平均值仍然为半正定的)。因此

$$E_X[\text{var}(b_0 \mid X)] - E_X[\text{var}(b \mid X)] = \text{var}(b_0) - \text{var}(b)$$

一定是半正定的。

可以证明，如果我们加上假设⑥，即 ε 是条件正态的，那么 LS 估计量 b 在更广泛的类别中，在最小方差的意义上，是所有条件无偏估计量（不仅仅是条件线性无偏估计量）中最好的。这一点的证明基于 Cramer-Rao 不等式，由于篇幅的限制，此处不展开讨论。总之，结果可以总结为：在假设①～⑥下，LS 估计量 b 是 BUE，即"最佳无偏估计量"。

2.5　用 s^2 估计 δ^2

为了估计 $\mathrm{var}(b \mid X) = \delta^2 (X'X)^{-1}$，需要估计 δ^2，我们将证明 δ^2 的一个合适的估计量为

$$s^2 = \frac{1}{n-K} e'e = \frac{1}{n-K} \sum_{i-1}^{n} e_i^2$$

我们将获得 s^2 的分布，并证明 $E(s^2 \mid X) = \delta^2$。

根据上一节的结果可知

$$e = My, \quad M = I - X(X'X)^{-1}X'$$

M 对称幂等，而且 $MX = 0$。

因为

$$e = M(X\beta + \varepsilon) = M\varepsilon$$

所以有

$$e'e = \varepsilon'M\varepsilon$$

因为 $(\varepsilon/\delta) \mid X \sim N(0, I)$，我们可得到：

$$\frac{e'e}{\delta^2} \bigg| X = \left(\frac{\varepsilon}{\delta}\right)' M \left(\frac{\varepsilon}{\delta}\right) \bigg| X \sim \chi^2[\mathrm{rank}(M)]$$

为了计算 $\mathrm{rank}(M)$，我们使用额外的矩阵性质：① 如果 A 是对称幂等的，那么 $\mathrm{rank}(A) = \mathrm{tr}(A)$；② $\mathrm{tr}(AB) = \mathrm{tr}(BA)$；③ $\mathrm{tr}(A+B) = \mathrm{tr}(A) + \mathrm{tr}(B)$。 根据性质，我们可以得到：

$$\begin{aligned}
\operatorname{rank}(M) &= \operatorname{tr}(M) \\
&= \operatorname{tr}(I_n) - \operatorname{tr}\big[X(X'X)^{-1}X'\big] \\
&= n - \operatorname{tr}\big[X'X(X'X)^{-1}\big] \\
&= n - \operatorname{tr}(I_k) \\
&= n - K
\end{aligned}$$

因此

$$\frac{e'e}{\delta^2}\,\Big|\,X \sim \chi^2(n-K)$$

所以

$$E\left(\frac{e'e}{\delta^2}\,\Big|\,X\right) = n - K$$

在上式两边乘以 $\delta^2/(n-K)$，得

$$E\left(\frac{e'e}{n-K}\,\Big|\,X\right) = \delta^2, \quad E(s^2 \mid X) = \delta^2$$

可见，s^2 是条件无偏的估计。

2.6　最小二乘 LS 的性质

将 $n \times 1$ 的残差向量定义为

$$e = y - Xb$$

因为正规方程组 $X'(y-Xb)=0$，也可以写为

$$X'e = 0$$

将 X 用列向量表示为

$$X = (x_1, \cdots, x_K)$$

此处，x_k 表示列向量第 k 个自变量的 $n \times 1$ 观测值向量。可以得到：

$$x'_k e = 0$$

对于 $k=1, \cdots, K$，我们有 $\sum_{i=1}^{n} x_{ik} e_i = 0$。

通常回归中有一个截距，相当于第一个变量是一个全为 1 的列向量，因此

$$x_1 = \begin{pmatrix} 1 \\ \vdots \\ 1 \end{pmatrix} \equiv \iota$$

这意味着同简单回归模型一样：

$$\sum_{i=1}^{n} e_i = 0$$

或者

$$\bar{e} = 0$$

其中，$\bar{e} = n^{-1} \sum_{i=1}^{n} e_i$。这是从第一个正规方程得到的，因为

$$x_1' e = \iota' e = \sum_{i=1}^{n} e_i = 0$$

我们令：

$$\underset{1 \times K}{\bar{x}'} = (\bar{x}_1 \cdots \bar{x}_K)$$

其中，$\bar{x}_k = n^{-1} \sum_{i=1}^{n} x_{ik}$。回归经过均值，有

$$y = \bar{x}' b$$

这是因为对于 $i=1, \cdots, n$，有 $e_i = y_i - x_i' b$。

因此

$$\sum_{i=1}^{n} e_i = \sum_{i=1}^{n} y_i - \left(\sum_{i=1}^{n} x_i'\right) b$$
$$0 = n^{-1} \sum_{i=1}^{n} y_i - n^{-1} \left(\sum_{i=1}^{n} x_i'\right) b$$
$$0 = \bar{y} - \bar{x}' b$$

最后，如果回归中存在截距，即 $x_1 = \iota$，那么对于其他每个自变量 $k=2, \cdots, K$，我们有

$$\sum_{i=1}^{n} x_{ik} e_i = \sum_{i=1}^{n} x_{ik}(e_i - \bar{e}) = \sum_{i=1}^{n} (x_{ik} - \bar{x}_k)(e_i - \bar{e}) = 0$$

因为 $\bar{e}=0$，所以

$$s_{x_k,e}=0$$

即 x_k 与 e 的样本相关性为 0。

2.7　最小二乘 LS 的几何解释

最小二乘 LS 有一个十分有用的几何解释，它具有与 LS 类似的代数性质。我们有

$$e=y-Xb=y-X(X'X)^{-1}X'y$$
$$或\ e=My$$

其中，$M=I-X(X'X)^{-1}X'$。我们称 $n\times n$ 矩阵 M 为"残差生成阵"(Residual Maker Matrix)。我们可以证明 M 为对称幂等矩阵，即

$$M=M'\ 和\ M^2=M$$

同时很容易证得

$$MX=0$$

因为 $MX=X-X(X'X)^{-1}X'X$。

将 y 的拟合值（或预测值）定义为

$$\hat{y}=Xb$$

则

$$y=\hat{y}+e$$

且有

$$\hat{y}=y-e=(I-M)y$$

或

$$\hat{y}=Py$$

其中，$\underset{n\times n}{P}=X(X'X)^{-1}X'$。$P$ 通常被称为"投影矩阵"，它是对称幂等的，即

$$PM=MP=0$$

由此可以得到：

$$y = \hat{y} + e$$

其中，$\hat{y}'e = 0$，因为 $\hat{y} = Py$ 且 $e = My$，所以 $\hat{y}$ 与 e 正交。从几何上来讲，"正交"与"垂直"是同义词，标准的定义为：对于两个非零向量 w 和 z，如果它们的内积为零，即当且仅当 $w'z = 0$ 时，称它们是正交的。由 $\hat{y}'e = 0$ 可直接得到：

$$y'y = \hat{y}'\hat{y} + e'e$$

我们可以把 e 看作 y 中与 X 正交的那部分，因为对于 X 的每一列 x_k 都有 $x_k'e = 0$。如果在回归中存在截距，那么我们可以说 e 是 y 中与每个自变量 x_k 不相关的那部分。

如图 2-1 所示，对于 $n = 3$ 和两个回归元（$K = 2$）的分解 $y = \hat{y} + e$。因此 y，x_1 和 x_2 均为 3×1 的向量。因为

$$\hat{y} = b_1 x_1 + b_2 x_2$$

y 的拟合值必须位于 x_1 和 x_2 形成的平面上。

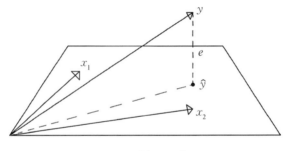

图 2-1　分解 $y = \hat{y} + e$

选取 b_1 和 b_2 来最小化 $e'e$，这相当于最小化欧几里得范数 $\|e\|$。这是通过将 y 投影到 x_1、x_2 所在的平面上实现的，几何上 $\hat{y}$ 和 $e = y - \hat{y}$ 是正交（垂直）的。分解 $y'y = \hat{y}'\hat{y} + e'e$ 就是勾股定理中的 $\|y\|^2 = \|\hat{y}\|^2 + \|e\|^2$。这里 $\|z\| \equiv \sqrt{\sum_{i=1}^{n} z_i^2}$ 对于 $z' = (z_1, \cdots, z_n)$ 是向量 z 的欧几里得范数或长度。

2.8　分部回归

对于参数子集的 LS 估计，写出明确的公式不失为一个好方法。我们有

$$X = \begin{bmatrix} X_1 & X_2 \\ {\scriptstyle n \times r} & {\scriptstyle n \times (K-r)} \end{bmatrix} \text{ 和 } \beta = \begin{bmatrix} \tilde{\beta}_1 \\ \tilde{\beta}_2 \end{bmatrix}$$

因此

$$y = X\beta + \varepsilon = X_1 \tilde{\beta}_1 + X_2 \tilde{\beta}_2 + \varepsilon$$

其中,$\tilde{\beta}_1$ 为 $r \times 1$ 的向量,$\tilde{\beta}_2$ 为 $(K-r) \times 1$ 的向量(此处用波浪号表示子向量)。相应地,LS 估计量 $b = \begin{bmatrix} \tilde{b}_1 \\ \tilde{b}_2 \end{bmatrix}$ 满足:

$$y = Xb + e = X_1 \tilde{b}_1 + X_2 \tilde{b}_2 + e$$

因为

$$X'X = \begin{bmatrix} X_1' \\ X_2' \end{bmatrix} \begin{bmatrix} X_1 & X_2 \end{bmatrix} = \begin{bmatrix} X_1'X_1 & X_1'X_2 \\ X_2'X_1 & X_2'X_2 \end{bmatrix}$$

$$X'y = \begin{bmatrix} X_1' \\ X_2' \end{bmatrix} y = \begin{bmatrix} X_1'y \\ X_2'y \end{bmatrix}$$

我们有

$$\begin{bmatrix} X_1'X_1 & X_1'X_2 \\ X_2'X_1 & X_2'X_2 \end{bmatrix} \begin{bmatrix} \tilde{b}_1 \\ \tilde{b}_2 \end{bmatrix} = \begin{bmatrix} X_1'y \\ X_2'y \end{bmatrix} \text{ 或}$$

$$X_1'X_1 \tilde{b}_1 + X_1'X_2 \tilde{b}_2 = X_1'y$$

$$X_2'X_1 \tilde{b}_1 + X_2'X_2 \tilde{b}_2 = X_2'y$$

联立求解 $\tilde{b}_1$,得

$$\tilde{b}_2 = \{X_2'[I - X_1(X_1'X_1)^{-1}X_1']X_2\}^{-1}\{X_2'[I - X_1(X_1'X_1)^{-1}X_1']y\}$$

其中

$$\tilde{b}_2 = [X_2'M_1X_2]^{-1}[X_2'M_1y]$$

其中

$$M_1 = I - X_1(X_1'X_1)^{-1}X_1'$$

$\tilde{b}_1$ 也有类似的公式。由于 M_1 是幂等的,我们也可以写成

$$\tilde{b}_2 = (X_2^{*\prime}X_2^*)^{-1}X_2^{*\prime}y^*$$

其中 $X_2^* = M_1 X_2$，$y^* = M_1 y$。

注意，X_2^* 和 y^* 分别是 X_2 和 y 在 X_1 上回归的残差。有时候，我们也将 y^* 称作 y 中与 X_1 正交的部分，y^* 是从 y 中"剔除" X_1 的部分，或者（假设 X_1 包括截距）y^* 是 y 中与 X_1 不相关的部分。这被称为 FWL 定理（French-Waugh-Lovell Theorem）：在 y 对两个变量集合 X_1 和 X_2 的回归中，子向量 $\bar{b}_2$ 与 y 对 X_1 的回归的残差和 X_2 对 X_1 的回归的残差进行回归时得到的系数集相同。

分部回归结果的一种特殊情况就是 X 的第一列是一个全为 1 的列向量。即

$$X = [X_1 \quad X_2]$$

其中

$$X_1 = \iota, \; X_2 = [x_2, \cdots, x_K]$$

$\bar{b}_2' = [b_2, \cdots, b_K]$ 表示所有其他变量系数的向量。在这种情况下：

$$M_1 = I - \iota(\iota'\iota)^{-1}\iota' = I - n^{-1}\iota\iota' \equiv M^0$$

因此

$$M^0 y = y - n^{-1}\iota'y = y - \left(n^{-1}\sum_{i=1}^{n} y_i\right)\iota$$
$$= \begin{bmatrix} y_1 - \bar{y} \\ \vdots \\ y_n - \bar{y} \end{bmatrix}$$

同样地，

$$M^0 X_2 = \begin{bmatrix} x_{12} - \bar{x}_2 & & x_{1K} - \bar{x}_K \\ \vdots & \cdots & \\ x_{n2} - \bar{x}_2 & & x_{nK} - \bar{x}_K \end{bmatrix}$$

因此，在包含常数（即截距）的多元回归中，可以通过将数据转换为与均值的偏误，然后在没有截距的情况下进行回归，并通过变量与均值的偏误来获得斜率。我们已经证明了具有截距的 LS 估计量满足 $\bar{y} = \bar{x}'b$，因此截距项很容易得到：

$$y = b_1 + b_2 \bar{x}_2 + \cdots + b_K \bar{x}_K$$

2.9 Stata 代码示例

这部分是第 2 章的 Stata do 文件代码示例——回归分析。这个 do 文件包含了

Stata 用于描述性统计量、多元主回归分析、敏感性分析与稳健性分析的主要步骤和代码。

```
clear all
set more off
global dir "C:\Users\yix\Desktop\lectures\Session 1"
import delimited "C:\Users\yix\Desktop\lectures\Session 1/SBIR project level data.csv"，case(preserve) encoding(ISO-8859-1)clear
save " $ dir/data.dta"，replace
use " $ dir/data.dta"
```

** **主要变量——标签**

```
lab var phase2 "Binary：Phase II award"
lab var p1prior_capacity "Phase I prior capacity，count"
lab var p1year "Year firm secured SBIR Phase I award"
lab var p2year "Year firm secured SBIR Phase II award"
lab var smp1year "Year firm secured State Match award"
```

主要结果

** 表 1：描述性统计(2002—2010)

```
preserve
drop if p1year == 2006
gen d2 = 1 if p1year > 2006
recode d2 (.=0)
label var d2 "Post-period"
gen d1 = 1 if p1year < 2006
recode d1 (.=0)
lab var d1 "Pre-period"
gen dT = 1 if state=="nc"|state=="ky"
recode dT (.=0)
label variable dT "Treated state"
gen d2_dT = d2 * dT
```

```
lab var d2_dT "Policy Effect"
drop if p1year < 2002
sum phase2
sum phase2 if d1 == 1
sum phase2 if d2 == 1
sum smp1amt_pd_10k
global variables WomanOwn_dum HUB_dum Minority_dum p1cbsa_capacity_annual
yr_est_full Emp_p1year
sum $variables
restore
** 表 2：差分模型
preserve
drop if p1year == 2006
gen d2 = 1 if p1year > 2006
recode d2 (.=0)
label var d2 "Post-period"
gen dT = 1 if state=="nc"|state=="ky"
recode dT (.=0)
label variable dT "Treated state"
gen d2_dT = d2 * dT
lab var d2_dT "Policy Effect"
global ddcontrol WomanOwn_dum HUB_dum Minority_dum p1cbsa_capacity_
annual yr_est_full Emp_p1year
global y phase2
drop if p1year < 2002
    ** 表 2 列 1
    reg $y d2 dT d2_dT $ddcontrol if agency == "nsf", cluster(firm_id)
    outreg2 $y d2 dT d2_dT $ddcontrol using "$dir/Results/DD output.xls", se
see label bdec(3) rdec(3) replace addtext(Sample, NSF * )
    ** 表 2 列 2
    drop if p1prior_capacity > 5
    reg $y d2 dT d2_dT $ddcontrol if agency == "hhs", cluster(firm_id)
```

```
outreg2 $y d2 dT d2_dT $ddcontrol using "$dir/Results/DD output.xls", se
see label bdec(3) rdec(3) append addtext(Sample, HHS 5 Prior)
    ** 表 2 列 3
drop if p1prior_capacity > 3
reg $y d2 dT d2_dT $ddcontrol if agency == "hhs", cluster(firm_id)
outreg2 $y d2 dT d2_dT $ddcontrol using "$dir/Results/DD output.xls", se
see label bdec(3) rdec(3) append addtext(Sample, HHS 3 Prior)
    ** 表 2 列 4
drop if p1prior_capacity > 1
reg $y d2 dT d2_dT $ddcontrol if agency == "nsf", cluster(firm_id)
outreg2 $y d2 dT d2_dT $ddcontrol using "$dir/Results/DD output.xls", se
see label bdec(3) rdec(3) append addtext(Sample, NSF 1 Prior)
restore
** 表 3：边际模型
global y phase2
global controls WomanOwn_dum HUB_dum Minority_dum p1cbsa_capacity_annual
yr_est_full Emp_p1year
global x c.smp1amt_pd_10k
preserve
set more off
    ** 表 3 列 1
reg $y $x $controls, cluster(firm_id)
outreg2 $y $x $controls using "$dir/Results/marginal output.xls", se see
label bdec(3) rdec(3) replace addtext(Sample, SMP)
    ** 表 3 列 2
drop if p1prior_capacity > 9
reg $y $x $controls, cluster(firm_id)
outreg2 $y $x $controls using "$dir/Results/marginal output.xls", se see
label bdec(3) rdec(3) append addtext(Sample, SMP Prior 9)
    ** 表 3 列 3
drop if p1prior_capacity > 5
reg $y $x $controls, cluster(firm_id)
```

outreg2 $y $x $controls using "$dir/Results/marginal output.xls"，se see label bdec(3) rdec(3) append addtext(Sample，SMP Prior 5)

　** 表 3 列 4

　drop if p1prior_capacity > 3

　reg $y $x $controls, cluster(firm_id)

　outreg2 $y $x $controls using "$dir/Results/marginal output.xls"，se see label bdec(3) rdec(3) append addtext(Sample，SMP Prior 3)

restore

** 表 4：差分模型的稳健性检验

preserve

set more off

drop if p1year == 2006

gen d2 = 1 if p1year > 2006

recode d2 (.=0)

label var d2 "Post-period"

gen dT = 1 if state=="nc"|state=="ky"

recode dT (.=0)

label variable dT "Treated state"

gen d2_dT = d2 * dT

lab var d2_dT "Policy Effect"

global ddcontrol WomanOwn_dum HUB_dum Minority_dum p1cbsa_capacity_annual yr_est_full Emp_p1year

global y phase2

drop if p1year < 2002

　** 表 4 列 1

　logit $y d2 dT d2_dT $ddcontrol if agency == "nsf", cluster(firm_id)

　margins, dydx(*) post

　outreg2 using "$dir/Results/DD output.xls"，se see label bdec(3) rdec(3) replace addtext(Logit)

　reg $y d2 dT d2_dT $ddcontrol if agency == "nsf", cluster(firm_id)

　outreg2 $y d2 dT d2_dT $ddcontrol using "$dir/Results/DD output.xls"，se see label bdec(3) rdec(3) append addtext(LPM_Table 2)

```
predict yhat
sum yhat if agency == "nsf"
gen oor=yhat<0|yhat>1 &yhat! =.
tab oor if agency == "nsf"
drop yhat oor
drop if p1prior_capacity > 5
logit $ y d2 dT d2_dT $ ddcontrol if agency == "hhs", cluster(firm_id)
margins, dydx( * ) post
outreg2 using " $ dir/Results/DD output. xls", se see label bdec(3) rdec(3)
append addtext(Logit)
reg $ y d2 dT d2_dT $ ddcontrol if agency == "hhs", cluster(firm_id)
outreg2 $ y d2 dT d2_dT $ ddcontrol using " $ dir/Results/DD output.xls", se
see label bdec(3) rdec(3) append addtext(LPM_Table 2)
predict yhat
sum yhat if agency == "hhs"
gen oor=yhat<0|yhat>1 &yhat! =.
tab oor if agency == "hhs"
drop yhat oor
drop if p1prior_capacity > 3
logit $ y d2 dT d2_dT $ ddcontrol if agency == "hhs", cluster(firm_id)
margins, dydx( * ) post
outreg2 using " $ dir/Results/DD output. xls", se see label bdec(3) rdec(3)
append addtext(Logit)
reg $ y d2 dT d2_dT $ ddcontrol if agency == "hhs", cluster(firm_id)
outreg2 $ y d2 dT d2_dT $ ddcontrol using " $ dir/Results/DD output.xls", se
see label bdec(3) rdec(3) append addtext(LPM_Table 2)
predict yhat
sum yhat if agency == "hhs"
gen oor=yhat<0|yhat>1 &yhat! =.
tab oor if agency == "hhs"
drop yhat oor
drop if p1prior_capacity > 1
```

```
logit $y d2 dT d2_dT $ddcontrol if agency == "nsf", cluster(firm_id)
margins, dydx(*) post
outreg2 $y d2 dT d2_dT $ddcontrol using "$dir/Results/DD output.xls", se
see label bdec(3) rdec(3) append addtext(Logit)
reg $y d2 dT d2_dT $ddcontrol if agency == "nsf", cluster(firm_id)
outreg2 $y d2 dT d2_dT $ddcontrol using "$dir/Results/DD output.xls", se
see label bdec(3) rdec(3) append addtext(LPM_Table 2)
predict yhat
sum yhat if agency == "nsf"
gen oor=yhat<0|yhat>1 &yhat! =.
tab oor if agency == "nsf"
drop yhat oor
restore
```

思考题

(1) 简述高斯-马尔可夫定理。

(2) 简述多元线性回归模型的基本假定。

(3) 可决系数 R^2 说明了什么？它与相关系数的区别与联系是什么？

(4) 对于多元线性回归模型，为什么在进行了总体显著性 F 检验之后，还要对每个回归系数进行是否为 0 的 t 检验？

(5) 多元回归模型中解释变量越多越好吗？为什么？

第 3 章
回归模型检验与统计推断

3.1 简 介

回归分析是研究多个因素之间的定量关系的最常用的统计方法。我们需要利用统计学知识,对数据进行参数估计和假设检验,从中得到相对可靠的信息。本章介绍了多元线性回归模型的检验程序。与一元回归分析相比,多元回归分析的基本假设中引入了多个解释变量间不存在多重共线性这一假设。在检验部分,多元回归分析引入了对多个解释变量是否对被解释变量有显著线性影响的联合性 F 检验,并讨论了 F 检验与拟合优度检验的内在联系。

本章重点是关于模型的约束性检验问题,主要关注于参数的线性约束与非线性约束检验。参数的线性约束检验包括对参数线性约束的检验、对模型增加或减少解释变量的检验以及参数的稳定性检验三方面的内容。约束性检验是以 F 检验为主要检验工具,以受约束模型与无约束模型是否有显著差异为检验基础。参数的非线性约束检验主要包括最大似然比检验、Wald 检验与拉格朗日乘数检验。这些检验适用于大样本情形,以估计无约束模型与受约束模型为基础,以最大似然原理进行估计。

3.2 拟合优度 R^2 的讨论

多元回归模型 R^2 的定义是简单回归模型情况的一个直接扩展。假设回归模型中包含一个截距项 $(\bar{e}=0)$,回顾之前的内容,我们能得到:

$$y = \hat{y} + e$$

其中 $\hat{y} = Xb$，$\hat{y}'e = e'\hat{y} = 0$。

特别来说，对于 $i = 1, \cdots, n$，有 $y_i = \hat{y}_i + e_i$，其中 $\hat{y}_i = x_i'b = b'x_i$，因为 $y_i - \bar{y} = (\hat{y}_i - \bar{y}) + e_i$，我们可得

$$\sum_{i=1}^{n} (y_i - \bar{y})^2 = \sum_{i=1}^{n} (\hat{y}_i - \bar{y})^2 + \sum_{i=1}^{n} e_i^2 + 2\sum_{i=1}^{n} (\hat{y}_i - \bar{y})e_i$$

由于 $\bar{\hat{y}} = \bar{y}$，$\bar{e} = 0$，因此

$$\sum_{i=1}^{n} (\hat{y}_i - \bar{y})e_i = \sum_{i=1}^{n} (\hat{y}_i - \bar{y})(e_i - \bar{e}) = \sum_{i=1}^{n} \hat{y}_i e_i = \hat{y}'e = 0$$

所以 $\sum_{i=1}^{n} (\hat{y}_i - \bar{y})e_i = 0$ 且

$$\sum_{i=1}^{n} (y_i - \bar{y})^2 = \sum_{i=1}^{n} (\hat{y}_i - \bar{y})^2 + \sum_{i=1}^{n} e_i^2 \text{ 或}$$
$$\text{SST} = \text{SSR} + \text{SSE}$$

我们定义：

$$R^2 = \frac{\text{SSR}}{\text{SST}} = 1 - \frac{\text{SSE}}{\text{SST}}$$

显然 $0 \leqslant R^2 \leqslant 1$。

利用均值偏误矩阵 $M^0 = I - n^{-1}u'$，我们还能得到矩阵表达式：

$$\text{SST} = \sum_{i=1}^{n} (y_i - \bar{y})^2 = y'M^0 y$$

$$\text{SSR} = \sum_{i=1}^{n} (\hat{y}_i - \bar{y})^2 = b'X'M^0 Xb$$

$$\text{SSE} = e'e$$

此处用到了我们之前提过的公式，如 $y'M^0 y = (M^0 y)'(M^0 y)$ 和 $M^0 \hat{y} = M^0 Xb$。我们也可以证明 R^2 是 $\hat{y}$ 和 y 相关系数的平方。

R^2 告诉我们自变量在解释 y 关于其均值变化时的相对重要性。它可以用在以下方面：① 检验模型中是否还需要包含其他解释变量；② 帮助我们在不同的模型间进行选择。

但是，在使用 R^2 时有一些重要的注意事项。

（1）对于一个令人满意的模型来说，没有必须达到的特定 R^2 水平。对于时间序列数据，R^2 通常很高，因为变量通常会随时间变化而变化。但对于横截面数据，R^2

通常相对来说较低,因为解释变量相对于未观测到的因素不会有过大波动。

(2) 在回归模型中添加一个或多个变量不会降低 R^2,而几乎总是会增加 R^2。从 LS 的定义中很容易看出这一点:添加变量不可能增加最佳拟合模型的 $\text{SSE}=e'e$,因为在最坏的情况下,新增变量的系数为零。我们有时使用另一种方法:"调整 R^2"。这一指标考虑了自变量的数量:

$$\bar{R}^2 = 1 - \frac{\text{SSE}/(n-K)}{\text{SST}/(n-1)}$$

当添加一个变量时,调整 $\bar{R}^2$ 可能上升或下降,这取决于 $e'e$ 下降是否大于 $(n-K)$。在模型选择方面也提出了替代方式。

(3) 如果因变量不同,在比较两个模型时必须特别小心。比如,因变量为 y 的线性模型与因变量为 $\ln y$ 的对数线性模型,R^2 是不可比较的,因为因变量的单位不同。

3.3　t 检验和置信区间

本节将把系数向量 b 看作是对多元线性回归模型中未知 β 的估计。也就是说,对于 $i=1,\cdots,n$,给定数据 (y_i, x_i')。

真实模型方程:

$$y_i = x_i'\beta + \varepsilon_i,\ \text{即}\ y_i = x_{i1}\beta_1 + \cdots + x_{iK}\beta_K + \varepsilon_i$$

LS 估计:

$$y_i = x_i'b + e_i,\ \text{即}\ y_i = x_{i1}b_1 + \cdots + x_{iK}b_K + e_i$$

将 b 视为对 β 的估计。我们将讨论估计量、假设检验和置信区间的一系列问题。许多结论都是简单回归模型的简单拓展。我们在这里做一个简单的概述,然后在假设①至假设⑥下进行归纳和证明。

首先要指出的是,使用 Stata 计算最小二乘估计量时,我们可以简单地列出所有的自变量 x_k,$k=1,\cdots,K$(Stata 会默认截距,除非另有指定),然后 Stata 将计算最小二乘估计量:

$$b = (X'X)^{-1}X'y$$

Stata 还将计算其他统计数据,包括 R^2、s^2(σ^2 的估计值)、$\text{SE}(b_k)$ $[SD(b_k \mid X)$ 的估计值$]$,其中 s 在 Stata 中报告为"rootMSE"。我们可以得到:

$$\frac{b_k - \beta_k}{SE(b_k)} \bigg| X \sim t(n-K)$$

由此可见,在多元回归模型中,可以像在简单回归的情况下对单个系数进行假设检验,只是自由度为 $(n-K)$ 而不是 $(n-2)$。

多元回归模型置信区间的构造与简单回归模型非常相似,都是基于 b_k 和 $SE(b_k)$,但是使用 $t(n-K)$ 分布。

假设检验允许我们得出结论"我们的估计量在统计学上是显著的",在进行假设检验之前,先查看 OLS 方差是有帮助的。理解它以及为得到它所做的假设可以帮助我们获得正确的标准误,用于以后的假设检验。

在经济金融研究中,这类表述很常见:"估计值 $\hat{\beta}$ 在统计上是显著的。"这句话的意思是"统计显著"通常意味着估计值在统计上不同于 0。关于它是如何得到的,在理解显著性时,我们需要注意的是,β_1、β_2 等估计值是随机变量的函数,因此,它们是彼此具有方差和协方差的随机变量,这些方差和协方差可以估计,标准误只是估计值的估计方差的平方根。

我们现在可以得到基本参数的分布。令 β_K 作为 $K \times 1$ 个参数向量的第 K 个分量。假设我们想要检验:

$$H_0: \beta_k = \beta_k^0$$
$$H_1: \beta_k \neq \beta_k^0$$

我们已知 $E(b \mid X) = \beta$,因此 $E(b_k \mid X) = \beta_k$。我们还已知:

$$\text{var}(b \mid X) = \delta^2 (X'X)^{-1}$$

$\text{var}(b \mid X)$ 的条件无偏估计值是

$$\widehat{\text{var}}(b \mid X) = s^2 (X'X)^{-1}$$

对于 $\widehat{\text{var}}(b \mid X)$ 的第 k 个对角线元素,我们可以得到:

$$\text{var}(b_k \mid X) = \delta^2 S^{kk}$$

在这里 S^{ij} 表示 $(X'X)^{-1}$ 的第 ij 个元素:

$$\left[(X'X)^{-1} \right]_{ij} = S^{ij}$$

所以 S^{kk} 是 $(X'X)^{-1}$ 的第 k 个对角线元素。因此

$$SD(b_k \mid X) = \delta \sqrt{S^{kk}}$$

我们可以通过 b_k 的标准误差来估计：

$$\mathrm{SE}(b_k) = S \sqrt{S^{kk}} = \sqrt{\widehat{\mathrm{var}}(b_k \mid X)}$$

因此

$$
\begin{aligned}
\frac{b_k - \beta_k}{\mathrm{SE}(b_k)} &= \frac{(b_k - \beta_k)/\mathrm{SD}(b_k \mid X)}{\mathrm{SE}(b_k)/\mathrm{SD}(b_k \mid X)} \\
&= \frac{(b_k - \beta_k)/\mathrm{SD}(b_k \mid X)}{s/\delta} \\
&= \frac{(b_k - \beta_k)/\mathrm{SD}(b_k \mid X)}{\sqrt{\dfrac{e'e}{\delta^2}/(n-K)}}
\end{aligned}
$$

在 X 的条件下，分子是标准正态分布，分母是 $\chi^2(n-k)/(n-k)$ 的平方根。因此，由于分子和分母在统计上是独立的，可得

$$\frac{b_k - \beta_k}{\mathrm{SE}(b_k)} \bigg| X \sim t(n-K)$$

因此，在多元回归模型中，可以像在简单回归情况下对单个系数进行假设检验，但自由度是 $(n-K)$ 而不是 $(n-2)$。

置信区间也可以用同样的方法构造。最后，我们要指出 $\dfrac{b_k - \beta_k}{\mathrm{SE}(b_k)} \bigg| X \sim t(n-K)$ 对于所有的 X 都满足 $(b_k - \beta_k)/\mathrm{SE}(b_k)$ 的无条件（或"边际"）分布是相同的，即

$$\frac{b_k - \beta_k}{\mathrm{SE}(b_k)} \sim t(n-K)$$

因此，我们也可以无条件地陈述检验结果和置信度结果，并且它们不依赖于数据 X 的分布。

例 3.1　姆罗兹(Mroz)(1987)研究了已婚女性劳动力供给的收入等式。1976 年的数据来自 753 个人，其中 428 人是正式劳动力市场的参与者。表 3 - 1 给出了以下模型的估算结果：

$$\ln \mathrm{earnings} = \beta_1 + \beta_2 \, \mathrm{age} + \beta_3 \, \mathrm{age}^2 + \beta_4 \, \mathrm{education} + \beta_5 \, \mathrm{kids} + \varepsilon$$

这里的"earnings"是每小时工资乘以工作小时数；"age"为年龄；"education"是上

学时间;如果家庭中有一个或多个 18 岁以下的孩子,那么 kids＝1,否则为 0。结果如表 3-1 所示。

表 3-1　已婚女性劳动力供给收入等式模型的估算结果

变　量	系数, b_k	标准差, $SE(b_k)$	t 值, $b_k/SE(b_k)$
常数	3.40	1.767	1.833
age	0.201	0.084	2.392
age^2	$-0.002\ 3$	0.000 99	-2.345
education	0.067	0.025	2.672
kids	-0.351	0.148	-2.380

$$R^2 = 0.040\ 995,\ s = 1.190\ 44,\ n = 428$$

因为样本量足够大,$t(423)$ 几近于 $N(0,1)$ 分布,而 2.5% 临界值是 1.96。因此,所有的斜率系数都在 5% 的水平上与 0 显著不同,即对于 $i=2,\cdots,5$,原假设 $H_0: \beta_i = 0$ 会在 5% 的水平上被拒绝。

如果我们的统计假设得到满足,education 的系数可以被解释为增加一年教育经历会相应增加 6.7% 的收入。β_4 在 95% 水平上的置信区间为

$$0.067 \pm 1.96 \cdot 0.025$$
$$= 0.067 \pm 0.049$$
$$= (0.018, 0.116)$$

即 1.8%～11.6%。显然,这个系数并不是很准确的估计。age 和 age^2 的系数表明,年龄对于收入的影响是凹函数,人们的收入大约在 43 岁时达到峰值。

我们要注意的是这不是一个控制实验,因此有理由怀疑以下关键假设的有效性:ε 与自变量不相关。因此,遗漏变量是一个需要考虑的关键问题。任何影响收益的变量不包括在自变量列表中,但会被包含在误差项中。例如,SEB(社会和经济背景)中的个人差异可能会影响收入,SEB 很可能与教育年限相关。因为 SEB 是 ε 的一部分,ε 和教育年限也相关。这会使我们对参数的估计 β 产生偏误。

另一个需要考虑的问题是,样本中只选择工作时间为正的个体。个人是否属于劳动力队伍并且就业并不是外生的。至少在一定程度上这是一种市场选择。例如,假设收入潜力较低的个人更有可能离开或者甚至无法加入劳动力大军。特别是 $\varepsilon_i < 0$,教育水平较低的个人,与那些有工作经验的人相比,他们更有可能不被雇佣,

因此与 $\varepsilon_i > 0$ 相比应该不在样本中。这会导致教育程度与样本中的随机干扰之间出现负相关,从而使估计产生偏误。

以上例子报告的 t 值只是告诉我们样本估计值 β 与 0 之间的标准差。也就是说,它正在检验原假设 $\beta = 0$。p 值表明,如果原假设成立,我们得到估计的 β 的标准差远离 0 的可能性。

需要注意的是统计与经济意义的区别。这两者是不一样的,系数可能具有统计意义,但在经济上很小,在大样本中,或者在 x 中有很多变化时(或异常值),会得到这样的结果。系数在经济上可能很大,但在统计上不重要,可能只是样本量小,或者 x 的变化太小,无法得到精确的估计。

如果回归方程中包含了不应包含在模型中的自变量,我们估计 $y = \beta_0 + \beta_1 x_1 + \beta_2 x_2 + \varepsilon$,但实际模型是 $y = \beta_0 + \beta_1 x_1 + \varepsilon$。我们仍然得到了所有 β 的一致估计,其中 $\beta_2 = 0$,但我们的标准误差可能会上升(使其更难找到统计上显著的影响)。估计值 $\hat{\beta}_j$ 的方差越大,标准误差越大,越难找到具有统计意义的估计值,因此,了解怎样会增加 $\mathrm{var}(\hat{\beta}_j)$ 很有意义。OLS 斜率的样本方差为

$$\mathrm{var}(\hat{\beta}_j) = \frac{\sigma^2}{\sum_{i=1}^{N}(x_{ij} - x_j)^2(1 - R_j^2)}$$

$i = 1, \cdots, k$,其中,R_j^2 为所有其他自变量上回归 x_j 的 R^2(包括截距),σ^2 为回归误的方差 ε。显然,从以上的公式我们可以知道,x_j 的更多变化是好的,SE 会更小。直觉上,x_j 更多的变化有助于我们确定其对 y 的影响,这就是为什么我们总是想要更大的样本,因为这将使我们在 x_j 中有更多的变化。同时,误差的方差越大,SE 越大。直觉上,很多变化都可以用我们没有纳入回归方程的东西来解释,可以添加有影响的变量(即使不需要识别)以提高拟合优度。但是,如果变量高度共线,我们会很难理清高度共线变量的影响。这就是为什么我们不想添加"不相关"的变量(即对 y 没有影响的变量)。关于是否应该加入我们感兴趣的与 x 高度相关的解释变量,我们将在第 5 章介绍。

3.4　系数线性组合的置信区间和检验

本节介绍对参数的特定线性组合,模型为

$$\gamma = w'\beta$$

其中，w 是固定的 $K \times 1$ 向量。如果我们对 $\beta_2 - \beta_3$ 或 $\beta_2 + 2\beta_4 - \beta_5$ 感兴趣，则无偏估计量 c 为

$$c = w'b$$

因此 $E(c \mid X) = w'E(b \mid X) = w'\beta = \gamma$。

由于 c 是条件正态的，如果我们可以得到 $SD(c \mid X)$ 的恰当的估计量，我们可以对 γ 构造置信区间或检验假设为

$$\mathrm{var}(c \mid X) = \mathrm{var}(w'b \mid X) = w'\mathrm{var}(b \mid X)w$$
$$= \delta^2 w'(X'X)^{-1}w$$

$\widehat{\mathrm{var}}(c \mid X) = \widehat{\mathrm{var}}(w'b \mid X)$ 是 $\mathrm{var}(c \mid X) = \mathrm{var}(w'b \mid X)$ 有条件的无偏估计：

$$\widehat{\mathrm{var}}(c \mid X) = s^2 w'(X'X)^{-1}w$$

即

$$\widehat{\mathrm{var}}(w'b \mid X) = w'\,\widehat{\mathrm{var}}(b \mid X)w$$

由于

$$\mathrm{SE}(c) = \sqrt{\widehat{\mathrm{var}}(c \mid X)}$$

我们可以得到 $(c - \gamma)/\mathrm{SE}(c) \mid X \sim t(n - K)$。因此，关于 γ 的假设可以用一般的方法进行检验；关于 γ 的置信区间可以用通常的方式构造。

计算公式 $\widehat{\mathrm{var}}(w'b \mid X)$ 看起来可能有点抽象，但 $\widehat{\mathrm{var}}(b \mid X)$ 只涉及估计的方差和协方差的线性组合，有时可以更直接地进行计算。例如，假设我们想要一个 γ 的置信区间：

$$\gamma = \beta_3 + \beta_4$$

这里的 $K \geqslant 4$，并且 $c = b_3 + b_4$，则

$$\mathrm{var}(b_3 + b_4 \mid X) = \mathrm{var}(b_3 \mid X) + \mathrm{var}(b_4 \mid X) + 2\mathrm{cov}(b_3, b_4 \mid X)$$

我们可以用这个公式来计算 $\widehat{\mathrm{var}}(b_3 + b_4 \mid X)$，利用 Stata 从方差矩阵 $\mathrm{var}(b \mid X)$ 中得到。然后

$$\mathrm{SE}(b_3 + b_4) = \sqrt{\widehat{\mathrm{var}}(b_3 + b_4 \mid X)}$$

我们可以使用 $b_3 + b_4 \pm t_{.025}(n-K) \times \text{SE}(b_3 + b_4)$ 作为 $\beta_3 + \beta_4$ 的 95% 置信区间。

3.5　多个系数假设检验

多元回归模型的一个新特点是可以检验联合假设,即包含多个方程的线性假设。

我们考虑原假设 H_0,即 $1 \leqslant J \leqslant K$ 个变量系数为 0。为方便起见,我们将这些变量排在最后,并假设

$$H_0 : \beta_{K-J+1} = \beta_{K-J+2} =, \cdots, = \beta_K = 0$$

请注意,H_0 是一个联合假设,指定所有 J 个系数均为 0。在下面的公式中,我们假设回归中包含一个截距(且该截距不是 H_0 中的系数之一)。然后可以证明在 H_0 下,

$$F = \frac{(R^2 - R_*^2)/J}{(1 - R^2)/(n-K)} \sim F(J, n-K)$$

其中,R^2 是从所有 K 个变量的回归中获得的,R_*^2 是从排除 H_0 中列出的 J 个变量的回归中获得的。该检验只需要估计两次模型,分别是包括和不包括指定的 J 个变量。

使用上述 F 统计量,如果 $F > F_\delta(J, n-K)$,我们在 $\delta\%$ 的水平上拒绝 H_0。注意,这是一个单侧检验。我们检验 H_0 中是否存在任何一个等式没有被满足。

对于带有截距的回归,一个特殊情况是检验除截距以外的所有系数都为 0 的原假设,即 $J = K-1$,则

$$H_0 : \beta_2 = \beta_3 =, \cdots, = \beta_K = 0$$

这里我们假设截距是第一个变量,使用以下统计量检验 H_0:

$$F = \frac{R^2/(K-1)}{(1 - R^2)/(n-K)} \sim F(K-1, n-K)$$

当 F 足够大时,拒绝 H_0。 这只是一个 $R_*^2 = 0$ 的特殊情况,因为在 H_0 下,我们有 $\hat{y}_i = \bar{y}$ 且 $\text{SSE} = \text{SST}$。

在多元回归中,我们研究对比单个参数更复杂的假设检验,即涉及多个系数的假设。例如,假设 $K = 4$,模型为

$$y_i = x_{i1}\beta_1 + x_{i2}\beta_2 + x_{i3}\beta_3 + x_{i4}\beta_4 + \varepsilon_i$$
$$H_0 : \beta_2 = \beta_3$$

或涉及多个方程的联合假设,如

$$H_0 : \beta_2 = \beta_3 \text{ 和 } \beta_4 = 1$$

第一个假设 $H_0 : \beta_2 = \beta_3$ 相当于 $H_0 : \beta_2 - \beta_3 = 0$,所以可以用上一节的 t 检验来检验,但要检验联合假设 $H_0 : \beta_2 = \beta_3$ 和 $\beta_4 = 1$ 则需要重新检验。我们将以一种一般性的方式来构建,即我们考虑联合检验 $J < K$ 的独立线性假设。为了解决这一问题,我们考虑用以下形式表示线性假设集合:

$$H_0 : R\beta = q$$

其中 R 是 $J \times K$ 的线性组合,q 是 $J \times 1$ 的线性组合。这里满足① $J \leqslant K$ 及② $\mathrm{rank}(R) = J$,即 R 是线性独立的。

因此,上面的第一个假设可以写成

$$H_0 : \begin{bmatrix} 0 & 1 & -1 & 0 \end{bmatrix} \begin{bmatrix} \beta_1 \\ \beta_2 \\ \beta_3 \\ \beta_4 \end{bmatrix} = 0$$

其中,$J = 1$。第二个假设可被写成

$$\begin{bmatrix} 0 & 1 & -1 & 0 \\ 0 & 0 & 0 & 1 \end{bmatrix} \begin{bmatrix} \beta_1 \\ \beta_2 \\ \beta_3 \\ \beta_4 \end{bmatrix} = \begin{bmatrix} 0 \\ 1 \end{bmatrix}$$

其中,$J = 2$。

对于如何检验 $H_0 : R\beta = q$ 这个假设,我们将考虑两种自然的方法。两者都会指向基于 F 分布的检验,且两种形式的检验结果是相同的。

3.6 约束最小二乘法的拟合损失

这种检验的基本思想是重新估计施加了零假设 H_0 约束的模型。这会导致拟合

度降低,即 SSE 增加。如果 SSE 增长幅度很大,这就会降低 H_0 的可信度。

检验步骤如下:

第一步,首先通过 LS 估计模型 $y = X\beta + \varepsilon$,即不施加约束。使得 LS 估计 $y = Xb + e$,以及用 SSE $= e'e$ 得到无约束的 SSE。

第二步,通过 LS 重新估计模型,但是把 H_0 强加于估计量,即我们求解

$$\min e'_* e_* = (y - Xb_*)'(y - Xb_*)$$

受约束于 $Rb_* = q$。

实际上,最简单的估计 b_* 和计算 SSE$^* = e'_* e_*$ 的方法就是直接施加约束,然后运用 LS 进行计算。例如:

$$\beta_2 = \beta_3 \text{ 和 } \beta_4 = 1$$

在 $K = 4$ 的模型中,我们得到:

$$y_i = x_{i_1}\beta_1 + (x_{i_2} + x_{i_3})\beta_2 + x_{i_4} + \varepsilon_i$$

或者

$$y_i - x_{i_4} = x_{i_1}\beta_1 + (x_{i_2} + x_{i_3})\beta_2 + \varepsilon_i$$

这可以简单地通过 $(y_i - x_{i_4})$ 对 x_{i_1}、$x_{i_2} + x_{i3}$ 进行回归来估计,并且 SSE 的结果等于 SSE$^* = e'_* e_*$。

第三步,可以证明在 H_0 下,

$$F = \frac{(e'_* e_* - e'e)/J}{e'e/(n-K)} \bigg| X \sim F(J, n-K)$$

我们也可以把 F 写为

$$F = \frac{(\text{SSE}^* - \text{SSE})/J}{\text{SSE}(n-K)}$$

因为 F 值较大,我们对 H_0 产生怀疑,如果 $F > F_\alpha(J, n-K)$,我们在 $\alpha\%$ 的水平下拒绝 H_0。

注意这种形式的 F 检验有时被称为似然比检验。这是因为它可以从与最大似然估计一起使用的标准似然检验中获得。

如果例子中 $J = K$ 相当于 $H_0: \beta = \beta_0$,在这种情况下 $e_* = y - X\beta_0$。

例 3.2 我们再次考虑简单回归章节中的消费函数示例。我们考虑滞后收入增长是否影响消费增长的问题。因此,我们估计:

$$DC_t = \beta_1 + \beta_2 DI_t + \beta_3 DI_{t-1} + \beta_4 DI_{t-2} + \varepsilon_t \tag{DC1}$$

使用 1950 年至 2013 年的年度数据(64 个观测值),我们得到的结果如表 3-2 所示。

表 3-2 使用 1950 年至 2013 年年度数据的结果

变　量	系　数	标 准 差
常数	−4.799	16.786
DI	0.696	0.082
DI(−1)	0.285	0.085
DI(−2)	−0.035	0.088

$$R^2 - 0.687, \; SSE = 232\,665, \; s = 62.27$$

当不包括滞后项在内时,我们得到的结果如表 3-3 所示。

表 3-3 不包括滞后项在内时的结果

变　量	系　数	标 准 差
常数	20.182	15.058
DI	0.793	0.078

$$R^2 = 0.625, \; SSE = 279\,166, \; s = 67.10$$

为了检验

$$H_0: \beta_3 = \beta_4 = 0$$

我们计算:

$$F = \frac{(279\,116 - 232\,665)/2}{232\,665/(64-4)} = 6.00$$

因为 $F > F_{.05}(2, 60) = 3.15$,我们在 5% 的水平上拒绝 H_0。

基于得到的各种结果,我们提出了一个自然候选模型:

$$DC_t = \beta_2 DI_t + \beta_3 DI_{t-1} + \varepsilon_t \tag{DC2}$$

我们去掉了 DI_{t-2},因为简单的 t 检验无法拒绝 $H_0: \beta_4 = 0$,甚至在 10% 的水平上也无法拒绝,在这里我们出于同样的原因忽略了截距。结果如表 3-4 所示。

表 3-4　忽略截距后的结果

变　量	系　数	标 准 差
DI	0.671	0.068
DI($-$1)	0.256	0.068

其中 SSE$=233\,971$ 并且 $s=61.43$。我们还可以联合检验第一个模型中在第二个模型施加的约束 $H_0: \beta_1=\beta_4=0$。这些约束的 F 统计量如下：

$$F=\frac{(233\,971-232\,665)/2}{232\,665/(64-4)}=0.168$$

显然在 5%（或 10%）的水平上不显著。因此，我们可以接受 $\beta_1=\beta_4=0$ 的约束。事实上，在考虑的各种模型中，这个模型的回归标准差 s 最低。

作为最后一个例子，我们检测：

$$H_0: \beta_2=\beta_3$$

在刚刚估计的第二个模型中，即包含 DI_t，DI_{t-1} 并且截距为 0 的情况。为此，我们施加了约束并进行估计：

$$\mathrm{DC}_t=\beta_2(\mathrm{DI}_t+\mathrm{DI}_{t-1})+\varepsilon_t$$

结果如表 3-5 所示。

表 3-5　$H_0: \beta_2=\beta_3$ 的检验结果

变　量	系　数	标 准 差
DI+DI($-$1)	0.464	0.022

其中 SSE$=272\,458$ 并且 $s=65.76$。使用 F 检验，我们得到：

$$F=\frac{(272\,458-233\,971)/1}{233\,971/(64-2)}=10.1$$

我们关注的是 $F_{.05}(1,62)=4.00$ 和 $F_{.01}(1,62)=7.06$。因此，我们可以拒绝该原假设，即使在 1% 的显著性水平上，DI 和滞后 DI 也具有相同的影响。

在考虑的模型范围内，我们的选择是 $DC_t=\beta_2 DI_t+\beta_3 DI_{t-1}+\varepsilon_t$。这是与数据一致的最简单模型，即不会被更一般的模型拒绝。它估计同期的边际消费倾向为 0.671,第二年的额外影响为 0.256。

3.7　Wald 检验

Wald 检验的思想是通过 LS 检测无约束模型。这个方法就是检验:

$$H_0: R\beta = q$$

也就是计算 $(Rb-q)$。在 H_0 下,这应该接近于 $J \times 1$ 的零向量,而在 $H_1: R\beta \neq q$ 条件下,我们预计 $E(Rb-q \mid X) = R\beta - q \neq 0$。我们需要确定什么是统计上显著的差异。这个方法是为了比较 $(Rb-q)$ 和它的条件方差。在 H_0 下,由于 $E(Rb-q \mid X) = 0$,因为 b 和 $(Rb-q)$ 是条件正态的,我们能得到:

$$(Rb-q)'[\mathrm{var}((Rb-q) \mid X)]^{-1}(Rb-q) \sim \chi^2(J)$$

因为

$$\mathrm{var}[(Rb-q) \mid X] = \mathrm{var}(Rb \mid X) = R\,\mathrm{var}(b \mid X)R'$$

我们可以写为

$$(Rb-q)'[R\,\mathrm{var}(b \mid X)R']^{-1}(Rb-q) \sim \chi^2(J)$$

或者,使用 $\mathrm{var}(b \mid X) = \delta^2(X'X)^{-1}$,将上式改为

$$(Rb-q)'[\delta^2 R(X'X)^{-1}R']^{-1}(Rb-q) \sim \chi^2(J)$$

我们无法观测 $\mathrm{var}(b \mid X)$,但我们有它的估计 $\widehat{\mathrm{var}}(b \mid X) = s^2(X'X)^{-1}$。我们现在用 $\widehat{\mathrm{var}}(b \mid X)$ 替换 $\mathrm{var}(b \mid X)$,在上面显示的表达式中,除以 J 可以得到一个具有 F 分布的检验统计量。

即在 X 的条件下,H_0 下的 F 统计量为

$$F = \frac{(Rb-q)'[\delta^2 R(X'X)^{-1}R']^{-1}(Rb-q)/J}{(e'e/\delta^2)/(n-K)}$$

在这里我们使用了在 X 的条件下 b 和 $e'e$ 是独立的。注意 δ^2 在分子和分母上可以消除,并且 $s^2 = e'e = (n-K)$,所以,在 X 的条件下

$$F = \frac{(Rb-q)'[R(X'X)^{-1}R']^{-1}(Rb-q)/J}{s^2} \sim F(J, n-K)$$

或者等于

$$F = \frac{(Rb - q)' [R \, \hat{\mathrm{var}}(b \mid X) R']^{-1} (Rb - q)}{J} \sim F(J, n - K)$$

这就是 Wald 检验,显然,根据 LS 估计值很容易进行计算。

3.8　F 检验的等效性

可以看出,刚才描述的两个 F 检验在数值上是相同的。证明的思路如下: 被约束的 LS 估计量 b_* 的公式是由拉格朗日函数的正阶条件得到的。

$$b_* = b - (X'X)^{-1} R' [R(X'X)^{-1} R']^{-1} (Rb - q)$$

由于

$$e_* = y - X b_* = e - X(b_* - b)$$

那么

$$e_*' e_* = e'e + (b_* - b)' X'X (b_* - b)$$

简化结果得到:

$$e_*' e_* - e'e = (Rb - q)' [R(X'X)^{-1} R']^{-1} (Rb - q)$$

因此

$$\frac{(Rb - q)' [R(X'X)^{-1} R']^{-1} (Rb - q) / J}{s^2} = \frac{(e_*' e_* - e'e) / J}{e'e/(n - K)}$$

这就是之前使用的 F 的表达式。

3.8.1　F 检验的 R^2 版本

假设回归中有一个截距。如果零假设是 $J < K$ 个(非截距)变量的系数为零,因而可以从回归中排除。这可以用 SSE 形式的检验来验证,其中 $e_*' e_*$ 通过进行排除 J 个变量的回归得到。那么就不难得出:

$$F = \frac{(e_*' e_* - e'e) / J}{e'e/(n - K)} = \frac{(R^2 - R_*^2) / J}{(1 - R^2)/(n - K)'}$$

其中，R_*^2 是从排除变量后的回归中得到的。对于 $J = K - 1$ 的情况，只须设置 $R_*^2 = 0$。

3.8.2 t 检验和 F 检验

检验单一假设：

$$H_0 : \beta_k = \beta_k^0$$

当 $J = 1$ 时可以使用 F 检验。我们已经了解如何使用 t 检验。因为 $t \sim t(n-K)$，意味着 $t^2 \sim F(1, n-K)$。我们可以看出这两个检验是等效的，即当且仅当 F 检验被拒绝时，双侧 t 检验在给定的意义水平上才被拒绝。这一点通常适用于当 $J = 1$ 时的线性假设 H_0。

3.9　对估计方法的补充

我们已经证明了 LS 作为多元回归模型的估计量具有良好的性质。LS 估计量的基本原理是什么？结果表明，两种不同的估计原理促使了 LS 估计。第一个原理是矩估计原理。在假设 $E(\varepsilon_i \mid x_i) = 0$ 的情况下，意味着 $E(y_i - x_i'\beta \mid x_i) = 0$，因此

$$E[x_i(y_i - x_i'\beta \mid x_i)] = 0$$

取 x_i 的期望值，得 $E[x_i(y_i - x_i'\beta)] = 0$，则

$$Ex_i y_i = (Ex_i x_i')\beta$$

根据它们的样本平均分别为 $n^{-1} \sum_{i=1}^{n} x_i y_i = n^{-1} X'y$ 和 $n^{-1} \sum_{i=1}^{n} x_i x_i' = n^{-1} X'X$，用矩估计原理代替二阶矩 $Ex_i y_i$ 和 $Ex_i x_i'$。通过下式定义了矩估计的估计量 b^{mm}。

$$n^{-1} X'y = (n^{-1} X'X) b^{mm}$$

很容易得到 LS 估计量 $b^{mm} = (X'X)^{-1} X'y = b$。事实证明，矩估计原理方法可以推广到所谓的 GMM(Generalized Method of Moments, 广义矩量方法)估计量，这为我们估计其他统计模型提供了一种方法。

在类似的情况下，可以证明 β 还能从另外一个方法得到，即极大似然估计原理。在假设①~⑥下，我们有 $\varepsilon_i \mid X \sim N(0, \delta^2)$，即 $y_i \mid X \sim N(x_i'\beta, \delta^2)$，因此 $y_i \mid X$ 的密度为

$$f(y_i;\beta,\delta^2\mid X)=\frac{1}{\sqrt{2\pi\delta^2}}\text{epx}\left[-\frac{1}{2\delta^2}(y_i-x'_i\beta)^2\right]$$

公式明确表明概率密度取决于 β 和 δ^2。

在 X 给定的条件下,当 $i=1,\cdots,n$ 时,$\varepsilon_i=y_i-x'_i\beta$ 都是独立的,所以概率密度 $f(y\mid X)$ 是从 $f(y;\beta,\delta^2\mid X)=\prod\limits_{i=1}^{n}f(y_i;\beta,\delta^2\mid X)$ 得到的。为了强调对于给定的数据 $\{y_i,x'_i\}_{i=1}^{n}$,取决于 β、δ^2,我们通常把它写为 $L(\beta,\delta^2\mid y,X)=\prod\limits_{i=1}^{n}f(y_i;\beta,\delta^2\mid X)$,并且我们称 L 为似然方程。由于对数似然函数 $\ln[L(\beta,\delta^2\mid y,X)]$ 更方便,我们可得

$$\ln[L(\beta,\delta^2\mid y,X)]=-(n/2)\ln(2\pi)-(n/2)\ln(\delta^2)-\frac{1}{2\delta^2}\sum_{i=1}^{n}(y_i-x'_i\beta)^2.$$

极大似然估计的原理是选择未知参数的估计,即此处的 β 和 δ^2。作为 β,δ^2 的估计值,在给定数据情况下,最大化 L 或者最大化 $\ln L$。这些值可以通过设置关于 β、δ^2 的 $\ln L$ 方程,使其等于零。这里要注意的是,无论 δ^2 的选择是什么,β 的极大似然估计是最小化 $\sum\limits_{i=1}^{n}(y_i-x'_i\beta)^2$ 的选择。这与最小化误差平方和是一样的。换句话说,在假设①~⑥下的多元回归模型中 β 的极大似然估计是 $b^{\text{MLE}}=b$,即 LS 估计量。事实再次证明,极大似然估计原理通常会产生良好的估计量,并可用于各种统计模型。

在上一节,我们讨论了两个检验,基于约束 LS 的拟合损失检验及 Wald 检验,并表明在多元回归模型中这些检验是等价的。拟合损失检验可以看作似然比(Likelihood Ratio,LR)检验的一种应用。LR 检验的主要目的是获得无约束模型和约束模型的极大似然(Maximum Likelihood,ML)估计量,并计算两个最大似然估计量的似然比。在我们的设置中,这相当于比较 SSE 和 SSE*。LR 检验原理可以用于由极大似然估计的任何模型。Wald 检验的优点是只需要估计非约束模型,并且可以应用于已知估计量分布的任何情况。还有第三个检验原理,称为拉格朗日乘数(LM)检验。这种检验的优点是,在零假设下只需要估计受约束模型。在 LM 检验中,计算与施加约束相对应的拉格朗日乘数,并检验其值是否显著不同于零。在多元回归模型中,LM 检验再次等价于 F 检验,但在其他情况中,这一思路可以提供其他新颖且有效的检验。

思考题

（1）为什么在多元回归模型中，需要对可决系数 R^2 做出修正？

（2）简述 F 检验的含义。

（3）简述置信区间的含义，并写出其上界和下界。

（4）F 统计量和 t 统计量之间的关系是怎样的？

（5）请列举几个可能导致 OLS 的 t 统计量无效的因素。

第4章
渐进理论

4.1　简　介

基本线性模型做出了许多强有力的假设,即假设①~⑥,我们想研究当我们放宽这些假设时会出现什么情况。如果样本量较大,假设⑥和③这两个假设可以放宽。具体来说:

假设⑥正态分布,对于统计推断(假设检验和置信区间)需要假设 ε 为正态分布。然而,基于中心极限定理,当样本量较大时,可以放宽这一假设。

假设③外生性,即对于 $i, j=1, \cdots, n$, $E(\varepsilon_i \mid X)=0$, $E(\varepsilon_i \mid x_j)=0$。这是一个非常有力的假设。在某些情况下,我们希望放宽这一点,代之以不那么有力的假设,即自变量是"预先确定的"。特别是在时间序列的应用中,对于 $t=1, \cdots, T$,我们更喜欢这个假设:

$$E(\varepsilon_t \mid \varepsilon_{t-1}, \varepsilon_{t-2}, \cdots, \varepsilon_1, x_t, x_{t-1}, \cdots, x_1)=0$$

它可以允许滞后因变量作为自变量。

在每种情况下,当我们放宽假设③或⑥时,尽管并不困难,但我们还是需要添加一些辅助假设。关键的技术方法是使用对大样本有效的近似值的理论结果,这就是所谓的渐近理论。渐近理论的工具有助于研究工具变量(IV, Instrumental Variable)估计量的统计性质,尽管它们只有很少的有限样本结果,还有许多广义最小二乘(Generalized Least Squares, GLS)估计量的性质。下面的章节将会介绍 GLS 和 IV 估计值。最后,渐近理论也有助于计算假设无法满足时的影响,例如,计算假设③无法满足的某些情况下的渐近偏误。

4.2 依概率收敛

1. 概念收敛

第一个概念是概率收敛。考虑到最基本的统计问题，即从一个样本中估计一个群体的平均值，$i = 1, \cdots, n$，当

$$z_i \sim \mathrm{iid}(\mu, \sigma^2)$$

对于样本均值：

$$\bar{z} = n^{-1} \sum_{i=1}^{n} z_i$$

我们知道：

$$E(\bar{z}) = \mu \text{ 以及 } \mathrm{var}(\bar{z}) = \frac{\sigma^2}{n}$$

如果我们把概率密度看成是样本量的函数，就会发现它在 μ 上"堆积"了 $n \to \infty$。

形式上，假设 x_n 是一个随机变量序列，$n = 1, 2, 3, \cdots$（我们将考虑用 n 表示样本大小）。然后我们称 x_n 在概率上收敛于常数 c，如果

$$\text{对于任意 } \varepsilon > 0, \lim_{n \to \infty} \mathrm{Prob}(\mid x_n - c \mid > \varepsilon) = 0$$

可以写为

$$p \lim(x_n) = c \text{ 或 } x_n \xrightarrow{p} c \text{。}$$

概率收敛于 c 的充分条件为：

(1) $\lim\limits_{n \to \infty} E(x_n) = c$。

(2) $\lim\limits_{n \to \infty} \mathrm{var}(x_n) = 0$。

当这些条件满足时，我们说 x_n 在均方（或"二次平均"）中收敛于 c，这是一个比概率收敛更强的条件，这些条件通常很容易满足。在上述样本均值的示例中，这些条件就立即得到满足，因此

$$p \lim(\bar{z}) = \mu$$

请注意，我们有时会省略 n，并写成 $p \lim(\bar{z}_n) = \mu$。

2. 一致估计

假设 $\hat{\theta}_n$ 是参数 θ 基于大小为 n 的样本的估计值。如果

$$p\lim(\hat{\theta}_n) = \theta$$

那么我们说 $\hat{\theta}_n$ 是 θ 的一致估计。

因此,在我们的例子中,样本平均数 $\bar{z}$ 是 μ 的一个一致估计量。注意,一般来说,一致性的性质既不比无偏性强,也不比无偏性弱。一致性较弱,因为它显然不需要 n 的无偏性(甚至从技术上讲也是这样,因为 $n \to \infty$)。

3. 弱大数定律(Weak Laws of Large Numbers,WLLN)

样本均值的收敛性是一个弱大数定律的例子。有许多版本中,它们所需的条件各不相同。弱大数定律的一个版本是辛钦定理(Wiener-khinchin Law of Large Numbers)。如果 x_i,$i = 1$,2,3,$\cdots$,是具有有限均值的 iid,$E(x_i) = \mu$,那么 $p\lim(\bar{x}) = \mu$。

弱大数定律的各种版本放宽了 iid 假设。事实上,上述可以立即验证,如果 $\mathrm{var}(x_i) = \sigma^2$,$\mathrm{cov}(x_i, y_i) = 0$,$i \neq j$,那么 $p\lim(\bar{x}) = \mu$。弱大数定律的其他版本,例如切比雪夫大数定理(Chebyshev Law of Large Numbers),不需要常数方差,甚至不需要常数均值。也有强大的数定律,它们为更强大的收敛概念提供了条件,称为"几乎确定"的收敛。

4. 随机向量或矩阵的概率极限

它直接将我们的定义扩展到随机向量或矩阵序列的概率极限:概率极限以自然的方式定义为向量的或矩阵的概率极限。由此可见,辛钦定理就适用于向量(或矩阵)的样本均值。

5. 概率极限规则

概率极限操作起来非常方便,因为它遵守了很多不符合预期的规则。例如斯勒茨基定理(Slutsky Theorem):如果 $p\lim(x_n) = c$,c 为常数,并且如果 g 是任一 c 处连续的函数,那么

$$p\lim[g(x_n)] = g(c)$$

换句话说,$p\lim[g(x_n)] = g[p\lim(x_n)]$。这个结果对随机向量(矩阵)的连续向量(和矩阵)函数也是成立的。

特别地,如果 x_n 和 y_n 是随机变量的序列,且 $p\lim(x_n)$ 和 $p\lim(y_n)$ 存在,那么就有如下结果:

(1) $p\lim(x_n + y_n) = p\lim(x_n) + p\lim(y_n)$。

(2) $p\lim(x_n y_n) = p\lim(x_n) p\lim(y_n)$。

(3) $p\lim(x_n / y_n) = p\lim(x_n) / p\lim(y_n)$,前提是 $p\lim(y_n) \neq 0$。

（4）如果 W_n 是一个随机的方形矩阵，并且 $p\lim(W_n)=\Omega$，是一个非奇异矩阵，那么 $p\lim(W_n^{-1})=\Omega^{-1}$。

（5）如果 X_n 和 Y_n 是随机的可相乘矩阵，$p\lim(X_n)=A$ 且 $p\lim(Y_n)=B$，那么 $p\lim(X_nY_n)=AB$。

斯勒茨基定理有时也被称为"连续隐射定理"。例如，假设 (x_i,y_i) 是一对 iid 随机变量，$Ex_i=\mu_x$，$Ey_i=\mu_u\neq0$。我们可以让 x_i 和 y_i 相互关联，即 $\mathrm{cov}(x_i,y_i)$ 不需要为零。考虑样本平均值的比率 $\bar{x}/\bar{y}$。评估期望值 $E(\bar{x}/\bar{y})$ 并不容易，因为随机变量比率的期望值不等于期望值的比率，除非它们是独立的，而且没有简单的方法来计算它。然而，我们可以很容易地计算出：

$$p\lim\left[\frac{\bar{x}}{\bar{y}}\right]=\frac{p\lim(\bar{x})}{p\lim(\bar{y})}=\frac{\mu_x}{\mu_y}$$

4.3　依分布收敛

我们还需要第二个重要的收敛概念。回顾一下，随机变量 x 的累积分布函数 $F(x)$ 定义为

$$F(x^0)=\mathrm{Prob}[x\leqslant x^0]$$

假设我们有一个随机变量序列 $x_n,n=1,2,3,\cdots$，且 x_n 有累积分布函数 $F(x)$。如果 F_n 在所有 F 连续的点上都收敛于 F，我们就说 x_n 在分布上收敛于具有累积分布函数 $F(x)$ 的随机变量 x。即

$$\lim_{n\to\infty}F_n(x^0)=F(x^0)$$

对所有 x^0，$F(\cdot)$ 是连续的。

注意，这是一个随着 n 的变大，关于 x_n 的概率分布的表示。

我们通常通过以下方式表示依分布收敛：

$$x_n\overset{d}{\longrightarrow}x$$

$F(x)$ 被称为 x_n 的极限分布。如果 $F(x)$ 是一个众所周知的分布，例如标准正态分布，那么我们可以说"x_n 的极限分布是标准正态分布"，甚至"x_n 在分布上收敛于标准正态"，我们可以改写为 $x_n\overset{d}{\longrightarrow}N(0,1)$。

依分布收敛可以自然地扩展到随机向量或矩阵序列。因此,如果 F_n 在所有 F 连续的点上都收敛于 F,则带有累积分布函数 F_n 的随机向量序列 x_n 收敛于带有累积分布函数 F 的随机向量 x。

建立依分布收敛的关键是中心极限定理(Central Limit Theorem,CLT)。这实际上是一组具有不同条件的定理。其中最著名的是林德伯格-列维中心极限定理和多元林德伯格-列维中心极限定理

1. 林德伯格-列维中心极限定理

如果 x_i,$i=1, 2, 3, \cdots$,是 iid,其有限均值 $E(\varepsilon_i)=\mu$,有限方差 σ^2,并且 $\bar{x}_n = n^{-1} \sum_{i=1}^{n} x_i$,那么

$$\sqrt{n}\,(\bar{x}_n - \mu) \xrightarrow{d} N(0, \sigma^2)$$

我们已经从弱大数定律中知道,$\bar{x}_n \xrightarrow{p} \mu$ 在 μ 处有一个尖峰。中心极限定理告诉我们,如果我们减去 μ 并乘以 $\sqrt{n}$(一种"稳定的转变"),那么它收敛于一个稳定的分布。显著的结果是,无论原始 x_i 的分布如何,它都收敛于正态分布。这一结果非常有用,因为它将允许我们检测假设并形成置信区间,即使 x_i 的分布不正态,甚至可能未知。中心极限定理有一个多元的推广,这是我们需要的。

2. 多元林德伯格-列维中心极限定理

如果 x_i,$i=1, 2, 3, \cdots$,是 iid,其有限均值 $E(\varepsilon_i)=\mu$,有限正定协方差矩阵 Σ,并且 $\bar{x}_n = n^{-1} \sum_{i=1}^{n} x_i$,那么

$$\sqrt{n}\,(\bar{x}_n - \mu) \xrightarrow{d} N(0, \Sigma)$$

同样,有一些关于中心极限定理的概括。

3. 极限分布的规则

关于极限分布有许多有用的代数结果。考虑随机变量序列 x_n,y_n。

(1) 如果 $x_n \xrightarrow{d} x$ 且 $y_n \xrightarrow{p} c$,那么

$$x_n y_n \xrightarrow{d} cx$$

即 $x_n y_n$ 的极限分布是 cx 的分布。而且

$$x_n + y_n \xrightarrow{d} x + c$$

$$x_n/y_n \xrightarrow{d} x/c，如果 c \neq 0$$

（2）如果 $x_n \xrightarrow{d} x$ 且 g 是连续的，那么

$$g(x_n) \xrightarrow{d} g(x)$$

如果 x_n 和 x 是随机向量，g 是一个向量值连续的函数（不依赖于 n），那么这个结果也成立。

（3）令 x_n 为一个随机向量序列，A_n 为一个随机矩阵序列。

① 如果 $x_n \xrightarrow{d} x$ 且 $A_n \xrightarrow{p} A$，那么当 A_n 和 x_n 是一致的时候，$A_n x_n \xrightarrow{d} Ax$。特别地，如果 $x \sim N(0, \Sigma)$，那么 $A_n x_n \xrightarrow{d} N(0, A\Sigma A')$。

② 如果 $x_n \xrightarrow{d} x$ 且 $A_n \xrightarrow{p} A$，那么当 A_n 和 x_n 是一致的，且 A 是非奇异的，$x_n' A_n^{-1} x_n \xrightarrow{d} x' A^{-1} x$。

（4）另外两个结果有时对建立非对称分布很有用。

① 如果 $x_n - y_n \xrightarrow{p} 0$ 且 $y_n \xrightarrow{d} y$，那么 $x_n \xrightarrow{d} y$。

② 令 x_n 为一个 $K \times 1$ 的随机向量序列。那么，当且仅当对所有的 $K \times 1$ 常数向量 c，有 $c' x_n \xrightarrow{d} c' x$ 时，$x_n \xrightarrow{d} x$。

4.4　最小二乘法 LS 估计的大样本性质

在没有正态性假设的情况下推导 LS 估计量 b 的渐近分布。假设模型为

$$y = X\beta + \varepsilon$$

其中，X 是 $n \times K$ 的矩阵，即

$$y_i = x_i'\beta + \varepsilon_i, \ i = 1, \cdots, n$$

现在假设：(x_i', ε_i)，$i = 1, \cdots, n$ 是一个 iid 随机变量序列。特别地，x_i 是 iid(μ, Σ_x) 回归的 $K \times 1$ 向量[①]。我们继续做除假设⑥以外的所有其他假设。因为外生性成立，所以 $E(\varepsilon_i \mid X) = 0$ 与 X 无关，且 $E(\varepsilon_i^2 \mid X) = \mathrm{var}(\varepsilon_i \mid X) = \sigma^2$。

---

① x_i 可包括截距项，在这种情况下，Σ_x 是奇异的，尽管如此，下面的 Q 矩阵通常是非奇异的。

首先，我们通过分块矩阵乘法和弱大数定律注意到：

$$\frac{1}{n}X'X = \frac{1}{n}\sum_{i=1}^{n} x_i x_i' \xrightarrow{p} E(x_i x_i') \equiv Q$$

为了表示第一个等式，使用

$$X' = (x_1 \cdots x_n) \ \text{和} \ X = \begin{bmatrix} x_1' \\ \vdots \\ x_n' \end{bmatrix}$$

其中，$x_i' = (x_{i1} \cdots x_{iK})$。根据 $\mathrm{var}(x_i)$ 的定义，可以证明 $Q = \mu\mu' + \Sigma_x$（这是由 $\Sigma_x = E(x_i - \mu)(x_i - \mu)' = E x_i x_i' - \mu\mu'$ 得出的）。我们假设 Q 是非奇异的。

接下来，我们可以证明 LS 估计值 b 的一致性。我们有

$$b = (X'X)^{-1}X'y = \beta + (X'X)^{-1}X'\varepsilon$$

同样，通过分块矩阵乘法，我们可以写出 $X'\varepsilon = \sum_{i=1}^{n} x_i \varepsilon_i$。但 $x_i \varepsilon_i$ 是 iid，所以弱大数定律意味着：

$$\frac{1}{n}X'\varepsilon = \frac{1}{n}\sum_{i=1}^{n} x_i \varepsilon_i \xrightarrow{p} E(x_i \varepsilon_i) = 0$$

因为 $E(x_i \varepsilon_i) = E[E(x_i \varepsilon_i \mid X)] = E[x_i E(\varepsilon_i \mid X)] = 0$。然后得到：

$$b = \beta + \left[\frac{1}{n}X'X\right]^{-1}\left[\frac{1}{n}X'\varepsilon\right] \xrightarrow{p} \beta + Q^{-1} \cdot 0 = \beta$$

即 β 是一致的（也是无偏的）。

最后，我们可以用中心极限定理证明 b 的渐进正态性。首先注意到，由于 $E(x_i \varepsilon_i) = 0$，所以

$$\begin{aligned} \mathrm{var}(x_i \varepsilon_i) &= E(x_i \varepsilon_i^2 x_i') = E[E(x_i \varepsilon_i^2 x_i' \mid X)] = E[x_i E(\varepsilon_i^2 \mid X) x_i'] \\ &= \sigma^2 E(x_i x_i') = \sigma^2 Q \end{aligned}$$

由于 $x_i \varepsilon_i$ 的均值为 0，方差矩阵为 $\sigma^2 Q$ 的 iid，中心极限定理适用于 $\sqrt{n}\left[\frac{1}{n}X'\varepsilon\right] = \sqrt{n}\left[\frac{1}{n}\sum_{i=1}^{n} x_i \varepsilon_i\right]$ 的极限分布，我们有

$$\sqrt{n}\left[\frac{1}{n}X'\varepsilon\right] \xrightarrow{d} N(0, \sigma^2 Q)$$

由此可见:

$$\sqrt{n}\,(b-\beta)=\left[\frac{1}{n}X'X\right]^{-1}\sqrt{n}\left[\frac{1}{n}X'\varepsilon\right]\xrightarrow{d} Q^{-1}N(0,\,\sigma^2 Q)$$

$Q^{-1}N(0,\,Q)$ 的分布是 $N(0,\,\sigma^2 Q^{-1}QQ^{-1})=N(0,\,\sigma^2 Q^{-1})$,因此 $\sqrt{n}\,(b-\beta)\xrightarrow{d}$ $N(0,\,\sigma^2 Q^{-1})$。

这是关键的结果,它有一些非常实际的意义。首先,要注意:

$$\left[\frac{1}{n}X'X\right]^{-1}\xrightarrow{p} Q^{-1}$$

可以证明:

$$s^2=(n-K)^{-1}\sum_{i=1}^{n}e_i^2\xrightarrow{p}\sigma^2$$

其中,$e_i=y_i-x_i'b$。 这将在接下来的内容中展示。由此可见:

$$s^2\left[\frac{1}{n}X'X\right]^{-1}\xrightarrow{p}\sigma^2 Q^{-1}$$

因此,我们的论点如下:

$$\sqrt{n}\,(b-\beta)\overset{a}{\sim}N\big[0,\,s^2 n(X'X)^{-1}\big]$$

其中,$\overset{a}{\sim}$ 表示"在大样本中近似分布为",除以 $\sqrt{n}$,有 $(b-\beta)\overset{a}{\sim}N(0,\,s^2(X'X)^{-1})$,再加上 β,我们得出:

$$b\overset{a}{\sim}N\big[\beta,\,s^2(X'X)^{-1}\big]$$

注意,$s^2(X'X)^{-1}$ 是由 Stata 得到的 b 的估计协方差矩阵。因此,这证明了即使干扰项不是正常的,我们通常的检验和置信区间程序也是合理的。例如,β_i 的 LS 估计值满足:

$$b_i\overset{a}{\sim}N\big[\beta_i,\,\text{SE}(b_i)^2\big]$$

其中,$\text{SE}(b_i)^2$ 是 $s^2(X'X)^{-1}$ 的第 i 个对角线元素。因此:

$$\frac{b_i-\beta_i}{\text{SE}(b_i)}\overset{a}{\sim}N(0,\,1)$$

对于大样本,如果我们使用标准正态分布而不是 $t(n-K)$ 分布,通常的检验是合理

的。由于

$$t(n-K) \xrightarrow{d} N(0, 1)$$

可见，使用 t 分布也是渐进有效的。由此可知，即使干扰项 ε 不是正态分布，它们也是渐近有效的近似值。这里的讨论提出了一个强有力的假设，即 (x_i', ε_i) 是独立同分布的。在随机抽样之外，这种假设不太可能成立。然而，如果 (x_i', ε_i) 是独立的，$i=1, \cdots, n$，可以放宽 x_i 分布相同的假设，并将其替换为它们满足良好数据的"格林纳德条件"的假设。为证明这一点，我们需要林德伯格-费勒版的中心极限定理的支持。

4.5　两种特殊情况

4.5.1　滞后因变量

在时间序列设置中，自变量几乎从来都不是独立同分布的。事实上，它们通常是强正相关的。此外，对于时间序列数据，假设回归系数的严格外生性通常也是无效的。例如，回归可能采用以下形式：

$$y_t = \alpha + \delta z_t + \gamma y_{t-1} + \varepsilon_t$$

其中，z_t 是外生的，y_{t-1} 捕捉到对 z_t（或 ε_t）随着时间而变化的分布式滞后效应。这里我们用 t 代替 i 来强调时间维度。在时间序列计量经济学中，使用滞后变量捕捉动态效应非常重要。可以看出，这必然违反了我们的外生假设 $E(\varepsilon_t \mid X)=0$，其中 $X=[\iota, z, yl]$ 和 yl 表示 y 的滞后值的 $n \times 1$ 向量。由于 y_t 受 ε_t 的影响，显然 $E(\varepsilon_t \mid y_t) \neq 0$，违反了 $E(\varepsilon_t \mid X)=0$。因此，在包含滞后因变量的回归中，LS 估计量不是有条件无偏的。

然而，虽然自变量不是外生的，但一个较弱的假设可能会成立，这足以保持一致性。在目前的情况下，自然的假设是：

$$E(\varepsilon_t \mid z_t, \cdots, z_1, y_{t-1}, \cdots, y_0, \varepsilon_{t-1}, \cdots, \varepsilon_1)=0$$

因此，ε_t 与同期和所有过去的自变量及过去的扰动项不相关。当这个假设成立时，我们说自变量是预先确定的。事实证明，从稳定和遍历的意义上来说，只要数据表现良好，就足以确保一致性。稳定性意味着数据 (y_t, z_t) 的均值和方差随着时间的推移

是恒定的,遍历性本质上意味着在时间上相隔很远的数据是近似独立的。在上面的例子中,这些条件的一个必要条件是 $|r| < 1$,因此 y_t 不会随着时间而变化。

在这种情况下,中心极限定理的广义版本也是成立的。因此 $\sqrt{n}(b - \beta)$ 也是渐近正态分布的,我们可得

$$b \overset{a}{\sim} N[\beta, s^2(X'X)^{-1}]$$

因此,如果样本量足够大,通常用于估计和推断的 LS 方法是大致有效的。

总的来说,为了大样本的一致性和推论的有效性,我们可以放弃正态性假设,而且,如果数据是稳定的,我们可以放宽外生自变量的假设,用较弱的假设取代它,即自变量是预先确定的。

4.5.2 参数的非线性函数

我们已经讨论了如何在一个或多个线性组合上检验假设,即 $H_0: R\beta = q$,以及如何在线性函数 $w'\beta$ 上形成置信区间。然而,有时我们想要估计 β 的非线性函数,或者检验 β 的非线性约束。例如,在上面的动态模型中,我们可能想检验:

$$H_0: \frac{\beta_2 \times \beta_3}{1 - \beta_4} = 1$$

或构建 $(\beta_2\beta_3)/(1-\beta_4)$ 的置信区间。

对于单一非线性函数 $c(\beta)$ 来说,一般问题是在 $c(\beta)$ 上形成一个置信区间或检验一个假设:

$$H_0: c(\beta) = q$$

其中,$c(\beta)$ 被假定为光滑函数。我们首先注意到,在标准假设 $b \overset{p}{\longrightarrow} \beta$ 下,

$$c(b) \overset{p}{\longrightarrow} c(\beta)$$

对于推断,可以使用:

$$z = \frac{c(b) - c(\beta)}{\mathrm{SE}[c(b)]} \overset{a}{\sim} N(0, 1)$$

其中,b 是 β 的 LS 估计,$\mathrm{SE}[c(b)]$ 是 $c(b)$ 的条件标准偏误的估计值。这又是使用约束的线性近似来估计的。

$$c(b) \approx c(\beta) + \left[\frac{\partial c(\beta)}{\partial \beta}\right]'(b - \beta)$$

这里的 $\partial c(\beta)/\partial\beta$ 表示在 β 真实值上计算的 $c(\beta)$ 的 $K\times 1$ 梯度。因为 $b\xrightarrow{p}\beta$ 用 $\partial c(\beta)/\partial\beta$ 也是有效的,然后我们可以通过以下式子来估计 $\mathrm{SE}[c(b)]$:

$$\mathrm{SE}[c(b)]=\sqrt{\widehat{\mathrm{var}}[c(b)]}$$

$$\widehat{\mathrm{var}}[c(b)]=[\partial c(b)/\partial\beta]'\,\widehat{\mathrm{var}}(b)[\partial c(b)/\partial\beta]$$

一些软件系统可以表示为 $z\xrightarrow{d}N(0,1)$。因此,在大样本中,我们可以用正态分布近似 z,使用 $t(n-K)$ 分布也是渐近有效的。统计量 z 可以用通常的方法形成 $c(b)$ 的置信区间和进行假设检验。这个过程通常被称为“Delta 法”,可以很容易地扩展到检验多个非线性假设,从而得到一个渐近有效的 F(或 χ^2)检验。

4.6　广义中心极限定理

有许多版本的中心极限定理放宽了林德伯格-列维 idd 假设。其中一个,在格林尼(Greene)书中给出的是林德伯格-费勒中心极限定理,它保留了独立性,但允许在 i 之间有不同的均值和不同的方差。它用于处理一些纯随机抽样未涵盖的横截面数据集。在时间序列数据的应用中,弱大数定理和一个中心极限定理是至关重要的,它不需要在观测值之间独立,因为变量可能会随着时间的推移而相互关联。

适用于时间序列的广义弱大数定理和中心极限定理对于平稳和遍历的随机序列是可能的(随时间变化的随机变量或向量的序列被称为随机过程)。稳定性是指概率分布不受时间的影响。特别地,随机过程的平均数和方差随时间变化是恒定的。随机过程的遍历性意味着该过程是渐进独立的,在序列中相距较远的随机变量几乎是独立分布的。

遍历定理意味着一个(强)大数法则对有限均值的平稳和遍历的随机过程是成立的。这意味着概率收敛,即如果 $E(x_i)=\mu$,那么 $n^{-1}\sum_{i=1}^{n}x_i\xrightarrow{p}\mu$。

还有一个强大的中心极限定理版本,叫遍历稳定鞅差中心极限定理。这意味着以下结果可以被认为是广义中心极限定理的概括。

假设随机过程 $\{\varepsilon_i,x_i\}$ 是平稳遍历的,且

$$E(\varepsilon_i \mid \varepsilon_{i-1},\varepsilon_{i-2},\cdots,\varepsilon_1,x_i,x_{i-1},\cdots,x_1)=0$$

其中,x_i 是一系列 $K\times 1$ 的随机向量。这就意味着:

$$Ex_i\varepsilon_i = 0$$

我们说 x 是"预先确定的"。还假设 $Ex_ix_i' = Q$ 是非奇异的,且 ε_i 是有条件同方差的,即

$$E(\varepsilon_i^2 \mid x_i) = \sigma^2 > 0$$

因此, $\text{var}(x_i\varepsilon_i) = E(\varepsilon_i^2 x_i x_i') = \sigma^2 Q$。 那么

$$\sqrt{n}\left(\frac{1}{n}\sum_{i=1}^{n} x_i\varepsilon_i\right) \xrightarrow{d} N(0, Q)$$

注意:① 因为 x_i 不是 iid,所以 $x_i\varepsilon_i$ 不是 iid,但它在 $x_{i-1}\varepsilon_{i-1}$, $\cdots$, $\varepsilon_1 x_1$ 上有零期望值(因此是一个"鞅差序列");② 也有不要求 ε_i 的条件同方差性。

应用于回归模型时,假设:

$$y_i = x_i'\beta + \varepsilon_i, \ i = 1, \cdots, n$$

并且, $\{y_i, x_i'\}$ 是稳定遍历的。假设

$$E(\varepsilon_i \mid \varepsilon_{i-1}, \varepsilon_{i-2}, \cdots, \varepsilon_1, x_i, x_{i-1}, \cdots, x_1) = 0$$

那么,如果 Q 是非奇异的, $Ex_ix_i' = Q$,并且 $E(\varepsilon_i^2 \mid x_i) = \sigma^2 > 0$。 那么:

$$n^{-1}\sum_{i=1}^{n} x_i x_i' = n^{-1}X'X \xrightarrow{p} Q$$

而 LS 估计值 $b = (X'X)^{-1}X'y$ 满足如下条件:

$$b \xrightarrow{p} \beta \text{ 以及 } \sqrt{n}(b-\beta) \xrightarrow{d} N(0, \sigma^2 Q^{-1})$$

这是因为:

$$b - \beta = (X'X)^{-1}X'\varepsilon$$
$$= \left(n^{-1}\sum_{i=1}^{n} x_i x_i'\right)^{-1}\left(n^{-1}\sum_{i=1}^{n} x_i\varepsilon_i\right)$$

根据遍历的弱大数定律 $n^{-1}\sum_{i=1}^{n} x_i x_i' \xrightarrow{p} Q$ 以及 $n^{-1}\sum_{i=1}^{n} x_i\varepsilon_i \xrightarrow{p} E(x_i\varepsilon_i) = 0$。 因此 $b \xrightarrow{p} \beta + Q^{-1} \cdot 0$。 可得

$$\sqrt{n}(b-\beta) = \left(n^{-1}\sum_{i=1}^{n} x_i x_i'\right)^{-1}\left[\sqrt{n}\left(n^{-1}\sum_{i=1}^{n} x_i\varepsilon_i\right)\right]$$

根据广义的中心极限定理,第二项收敛于 $N(0, \sigma^2 Q)$。 然后,其余的论证步骤与本

章第三节所述的 iid 自变量的情况相同。

思考题

（1）简述什么是 OLS 的渐进正态性。

（2）简述什么是 OLS 的渐进有效性。

（3）在什么情况下，可以对基本线性模型的个别假设进行放宽？

第5章
回归模型设定

5.1　简　介

到目前为止，我们关于经典线性回归模型的讨论都假定模型是给定的，即变量的选择和衡量方式是已知的。但在实践中，通常情况并非如此，会有许多重要问题需要考虑。本节将从以下四个方面进行讨论：

第一，函数形式和结构变化。可以将解释变量的线性形式纳入线性模型；或者将虚拟变量（dummy variable，又称虚拟变量）作为解释变量纳入模型，用于检验不同属性类型对被解释变量的作用。

第二，解释变量之间的相关性（多重共线性）会降低我们估计量的准确性，这一点会影响我们对变量的选择。

第三，在对解释变量进行选择时，我们可能会忽略掉某些重要变量，或者错误地把某些不重要的变量纳入其中。因此我们需要考虑遗漏变量（omitted variables）和不相关变量（irrelevant variables）的影响。

第四，在估计模型时，我们有时主要对特定参数或参数子集感兴趣。因此，我们在模型中添加其他控制变量，如用于控制遗漏变量。

5.2　变量函数形式

5.2.1　非线性

具有二次项的模型：

$$y = \beta_0 + \beta_1 x + \beta_2 x^2 + u$$

x 的局部效应由 $\Delta y = (\beta_1 + 2\beta_2 x)\Delta x$ 给出，这种局部效应与我们迄今所看到的一切有什么不同？这取决于 x 的值。因此，我们需要选择 x 的值进行评估（例如 $\bar{x}$）。x_i 对 y_i 非线性影响通常可以通过变量转换得到，以 Mroz(1987) 的收益方程为例：

$$\ln \text{earnings} = \beta_1 + \beta_2 \text{age} + \beta_3 \text{age}^2 + \beta_4 \text{education} + \beta_5 \text{kids} + \varepsilon$$

我们可以使用对 β_3 的 t 检验研究年龄对收入的非线性影响。同时也可以考虑添加更高次幂，例如 age^3，或使用其他函数形式。

如果模型中要估计的参数是线性的，则 LS 仍可用于处理非线性问题。在某些情况下，需要进行一定转换才能得到线性结果。例如，我们要估计一个柯布-道格拉斯生产函数：

$$Q_i = \alpha_0 K_i^{\alpha_K} L_i^{\alpha_L} F_i^{\alpha_F} u_i$$

其中，K＝资本，L＝劳动力，F＝燃料投入，u_i 是随机冲击。该模型的参数不是线性的，但是我们可以通过取对数来得到线性模型：

$$\ln Q_i = \tilde{\alpha}_0 + \alpha_K \ln K_i + \alpha_L \ln L_i + \alpha_F \ln F_i + \varepsilon_i$$

其中，$\tilde{\alpha}_0 = \ln(\alpha_0)$，$\varepsilon_i = \ln(u_i)$。如果转换后的模型符合我们的假设，那么我们可以通过最小二乘法对其进行估计。例如，为了使推断在小样本中有效，需满足 ε_i 服从正态分布。

要注意的是，如果 u_i 是以加法的形式添加到模型，即 $Q_i = \alpha_0 K_i^{\alpha_K} L_i^{\alpha_L} F_i^{\alpha_F} + u_i$，那么之前的对数变换将不再有效，但是该模型可以通过非线性最小二乘法进行估计。在尼洛夫(Nerlove,1963)对电力行业成本函数进行估计的模型中，探究了产量和成本之间的对偶性。模型如下：

$$\ln C_i = \beta_1 + \beta_q \ln Q_i + \beta_K \ln P_{K,i} + \beta_L \ln P_{L,i} + \beta_F \ln P_{F,i} + \tilde{\varepsilon}_i$$

也可表示为

$$\beta_q = 1/r$$

其中，$r = \alpha_K + \alpha_L + \alpha_F$，对于 $j = K, L, F$ 有 $\beta_j = \alpha_j/r$，$\tilde{\varepsilon}_i = \varepsilon_i/r$。尼洛夫估计的是成本函数而不是生产函数的原因之一是成本函数更满足外生性假设。投入价格是外生的，对于当时受到监管的电力行业来说，由国家设定电价，因此，产量由需求决定,对企业来说是外生的。

我们假设因果 CEF 是线性的,但现实情况可能并不总是模型的线性假设。

例如,考虑以下回归:

$$wage = \alpha + \beta education + u$$

为什么受教育年限与工资水平之间的线性关系可能不现实? 我们怎样才能解决这一情况? 更好的假设是,每多接受一年的教育都会导致工资不断按比例(即百分比)增长。这种关系可以近似地由 $\ln(wage) = \alpha + \beta education + u$ 来表达。也就是说,线性规范非常灵活,因为它可以捕捉非线性变量之间的线性关系。log 变量也很有用,因为 $100 * \Delta \ln(y) \approx \%\Delta y$ [①]。

(1) 解释 log-level 回归。在上例中,如果估计 $\ln(wage)$ 方程,100β 代表着额外一年教育会增加 $\%\Delta$ 的工资。可以看到:

$$\ln(wage) = \alpha + \beta education + u$$
$$\Delta \ln(wage) = \beta \Delta education$$
$$100 \times \Delta \ln(wage) = (100\beta) \Delta education$$
$$\%\Delta\ wage = (100\beta) \Delta\ education$$

对于给定的 x 变化,y 的比例变化假定为常数。假设 y 的变化不是恒定的,而是随着 x 的增加而变大,$\ln$ 在 x 中是线性的,但是 y 不是 x 的线性函数。如果 $\ln(y) = \alpha + \beta x + u$,则 $y = \exp(\alpha + \beta x + u)$。假设我们估计了工资等式(其中工资为美元/小时),并得到:

$$\ln(wage) = 0.584 + 0.083 education$$

额外一年的教育能给我们带来什么? 答案是:工资增加 8.3%。

(2) 解释 log-log 回归。如果估计如下方程:

$$\ln(y) = \alpha + \beta \ln(x) + u$$

其中,β 是 y 相对于 x 的弹性系数。也就是说,β 是 x 按百分比变化时,y 的百分比变化。假设我们使用 log 估计 CEO 薪酬模型,得到以下结果:

$$\ln(salary) = 4.822 + 0.257 \ln(sales)$$

如何解释 0.257? 答案是:销售额每增加 1%,工资增加 0.257%。

---

① 当使用"log"时,我们实际上是指自然对数"ln"。比如,我们在 Stata 中使用"log"函数,则假定我们的意思是"ln"。

（3）解释 level-log 回归。如果估计如下方程：

$$y = \alpha + \beta \ln(x) + u$$

$\beta/100$ 是 x 变化 1％时 y 的变化。假设我们使用 log 估计 CEO 薪酬模型，得到以下结果，其中薪酬以 $000s 表示：

$$\text{salary} = 4.822 + 1\,812.5\ln(\text{sales})$$

如何解释 1 812.5？答案？销售额每增加 1％，工资增加 18 125 美元。

对于百分比变化，需要注意的是，如果失业率从 10％下降到 9％，其百分比变化是 10％的下降，但只下降了 1 个百分点。百分数的变化为 $[(x_1 - x_0)/x_0] \times 100$，百分点变化是百分数的原始变化，请注意在描述我们的实证结果时要准确。

如果以对数形式重新缩放 y（即改变单位），截距和斜率会发生什么？只有截距改变，斜率不受影响。因为它测量的是 level-log 模型中的比例变化。

$$\log(y) = \alpha + \beta x + u$$
$$\log(c) + \log(y) = \log(c) + \alpha + \beta x + u$$
$$\log(cy) = [\log(c) + \alpha] + \beta x + u$$

同样的逻辑也适用于更改 level-log 模型中 x 的比例，只有截距会改变。

$$y = \alpha + \beta \log(x) + u$$
$$y + \beta \log(c) = \alpha + \beta \log(x) + \beta \log(c) + u$$
$$y = [\alpha - \beta \log(c)] + \beta \log(cx) + u$$

总之，缩放取了对数的变量，不会影响斜率，因为对数方程只查看比例变化。

（4）有限因变量。每当 y 是虚拟变量或非负数时，就会发生有限因变量。这在现实汇总很常见，例如用于发行股权，进行收购，支付股息等的公司层面的指标。经理的薪水是非负数。虚拟变量作为结果也称为离散选择模型。

关于有限因变量的常见误解是，有限因变量不应该用 OLS 进行估计（即 OLS 无法获得因果效应）。相反，很多人认为我们需要使用像 Probit、Logit 或 Tobit 这样的模型。为了理解这一点，让我们将线性概率模型与 Probit 和 Logit 进行比较。

线性概率模型 LPM 是当有限因变量使用 OLS 来估计模型时，其中结果 y 是一个虚拟变量。OLS 直观且可依赖的假设很少，但不可否认，线性概率模型存在一些问题。预测值可以超出 $[0,1]$ 的范围，而且误差项将是异质的，这会导致偏误吗？不会，我们只需要纠正标准误。

Logit 和 Probit 假设潜在模型 $y^* = x'\beta + u$。y^* 是未观测到的潜在变量。如果

我们假设 $y^* > 0$，观测到的结果 y 等于 1，否则等于零。并且，对误差 u 做出假设，Probit 假设 u 呈正态分布，Logit 假设 u 是逻辑分布。

$$\text{Prob}(y^* > 0 \mid x) = \text{Prob}(u < x, \beta \mid x) = F(x'\beta)$$

因此，$\text{Prob}(y = 1 \mid x) = F(x'\beta)$，其中 $F(x'\beta)$ 是 u 的累积分布函数。因为这是非线性的，所以我们使用最大似然估计值来估计 β。需要注意的是，在 Stata 中报告的系数估计值不是我们感兴趣的边际效应。也就是说，我们无法轻松解释系数估计值或将它们与线性概率模型（Linear Probability Model，LPM）所获得的内容进行比较。Logit 和 Probit 的优势是 Logit 和 Probit 的预测概率将在 0 到 1 之间。在 OLS 中，没有任何内容需要假设因变量或者自变量的结果是连续的，所以线性概率模型 LPM 是可以使用的。非负数也是如此，即使用 Tobit 也不是必需的。

OLS 在限制较少的假设下仍然给出条件期望函数的最佳线性近似值。如果非线性条件期望函数具有因果解释，则 OLS 估计值也有因果解释。如果关于误差分布的假设是正确的，那么非线性模型（如 Logit、Probit 和 Tobit）基本上只是提供估计效率增益。但是，这种效率提升（通过使用 Probit 或 Logit）伴随着成本。Probit、Logit 和 Tobit 的假设是不可测试的，因为我们无法观测到误差项 u。而经济理论对正确的假设几乎没有指导，如果假设错误，则估计值就会有偏误。最后，在实践中，来自 Probit、Logit 等的边际效应将类似于 OLS。即使平均值 y 接近 0 或 1，即有很多 0 或很多 1，也是如此。

Logit、Probit 和 Tobit 等非线性估计值无法轻松估计交互作用效应。例如，我们不能有如下模型：

$$y = \beta_0 + \beta_1 x_1 + \beta_2 x_2 + \beta_3 x_1 x_2 + u$$

统计程序报告的边际效应将是错误的，需要采取额外的步骤来获得正确的相互作用效果。而且，在非负数结果 y 和随机处理虚拟变量 d 情况下，OLS 仍然正确估计 ATE。总之，我们可将 OLS 与 LDV 配合使用，在估计处理效果时仍给予平均处理效应。具有更多协变量时，OLS 仍可提供非线性因果条件期望函数的最佳线性近似值，而 Probit、Logit 和 Tobit 这样的估算值有它们自己的问题。

（5）对数近似问题。一个关于对数方程理解上经常出现的错误是对数逼近和近似。例如一个研究得出的结论是允许资本流入该国导致了危机期间股票价格 -120% 的变化。当然，股价不可能下跌 120%，实际百分比变化为 -70%。出现近似误差的原因是，当真的 $\%\Delta y$ 变大时，$100\Delta \ln(y) \approx \%\Delta y$ 变为更差的近似值。为了理解这一点，考虑从 y 到 y' 的变化，如果

$$\frac{y'-y}{y}=5\%$$

那么 $100\Delta\ln(y)\approx4.9\%$。 则

$$\frac{y'-y}{y}=75\%$$

$100\Delta\ln(y)\approx56\%$。 同样地，负向变化也会出现类似问题。如果

$$\frac{y'-y}{y}=-5\%$$

那么 $100\Delta\ln(y)=-5.1\%$。 如果

$$\frac{y'-y}{y}=-75\%$$

那么 $100\Delta\ln(y)=-139\%$。

因此，如果隐含的百分比变化较大，最好在解释估计值之前将其转换为真实的百分比变化。

$$\ln(y)=\alpha+\beta x+u$$
$$\ln(y')-\ln(y)=\beta(x'-x)$$
$$\ln(y'/y)=\beta(x'-x)$$
$$y'/y=\exp[\beta(x'-x)]$$
$$[(y'-y)/y]\%=100\exp[\beta(x'-x)]-1$$

现在我们可以使用这个公式来了解 $x'-x\neq0$ 时，y 的真实变化百分比：

$$[(y'-y)/y]\%=100\exp[\beta(x'-x)]-1$$
$$[(y'-y)/y]\%=100\exp(\beta)-1$$

如果 $\beta=0.56$，则百分比变化不是 56%，而是 $100\exp(0.56)-1=75\%$。

总之，使用对数，需要注意两点：重新缩放对数变量不会影响斜率，只会影响截距；log 仅为％变化的近似值，对于大的变化，这可能是一个非常不理想的近似值。使用 log 给出了具有吸引力解释的系数，可以忽略对数变量的测量单位，因为它们与自身的变化成比例，同时对 y 或 x 取对数可以减轻异常值的影响。

关于何时使用对数的"经验法则"，通常会对以下变量取对数：正的货币金额和大整数值（比如人数）。不要对年或比例取对数。如果 $y\in[0,\infty)$，可以取 $\ln(1+$

y），但是需要注意的是，关于 ln 函数好的解释可能不再正确。使用 $\ln(1+y)$ 时，因为 $\ln(0)$ 不存在，人们使用 $\ln[1+(\ )]$ 表示非负变量，即 $y \in [0, \infty)$。解释估计值时要小心，很好的解释不再正确，特别是当 y 中有很多零或许多小值，$\ln(x'+1) - \ln(x+1)$ 不再是 x 的百分比变化。在这种情况下，最好用另一个变量来缩放 y，比如公司规模。

在展示研究结果的时候，有些时候我们需要进行变量的变换。例如，当系数为 0.000 123 或 1 234 567 890 时，为了美观起见，可以进行缩放变量。这将影响系数和标准误，但是，它不会影响 t 检验或推断。为了改进解释，根据发现的大小，有助于缩放变量的样本标准差。设 σ_x 和 σ_y 分别为 x 和 y 的样本标准差，设 y 的标量 c 等于 $1/\sigma_y$，设 x 的标量 k 等于 $1/\sigma_x$。即 x 和 y 的单位现在是标准差。对于之前的重新缩放，我们如何解释 0.25 的斜率系数？x 增加 1 个标准差与 y 增加 1/4 个标准差相关。斜率会告诉我们，对于 x 中的标准差变化，平均 y 的标准差有多少变化。

假设我们将 c 加上 y,k 加上 x（即分别将 y 和 x 向上移动 c 和 k），预计斜率会发生变化吗？不会，只有估计的截距会改变。从数学角度分析：

$$y = \alpha + \beta x + u$$
$$y + c = \alpha + c + \beta x + u$$
$$y + c = \alpha + c + \beta(x+k) - \beta k + u$$
$$y + c = (\alpha + c - \beta k) + \beta(x+k) + u$$

为了便于理解，有时通过样本平均值来标准化 x。设 μ_x 为 x 的样本均值，用 $x - \mu_x$ 回归 y，截距现在反映了 $x = \mu_x$，$y = (\alpha + \beta\mu_x) + \beta(x - \mu_x) + u$ 时 y 的期望值：$E(y \mid x = \mu_x) = (\alpha + \beta\mu_x)$。

5.2.2 结构变化

人们通常对相关关系中是否有结构性变化的问题感兴趣。本书第 4 章中一个例子关于在第二次世界大战期间美国的消费函数可能发生了变化。有时，相关关系也会出现永久性的转变。格林尼书中给出了 1973 年开始的石油禁运和油价大幅上涨前后汽油消费决定因素的模型。

我们首先可以在一般情况下考虑这个问题。假设我们要检验两组数据之间是否是同一种相关关系，两组数据表示如下：

$$(y_1, X_1) \text{ 和 } (y_2, X_2)$$

其中，X_1 为 $n_1 \times K$ 矩阵，X_2 为 $n_2 \times K$ 矩阵。

这两组数据分别是 1973 年前和 1973 年后的数据，或者是来自不同国家和地区的数据，又或是男性和女性的数据。如果我们允许两个模型的所有系数都不同，那么我们可以将两组数据的组合模型 $y = X\beta + \varepsilon$ 写为

$$\begin{bmatrix} y_1 \\ y_2 \end{bmatrix} = \begin{bmatrix} X_1 & 0 \\ 0 & X_2 \end{bmatrix} \begin{bmatrix} \beta_1 \\ \beta_2 \end{bmatrix} + \begin{bmatrix} \varepsilon_1 \\ \varepsilon_2 \end{bmatrix}$$

在这里，我们对组合模型进行通常的假设。这意味着：

$$y_1 = X_1\beta_1 + \varepsilon_1$$
$$y_2 = X_2\beta_2 + \varepsilon_2$$

无限制模型和系数估计由下式给出：

$$\begin{bmatrix} b_1 \\ b_2 \end{bmatrix} = \begin{bmatrix} X_1'X_1 & 0 \\ 0 & X_2'X_2 \end{bmatrix}^{-1} \begin{bmatrix} X_1'y_1 \\ X_2'y_2 \end{bmatrix}$$
$$= \begin{bmatrix} (X_1'X_1)^{-1}X_1'y_1 \\ (X_2'X_2)^{-1}X_2'y_2 \end{bmatrix}$$

这里用到了分块对角矩阵的逆位对角位置取逆的分块对角矩阵这一性质。

因此，无限制模型的估计相当于进行两个单独的回归。两个模型的残差向量表示如下：

$$e_1 = y_1 - X_1b_1$$
$$e_2 = y_2 - X_2b_2$$

则无限制模型回归的 SSE 为

$$\mathrm{SSE} = e_1'e_1 + e_2'e_2$$

为了检验无结构变化的零假设 $H_0: \beta_1 = \beta_2$（即 $H_0: \beta_1 - \beta_2 = 0$），我们对模型施加限制并对限制模型进行估计。因为

$$\begin{bmatrix} X_1 & 0 \\ 0 & X_2 \end{bmatrix} \begin{bmatrix} \beta_1 \\ \beta_1 \end{bmatrix} = \begin{bmatrix} X_1\beta_1 \\ X_2\beta_1 \end{bmatrix} = \begin{bmatrix} X_1 \\ X_2 \end{bmatrix} \beta_1$$

在 H_0 下模型可写为

$$\begin{bmatrix} y_1 \\ y_2 \end{bmatrix} = \begin{bmatrix} X_1 \\ X_2 \end{bmatrix} \beta_1 + \begin{bmatrix} \varepsilon_1 \\ \varepsilon_2 \end{bmatrix}$$

因此,估计限制模型相当于对合并起来共包括 $(n_1 + n_2)$ 个观测值的数据运行单个回归。令 b_* 表示 β_1 在假设 $H_0: \beta_1 = \beta_2$ 下的估计值,令

$$e_* = \begin{bmatrix} y_1 \\ y_2 \end{bmatrix} - \begin{bmatrix} X_1 \\ X_2 \end{bmatrix} b_*$$

表示对应的 $(n_1 + n_2) \times 1$ 残差向量,则限制模型的 SSE 为

$$\text{SSE}^* = e'_* e_*$$

因此,为了检验 H_0,我们对每个子方程运行单独的回归,并且在合并层面再次进行回归。然后可以使用标准 F 检验来检验 H_0,因为

$$F = \frac{(\text{SSE}^* - \text{SSE})/K}{\text{SSE}/(n_1 + n_2 - 2K)} \sim F(K, n_1 + n_2 - 2K)$$

有以下两点需要注意:

(1) 该检验隐含地假设了所有 $(n_1 + n_2)$ 数据点的条件同方差性。这个假设本身是可以检验的。还有其他渐近有效的检验方式,不依赖于恒定方差假设。

(2) 这种"参数恒定性"检验有时作为时间序列模型中的"规范检验",通过简单地在中间切割来完成。如果假设拒绝,这将被解释为结构性中断或模型中的其他一些指定错误(如遗漏关键变量)。

5.3 多重共线性

"极端"或者"完全"的多重共线性常常在假设②无法满足时发生,即无法满足列满秩条件 $\text{rank}(X) = K$。在这种情况下,β 的无偏估计是不存在的。现有数据无法提供足够的信息,因为某一个解释变量能够完全由其他的解释变量线性转换得到。在实际操作中,完全共线性常常是由于操作错误导致:如果不小心在回归中列出同一自变量两次,将得到 $X'X$ 为奇异矩阵或近似奇异矩阵。这个错误有很多更隐蔽的形式,比如模型中包含了一个变量是其他变量的线性组合。

当一个自变量"近似"其他自变量的某个线性组合时,就会出现非极端多重共线性(通常称之为"多重共线性")。同样,如果矩阵 X 中包含了截距项,则当 X 中的某一个自变量与其他自变量的某种线性组合高度相关时,就出现了多重共线性。多重共线性是一个程度问题,更直观地说,多重共线性会使参数的精确估计变得更加困

难。例如,考虑 $K=3$ 的带有截距项的模型:

$$y_i = \beta_1 + x_{i2}\beta_2 + x_{i3}\beta_3 + \varepsilon_i$$

其中,$i=1, \cdots, N$。 如果向量 $x_2' = (x_{12}, \cdots, x_{N2})$ 和 $x_3' = (x_{13}, \cdots, x_{N3})$ 几乎成正比,那么我们将很难区分 β_2 和 β_3。 衡量这个问题程度的一个简单方法就是 $r_{x2, x3}^2$,即 x_2 与 x_3 之间的样本相关系数的平方。

5.3.1　多重共线性的后果

关于多重共线性,有如下几个重要的地方需要注意:

(1)(非极端的)多重共线性没有违背假设①~⑥中的任何假设,因此在假设①~⑥下,LS 估计量 b 仍然是 BLUE 的(并且在假设①~⑤下是 BUE 的)。

(2)当存在多重共线性时,假设检验和置信区间仍然有效。

(3)多重共线性将会导致对 b 的一些成分的估计变得不准确,例如对于一个或多个系数而言,$\text{SE}(b_k)$ 的估计将变大,置信区间往往会变宽,因此假设检验的效力将会降低。这常常会导致我们无法拒绝一个错误的零假设。

(4)b 的估计值在数值上的不稳定是多重共线性的另一个可能后果。原始数据或样本期间小幅度的变化,就可以引起 b 估计值的巨大变化。

我们使用分部回归法的结果来正式地检验多重共线性。回忆一下 LS 的分部结果,也被称为弗里施-沃定理(Frisch-Waugh-Lovell Theorem)。其模型:

$$y = X\beta + \varepsilon = X_1 \tilde{\beta}_1 + X_2 \tilde{\beta}_2 + \varepsilon$$
$$\text{LS} = Xb + e = X_1 \tilde{b}_1 + X_2 \tilde{b}_2 + e$$
$$X = \begin{bmatrix} X_1 & X_2 \end{bmatrix}, \quad \beta = \begin{bmatrix} \tilde{\beta}_1 \\ \tilde{\beta}_2 \end{bmatrix}, \quad b = \begin{bmatrix} \tilde{b}_1 \\ \tilde{b}_2 \end{bmatrix}$$

我们有

$$\tilde{b}_2 = [X_2' M_1 X_2]^{-1} X_2' M_1 y$$

其中,$M_1 = I - X_1(X_1' X_1)^{-1} X_1'$。

我们考虑以下的特殊情况:① 假设 X_2 只包含一个单独的变量 x_k;② X_1 包含所有其他变量,我们假设这些变量包含截距项。那么:

$$X = \begin{bmatrix} X_{(k)} & x_k \end{bmatrix}, \quad \beta = \begin{bmatrix} \tilde{\beta}_{(k)} \\ \tilde{\beta}_k \end{bmatrix}$$
$$y = X_{(k)} \tilde{\beta}_{(k)} + x_k \beta_k + \varepsilon$$

并且

$$b_k = \left[x'_k M_{(k)} x_k\right]^{-1} x'_k M_{(k)} y,$$

其中，$M_{(k)} = I - X_{(k)}\left[X'_{(k)} X_{(k)}\right]^{-1} X'_{(k)}$，这里 x_k 是 $n \times 1$ 型矩阵，$X_{(k)}$ 是 $n \times (K-1)$ 型矩阵，并且包含了除 x_k 以外的其他所有解释变量。我们一如既往地假设 $E(\varepsilon \mid X) = 0$，且 $E(\varepsilon\varepsilon' \mid X) = \mathrm{var}(\varepsilon \mid X) = \sigma^2 I$。

我们想要得到 $\mathrm{var}(b_k \mid X)$。因此替换上式中的 y，利用 $M_{(k)} X_{(k)} = 0$，我们得到：

$$b_k = \left[x'_k M_{(k)} x_k\right]^{-1} x'_k M_{(k)}\left[X_{(k)}\, \tilde{\beta}_{(k)} + x_k \beta_k + \varepsilon\right]$$
$$b_k = \beta_k + \left[x'_k M_{(k)} x_k\right]^{-1} x'_k M_{(k)} \varepsilon$$

这很自然地引出了一个我们所熟知的结论，$E(b_k \mid X) = \beta_k$，但我们也能得到一个有效的，用于计算条件方差的公式：

$$\mathrm{var}(b_k \mid X) = \left[x'_k M_{(k)} x_k\right]^{-1} x'_k M_{(k)} \mathrm{var}(\varepsilon \mid X) M_{(k)} x_k \left[x'_k M_{(k)} x_k\right]^{-1}$$

利用 $\mathrm{var}(\varepsilon \mid X) = \sigma^2 I$，我们得到：

$$\mathrm{var}(b_k \mid X) = \frac{\sigma^2}{x'_k M_{(k)} x_k}$$

我们可以用一种容易解释的方式重写这个表达式。回顾前面我们提到的 $M_{(k)} x_k$ 是残差生成矩阵，所以 $M_{(k)} x_k$ 是由 x_k 对其余 $(K-1)$ 个解释变量 X_k 做回归所得到的残差构成的向量。因此

$$x'_k M_{(k)} x_k = \left[M_{(k)} x_k\right]'\left[M_{(k)} x_k\right] = \mathrm{SSE}_k$$

其中，SSE_k 表示 x_k 对 X_k 做回归所得到的解释平方和 SSE，SST_k 表示这个回归的总平方和 SST，$\mathrm{SST}_k = \sum_{i=1}^{n}(x_{ik} - \bar{x}_k)^2$。$R_k^2$ 为该回归方程的 R^2。利用公式 $\dfrac{\mathrm{SSE}_k}{\mathrm{SST}_k} = 1 - R_k^2$，我们得到：

$$\mathrm{var}(b_k \mid X) = \frac{\sigma^2}{\mathrm{SST}_k\left(\dfrac{\mathrm{SSE}_k}{\mathrm{SST}_k}\right)}$$
$$= \frac{\sigma^2}{\mathrm{SST}_k(1 - R_k^2)}$$

$$\text{var}(b_k \mid X) = \frac{\sigma^2}{(n-1)s_k^2(1-R_k^2)}$$

其中，$s_k^2 = (n-1)^{-1}\sum_{i=1}^{n}(x_{ik}-\bar{x}_k)^2$ 为 x_k 的样本方差。

多重共线性问题是当 $R_k^2 \to 1$ 时，$\text{var}(b_k \mid X) \to \infty$：如果第 k 个解释变量几乎与其他解释变量共线（即几乎是其他解释变量的线性组合），那么 $\text{var}(b_k \mid X)$ 将会变得非常大，因此 $\text{SE}(b_k)$ 将会变得很大。另一方面，R_k^2 只是决定 $\text{var}(b_k)$ 的其中一个因素，其他影响 $\text{var}(b_k)$ 的因素还有样本方差 s_k^2 及样本容量 n，原则上都可以补偿多重共线性所带来的问题。总之，高度共线的变量会使 SE 膨胀，但是，这不会导致偏误或不一致估计。其实样本越大，自变量的变化越大，估计越精确。

考虑模型：$y = \beta_0 + \beta_1 x_1 + \beta_2 x_2 + \beta_3 x_3 + \varepsilon$，其中 x_2 和 x_3 高度相关。

多重共线性不会导致系数估计量偏误，不要将与自变量高度相关的控制加入回归模型中。如果 $E(\varepsilon \mid x) = 0$，则模型不需要更多的控制变量帮助识别。如果 $E(\varepsilon \mid x) \neq 0$，那控制变量需要包括在方程中。同时，更大的样本将有助于提高在共线性下的模型估计精度。

5.3.2 如何处理多重共线性

在严格受控的实验条件下，多重共线性不是问题，因为自变量的设置应使不同的自变量之间不相关。因此，多重共线性是我们处理非受控实验数据的副产物。如果 $\text{SE}(b_k)$ 很高，那么理想情况下，我们能通过更换数据集解决，如更换一个 n 和 s_k^2 更大，或者 R_k^2 更小的数据集。

处理多重共线性的另一个有效方法是考虑将自变量转换为

$$Z = XA$$

其中，Z 矩阵中各列之间的相关性将小于 X 矩阵各列间的相关性。例如，在 $K=3$ 的情况下：

$$y_i = \beta_1 + x_{i2}\beta_2 + x_{i3}\beta_3 + \varepsilon_i,$$

其中，$y_i =$ 货币需求量，$x_{i2} =$ 国债利率，$x_{i3} =$ 定期存款利率。这两种利率高度相关，因此多重共线性可能导致两者的 SE 都很高。重新参数化模型的一种可能的方法是：

$$y_i = \beta_1 + \frac{(x_{i2}+x_{i3})}{2}\gamma_2 + (x_{i3}-x_{i2})\gamma_3 + \varepsilon_i$$

由式可知，γ_2 的 SE 将会低很多，γ_3 的 SE 可能仍然很高，因为它是在保持平均利率不变的情况下，x_{i3} 对货币需求差异的影响。本质上，两者拟合了相同的模型，即残差向量 e 及 R^2 将是相同的，并且可以从每一个模型推导出相同的信息。然而，这种呈现信息的方式更能体现我们已知的和未知的信息，我们将两个倾向于一起移动的变量转化为它们的均值和分布。

当有大量相关的自变量可用时，可从 K 个变量中提取 L 个的原始变量的线性组合，这些组合包含了所有原始变量的大部分变化。如果 K 相对于 n 来说很大，那么可以考虑忽略大多数原始变量，只保留那些最关键的、能够解释的 K 个原始变量的线性组合。

5.4 变量的选择

到目前为止，我们的分析都是基于这样一个假设：已知回归模型的正确形式 $y = X\beta + \varepsilon$。在实践中，正确的模型形式通常是未知的，并且可能会出现许多模型设定错误。典型的模型设定错误有两种：遗漏变量和包含无关变量。

5.4.1 遗漏变量

假设模型包含有一个截距项和另外两个解释变量，因此模型的形式为

$$y_i = a + x_{i1}\beta_1 + x_{i2}\beta_2 + \varepsilon_i, \ i = 1, \cdots, n$$

在向量形式中，我们把它写成

$$\underset{n \times 1}{y} = \underset{n \times 1}{\iota a} + \underset{n \times 1}{x_1 \beta_1} + \underset{n \times 1}{x_2 \beta_2} + \underset{n \times 1}{\varepsilon}$$

回顾前面提到的 ι 是一个全为 1 的向量。这里我们用小写的 x_1 和 x_2 来说明它们是向量而不是矩阵。在假设①～⑤下，我们知道由 y 对 ι，x_1 和 x_2 做回归，将产生无偏的（实际上 BLUE 的）系数 a、b_1、b_2，并且当假设⑥也满足时，我们知道如何有效地进行假设检验和得到置信区间。假设我们错误地在回归模型中遗漏了 x_2。也就是说，我们估计了如下模型：

$$y_i = a + x_{i1}\beta_1 + \varepsilon_i$$

用 b_1^o 表示以 y 对 x_1 和截距回归所估计的斜率系数，那么

$$b_1^o = \left(\sum_{i=1}^n (x_{i1} - \bar{x}_1)^2 \right)^{-1} \left[\sum_{i=1}^n (x_{i1} - \bar{x}_1)(y_i - \bar{y}) \right]$$

或

$$b_1^o = (x_1' M^0 x_1)^{-1} x_1' M^0 y$$

其中，$M^0 = I - n^{-1} \iota'$ 是与均值矩阵的偏误。通常情况下，此时 b_1^o 最为明显的特点就是条件有偏的。利用条件 $M^0 \iota = 0$，我们有

$$b_1^o = (x_1' M^0 x_1)^{-1} x_1' M^0 (la + x_1 \beta_1 + x_2 \beta_2 + \varepsilon)$$
$$= \beta_1 + (x_1' M^0 x_1)^{-1} x_1' M^0 x_2 \beta_2 + (x_1' M^0 x_1)^{-1} x_1' M^0 \varepsilon$$

令 $X = (l \quad x_1 \quad x_2)$，我们能够得到 b_1^o 的条件均值：

$$E(b_1^o \mid X) = \beta_1 + P_{1,2} \beta_2$$

其中，$P_{1,2} = (x_1' M^0 x_1)^{-1} x_1' M^0 x_2$。需要注意的是，$P_{1,2}$ 是 x_1 对 x_2 和截距项做回归所得到的系数。因此 b_1^o 是条件有偏的，其偏误为

$$\text{bias}(b_1^o \mid X) \equiv E(b_1^o \mid X) - \beta_1 \equiv P_{1,2} \beta_2$$

在这个公式中，

$$P_{1,2} = \frac{x_1' M^0 x_2}{x_1' M^0 x_1} = \frac{\displaystyle\sum_{i=1}^n (x_{i1} - \bar{x}_1)(x_{i2} - \bar{x}_2)}{\displaystyle\sum_{i=1}^n (x_{i1} - \bar{x}_1)^2} = \frac{s_{12}}{s_1^2}$$

的分子是 x_1 与 x_2 之间的样本方差。如果 x_1 和 x_2 是正相关的，那么 $P_{1,2} > 0$。

假设我们关注收入与受教育程度之间的关系模型为

$$Y_i = a + \beta_1 S_i + \beta_2 T_i + \varepsilon_i$$

其中，教育变量 S_i 是以受教育年限衡量的，而 $T_i = $ 能力。如果我们以 Y_i 对 S_i 做回归估计了一个简单的模型，那么

$$E(b_1^o \mid S, T) = \beta_1 + P_{ST} \beta_2$$

如果能力和教育是正相关的，$P_{ST} > 0$。如果在其他条件相同的情况下，能力会提升收入，那么 $\beta_2 > 0$。当这两者同时成立时，$P_{ST} \beta_2 > 0$，因此估计出来的 b_1^o 距离真实值 β_1 就存在一个正的偏误。如果

$$P_{ST}, \beta_2 > 0, E(b_1^o \mid S, T) > \beta_1$$

这两个结果都有道理。从直观上看,如果平均教育水平较高的个体能力也较高,那么由于能力较高而获得的较高教育水平,将提升教育水平对收入的贡献,即倾向于提升 b_1^o。

这是一个典型的"遗漏变量偏误"的例子,偏误源自我们的假设无法满足,尤其是无法满足假设③。我们估计的模型为

$$Y_i = a + \beta_1 S_i + u_i,$$

其中,$u_i = \beta_2 T_i + \varepsilon_i$。

如果 T_i 和 S_i 是具有相关性的随机变量,那么 S_i 和 u_i 将会相关,因此假设③不再满足。

更通俗地说,假设正确的模型为

$$y = X_1 \tilde{\beta}_1 + X_2 \tilde{\beta}_2 + \varepsilon$$

其中,X_1 是 $n \times K_1$ 矩阵,X_2 是 $n \times K_2$ 矩阵。如果错误地将模型估计为

$$y = X_1 \tilde{\beta}_1 + \varepsilon$$

那么 $\tilde{\beta}_1$ 的估计值为

$$\tilde{b}_1^o = (X_1' X_1)^{-1} X_1' y = (X_1' X_1)^{-1} X_1' (X_1 \tilde{\beta}_1 + X_2 \tilde{\beta}_2 + \varepsilon)$$
$$\tilde{b}_1^o = \tilde{\beta}_1 + (X_1' X_1)^{-1} X_1' X_2 \tilde{\beta}_2 + (X_1' X_1)^{-1} X_1' \varepsilon$$

则

$$E(b_1^o \mid X) = \tilde{\beta}_1 + P_{1,2} \tilde{\beta}_2$$

其中,$P_{1,2} = (X_1' X_1)^{-1} X_1' X_2$。$P_{1,2}$ 这个 $K_1 \times K_2$ 矩阵的每一列都是 X_1 对 X_2 的回归中,X_1 对 X_2 对应的列的斜率。在这种多变量的环境下,评估遗漏变量的影响可能存在的偏误会更加困难。

最后一种情况,如果在上述的例子中,$P_{1,2} = 0$,那么就算 $\tilde{\beta}_2 \neq 0$,遗漏 X_2 也不会造成 X_1 系数的偏误。将 X_2 纳入回归方程中将会减小标准差,因为回归方程能够解释更多 y 中的变异,从而使 β_1 的估计量具有更窄的置信区间。

5.4.2　包含无关变量

与遗漏变量相反。其真实模型为

$$y = X_1 \tilde{\beta}_1 + \varepsilon$$

但是错误地将模型估计为

$$y = X_1\tilde{\beta}_1 + X_2\tilde{\beta}_2 + \varepsilon$$

假设 X_1 与 X_2 都是外生变量(满足假设③),$E(\varepsilon \mid X_1, X_2) = 0$,包含无关变量 X_2 的后果与遗漏相关变量的后果是截然不同的。用 $\tilde{b}_1$ 表示 $\tilde{\beta}_1$ 的 LS 估计量,其中 $\tilde{\beta}_1$ 是 y 对 X_1 回归所得的系数;然后用 $\tilde{b}_{1,2}$ 表示 $\tilde{\beta}_1$ 的 LS 估计量,此处 $\tilde{\beta}_1$ 是基于 y 对 X_1 与 X_2 回归所得的系数。那么 $\tilde{b}_{1,2}$ 是条件无偏的,即 $E(\tilde{b}_{1,2} \mid X) = \tilde{\beta}_1$,但不是最有效的,因为 $\mathrm{var}(\tilde{b}_{1,2} \mid X) - \mathrm{var}(\tilde{b}_1 \mid X)$ 是一个半正定矩阵。

上面的回归是条件无偏的,$y = X_1\tilde{\beta}_1 + X_2\tilde{\beta}_2 + \varepsilon$ 是一个有效模型。当 $E(\varepsilon \mid X_1, X_2) = 0$ 时,这个模型实际上满足了假设①~⑤,而这些假设同样被模型 $y = X_1\tilde{\beta}_1 + \varepsilon$ 所满足,因此该模型具有条件无偏性。然而,包含了无效变量 X_2 的模型无法满足 $\tilde{\beta}_2 = 0$ 的条件,不再是最有效的模型。

我们可以通过之前提到的分块矩阵的结论来得到 $\mathrm{var}(\tilde{b}_{1,2} \mid X)$。 我们有

$$\tilde{b}_{1,2} = (X_1'M_2X_1)^{-1}X_1'M_2y$$

其中,$M_2 = I - X_2(X_2'X_2)^{-1}X_2'$。 以 $y = X_1\tilde{\beta}_1 + \varepsilon$ 替换模型中的 y,得

$$\tilde{b}_{1,2} = \tilde{\beta}_1 + (X_1'M_2X_1)^{-1}X_1'M_2\varepsilon$$

于是

$$\mathrm{var}(\tilde{b}_{1,2} \mid X) = \sigma^2(X_1'M_2X_1)^{-1}$$

类比得

$$\mathrm{var}(\tilde{b}_1 \mid X) = \sigma^2(X_1'X_1)^{-1}$$

我们可以很容易地比较这些方差矩阵的逆:

$$\begin{aligned}
\left[\mathrm{var}(\tilde{b}_1 \mid X)\right]^{-1} - \left[\mathrm{var}(\tilde{b}_{1,2} \mid X)\right]^{-1} &= \sigma^{-2}(X_1'X_1 - X_1'M_2X_1) \\
&= \sigma^{-2}X_1'X_2(X_2'X_2)^{-1}X_2'X_1
\end{aligned}$$

可以看出,上面的矩阵是一个半正定矩阵。假设 $A - B$ 是半正定矩阵,B 是正定矩阵,那么 $B^{-1} - A^{-1}$ 就是半正定矩阵,这就说明了结论,即 $\mathrm{var}(\tilde{b}_{1,2} \mid X)$ 一定是大于等于于 $\mathrm{var}(\tilde{b}_1 \mid X)$ 的。

因此,加入了 X_2 的模型未能满足有效性的条件 $\tilde{\beta}_2 = 0$,将导致估计有更大的方差。若考虑一个特殊的情况,X_1 只包含截距项和一个单独的变量,X_2 只包含一个单独的变量,

$$对于 \ i = 1, \cdots, n, \ 有 \ y_i = a + x_{i1}\beta_1 + x_{i2}\beta_2 + \varepsilon_i$$

我们可以直接利用多重共线性的结论将上式改为

$$\mathrm{var}(b_{1,2} \mid X) = \frac{\sigma^2}{(n-1)s_1^2(1-r_{12}^2)}$$

其中，s_1^2 是第一个变量的样本方差，r_{12}^2 是两变量的样本相关系数的平方。相比之下，我们发现：

$$\mathrm{var}(b_1 \mid X) = \frac{\sigma^2}{(n-1)s_1^2}$$

因此，两个自变量的相关性越强，包含无关变量对估计效果的损失就越大。

5.4.3　如何决定是否包含一个变量

当一个变量被纳入回归方程时，估计量 β_1 的条件方差将会增加，这就会使得判断是否加入这个变量变得困难。一个普遍的观点是，当存在疑虑时就应该包含这个变量，因为虽然包含一个无关变量只会导致模型拟合效果不好，但是不包含它可能会导致偏误。值得注意的是，拟合效果不好也可能是一个严重的问题。一个极端的例子是，假设潜在解释变量的数量大于观测值的数量。那么就算所有解释变量都包含在模型中，LS 检验还是会失败，因为模型满秩条件不被满足，此时不存在无偏估计量。这表明，有时候即使已知某个变量属于解释变量，省略它也可能是一种明智的选择。

这个问题可以根据估计量的（条件）均方误差来考虑。为了方便起见，我们继续讨论一个遗漏变量的特殊情况：$y_i = a + x_{i1}\beta_1 + x_{i2}\beta_2 + \varepsilon_i$，此时对 $X = (\iota, x_1, x_2)$，$E(\varepsilon_i \mid X) = 0$。设 b_1 为一个 y 对 x_1 和截距项的简单回归中 β_1 的估计值，我们将均方误差定义为

$$\mathrm{MSE}(b_1 \mid X) \equiv E\big[(b_1 - \beta_1)^2 \mid X\big]$$

可以看出：

$$\mathrm{MSE}(b_1 \mid X) \equiv \big[E(b_1 \mid X) - \beta_1\big]^2 + E\big[(b_1 - E(b_1 \mid X))^2 \mid X\big]$$
$$= \big[\mathrm{bias}(b_1 \mid X)\big]^2 + \mathrm{var}(b_1 \mid X)$$

同样，设 $b_{1,2}$ 为由 y 对 x_1，x_2 及截距项做回归的系数 β_1 的估计值。那么 $\mathrm{MSE}(b_{1,2} \mid X) \equiv E\big[(b_{1,2} - \beta_1)^2 \mid X\big]$，我们有

$$\text{MSE}(b_{1,2} \mid X) = \left[\text{bias}(b_{1,2} \mid X)\right]^2 + \text{var}(b_{1,2} \mid X)$$
$$= \text{var}(b_{1,2} \mid X)$$

其中，$\text{bias}(b_{1,2} \mid X) = 0$。

既然上述方程中 $\text{var}(b_{1,2} \mid X)$ 和 $\text{var}(b_1 \mid X)$ 在 $\beta_2 = 0$ 和 $\beta_2 \neq 0$ 这两种情况下都是有效的[①]，通过关于偏误及均方误差的表达式，我们可以清晰地看到当 $\beta_2 \neq 0$，$\text{MSE}(b_{1,2} \mid X)$ 并不总是更小。尤其是在其他条件相同的情况下，β_2 的大小将决定 MSE 的大小（然而我们并不知道 β_2 的大小），我们将在下一小节中进一步讨论。因此，即使我们相信 $\beta_2 \neq 0$，对于是否应该包含一个变量，目前仍没有一个简单的通用答案。

通常，一个实用的方法是检验假设 $\beta_2 = 0$ 能否被拒绝。这一做法是将 x_2 纳入回归方程中，然后检验方程 $y_i = a + x_{i1}\beta_1 + x_{i2}\beta_2 + \varepsilon_i$ 中的 β_2 是否显著不等于 0，如果并非如此就剔除 x_2。这种做法创建了一个新的估计量，β_2 因此被称为预检验估计量（pre-test estimator）。已有大量研究阐述了该估计量的性质，当然，实际上其性质取决于真正的未知参数，也取决于所选择的显著性水平。虽然预检验估计量非常有用，但它也不是万能的。尽管如此，这个实用主义方法总体上是合理的，并经常在实际工作中使用。

另一个常用的方法是，根据 s^2 是否减少，或者 $\overline{R}^2$ 是否增加来判断是否加入这个变量。下一小节将讨论这么做的理由，即在正确的模型中，s^2 的条件期望值更低。

最后，有一种合理且显而易见的方法，在实践中也经常使用，那就是报告包含两个变量的回归和去掉 x_2 的回归的结果。那么我们就可以知道 β_1 的估计量在多大程度上是由不同的选择造成的。

还有一点需要指出的是，如果样本量很大，那么即使包含无关变量，标准误差也会很小。相反，如果遗漏相关变量，那么遗漏变量偏误即使在样本量变大时也不会消失。因此，如果有很大的数据集，如横截面个体水平上的数据或面板数据，则我们就需要更关注遗漏变量偏误。

5.4.4 非嵌套模型的选择

当我们检验假设时，通常是在检验模型的约束条件。限制模型被称为嵌套在非限制模型内。在模型选择中，我们有时会遇到非嵌套的情况。例如，我们可能想要比

---

① 这里有一个值得一提的注意之处，如果 $\beta_2 \neq 0$，那么就算 $s_{12} = r_{12} = 0$，b_1^0 是条件无偏估计量，但残差平方和 s^2 仍然会倾向于高估 σ^2，因为基于 b_1^0 的 s^2 并不依赖于 x_1 或者 x_2。

较两个竞争的模型：

$$H_0 : y = X\beta + \varepsilon$$
$$H_1 : y = Z\gamma + \varepsilon$$

这两个方程中的回归元 X 和 Z 中部分变量是不相同的，也会有部分变量是相同的。

在这样的情况下，没有一个统一的程序进行判断。模型选择是一个棘手的问题，也是实践中的一个重要问题。接下来将简要地描述几个在应用计量经济学中常用的方法。

（1）R^2、调整 R^2（Adjusted R^2）或 s^2。如果两个模型都符合假设①～⑥，那么在这两个模型之间进行选择时，一个标准是它们的整体拟合程度，如 R^2。然而，当添加变量时 R^2 总是保持不变或增加，所以当两个竞争模型有不同数量的解释变量时，需要对添加变量加以惩罚，以避免过度拟合数据。此时一个标准的做法是使用调整 R^2。

$$\bar{R}^2 = 1 - \frac{\mathrm{SSE}/(n-K)}{\mathrm{SST}/(n-1)}$$

因为 $s^2 = \mathrm{SSE}/(n-K)$，选择有更高 $\bar{R}^2$ 的模型等价于选择具有更低 s^2 的模型（等价于选择具有更低 s 的模型）。下面我们将解释这么做的原因。让我们用 s_0^2 表示估计模型 H_0 的 s^2，用 s_1^2 表示估计模型 H_1 的 s^2。可以看出，如果模型 H_0 是正确的，那么 $E(s_1^2 \mid X, Z) > E(s_0^2 \mid X, Z)$。因此平均而言，错误模型的 s^2 都高于正确的模型。

也有学者指出，$\bar{R}^2$（或者 s^2）没有充分惩罚包含更多变量的模型，还存在其他模型选择标准惩罚额外的变量。应用最广泛的是赤池信息准则（Akaike Information Criterion，AIC）和贝叶斯信息准则（Bayesian Information Criterion，BIC）。BIC 倾向于选择更简单的模型。

（2）基于假设检验的包容检验方法。用 X_1 表示存在于 X 中但不存在于 Z 中的变量，用 Z_1 表示存在于 Z 中但不存在于 X 中的变量。设定估计模型：

$$y = X\beta + Z_1\gamma_1 + \varepsilon$$

检验 $\gamma_1 = 0$。如果不能拒绝 $\gamma_1 = 0$，那么就应当选择 H_0。如果 $\gamma_1 = 0$ 被拒绝了，那么将拒绝 H_0 而选择 H_1。当然，我们可以进行对称的检验，设定估计模型：

$$y = Z\gamma + X_1\beta_1 + \varepsilon$$

检验 $\beta_1 = 0$。如果不能拒绝 $\beta_1 = 0$，那么就应当选择 H_1，如果 $\gamma_1 = 0$ 被拒绝了，那么将拒绝 H_1 而选择 H_0。

显然,这个方法有 4 种可能的结果:如果两项检验都选择了 H_0 或都选择 H_1,那么结论就明确了。但也有可能两项检验都不能拒绝假设,所以两个模型看起来都是可以接受的。最后,也可能两个检验都被拒绝,这表明两个模型都是错误的。在最后一种情况下,自然的结论是需要一个比 H_0 和 H_1 通用的模型。另一个问题是,检验的结果也可能取决于对显著性水平的选择,而这种选择通常是较随意的。

例如,假设我们要在下面两个模型间做出选择:

$$y = \beta_0 + \beta_1 x_1 + \varepsilon$$
$$y = \beta_0 + \beta_2 \ln x + \varepsilon$$

方法 1 是对每个方程进行估计,然后选择 s^2 最小的模型(或 R^2 最大)。

方法 2 是估计:

$$y = \beta_0 + \beta_1 x_1 + \beta_2 \ln x + \varepsilon$$

然后检验 $\beta_1 = 0$ 或 $\beta_2 = 0$ 能否被拒绝。要注意的是,这种方法要求两个模型具有相同的因变量。当情况并非如此时,模型选择问题就会更加困难。例如,我们要在下面两个模型间做出选择:

$$y = \alpha + \beta x + \varepsilon$$
$$\ln y = \alpha + \beta \ln x + \varepsilon$$

对于这种特殊情况,一种解决方案是使用 Box-Cox 转换将两个模型嵌套在一个更一般的函数形式中:

$$y^{(\lambda)} = \alpha + \beta x^{(\lambda)} + \varepsilon$$

其中,$x^{(\lambda)} = \dfrac{x^\lambda - 1}{\lambda}$ 且 $y^{(\lambda)} = \dfrac{y^\lambda - 1}{\lambda}$。该线性模型对应于 $\lambda = 1$,根据洛必达法则,当 $\lambda \to 0$ 可以使用 ln 转化,然后用最大似然法估计 α、β、λ,而后再用前述包容检验方法就能检验 $H_0: \lambda = 0$ 和 $H_1: \lambda = 1$。

5.5　因果推断

经济金融领域的研究人员研究的目标是做出因果推断。例如,公司税的变化对公司的财务杠杆率有何影响? 给予 CEO 更多的公司股份对 CEO 进行风险投资的意愿有何影响？这意味着，我们不喜欢只研究变量彼此"关联"或"相关"。

回顾之前的内容，如果我们的线性模型如下：

$$y = \beta_0 + \beta_1 x_1 + \cdots + \beta_k x_k + \varepsilon$$

并且，我们想将 β_1 推断为 x_1 对 y 的因果效应，在其他条件相同的情况下，我们需要做出以下假设：$E(\varepsilon) = 0$ 和 $E(\varepsilon \mid x_1, \cdots, x_k) = E(\varepsilon)$。换句话说，$\varepsilon$ 的平均值（即 y 的无法解释的部分）不依赖于 x 的值。这就是"条件均值独立"假设（CMI）。一般来说，误差项应当与所有 x 不相关。在有限的样本条件下，无偏性需要 CMI，这意味着 x 和 ε 相互独立。但是在大样本条件下，为了一致性，我们只需要假设 x 和 ε 之间的相关性为零。例如，对于 CEO 薪酬估计系数，假设我们将 CEO 薪酬估计为以下模型：

$$\text{Salary}_i = \alpha + \beta \text{ROE}_i + \varepsilon_i$$

首席执行官 i 的工资为 1 000 美元，ROE 率为 $a\%$。如果我们得到 $\hat{\alpha} = 963.2$，$\hat{\beta} = 18.50$，即

$$\text{Salary}_i = 963.2 + 18.5\text{ROE}_i + \varepsilon_i$$

模型估计系数告诉我们，净资产收益率增加 1 个百分点与工资增加 18 500 美元相关，净资产收益率为 0 的首席执行官的平均工资为 963 200 美元。CMI 会满足吗？可能不会。在三种情况下，该假设会被违背：遗漏变量偏误、测量误差偏误、联立性偏误。下面，让我们逐个分析上述三种情况。

5.5.1　遗漏变量偏误

1. 遗漏变量偏误的定义

这可能是研究中最常见的关于因果关系的担忧。它的基本思想是估计误差 ε 隐含了其他影响 y 并与 x 相关的变量，例如 z。请注意，仅当遗漏的变量与 x 相关时，遗漏变量才有问题。为了更好地解释遗漏变量偏误（OVB），我们在只遗漏了一个变量的情况。估计方程：

$$y = \beta_0 + \beta_1 x + \varepsilon$$

然而真正的模型是：

$$y = \beta_0 + \beta_1 x + \beta_2 z + \upsilon$$

那么，我们可以得到：

$$\hat{\beta}_1 = \beta_1 + \frac{\mathrm{cov}(x, z)}{\mathrm{var}(x)}\beta_2$$

式中，$\hat{\beta} = \beta_1 + \delta_{xz}\beta_2$，其中 δ_{xz} 是 x 对遗漏的变量 z 进行回归得到的系数，且

$$\delta_{xz} = \frac{\mathrm{cov}(x, z)}{\mathrm{var}(x)}$$

很容易看出，估计的系数只有在 $\mathrm{cov}(x, z) = 0$，即 x 和 z 不相关，或 z 对因变量没有任何影响，即 $\beta_2 = 0$ 才是无偏的。偏误的正负方向由 β_2 和 $\mathrm{cov}(x, z)$ 的符号给出，偏误的大小将由 β_2 和

$$\frac{\mathrm{cov}(x, z)}{\mathrm{var}(x)}$$

决定。例如，如果知道 z 对 y 有积极影响，即 $\beta_2 > 0$，且 x 和 z 正相关，$\mathrm{cov}(x, z) > 0$，则偏误为正。

假设我们估计了 $\ln(\mathrm{wage}) = \beta_0 + \beta_1\mathrm{educ} + w$。但是，真实的模型为 $\ln(\mathrm{wage}) = \beta_0 + \beta_1\mathrm{educ} + \beta_2\mathrm{ability} + \mu$。那么 $\hat{\beta}$ 上的偏误将会如何？能力（ability）和工资（wage）可能正相关，因此 $\beta_2 > 0$。能力（ability）和教育（educ）可能正相关，$\mathrm{cov}(\mathrm{educ}, \mathrm{ability}) > 0$。因此，偏误可能是正向的，且相当大。

2. 排除遗漏变量偏误

如何试图摆脱这种偏误将取决于遗漏变量的类型：可观测的遗漏变量和不可观测的遗漏变量。

对于可观测的遗漏变量，解决遗漏变量偏误是很简单的，只要将它们作为控制变量加入方程。例如，如果在方程中遗漏的变量 z 是"杠杆率"，则在回归中添加杠杆率这个变量。指定了错误的函数形式是可观测的遗漏变量的特例。假设真实的模型为：

$$y = \beta_0 + \beta_1 x_1 + \beta_2 x_2 + \beta_3 x_2^2 + \varepsilon$$

但是，我们遗漏了 x_2 的平方项。就像所有 OVB 问题一样，β_0、β_1 和 β_2 上的偏误将取决于 β_3 及 x_2^2 与 x_1 和 x_2 的相关性。如果 y 的函数形式不正确，会遇到相同类型的问题。例如，真实模型应该是 $\ln(y)$ 而不是 y。从某种意义上说，这不是大问题。为什么呢？我们可以添加额外的平方和立方项，并查看它们是否产生影响和/或具有非零系数。

对于不可观测的遗漏变量，我们考虑早些提到的模型：$\ln(\mathrm{wage}) = \beta_0 + \beta_1\mathrm{educ} +$

$\beta_2$ability $+\varepsilon$。问题是,我们无法观测也无法衡量能力。对这个问题我们能做什么?我们需要找到一个与未观测到的变量相关的代理变量,例如智商。考虑以下模型:

$$y = \beta_0 + \beta_1 x_1 + \beta_2 x_2 + \beta_3 x^* + \varepsilon$$

其中,x^* 是无法观测的,但我们有代理变量 x_3。假设 $x^* = \delta_0 + \delta_1 x_3^* + v$,$v$ 是由于 x_3^* 无法完美表示不可观测的 x^* 所产生的误差项,而截距项 δ_0 仅反映了均值衡量上的不同,例如能力与 IQ 有不同的均值。

如果我们只对 β_1 和 β_2 感兴趣,我们可以用 x_3^* 替换 x^* 并估计模型:

$$y = \beta_0 + \beta_1 x_1 + \beta_2 x_2 + \beta_3 x_3^* + \varepsilon$$

为了得到对 β_1 和 β_2 的一致估计,我们需要做出一些假设。假设 $E(\varepsilon \mid x_1, x_2, x_3^*) = 0$,例如,我们有正确的模型,并且当我们控制了 x_1、x_2 和 x_3^* 之后,x^* 将与 ε 无关,这样 $E(\varepsilon \mid x^*) = 0$。同时,我们需要假设 $E(v \mid x_1, x_2, x_3^*) = 0$,例如 x_3^* 是 x^* 的一个很好的代理变量,这样当我们控制了 x_3^*,x^* 将不会随着 x_1 和 x_2 改变,即 $E(x^* \mid x_1, x_2, x_3^*) = E(x^* \mid x_3^*)$。

为什么代理变量是有效的?回顾真实的模型为:$y = \beta_0 + \beta_1 x_1 + \beta_2 x_2 + \beta_3 x^* + \varepsilon$。现在我们将 $x^* = \delta_0 + \delta_1 x_3^* + v$ 代入上式。那么估计出的方程 $y = \alpha_0 + \beta_1 x_1 + \beta_2 x_2 + \alpha_1 x_3^* + e$,即

$$y = (\beta_0 + \beta_3 \delta_0) + \beta_1 x_1 + \beta_2 x_2 + (\beta_3 \delta_1) x_3^* + (\varepsilon + \beta_3 v)$$

先前的假设确保 $E(e \mid x_1, x_2, x_3^*) = 0$,使得 $(\alpha_0, \beta_1, \beta_2, \alpha_1)$ 的估计值是一致的。注意,我们无法估计出 β_0 和 β_3 的值。考虑之前对工资的估计 $\ln(\text{wage}) = \beta_0 + \beta_1 \text{educ} + \beta_2 \text{ability} + \varepsilon$。如果使用 IQ 作为能力的一个不可观测的代理变量,我们应假设 $E(\text{ability} \mid \text{educ}, IQ) = E(\text{ability} \mid IQ)$。例如,考虑到智商后,平均能力不会随着教育而改变,这可能是有问题的假设。

考虑投资的 Q 理论:$\text{investment} = \beta_0 + \beta_1 Q + \varepsilon$。我们能够使用公司的市账率(MTB)作为 Q 的代理变量来估计 β_1 吗?即使我们认为这是正确的模型或者 Q 仅取决于 MTB,如 $Q = \delta_0 + \delta_1 \text{MTB}$,我们仍然无法得到 β_1 的估计。即使假设均成立,我们也只能得到 $\text{investment} = \alpha_0 + \alpha_1 Q + e$ 的一致估计。其中,$\alpha_0 = \beta_0 + \beta_1 \delta_0$,$\alpha_1 = \beta_1 \delta_1$。虽然我们不能得到 β_1 的估计值,如果我们得到了 δ_1 的符号,我们能得到 β_1 的符号。

选择偏误。我们可以简单地将其视为遗漏变量问题,其中遗漏变量是未观测到的反事实。具体来说,误差 ε 包含一些未观测到的反事实,这些反事实与我们是否观

测到 x 的某些值相关。如果是的话,那么就违反了(Clay Mathematics Institute, CMI)假设。例如,去医院的人的平均健康指数为 3.21,而不去医院的人的平均健康指数为 3.93。我们是否能得出去医院作为自变量,使我们变得不健康这一结论? 答案是不能。因为去医院的人本身就是不健康的,这就是选择偏误。换一种说法,我们无法控制没有去医院会产生什么健康后果,而这种未观测到的反事实与是否去医院相关,即遗漏了变量。

数据选择偏误的重要的一类是幸存者偏误。即观测值由于系统原因被包括进来或丢失。例如进行首次公开募股并加入上市公司数据集的公司可能与未进行首次公开发行的公司不同;受到某些事件不利影响的公司可能随后因陷入困境或彻底破产而退出数据集。为什么会有问题呢? 答案是存在选择偏误,可能导致错误的推断。上市可能不会导致高收益增长,只是上市的公司无论如何都会增长得更快。如果一些受影响的公司破产并退市,我们可能不会发现事件的不利影响,或可能低估其影响。

幸存者问题同样没有简单的解决方案,但是,如果担心存在幸存者偏误,可以检查实验组(双重差分模型)是否与观测值从数据中退出相关。在其他分析中,检查退出的观测值的协变量是否系统性地不同。

经济金融研究中,还存在有限样本的问题,我们通常使用的数据集通常仅限于某些公司。例如 Compustat 涵盖最大的上市公司,ExecComp 仅提供标准普尔 1 500 指数上市公司的首席执行官的激励数据。这将如何影响我们的分析? 这使得我们在声称外部有效性时需要小心。在 Compustat 中可能发现实验组没有效果,因为处理效应对于未观测到的、较小的私人公司可能有效果。在 Execucomp 中观测到的激励和风险承担之间的相关性可能不适用于较小的公司。

对于有限样本的问题,在推断时要小心,避免做出缺乏外部有效性的陈述,即我们的样本代表了经济上的全部群体。如果我们感兴趣的理论需要检验,我们要手动收集自己的数据,而且这在经济金融领域变得越来越重要。例如,阿里(Ali)、克拉萨(Klasa)和杨(Yeung)(2009)提供了数据问题的例子。他们注意到,许多理论认为,"产业集中"是许多金融环境中的重要因素,但研究人员使用 Compustat 测量行业集中度,即赫芬达尔指数。这怎么会有问题呢? 答案是系统测量误差。Compustat 不包括私人公司,所以它会使我们对集中度的测量出错。阿里等人通过使用美国人口普查数据计算集中度来找到这方面的证据。两个指标之间的相关性仅为 13%。此外,Compustat 统计测量中的误差系统地与一些关键变量有关,如行业内公司的营业额。阿里等发现这很重要,使用人口普查数据推翻了之前公布的结果。比如,阿里等指出集中度与研发正相关,而不是如之前文献所述负相关。

5.5.2 测量误差偏误

我们使用的数据几乎从来都不是完美的,纳入数据集和退出数据集通常不是随机的,并且数据集仅涵盖某些类型的公司。数据中报告出来的变量通常带有错误,有时,这只是一种无伤大雅的噪声。比如,调查对象自己报告过去收入会有差错,可能因为记录不完善。有时,噪声更加系统,比如,在询问青少年吸烟的次数时,吸烟且GPA 高的青少年可能会说 0 次。这些错误将如何影响我们的分析呢?为什么说测量误差很重要?答案是要看情况,但总的来说,很难确切知道这会有什么影响。如果 y 的测量有错误,如果只是随机噪声,它只会使 SE 更大。如果是系统性的错误,误差与 x 相关,则可能会导致偏误。如果 x 的测量有错误,即使是简单的变量误差假定也会给测量错误的 x 带来衰减偏误,也会使所有其他变量有偏误。

当我们不精确地测量感兴趣的变量时,估计就会产生测量误差。例如 Altman $z-score$ 是衡量违约风险的嘈杂指标,平均税率是衡量边际税率的嘈杂指标。这种测量误差会导致估计偏误,而且偏误可能相当复杂。测量误差很难处理,除非准确地知道误差的来源和性质。

测量误差类似于代理变量,但在概念上非常不同。代理变量用于完全不可观测或可测量的事物,例如能力。对于测量误差,我们没有观测到的变量是明确定义的,并且可以被量化,只是我们对它的测量包含误差。测量误差的一些常见例子:市场杠杆,通常使用债务的账面价值,因为市场价值难以观测;公司价值,难以观测债务的市场价值,因此我们使用账面价值;CEO 薪酬,期权价值使用 Black-Scholes 估算。

1. 因变量的测量误差

对于因变量的测量误差,就估计偏误而言,这通常不是问题,只是会导致我们的标准误差更大。例如:

$$y^* = \beta_0 + \beta_1 x_1 + \cdots + \beta_k x_k + \varepsilon$$

但是,我们对 y^* 的测量具有误差 $e = y - y^*$。

因为我们只能使用测量得到的变量,所以我们估计的方程为

$$y = \beta_0 + \beta_1 x_1 + \cdots + \beta_k x_k + (\varepsilon + e)$$

这里,我们总是假设 $E(e) = 0$,因为如果假设不成立,它只会影响常数的偏误。只要 $E(e \mid x) = 0$,即 y 的测量误差与 x 不相关,OLS 估计是一致且无偏的。唯一的问题是当 e 和 ε 不相关时我们会得到更大的标准误差,因为 $\text{var}(\varepsilon + e) > \text{var}(\varepsilon)$。

e 和 x 不相关的假设在实际中需要谨慎对待。例如,公司杠杆的衡量存在误差;由于难以观测债务的市场价值,我们使用账面价值。但是,当公司陷入困境时,测量误差可能会更大。此时债务市场价值下降,账面价值不变。又如,变量的误差包括盈利能力(如低利润公司的测量误差较大),则该测量误差可能与 x 相关,此时的测量误差将导致估计不一致。

2. 自变量的测量误差

自变量的测量误差在经济金融领域中存在许多例子,比如平均 Q 是边际 Q 的一个有误差的衡量,Altman - z score 是违约概率的一个有误差的衡量,GIM 和反收购条款等都只是企业治理水平的嘈杂衡量。这种测量误差会导致偏误吗? 答案主要取决于我们对测量误差 e 的假设: ① 测量误差 e 与观测到的变量 x 不相关;② 测量误差 e 与无法观测的变量 x^* 不相关。

我们假设模型为 $y = \beta_0 + \beta_1 x^* + \varepsilon$。但是我们观测到的 x^* 包含测量误差 $e = x - x^*$。假设我们正确的设置模型为 $E(y \mid x^*, x) = E(y \mid x^*)$,控制 x^* 的情况下即 x 不会影响 y。

假设①: e 与 x 无关。将 x^* 用我们实际观测到的 $x^* = x - e$ 代入真实模型,我们有

$$y = \beta_0 + \beta_1 x + \varepsilon - \beta_1 e$$

这个模型会产生偏误吗? 不会,因为我们假设 x 和 e 无关,而且 x 与 ε 也无关。这里的问题是标准误差将会变大,误差方差是 $\sigma_\varepsilon^2 + \beta_1^2 \sigma_e^2$。

假设②: e 与 x^* 无关。将 x^* 用我们实际观测到的 $x^* = x - e$ 代入真实模型,我们有

$$y = \beta_0 + \beta_1 x + \varepsilon - \beta_1 e$$

但由于 x 与 e 相关, e 与 x^* 不相关保证 e 与 x 相关。我们可以得到:

$$\operatorname{cov}(x, e) = E(xe) = E(x^* e) + E(e^2) = \sigma_e^2$$

即一个自变量将与误差相关,这将使得我们得到有偏的估计。测量误差与无法观测的自变量不相关,这就是所谓的经典变量误差假定(Classical errors-in-variables,CEV)。

根据前面的只有一个自变量的示例,我们对 β_1 的估计为

$$p \lim(\hat{\beta}_1) = \beta_1 \left(\frac{\sigma_{x^*}^2}{\sigma_{x^*}^2 + \sigma_e^2} \right)$$

我们看到,估计值总是偏向零,即它是衰减偏误。而且,如果误差方差 σ_e^2 很小,那么衰减偏误不会那么糟糕。

在当前假设下,测量误差似乎并没有那么糟糕。如果误差与观测到的 x 不相关,则没有偏误。如果误差与未观测到的 x^* 不相关,我们就会得到衰减偏误。所以至少,我们感兴趣的系数上的符号仍然是正确的。然而,在实际应用中,测量误差可能与观测到的 x 和未观测到的 x^* 都有一点相关。此外,即使在 CEV 的情况下,如果有多个自变量,偏误就会变得非常复杂。多个变量的测量误差则更为复杂。如果我们估计 $y = \beta_0 + \beta_1 x_1 + \cdots + \beta_k x_k + \varepsilon$,其中只有一个 x 具有测量误差,那么,如果误测变量与任何其他 x 相关,则所有 β 都将有偏误。偏误的符号和大小将取决于测量误差与所有 x 之间的相关性,系数估计偏误将变得混乱。

在法扎里(Fazzari),哈巴德(Hubbard)和彼得森(Petersen)(1988)关于测量误差问题论文的经典例子中,将投资对托宾 Q(衡量投资机会)和现金持有做回归,发现现金持有具有正的系数,因而表示必须存在财务约束。但是 Q 是含有噪声的度量,这导致所有系数都有偏误。埃里克森(Erickson)和怀特德(Whited)(2000)认为,如果更正了测量误差,这个正向的系数将会消失。

5.5.3 联立性偏误

每当任何自变量(即 x)可能受到 y 的变化的影响时,都会产生这种误差。例如:

$$y = \beta_0 + \beta_1 x + \varepsilon$$
$$x = \delta_0 + \delta_1 y + v$$

x 的变化影响 y,y 的变化影响 x,这是反向因果关系的最简单情况。方程 $y = \beta_0 + \beta_1 x + \varepsilon$ 中的所有估计都将是有偏的。为什么估算 $y = \beta_0 + \beta_1 x + \varepsilon$ 不会得到真实的 β_1? 因为

$$x = \delta_0 + \delta_1 y + v$$
$$x = \delta_0 + \delta_1 (\beta_0 + \beta_1 x + \varepsilon) + v$$

显然,x 和 ε 是相关的,因此产生了偏误。

上面的例子是反向因果关系的情况,我们感兴趣的自变量受到 y 的影响。但是,如果 y 影响了任何 x,所有的系数都会产生偏误。例如 $y = \beta_0 + \beta_1 x_1 + \beta_2 x_2 + \varepsilon$。$x_2 = \gamma_0 + \gamma_1 y + w$。 显然,$x_2$ 与 ε 之间是相关的,因此所有系数都会存在偏误,这也就是为何在经济金融研究的回归方程中通常使用滞后一期的 x。

如果回归方程中 x 可能受到该问题的影响(即反向因果关系),我们将无法使用

OLS 进行因果推断。工具变量或自然实验将有助于解决此问题。另外，如果控制变量受 y 影响，也无法使用 OLS 获得因果估计。

糟糕的控制变量。类似于联立性偏误，这是当一个 x 受另一个 x 影响时出现的问题。例如：

$$y = \beta_0 + \beta_1 x_1 + \beta_2 x_2 + \varepsilon$$
$$x_2 = \gamma_0 + \gamma_1 x_1 + v$$

安格里斯特（Angrist）和皮什克（Pischke）将此称为"糟糕的控制变量"，在进行自然实验时会引入微妙的选择偏误。如果我们有一个真正外生的，在自然实验中的 x，不要放入同样受 x 影响的控制变量。所以，仅添加不受 x 影响的控件，或者采用 y 仅对 x 做回归。

总结来说，我们需要条件均值假设（CMI），以做出因果推断。当任意自变量 x 与误差项 ε 相关，那么 CMI 就被推翻了。主要有三种方式能够推翻 CMI 假设：遗漏变量偏误、测量误差和联立性偏误。误差是非常复杂的，如果遗漏变量不止一个，或者遗漏的变量与不止一个回归元相关，那么就很难判断误差的方向。一个变量的测量误差能够（而且非常有可能）使估计的所有系数都产生难以判断的偏误，联立性偏误同样可以非常复杂。为了解决这些问题，我们将探讨其他的工具，例如工具变量法、自然实验及断点回归法。

5.6　控制变量的作用

模型规范的讨论经常以同等的方式对待不同的自变量，即认为所有自变量的影响大小都是相同的。然而，通常情况并非如此。一般来说会有一个主要的感兴趣的变量，其他自变量主要用以减少误差项的方差，从而获得对重要参数的更精确的估计，或者用于控制遗漏变量偏误。例如，在收入方程中，人们可能主要感兴趣的是受教育程度对收入的影响，但也会把年龄和社会经济背景等因素纳入分析模型，以控制其他影响收入和可能与受教育程度相关的独立因素。

例如，斯托克（Stock）和沃森（Watson）使用来自加利福尼亚州小学的数据来估计班级规模（STR）对考试成绩（TestScore）的影响。数据来自 1999 年加州 420 个 K–6 和 K–8 学校。被解释变量检验成绩是斯坦福大学学业成就检验（Stanford Achievement Test，SAT）中阅读和数学成绩的平均值。平均检验分数为 665.2（标准差为 19.1),学生与教师比例的平均值为 19.6(标准差为 1.9)。简单回归结果如下：

$$\widehat{\text{TestScore}} = \underset{(10.4)}{698.9} - \underset{(0.52)}{2.28} \times \text{STR}$$

其中，$\bar{R}^2 = 0.049$，SE = 18.58，$n = 420$。此处括号内为系数的标准误，SE 为 σ 的估计值 s。因此，班级规模似乎对考试成绩有统计上的显著影响。

然而，有一些变量被忽略了，它们可能与 STR 相关，并可能影响着 TestScore。遗漏的变量包括学校特征，如教师素质及学生特征、家庭背景。由于加州有大量的移民人口，斯托克和沃森特别关注了 PctEL，即该学校学习英语同学的比例。主要是考虑到母语不是英语的学生，往往会在考试中表现得更差。如果在样本中，有拥有更大规模班级的学区也倾向于拥有更大的 PctEL，那么省略这个变量可能会对 STR 系数的估计产生偏误。从数据可以看出，PctEL 和 STR 之间实际上是正相关的。因为 PctEL 的数据是可获得的，包含这个变量后重新进行回归得到如下结果：

$$\widehat{\text{TestScore}} = \underset{(8.7)}{686.0} - \underset{(0.43)}{1.10} \times \text{STR} - \underset{(0.031)}{0.650} \times \text{PctEL}$$

其中，$\bar{R}^2 = 0.424$，SER = 14.46，$n = 420$。

这表明我们的担心是有道理的，事实上，PctEL 可以解释大部分 TestScore 上偏误(体现在 R^2 增加 SER 减少)。并且，当模型中控制了 PctEL，先前估计的班级规模对成绩的影响也大幅降低，但它仍然是在统计上显著的。之前回归估计的系数偏大，因为 STR 的系数包含了相关变量 PctEL 的影响。

然而，"控制变量"比那些对因变量有因果影响的变量(除了感兴趣的变量)使用得更为普遍。在检验成绩的影响因素的回归中，除 PctEL 以外还有其他与 STR 相关的变量被遗漏，但这些变量可能会很难被衡量。例如，外部学习机会就是一个可能影响成绩，同时也和 STR 相关的变量。然而外部学习机会与学生的家庭收入有关，这是能够衡量的。将这些变量纳入回归方程可以有效地控制外部学习机会中与收入相关的部分。

例如，用 LchPct 表示获得免费午餐补贴的学生的百分比，由于学校基于家庭收入是否低于某个阈值(贫困线的 150%)来分配补贴资格，这就可以作为衡量一个地区经济困难学生比例的变量。回归结果为

$$\widehat{\text{TestScore}} = \underset{(5.6)}{700.2} - \underset{(0.27)}{1.00} \times \text{STR} - \underset{(0.033)}{0.122} \times \text{PctEL} - \underset{(0.024)}{0.547} \times \text{LchPct}$$

其中，$\bar{R}^2 = 0.773$，SE = 9.08，$n = 420$。

在这种情况下，纳入控制变量 LchPct 仅对 STR 的系数估计产生了细微影响。但是，估计的精度提高了，添加控制变量降低了 STR 系数的标准误。

那么如何解释 LchPct 的系数？正如我们预想的，它是一个比较大的负数，因为对于较贫穷家庭学生学习的机会也常常较少。但是很明显这个系数不应该被赋予一个因果解释。我们通常期望产生一个积极的因果效应。我们不认为如果通过提高收入门槛增加 LchPct，学生的考试成绩将会因此降低。对 LchPct 系数的解释是，它估计了与 LchPct 相关的因果变量对 TestScore 的影响。通过将它们纳入回归中，我们对这些遗漏的变量进行了控制。

还有值得注意的一点是，现在 PctEL 的系数比不包括 LchPct 的回归中的系数小。这表明在没有 LchPct 的回归中，变量 PctEL 也控制着外部学习机会的影响及其对 STR 的直接影响。因为 PctEL 在控制这些其他因素方面表现相当好，LchPct 的加入对 STR 的估计系数只有很小的额外影响。

总而言之，考虑一般的线性模型 $y = X\beta + \varepsilon$，重写为

$$y = X_1 \tilde{\beta}_1 + X_2 \tilde{\beta}_2 + \varepsilon$$

我们将变量分成 X_1，即我们感兴趣的因果变量；还有 X_2，即附加的控制变量。我们的标准假设包括假设③，即 $E(\varepsilon \mid X_1, X_2) = 0$。如果我们只对估计量 $\tilde{\beta}_1$ 而不是 $\tilde{\beta}_2$ 感兴趣，X_2 中的变量只是作为控制变量，那么一个较弱的假设就足够了，即

$$E(\varepsilon \mid X_1, X_2) = E(\varepsilon \mid X_2) = X_2 \gamma$$

也被称为条件均值独立假设，因为 ε 的条件均值独立于 X_1。显然，这是个稍弱的假设，因为 $E(\varepsilon \mid X_1, X_2) = 0$ 就能推出 $E(\varepsilon \mid X_2) = 0$。很容易证明 $E(\varepsilon \mid X_2)$ 对于 X_2 是线性，并且在 ε 和 X_2 服从多元正态分布时必须成立，线性假设也可以被放宽[①]。

需要注意的是，正是因为 X_2 与 ε 相关，我们才将 X_2 作为控制变量。为了使 X_2 成为一个有效的控制变量，关键要使 ε 关于 X_2 的条件均值不能受到 X_1 的影响。换句话说，一旦控制了 X_2，X_1 中的变化就完全独立于 ε，是完全随机的。

让我们证明为何 $\tilde{\beta}_1$ 在这个假设下是无偏的，设 $\nu = \varepsilon - X_2 \gamma$，则

$$\varepsilon = X_2 \gamma + \nu$$

其中，$E(\nu \mid X_1, X_2) = 0$ 因为 $E(\nu \mid X_1, X_2) = E(\varepsilon \mid X_1, X_2) - X_2 \gamma = X_2 \gamma - X_2 \gamma = 0$。将 ε 的表达式代入 $y = X_1 \tilde{\beta}_1 + X_2 \tilde{\beta}_2 + \varepsilon$，有

$$y = X_1 \tilde{\beta}_1 + X_2(\tilde{\beta}_2 + \gamma) + \nu$$

因为 $E(\nu \mid X_1, X_2) = 0$，这个方程满足我们标准的"零条件均值"假设③，LS 估计将

---

①　如果 $E(\varepsilon \mid X_2)$ 的 X_2 确实存在非线性组成部分，那么这些组成部分可以作为控制变量。

是无偏的。设 $\tilde{b}_1$、$\tilde{b}_2$ 为这个回归得到的估计系数,我们有

$$E(\tilde{b}_1 \mid X_1, X_2) = \tilde{\beta}_1$$

$$E(\tilde{b}_2 \mid X_1, X_2) = \tilde{\beta}_2 + \gamma$$

因此,$\tilde{b}_1$ 是 $\tilde{\beta}_1$ 的一个条件无偏估计。

注意,这里控制变量的系数 $\tilde{\beta}_1$ 不仅估计了控制变量的直接效应,也估计了它们的间接效应,即遗漏了影响 y 同时与 X_2 相关的变量(在 ε 中)的影响。对于一个好的控制变量来说,它是否直接影响 y($\tilde{\beta}_2 \neq 0$)并不重要。就我们之前的例子而言,LchPct 可能对考试成绩有正面的直接影响,因为它改善了学生的饮食营养,但在 LS 的估计中,那些与它相关的变量对考试成绩的负面影响远远超过了它本身带来的影响。

那么,什么是好的控制变量?什么是差的控制变量呢?一个好的控制需要与误差项中的遗漏变量相关,同时满足条件均值独立假设。如果没有同时满足上面两个条件,说明不是一个好的控制变量。差的控制变量的一种类型是"无关变量",例如既不影响 y 也与影响 y 的遗漏变量不相关的变量。这些变量也许是与 X_1 相关的,这时,它们将导致多重共线性,从而降低 $\tilde{b}_1$ 估计量的准确性,表现为很高的 SE。例如,在之前学生成绩的例子中,教师停车场的平均大小可能和学生与教师的比例相关,但对学生的考试成绩没有或有可以忽略不计的影响。

差的控制变量的另一种类型是"结果"变量,也就是同时受 X_1 和 ε 影响的变量。在学生成绩的例子中,上大学的学生比例就是这样的变量。因为这样一个变量很可能同时受到 X_1 和 ε 的影响,如果将这个变量作为回归变量,条件平均独立性假设是不可能满足的。从直观上看,这个变量也不是一个好的控制变量,因为它不会产生因果解释。当"在保持外部学习机会不变时(将 PctEL 作为 LchPct 的代理),改变学生教师比例对考试成绩有什么影响"是一个有意义的问题,但"保持后来上大学的学生数量不变,改变学生教师比例对考试成绩有什么影响"是没有什么意义的。

例如,在收入 Y 对受教育年限 S 的回归中,我们希望控制其他解释变量,如年龄(或经验),如果数据可得的话,还希望控制智商检验分数等能力指标。但即使职业与收入明显相关,我们也不想控制职业这一变量。其中一个原因是,职业选择是教育影响收入的渠道之一。这说明了关于控制变量的一个更普遍的观点,即时间的重要性。在关键自变量(受教育年限)之前测量的变量特别适合作为控制变量,因为它们不会受到这一变量的影响[①]。在实验之后确定的变量对于控制变量来说

---

① 因此,像 IQ 检验分数这样评估能力的测量方法,如果在教育的早期阶段更受青睐。

可能是糟糕的选择,因为它们可能是"结果变量"。

5.7　匹配方法

用匹配方法来估计处理效应的方法非常直观和简单,对于每个经过处理的观测结果,我们都会找到一个"匹配"的未经处理的观测结果,该观测值可作为处理上的反事实。然后,将处理的观测结果 y 与匹配观测值的结果进行比较。

对于 X 的每个值,其中既有已处理又有未处理的观测值。我们将处理后的观测值与 $X=X'$ 的处理观测值和 $X=X'$ 的未处理观测值进行匹配,并且比较它们的结果的差异 y,然后使用所有 X 的平均差值作为处理效应的估计。匹配方法基本上关于实验的假设是什么?首先处理不是随机的。如果处理是随机的,则在对比结果的平均差异之前,不需要在 X 上匹配。而且处理是 X 上随机产生的。即控制 X,未经实验的结果代表了未观测到的处理反事实。

匹配的实质是一种"控制策略"。可以将匹配视为控制必要 X 的一种方式,以确保因果关系所需的 CMI 假设成立。我们可以用来估计处理效应的另一种控制策略是控制变量。通过回归,我们可以将 y 回归到代表是否处理的虚拟变量上,同时对 X 进行必要的控制以确保 CMI 假设成立。那么,匹配和回归有何不同呢?原理上,匹配和 OLS 的控制变量没有什么不同。基本上,我们可以将 OLS 估计视为特定的加权匹配估计值。为了研究匹配和 OLS 的差异,我们可以首先做简单的匹配估计。然后,对代表是否处理的虚拟变量回归 y 的并执行 OLS,并通过为 X 的每个值添加虚拟变量来控制 X。这是非参数的,并且是控制协变量 X 的一般方式。OLS 将比较有着相同 X 的实验组和对照组的结果,这与匹配很类似。然而,在应用中,我们会从 OLS 和匹配中获得不同的估计值。当 X' 有着更多实验处理观测时,匹配会给 $X=X'$ 的观测值更多的权重。当处理有更多变化时,OLS 对 $X=X'$ 的观测值给予更大的权重。即在 OLS 中我们观测到实验组和对照组的比例更相等。

安格里斯特和皮什克认为,匹配和 OLS 之间的差异在实证研究中并不重要。而且,与 OLS 类似,匹配有一个严重的限制。匹配估计值与其他估计值(如工具变量、自然实验和断点回归)的主要区别是匹配估计值不依赖于任何明确的外生变量来源。即如果 OLS 对处理效应是有偏的,那么处理效应的匹配估计值也是有偏的。而且,我们放弃 OLS 是有原因的,如果初始处理不是随机的和外生性的,通常很难相信控制某些 X 会以某种方式恢复随机性。例如,可能存在有问题的、未观测到的异质性。

匹配的估计值也遇到了同样的问题,匹配不能解决联立性偏误问题,不能消除测量误差偏误,也不能修复不可观测变量的遗漏变量偏误,因为我们无法匹配不能观测到的内容。

那么,匹配有什么优势呢?匹配可以被用来对 OLS 估计值进行稳健性检查,可以更好地筛选 OLS 中使用的数据,有时可以具有比 OLS 更好的有限样本属性。假设我们想知道处理效应 d,如果处理,$d=1$;否则 $d=0$。$y(1)$ 是如果 $d=1$ 的结果,$y(0)$ 是如果 $d=0$ 的结果。可观测协变量为 $X=(x_1,\cdots,x_k)$。那么,匹配需要两个识别假设才能估计处理效应。第一个假设是以可观测的协变量 X 为条件,结果 $y(0)$ 和 $y(1)$ 在统计学上独立于处理 d。也就是说,一旦我们控制了 X,我们可以认为分配给处理是随机的。这个假设是我们做出的典型 CMI 假设的更强版本。这相当于处理 d,在以下回归中与误差 ε 无关:

$$y = \beta_0 + \beta_1 x_1 + \cdots + \beta_k x_k + \gamma d + \varepsilon$$

在某些匹配估计值中需要这种更强的假设,例如倾向性得分。第二个假设是处理与未处理有重叠,即对于每个协变量值,在治疗组和对照组中都有正概率。当 X 匹配上时,将有两种处理观测值和控制组观测值可用。为什么我们需要这个假设?如果我们没有使用相同的 X 针对处理观测值和未处理观测值,那么做一个匹配估计值就会有问题。实际上,我们没有严格意义上的"重叠",例如,考虑连续变量,观测值不会具有完全相同的 X。我们一般使用具有"相似"X 匹配的观测值。

通过这两个假设,很容易证明带有 $X=X'$ 的子样本的平均处理效应等于带有 $X=X'$ 的处理观测值和对照观测值之间的结果差。要获得总体的平均处理效应,只需要对分布 X 上进行积分,即根据 X 的概率对所有 X 的权重取平均处理效应。

在实践中,当匹配 X 的个数(即 k)很大时,很难使用完全匹配。可能没法同时拥有处理组和控制组针对每个可能的 X 的组合。当任何 X 不只是采用离散值,而是连续的时,完全匹配几乎是不可能的。这时我们需要用到倾向得分匹配。我们进行匹配的另一种方法是首先使用协变量 X 估计一个倾向得分,然后对其进行匹配一个倾向得分 $ps(x)$。倾向得分 $ps(x)$ 是给定 X 的处理概率,即 $Pr(d=1\mid X)=E(d\mid X)$。倾向得分 $ps(x)$ 直观的理解即给定 X,将 k 维向量 X 折叠为处理概率的 1 维度量。我们可以通过多种离散选择模型估计这一个概率,包括 Probit 和 Logit 模型。如果独立性假设成立,控制 $ps(x)$ 足以确定平均处理效应,即控制 X 预测的处理的概率,只需使用 $ps(x)$ 即可进行匹配。或者,可以在处理变量 d 上回归 y,并添加倾向评分作为控制变量。为了进行 $ps(x)$ 匹配,我们可以估计每个观测值 i 的

倾向分数 $ps(x)$。 例如,使用 OLS、Probit 或 Logit 去估计

$$d = \beta_0 + \beta_1 x_1 + \cdots + \beta_k x_k + \varepsilon_i$$

通常的做法是对任何连续协变量使用带有少量多项式项的 Logit 模型。这里,观测值 i 的预测值是它的倾向得分 $ps(x_i)$。 需要注意的是,我们只需要在模型中包括能预测处理 d 的 X,这可能小于完整的 X 变量集合。事实上,能够排除一些 X(因为经济逻辑表明它们不应该预测 d)可以改善匹配估计的有限样本估计。然后,我们使用与以前相同的步骤,并且使用具有最接近倾向得分的观测值来选择最接近的匹配。例如,如果观测值 i 未经处理,选择 M 个具有最接近倾向得分的处理过的观测值。

倾向评分的优势在于倾向得分有助于避免我们通过匹配做出的主观选择。在协变量上匹配时,需要做出许多主观选择,例如距离指标、匹配方法等。而倾向得分可以完全跳过匹配,并使用样本的模型估计平均处理效应为

$$E\left\{\frac{\left[d_i - ps(X_i)\right] y_i}{ps(X_i)\left[1 - ps(X_i)\right]}\right\}$$

倾向评分也有一些缺点。如果添加更多解释的变量,则可以通过在协变量上进行匹配来获得较低的标准误差,但不一定能很好地解释 d。 与 OLS 类似,更多的协变量可以提高精确度,即使这些变量不能帮忙解决外生性问题。Angrist 和哈恩(Hahn)(2004)的研究表明,使用 $ps(x)$ 并忽略这些协变量实际上可以产生更好的有限样本性质。

匹配有很多实际的考虑因素和选择。例如,要使用哪个距离指标? 每个观测值有多少个匹配项? 匹配与否替换? 应该使用哪些协变量 X? 是否使用倾向得分,如果是,如何衡量? 我们应该在协变量上匹配,还是使用倾向分数进行匹配? 如果使用倾向评分,我们应该使用 Probit、Logit、OLS 还是非参数方法? 不幸的是,理论上没有明确的答案,我们并不清楚哪种方法的估计最准确。但是,我们的估计结果应该对几种不同的方法表现出稳健性。

同时,我们对有多少匹配的观测值合适没有明确的答案。权衡是在有偏和精度之间。使用单个最佳匹配将是反事实的最小有偏估计,最不精确。使用更多匹配可提高精度,但会降低匹配质量和导致潜在偏误。用于选择匹配的两种方法:最近邻匹配,使用距离指标选择最接近的 M 个匹配项;如果使用倾向得分,则可以选择观测倾向分数 1% 以内的所有匹配项。最好尝试多种方法,以确保研究结果的稳健性。如果添加更多匹配项会改变估计值,则偏误是潜在问题,并且应该坚持使

用较少数量的潜在匹配项。如果没有，并且只有精确度增加，那么可以使用更大的匹配集。

在匹配中，我们需要所有能影响结果 y 的 X，这些 X 同时应该与处理 d 相关。否则，我们将有遗漏变量。但是，不要包括任何可能受处理影响的协变量。用什么方法去避免 X 有可能是坏控制问题？我们一般使用滞后 X。如果对所有观测值使用匹配项，则可以估计平均处理效应（Average Treatment Effect，ATE）。但是，如果仅使用并找到用于处理观测结果的匹配项，则可以对已处理的效应（Average Treatment effect on Treated，ATT）估计平均治疗效果。如果仅使用并找到未处理的匹配项，则对未经处理的效应（Average Treatment effect of the Untreated，ATU）估计平均处理效果。

检验"重叠"假设。如果只有一个 X 或使用 $ps(X)$，可以绘制已处理和未处理的观测的分布。如果使用多个 X，我们需要识别并检查 X 中每个 x 的最差匹配项。如果匹配和观测值之间的差异相对于 x 的标准偏误较大，则可能存在问题。对于独立性的检验是一个两难问题。我们无法观测到误差项 ε，因此无法知道处理 d 是否独立于它。同样，我们无法检验我们估计的方程是否存在因果关系。但是，类似自然实验，我们可以做各种稳健性检查。例如，检验以确保观测到的处理效应的时间点是正确的，进行检验以确保处理不会影响理论上应该不受影响的其他结果。或者，查看处理效应更大或更小的子样本。对于模型：

$$y = \beta_0 + \beta_1 d + ps(X) + \varepsilon$$

其中，d 是非随机事件的虚拟变量，$ps(x)$ 是使用 Logit 方法估计处理的倾向得分。这里，注意我们声称"因为 $ps(x)$ 控制任何选择偏误，所以我们估计了处理的因果效应"是有问题的。这里因果效应的假设可观测到的 X 包括所有相关的遗漏变量。也就是说，没有任何未观测到的变量影响 y 并与 d 相关。这在实际中通常是不成立的。我们将在第 8 章中讨论很多未观测到的遗漏因素。

匹配的重要作用是用作稳健性检查，即可用作 OLS 估计处理效应的稳健性检查。匹配避免了回归的函数形式的假设。因此，在 OLS 估计值上提供了一个很好的稳健性检查[①]。而且我们可以使用匹配来筛选之后回归中使用的样本。例如，我们可以估计倾向得分，然后仅使用分数在 10% 和 90% 之间的样本进行估计。这将帮助确保仅使用具有足够的控制的观测值完成估计。或者我们可以使用对照观测结果来估

---

① 然而，安格里斯特和皮什克认为，如果具有正确的协变量，匹配和 OLS 在实践中不会发现太大差异，特别是如果使用具有 X 控制的回归。

计治疗效果,这些观测结果与已处理的观测值的特征相匹配。例如,如果一个行业受到冲击,我们可以选择与类似行业相匹配的公司作为对照样本。Stata 中用户编写的程序"psmatch2"可用于进行匹配并获得标准误差的估计值。该程序灵活,可以进行各种不同的匹配。

简而言之,"匹配"是另一种控制方法,用于在控制 X 后随机处理的情况下估计处理效应。与 OLS 对处理效果的估计相比较,只是没有函数形式的假设。但除了控制 X 之外,匹配不会解决或修复内生性问题。我们可以用许多不同的方法来进行匹配并主要用作稳健性检验,例如协变量或倾向分数得分。如果具有正确的协变量 X 和相对灵活的 OLS 模型,则平均处理效应的匹配估计值通常与 OLS 非常近似。

5.8 Stata 代码示例

这部分是第 5 章的 Stata do 文件代码示例——倾向匹配分析。这个 do 文件包含了 Stata 用于倾向匹配分析的主要步骤、代码及部分输出结果。这个例子来源于德赫贾(Dehejia)和瓦巴(Wahba)(1999),主要研究的是在员工训练计划对于收入的效应。在这里。我们需要匹配参与和不参与计划的员工。

```
gen age2 = age^2
gen age3 = age^3
gen education2 = education^2
gen RE742 = RE74^2
gen RE752 = RE75^2
gen educRE74 = education * RE74
logit treated age * educ * RE74 * RE75 * black hispanic married nodegree
Iteration 0: log likelihood = −1011.0713
Iteration 1:          log likelihood = −630.77995
Iteration 2:          log likelihood = −452.00833
Iteration 3:          log likelihood = −420.58371
Iteration 4:          log likelihood = −417.80407
Iteration 5:          log likelihood = −417.67451
Iteration 6:          log likelihood = −417.67381
```

Iteration 7： log likelihood $= -417.67381$

predict PS

(option pr assumed；Pr(treated))

sum PS

sum PS if treated $==$ 1

sum PS if treated $==$ 0

set seed 8675309

gen sorter $=$ uniform()

sort sorter

psmatch2 treated，pscore(PS) outcome(RE78)

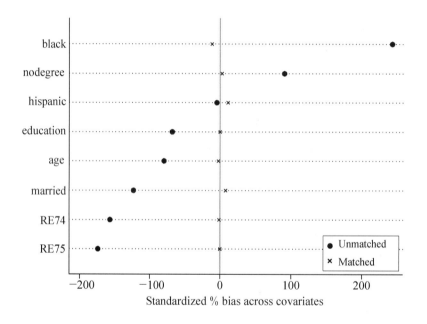

sum RE78 _RE78 if treated $==$ 1

di 6349 – 4745

regress RE78 treated if _weight ！$=$ 0 [fweight $=$ _weight]

psgraph

psgraph

twoway (histogram PS if treated $==$ 1 & PS $>$ 0.05，start(0) width(0.05) bfcolor(none) blcolor(red))(histogram PS if treated $==$ 0 & PS $>$ 0.05，start(0) width(0.05) bfcolor(none) blcolor(navy))，legend(label(1 " Treated") label(2 "Control")) yscale(range(0 5))

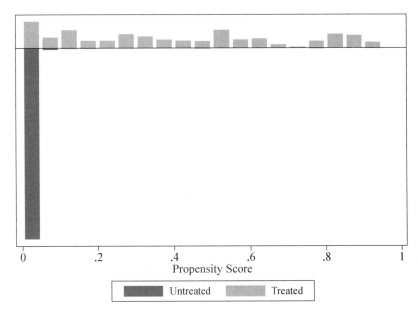

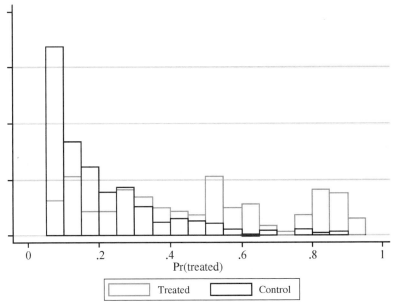

gen PS2 = PS^2

reg RE78 treated PS PS2

gen bins = .

(16,177 missing values generated)

forvalues i = 1/19 {

replace bins = 'i' if PS >= 0 + 0.05 * 'i' & PS <= 0.05 + 0.05 * 'i' 3. }

gen weight = .

(16,177 missing values generated)

forvalues i = 1/18 {

sum bins if bins == 'i' & treated == 1

replace weight = r(N) if bins == 'i' 4. }

teffects psmatch（RE78）（treated age ＊ educ ＊ RE74 ＊ RE75 ＊ black hispanic married nodegree），osample(outliers)

there are 2537 propensity scores less than 1.00e—05

treatment overlap assumption has been violated by observations identified in variable osample(outliers)

r(459)；

sum age education RE74 RE75 black hispanic married nodegree if outliers == 1

sum treated age education black hispanic married nodegree RE74 RE75 RE78

global varlist age education black hispanic married nodegree RE74 RE75 RE78

foreach var in $varlist {

2.　　set more off

3.　　ttest 'var'，by (treated) unequal 4. }

Two-sample t test with unequal variances

Two-sample t test with unequal variances

set more off

global varlist age education black hispanic married nodegree RE74 RE7

sum treated RE78 $varlist

estpost sum treated RE78 $varlist

estout using "$dir/Descriptive Stats.xls"，replace cells("count mean sd min max")

label (output written to Dropbox/Courses/Session 4/Descriptive Stats.xls)

matrix m1＝(1)

matrix m2＝(1)

matrix m3＝(1)

matrix m4＝(1)

foreach x in $varlist {

2.　　set more off

3.　　di "T-test of means for 'x'"

4.　　ttest 'x'，by(treated) unequal

5.　　matrix m1 = m1\(r(mu_1))

6.　　matrix m2 = m2\(r(mu_2))

7.　　matrix m3 = m3\(r(t))

matrix q1 = (m1[2..9,1..1],m2[2..9,1..1],m3[2..9,1..1],m4[2..9,1..1])

matrix colnames q1 = Control Treated t-stat p-value

matrix rownames q1 = age education black hispanic married nodegree RE74 RE75

matrix drop m1 m2 m3 m4

mat list q1

global pretreatment age education black hispanic married nodegree RE74 RE75

set more off

global y RE78

global x treated

imb

cem $ pretreatment, tr($ x)

(using the scott break method for imbalance)

Matching Summary：

glm $ y $ x $ control [iweight＝cem_weight]

outreg2 using "$ dir/CEMoutput. xls", se see label bdec（3）rdec（3）replace ctitle（CEM default，$ y）

foreach var in age education black hispanic married nodegree RE74 RE75 {

2.　　set more off

3.　　sum 'var', detail /＊ This line of code offers additional detail on descriptives ＊/ 4. }

outreg2 using "$ dir/CEMoutput. xls", se see label bdec（3）rdec（3）append ctitle（CEM defined，，$ y）

ereturn list

scalars：

preserve

set more off

set seed 8675309

gen sorter1 = uniform()

sort sorter1

global observed age education black hispanic married nodegree RE74 RE75

117

```
global x treated
matrix m1=(1)
matrix m2=(1)
matrix m3=(1)
matrix m4=(1)
matrix m5=(1)
global y RE78
psmatch2 $x $observed，out($y) common neighbor(1)
Note：S.E. does not take into account that the propensity score is estimated.
psmatch2：
matrix m1 = m1\(r(att)\r(seatt)\(r(att)/r(seatt)))
psmatch2 $x $observed，out($y) common llr bwidth(.2) kerneltype(normal)
matrix m2 = m2\(r(att)\r(seatt)\(r(att)/r(seatt)))
cem $pretreatment，tr($x)
Matching Summary：
matrix m3 = m3\(_b[$x]) \ (_se[$x]) \ ((_b[$x])/(_se[$x]))
cem age (19 24 31 42 50) education (8 11 12 13 16) black hispanic married nodegree
RE74 (0 2672 8554 17194 24769 25862) RE75 (0 2412 7875 16435 23897 25243)，tr($x)
Matching Summary：
matrix m5 = m5\(_b[$x]) \ (_se[$x]) \ ((_b[$x])/(_se[$x]))
matrix q1 = (m1[2..4,1..1],m2[2..4,1..1],m3[2..4,1..1],m4[2..4,1..1],m5
[2..4,1..1])
matrix colnames q1 = Nearest LLR CEMdefault CEMdefined OLS_baseline
matrix rownames q1 = ATT_Treated SE Tstat
matrix drop m1 m2 m3 m4 m5
mat list q1
```

思考题

（1）什么是多重共线性？产生多重共线性的原因是什么？

（2）完全多重共线性对 OLS 估计量的影响有哪些？

（3）修正多重共线性的经验方法有哪些？

（4）模型设定误差的类型有哪些？

（5）在回归模型中包含了无关变量，OLS 估计量是否仍具有无偏性？为什么？

（6）常见的非线性回归模型有哪几种？

第6章
自然实验

6.1 简 介

自然实验指一种实验个体被自然地或被其他非实验者控制的因素,暴露在实验的控制条件下的一种实证研究方法。自然实验与科学研究中的田野实验一样,发生在实验室之外的真实的社会环境中。与科学研究中的田野实验一样,自然实验发生在实验室之外的真实的社会环境中。本章从虚拟变量的介绍出发,对自然实验与田野实验进行比较分析,帮助读者更好地理解自然实验方法以及双重差分模型背后的逻辑。

双重差分法(Difference in differences)是一种用于计量经济学和社会科学定量研究的统计技术,其利用观察性研究数据来模拟实验研究设计,研究自然实验中的"治疗组"和"对照组"之间的差异性效果。双重差分法通过比较治疗组和对照组的结果变量在一段时间的平均变化,计算出治疗(即解释变量或自变量)对结果(即反应变量或因变量)的影响。

6.2 虚拟变量

在回归模型中,变量通常是连续的,但有时候定性变量也会非常重要。为了解决这个问题,我们引入虚拟变量(指示变量),即取值 1 或 0 的变量。例如,在关于收入的回归模型中,自变量 kids 要么为 1,要么为 0,表示已婚女士有一个或多个孩子对收入对数的影响;在以包括第二次世界大战在内的时间序列数据为基础对消费函数进行估计的模型中,通常包括一个用于表示年份的虚拟变量。模型如下:

$$C_t = \beta_0 + \beta_1 x_t + \delta D_t + \varepsilon_t$$

其中,C = 消费,x = 可支配收入,并且有

$$D_t = \begin{cases} 1, & t \in [1\,942, 1\,945] \\ 0, & \text{其他} \end{cases}$$

对于第二次世界大战期间的观测值,截距为 $\beta_0 + \delta$。 我们还可以体现自变量斜率的变化,即 x_t 的系数:

$$C_t = \beta_0 + \beta_1 x_t + \delta D_t + \gamma(D_t x_t) + \varepsilon_t$$

则对于第二次世界大战期间的观测值有 $\partial C_t / \partial x_t = \beta_1 + \gamma$,对于非第二次世界大战期间的观测值有 $\partial C_t / \partial x_t = \beta_1$。

在某些情况下,变量可以有多个类别。例如,时间序列上要考虑季度影响。因为消费具有强烈的季节性,第四季度会显著高于往常,而第一季度则会低于平均。在数据没有经过季节性调整的情况下,可以引入虚拟变量,即

$$C_t = \beta_0 + \beta_1 x_t + \delta_1 D_{t_1} + \delta_2 D_{t_2} + \delta_3 D_{t_3} + \varepsilon_t$$

其中,如果 t 为第一季度,则 $D_{t_1} = 1$,否则为 0。需要注意的是,在模型中不应当包括 D_{t_4},因为这会违反满秩假设②(即完全多重共线性),因为 $D_1 + D_2 + D_3 + D_4 = t$(又称"虚拟变量陷阱")。如上所述,系数 δ_1 衡量第一季度相对于被省略的第四季度的影响。使用 F 检验可以直接检验是否存在季节性影响。

虚拟变量也可用于处理定性变量,例如种族和性别,以及已分组的定性变量。虚拟变量也可用于估计年龄和收入之间的连续分段线性关系。例如,在使用横截面数据估计高等教育对收入的影响时有以下模型:

$$\text{income}_i = \beta_1 + \beta_2 \text{age}_i + \delta_H H_i + \delta_B B_i + \delta_M M_i + \delta_P P_i + \varepsilon_i$$

其中,H_i,B_i,M_i 和 P_i 是虚拟变量,如果一个人的最高学历分别是高中、本科、硕士或博士,则指定为 1。

6.3　具有交互项的模型

在实际应用中,有时添加 x 之间的交互项有助于模型识别。例如,经济金融理论表明,x_1 值较高的公司应更受 x_2 值变化的影响。这个模型会类似于 $y = \beta_0 + \beta_1 x_1 +$

$\beta_2 x_2 + \beta_3 x_1 x_2 + \varepsilon$。根据这个模型,保持所有其他因素不变,增加 x_1 对 y 的影响:

$$\Delta y = (\beta_1 + \beta_3 x_2) \Delta x_1$$

$$\frac{\mathrm{d}y}{\mathrm{d}x_1} = \beta_1 + \beta_3 x_2$$

如果 $\beta_3 < 0$,较高的 x_2 会如何影响 x_1 对 y 的部分效应?答案是:对于 x_2 较高的公司, x_1 的给定变化导致的 y 增长在数量上较小。

假设 $\beta_1 > 0$ 且 $\beta_3 < 0$,对于总体中的平均公司, x_1 增加所带来的影响为

$$\frac{\mathrm{d}y}{\mathrm{d}x_1} = \beta_1 + \beta_3 \bar{x}_2$$

如果我们希望非交互项的系数反映该变量对"平均"公司的影响,我们需要将所有变量的等级减去其均值。

在许多具有交互项的模型中,我们经常使用虚拟变量(指示变量),例如 CEO 的性别(男性或女性)、就业状况(就业或失业)、公司规模(高于或低于中位数)和首席执行官的薪酬(高于或低于中位数)。这些虚拟变量是如何发挥作用的呢?使用虚拟变量对信息进行编码,例如,如果是男性,则 $x_1 = 1$;如果公司 i 资产的对数大于中位数,则 $x_2 = 1$。需要注意的是,选择 0 或 1 仅与模型解释相关。

例 6.1　考虑一个单虚拟变量模型:

$$\text{wage} = \beta_0 + \delta_0 \text{female} + \beta_1 \text{educ} + \varepsilon$$

δ_0 衡量同等教育水平下男女工资的差异。

$$E(\text{wage} \mid \text{female} = 0, \text{educ}) = \beta_0 + \beta_1 \text{educ}$$

$$E(\text{wage} \mid \text{female} = 1, \text{educ}) = \beta_0 + \delta_0 + \beta_1 \text{educ}$$

所以, $E(\text{wage} \mid \text{female} = 1, \text{educ}) - E(\text{wage} \mid \text{female} = 0, \text{educ}) = \delta_0$。男性的截距为 β_0,女性为 $\beta_0 + \delta_0$,这里的单虚拟变量只改变了截距。假设我们估计以下工资模型:

$$\text{wage} = -1.57 - 1.8\text{female} + 0.57\text{educ} + 0.03\text{exp} + 0.14\text{tenure}$$

男性截距为 -1.57,这是没有意义的。那么,我们应该如何解释 1.8 这个系数?答案是:在教育、经验和任期相同的情况下,女性的收入比男性低 1.80 美元/小时。

例6.2　对数因变量和指示变量。在解释指示变量的系数时要考虑百分比。比如：

$$\ln(\text{price}) = -1.35 + 0.17\ln(\text{lotsize}) + 0.71\ln(\text{sqrft}) + 0.03\,\text{bdrms}$$
$$+ 0.054\,\text{colonial}$$

同样，负截距没有意义，所有其他变量永远都不等于零，经典风格住宅的价格比"其他类似"住宅高出约 5.4%。

假设我们想知道已婚和单身女性的工资相差多少，现在要估计 4 种可能的结果：单身和男性，已婚和男性，单身和女性，已婚和女性，请为三个变量创建指标，并将其添加到回归中。我们必须排除其中的一个，因为它们与截距完全共线，但哪一个重要并没有准确的答案。排除只会影响模型解释，包含指示变量的估计与没有包含在内的指标相关。例如，如果我们排除"单身和男性"，估计相对于单身男性的部分工资变化。注意：如果我们不排除变量，那么 Stata 这样的统计程序将自动为我们删除一个。在模型解释时，我们需要找出哪一个被删除了。

关于多指示变量，考虑以下估计结果：

$$\ln(\text{wage}) = 0.3 + 0.21\,\text{marriedMale} - 0.20\,\text{marriedFemale}$$
$$- 0.11\,\text{singleFemale} + 0.08\,\text{education}$$

这里省略了一个单身男性的指示变量，因此，截距是针对单身男性的。并且，可以将其他系数解释为：其他条件相同时，已婚男性挣钱大约比单身男性多 21%，已婚女性挣钱大约比单身男性少 20%。

我们也可以先进行回归，而不是使用指标之间的相互作用。先构建两个指标，"女性"和"已婚"，并估计以下方程：

$$\ln(\text{wage}) = \beta_0 + \beta_1 \text{female} + \beta_2 \text{married} + \beta_3 (\text{female} \times \text{married})$$
$$+ \beta_4 \text{education}$$

我们的估计与解释和之前的有什么不同？在此之前我们得到：

$$\ln(\text{wage}) = 0.3 + 0.21\,\text{marriedMale} - 0.20\,\text{marriedFemale}$$
$$- 0.11\,\text{singleFemale} + 0.08\,\text{education}$$

现在，我们能得到：

$$\ln(\text{wage}) = 0.3 - 0.11\,\text{female} + 0.21\,\text{married} - 0.30(\text{female} \times \text{married})$$
$$+ 0.08\,\text{education}$$

之前,已婚女性的工资要低 0.20,现在已婚女性的工资要低多少?答案是一样的。已婚女性的差异 $=-0.11+0.21-0.30=-0.20$,和以前完全一样。我们可以用任何一种方式做指标变量,模型解释不受影响。

例 6.3 克鲁格(Krueger)(1993)发现:

$$\ln(wage) = \cdots + 0.18\text{compwork} + 0.07\text{comphome} \cdots$$
$$+ 0.02(\text{compwork} \times \text{comphome}) + \cdots$$

排除的是没有计算机的人,我们如何解释这些估计?如果公司有计算机,工资会高多少?大约 18%。如果家里有计算机,工资会高多少?大约 7%。如果公司和家里都有计算机?大约为 $18\% + 7\% + 2\% = 27\%$。注意,这些只是近似的百分比变化,要获得真正的变化,需要转换。比如,在家里和公司都有计算机的工资变动百分比如下:

$$100 * [\exp(0.18 + 0.07 + 0.02) - 1] = 31\%$$

添加单独的虚拟变量只会改变不同组的截距。但是,如果我们将这些虚拟变量与连续变量交乘,我们也可以得到不同组的不同斜率。考虑以下方程:

$$\ln(wage) = \beta_0 + \delta_0\text{female} + \beta_1\text{educ} + \delta_1(\text{female} \times \text{educ}) + u$$

在这个例子中,男性的截距是 β_0,男性的斜率是 β_1,女性的截距是 $\beta_0 + \delta_0$,女性的斜率是 $\beta_1 + \delta_1$。女性在各种教育水平下的工资较低,单位教育的平均增长率也较低。

在这个例子中,女性的工资较低,但仅限于教育程度较低的女性,因为她们的斜率较大,即女性在接受足够教育的情况下最终会获得更高的工资。需要注意的是交叉点(女性收入较高)可能出现在数据之外,即在不存在的教育水平处。在对数据进行解释之前,需要解决交叉点位置的问题。

女性:

$$\ln(wage) = \beta_0 + \delta_0 + (\beta_1 + \delta_1)\text{educ} + u$$

男性:

$$\ln(wage) = \beta_0 + \beta_1\text{educ} + u$$

当 $\text{educ} = \delta_0/\delta_1$ 时,它们相等。

关于解释的注意事项是使用连续变量时,非交互项的解释很棘手。例如,考虑以下估计:

$$\ln(\text{wage}) = 0.39 - 0.23\text{female} + 0.08\text{educ} - 0.01(\text{female} \times \text{educ})$$

男性的教育回报率为 8%,女性为 7%。但是,在平均教育水平上,女性的收入要低 $(-0.23 - 0.01 \times \text{avg.educ})\%$。同样,非交互作用变量的解释不等于平均效应。为了更容易对估计系数做出解释,我们可以改变模型的设置:

$$\ln(\text{wage}) = \beta_0 + \delta_0 \text{female} + \beta_1(\text{educ} - \mu_{\text{educ}}) + \delta_1 \text{female} \times (\text{educ} - \mu_{\text{educ}})$$

现在,δ_0 告诉我们,在平均教育水平下,女性的工资要低多少。斜率不会因为平移而改变,只有截距 β_0 和 $\beta_0 + \delta_0$ 及其标准差会发生变化。如果我们想将非交互项解释为连续变量平均值的效果,我们需要用所有连续变量减去均值。

对于序数变量,考虑信用评级:$\text{CR} \in (\text{AAA}, \text{AA}, \cdots, C, D)$。如果要用评级来解释利率,我们可以将 CR 转换为数字标度,例如 AAA $=1$,AA $=2$,$\cdots$,再进行估计:

$$IR_i = \beta_0 + \beta_1 \text{CR}_i + u_i$$

但是,我们隐含的假设是什么,这可能是一个有问题的假设吗?答案是,我们假设利率和 CR 之间存在恒定的线性关系,也就是说,从 AAA 移动到 AA 产生的变化与从 BBB 移动到 BB 相同。可以采用对数利率,但常数比例更好吗?并不是。更好的方法可能是将序数变量转换为指示变量。比如,如果 $\text{CR} = \text{AAA}$,则设 $\text{CRAAA} = 1$,否则为 0;如果 $\text{CR} = \text{AA}$,则 $\text{CRAA} = 1$,否则为 0,以此类推。然后再运行此回归:

$$IR_i = \beta_0 + \beta_1 \text{CRAAA} + \beta_2 \text{CRAA} + \cdots + \beta_{m-1} \text{CRC} + u_i$$

注意要排除一个(例如"D"),这使得每个评级类别的利率变化具有不同的幅度(相对于被排除的指标)。

6.4 随机对照实验

理想情况下,我们使用随机对照实验评估事件冲击的效果。个体被随机分配到接受实验处理的处理组或不接受处理的对照组。为了方便起见,在只有一种处理水平的情况下,对于处理组可以通过虚拟变量来衡量。模型如下:

$$y_i = \beta_1 + \beta_2 D_i + \varepsilon_i$$

对于 $i = 1, \cdots, n$,处理组 $D_i = 1$,否则 $D_i = 0$,y_i 为个体 i 的结果。影响效果通过 β_2

来衡量。由于随机分配，D_i 和 ε_i 是独立的，最小二乘回归将产生 β_2 的无偏估计量 b_2。不难证明，在这个简单的模型设定中，b_2 等于处理组和对照组平均值的差：

$$b_2 = \bar{y}_2 - \bar{y}_1$$

因此，b_2 有时被称为"差分"估计量。我们可以从虚拟变量回归中得到标准误差 $se(b_2)$。

通常，在事件冲击前后都具有观测值，我们会分析在一段时间内发生的事件冲击，即"处理效应"（Treatment）。如果事件冲击影响了每个人，例如行政区内所有学校缩减班级规模，并且我们有事件冲击前后个人或公司的数据，那么可以考虑基于事件冲击前后的平均结果，例如测验得分的差异估计量 $b_2 = \bar{y}_2 - \bar{y}_1$。然而，这一估计量存在一个问题，它隐含地假设没有其他原因导致事件干预前后结果的变化。在这种情况下，虚拟变量 D_i 实际上代表包括事件冲击在内的所有因素的影响，它们在干预之前与之后是不同的。由于其他因素可能导致均值变化，因此该估计量很可能是对事件冲击效果的有偏估计。所以，这里强调了设置未接受干预的对照组的重要性。

估计事件冲击效果的理想设定是真正的随机对照实验，实验的设计是一些人被随机分配处理，其余的人不接受处理，称为对照组。尽管在经济学的特定领域中已有越来越多随机设计的"田野实验"，但总体来看在经济学中这种类型的实验相对较少。

然而，有时候政府政策变化会导致随机化的对照实验。例如美国各州的健康计划（Oregon Health Plan，OHP）。2008 年，俄勒冈州决定将医疗补助的覆盖范围扩大到以前不符合条件的群体，但出于成本的原因，这一扩大的覆盖范围是通过抽签来分配的。不足一半的申请者被随机选择并进入到医疗补助的覆盖范围内。因此，有被选中的处理组和没被选中的对照组。我们可以通过观测两组样本均值的差异来估计该事件的各种影响。处理的结果表明健康计划的处理组确实比对照组使用了更多的医疗保健服务（包括急诊就诊、门诊就诊和处方药的使用）。病人报告自己健康状况良好的可能性也略有提高，这主要反映了他们报告的精神健康状况有所改善，而不是身体健康状况有所改善。身体健康指标，如血压和胆固醇，基本上没有因为健康计划范围扩大而改变。总体而言，各州健康计划对健康的影响可能低于预期。然而，它在财务健康方面有更大的且在统计上显著的影响：处理组不太可能发生大笔医疗费用或积累医疗债务。

6.5 自然实验

6.5.1 平均处理效应的假设

在前几章中,研究变量因果关系的关键是条件均值独立假设(CMI)。当条件均值独立假设被打破,如 $E(\varepsilon \mid x) \neq E(\varepsilon)$ 使我们无法做出因果推断:

$$y = \beta_0 + \beta_1 x + \varepsilon$$

$\mathrm{cov}(x, \varepsilon) \neq 0$ 说明已经违反了条件均值独立假设。违反条件均值独立假设实质上意味着非随机。思考该假设的另一个方式是,它说明我们的 x 是非随机的。又如,x 的分布(或者在控制了其他可观测的协变量后 x 的分布)并非随机的。又如,有更高 x 的公司也许会有更高的 y(除去 x 本身的影响),因为高的 x 更可能出现在 ε 包含了更多遗漏变量的公司中。

随机实验具有良好的估计性质。在许多科学研究中,研究者可以通过实验设计来实现必要的随机性。例如,为了确定一种新药的效果,随机地将它发放给病人。为了确定一种特定基因的功能,在一个小鼠的随机样本中更改这个基因。但是,在经济金融研究中,我们很难采取随机实验。例如,我们无法随机地指定一个公司的杠杆率,以确定杠杆率对投资的影响。此外,我们不能随意地指定 CEO 的选择,以确定这些选择对风险承担的影响。因此,我们需要依靠"准自然实验"。

由于缺乏随机对照实验,应用计量经济学家对"自然实验(Natural Experiments,NE)"产生了兴趣。考虑这样一种情况,其中政策的离散变化仅影响部分的人群,并且对于接受处理的人(处理组)和那些没有接受处理的人(对照组)都有处理前和处理后的观测值。虽然政策的改变发生在非实验性的环境中,但在某些情况下,这种改变可能会使处理组看起来像是随机分配的,这些改变被称为"准实验"或"自然实验"。

自然实验基本是某些事件导致我们感兴趣的变量 x 产生了随机的变化。例如,一些天气事件增加了一些随机企业的杠杆。或者,监管的一些变化减少了一些随机企业的期权使用。我们能使用这种"自然"实验来确保这种随机性(如条件均值独立假设),并做出因果推断。例如,我们利用自然实验导致的 x 的随机变化来发掘 x 对 y 的因果影响。

从技术上说,有很多方式可以利用自然实验,如构建工具变量。例如,本内森(Bennedsen)等(2007)所做的自然实验的一个例子,第一胎的性别是男。构建回归不连续分析。又如,基斯(Keys)等(2010)使用申请证券化贷款的信用评级最低值 620 分,作为一个自然实验。当大多数人谈到自然实验,指的其实是双重差分(Differences in Differences,DID)估计量。即将随机自然实验处理下的"处理组"的因变量 y 与"对照组"的因变量 y 进行比较。在以双重差分为背景讨论自然实验之前,先介绍什么是"处理效应"是很有帮助的。

假设我们在两个时间段 $t=1, 2$ 中都有特定个体 $i=1, \cdots, n$ 的数据,这些数据分别对应对某些个体进行事件冲击之前和之后。设 $i=1, \cdots, n$ 和 $t=1, 2$,有

$$y_{it} = \beta_1 + \beta_2 T_t + \beta_3 D_i + \beta_4 (T_t \times D_i) + \varepsilon_{it}$$

如果 $t=2$,则 $T_i=1$;如果 $t=1$,则 $T_i=0$,而如果个体 i 受到事件影响,则 $D_i=1$,如果个体 i 未受到事件影响,则 $D_i=0$。在时间点 $t=1$,我们有

$$E(y_{i_1} \mid D_i = 0) = \beta_1$$
$$E(y_{i_1} \mid D_i = 1) = \beta_1 + \beta_3$$

因此,我们允许在准实验中存在不完美控制,即受到冲击的个体与未受到冲击的个体在事件冲击前具有不同的均值。在时间点 $t=2$,我们有

$$E(y_{i_2} \mid D_i = 0) = \beta_1 + \beta_2$$
$$E(y_{i_2} \mid D_i = 1) = \beta_1 + \beta_2 + \beta_3 + \beta_4$$

这里,事件冲击的效应为 β_4,因为

$$E(y_{i_2} \mid D_i = 1) - E(y_{i_1} \mid D_i = 1) = \beta_2 + \beta_4$$
$$E(y_{i_2} \mid D_i = 0) - E(y_{i_1} \mid D_i = 0) = \beta_2$$

其中,β_2 是由于事件以外的因素导致的事件冲击前后的均值变化,因此 $\beta_4 = (\beta_2 + \beta_4) - \beta_2$ 衡量了事件冲击导致的结果差异。我们可以使用包含虚拟变量的 LS 模型估计事件冲击的影响 β_4。可以证明,LS 系数 b_4 可以等价地计算为

$$b_4 = \Delta \bar{y} \mid \text{treatment} - \Delta \bar{y} \mid \text{control}$$

其中,$\Delta \bar{y} \mid \text{treatment}$ 表示处理组的事件后和事件前平均值的差异,$\Delta \bar{y} \mid \text{control}$ 表示对照组的事件后和事件前平均值的差异。因此,估计量 b_4 通常被称为双重差分估计量。

设 d 是我们即将研究的实验的处理标志。$d=0$ 表示在实验中没有被处理(即控制组);$d=1$ 表示在实验中被处理(即处理组)。设 y 是我们感兴趣的潜在结果变量。对控制组,$y=y(0)$;对处理组,$y=y(1)$。我们容易发现 $y = y(0) + d[y(1) - $

$y(0)$]。在经济金融中存在很多处理效应的例子,例如处理效应可能是公司所在地区通过了一项反收购法,如果公司位于这些地区,那么 $d=1$。例如处理效应是公司发现工人暴露于致癌环境,如果有暴露于致癌环境的员工,则 $d=1$。

平均处理效应(Average Treatment Effect,ATE)是由 $E[y(1)-y(0)]$ 得到的,是实验的处理效应对 y 的影响的期望值。这是我们通常希望发现的因果效应。但是,平均处理效应是难以观测到的 $E[y(1)-y(0)]$。为何我们不能直接观测平均处理效应?因为我们只能观测一个结果变量。如果样本被处理,我们观测到 $y(1)$;如果未被处理,我们观测到 $y(0)$。我们从未同时观测这两者。例如,我们无法观测一个反事实的情况,即 y 在没有被处理的情况下是如何的。

处理下的平均处理效应(Average Treatment Effects on the Treated,ATT)是由 $E[y(1)-y(0)\mid d=1]$ 确定的。这是实验处理对处理组的影响。例如,在经过处理的随机样本中我们期待发现 y 的变化。我们无法观测的是 $E[y(0)\mid d=1]$。非处理下的平均处理效应(Average Treatment Effects on the Untreated,ATU)可以表示为 $E[y(1)-y(0)\mid d=0]$。这是实验处理本可以对非处理组的影响。我们无法观测到 $E[y(1)\mid d=0]$。

那么,我们应当如何估计平均处理效应,即 $E[y(1)-y(0)]$?我们能观测到的是 $E[y(1)\mid d=1]-E[y(0)\mid d=0]$。换句话说,我们将处理组 y 的样本均值与对照组 y 的样本均值进行对比。然而,仅通过计算 $E[y(1)\mid d=1]-E[y(0)\mid d=0]$。简单地比较 $E[y(1)\mid d=1]$ 与 $E[y(0)\mid d=0]$ 无法让我们得到平均处理效应。事实上,这个对比相当无意义。如果我们要将其解释为平均处理效应,一个重要的假设是如果没有实验存在,处理组和对照组的结果变量 y 的均值将相同。

$$E[y(1)\mid d=1]-E[y(0)\mid d=0]$$
$$=\{E[y(1)\mid d=1]-E[y(0)\mid d=1]\}+\{E[y(0)\mid d=1]$$
$$-E[y(0)\mid d=0]\}$$

这里,$\{E[y(1)\mid d=1]-E[y(0)\mid d=1]\}$ 是处理下的平均处理效应,而 $\{E[y(0)\mid d=1]-E[y(0)\mid d=0]\}$ 则是选择性偏误。选择性偏误是当不存在实验处理时实验组和对照组的平均差异。由于我们无法观测到这个反事实,所以实验样本的随机性是关键。一个随机实验,说明了 d 与潜在的结果之间是独立的。例如 $E[y(0)\mid d=1]=E[y(0)\mid d=0]=E[y(0)]$ 且 $E[y(1)\mid d=1]=E[y(1)\mid d=0]=E[y(1)]$,即 y 的期望值对于处理和未处理的情况是一样的。在随机实验分配的处理下,通过简单比较就能得到平均处理效应,这就是为什么我们欢迎实验随机性。但是,如果不存在随机性,我们就需要担心受到选择偏误的影响。

我们可以在回归方程中重新阐述平均处理效应:

$$y = \beta_0 + \beta_1 d + \varepsilon$$

其中,$\beta_0 = E[y(0)]$,$\beta_1 = y(1) - y(0)$,$\varepsilon = y(0) - E[y(0)]$。如果 $cov(d, \varepsilon) = 0$,即实验 d 是严格随机的,因此与 ε 不相关,该方程就能得到 β_1 的一致估计。真实模型为 $y = y(0) + d[y(1) - y(0)]$。从以上的方程中,我们能得到:

$$E(y \mid d = 1) - E(y \mid d = 0) = \beta_1 + E[y(0) \mid d = 1] - E[y(0) \mid d = 0]$$

所以,我们对于处理效应的估计将等同于真实的影响 β_1 加上选择偏误。

回归方程同样使我们能够方便地加入控制变量 X。回归的形式变成了 $y = \beta_0 + \beta_1 d + \Gamma X + \varepsilon$。对比处理和未处理的样本的差别变成了 $E[y(1) \mid d = 1, X] - E[y(0) \mid d = 0, X]$。同样,在赋予 X 条件之后如果 d 并非随机的,如果处理效应与无法观测的变量相关,选择偏误仍会存在。正如前面提到的,我们无法观测的(或控制的)变量才是一个问题。如果我们真的随机地进行了实验,那么还需要控制变量吗?答案是不需要,虽然加入控制变量在通过吸收残差方差,使估计变得更准确时非常有用,但是控制变量在真正随机的实验中是不需要的,我们将在下一节讨论这个问题。

例如,假设对比有或没有信用评级的企业的杠杆率,让评级指标对杠杆率做回归。处理效应是拥有一个信用评级,结果变量是杠杆率。为什么我们的估计并不等于评级的平均处理效应?拥有信用评级并不是随机的。拥有信用评级的企业常有更高的杠杆率,因为它们规模更大,盈利能力更好,因此选择偏误是正的,选择偏误总体上是一种遗漏变量。

如果我们只关注横截面上的简单差异,对比处理组与未处理组处理后时期的结果变量 y,例如估计以下横截面的简单差异的方程:

$$y_{i,t} = \beta_0 + \beta_1 d_i + \varepsilon_{i,t}$$

如果样本 i 在处理组,那么 $d = 1$,否则 $d = 0$。回归只包括了处理后的时间段。β_1 能够估计真正的因果效应吗?这里重要的假设是 $E(\varepsilon \mid d) = 0$,即处理组 d 与误差项是不相关的。换句话说,在考虑处理的影响后,y 在处理后时期的期望水平将与它是处于处理组还是未处理组无关。如果不存在处理效应,y 的期望值在处理组和未处理组之间将相等。对 d 的因果解释为 $E(y \mid d = 1) - E(y \mid d = 0)$,即 $[\beta_0 + \beta_1 + E(\varepsilon \mid d = 1)] - [\beta_0 + E(\varepsilon \mid d = 0)]$,$\beta_1 + E(\varepsilon \mid d = 1) - E(\varepsilon \mid d = 0)$。条件均值独立

假设保证了最后的两项能够抵消,从而使我们的因果解释与 β_1 的估计能够匹配。将上式带入真正的残差方程 $\varepsilon = y(0) - E[y(0)]$,我们能得到:

$$\beta_1 + E[y(0) \mid d = 1] - E[y(0) \mid d = 0]$$

即为了建立因果关系,我们需要假设不存在选择偏误。

如果有多个处理后时期,估计方程的标准误需要被谨慎对待。如果被解释变量具有系列相关性,ε_t 和 ε_{t+1} 中的偏误也大概是相关的。例如,我们观测每个公司在处理后的五年,则处理后样本并不是独立的。这时,我们应该将数据叠加到每单位只有一个处理后,例如对于每家公司,使用公司的处理后观测值的平均值,或者在企业层面的聚类标准误。

如果我们只关注时间序列上的简单差异,即只在处理组内部对比处理前后的结果变量 y(例如在处理前时期内作为"控制组")。采用回归形式估计以下方程:

$$y_{i, t} = \beta_0 + \beta_1 p_t + \varepsilon_{i, t}$$

如果时期 t 位于处理后的,$p_t = 1$,否则 $p_t = 0$。这个回归仅包含"实验"中被处理过的样本。我们还需要什么假设才能使 β_1 能够反映真正的因果关系?答案是 $E(\varepsilon \mid p) = 0$,即处理后的变量 p 与误差项是无关的。在控制处理效应 p 后,y 在处理后时期的期望水平与前处理的水平不会有任何区别。这里,p 的系数的因果推断为 $E(y \mid p = 1) - E(y \mid p = 0)$。我们可以得到 $[\beta_0 + \beta_1 + E(\varepsilon \mid p = 1)] - [\beta_0 + E(\varepsilon \mid p = 0)]$,$\beta_1 + E(\varepsilon \mid p = 1) - E(\varepsilon \mid p = 0)$,且 $\beta_1 + E[y(0) \mid p = 1] - E[y(0) \mid p = 0]$。这个结果与选择偏误项类似,当且仅当 $E[y(0) \mid p = 1] - E[y(0) \mid p = 0] = 0$ 时,我们估计的 p 上的系数才能代表真正的因果关系。同样地,如果有多个处理前和后的时期,那么就应当关心标准差。应当采用个体层面聚类的标准差,或者将数据降维成对每个截面仅存在一个处理前或后的观测值。

6.5.2　一阶差分

对于处理组内部对比处理前后的对比,我们可以采用一阶差分的方法执行回归 $y_{i, t} - y_{i, t-1} = \beta_1(p_t - p_{t-1}) + (\varepsilon_{i, t} - \varepsilon_{i, t-1})$。如果只有一个处理前或处理后时期(即 t 和 $t - 1$),那么将得到相同结果。但是,如果有多于一个处理前或后的时期,结果将会变得不同。我们可以对比两个不同的方程形式:

$$y_{i, t} = \beta_0 + \beta_1 p_t + \varepsilon_{i, t}$$
$$y_{i, t} - y_{i, t-1} = \beta_1(p_t - p_{t-1}) + (\varepsilon_{i, t} - \varepsilon_{i, t-1})$$

在第一个回归中，β_1 代表了在处理前和处理后时期中 y 的平均值的不同。在第二个回归中，β_1 代表了紧接着处理后 Δy 与所有其他处理前时期 Δy 之间的差异。即 Δp 仅在处理当期等于 1，而在其他期均为 0。如果假设处理效应是立刻发生并且没有滞后的，在这个假设下，两种方式将产生相同的估计。但如果假设出现了处理效应滞后，一阶差分的方法估计将比较小。因为第一种方法将处理前和处理后的平均值对比，而一阶差分将 $t=0$ 期到 $t=1$ 期的 Δy 与其他地方的 Δy 进行比较。在现实中，有很多原因导致处理效应仅随时间缓慢显现。例如，公司可能对法规变化的适应非常缓慢，或者在奖励机制的作用下，CEO 可能很久才会改变政策。因此，在多期中，标准差分规范是采用均值进行差分：

$$\bar{y}_{i,\,\text{post}} - \bar{y}_{i,\,\text{pre}} = \beta_1 + (\bar{\varepsilon}_{i,\,\text{post}} - \bar{\varepsilon}_{i,\,\text{pre}})$$

简单的差分假设效果是即刻的，而忽视了处理效果滞后的问题。因此，在估计中，我们需要允许处理的影响随着时间变化而变化。那么如何达到这一点？答案是放入表示相对于处理年份的每一年的虚拟变量。如果有五个处理前和五个处理后的观测，我们可以估计：

$$y_{i,\,t} = \beta_0 + \sum_{t=-4}^{5} \beta_t p_t + \varepsilon_{i,\,t}$$

如果年份是 t，p_t 等于 1，否则等于 0。$t=0$ 是处理发生的时期，$t=-1$ 是处理发生前的时期。该方法能估计与剔除的时期 $t-5$ 相比 y 的变化，其中 β_t 估计了 y 相对于排除的时期的变化，该方法允许处理的影响随着年份而改变。

6.5.3　双重差分的方法

一般而言，简单的差异对比无法得出让人信服的因果关系。时间序列的差异对比需要我们假设在没有处理的情况下，y 在处理前后的平均值是一样的，这在现实中难以实现。我们可以使用结合时间序列和横截面上的处理差异对比，这种方法称为双重差分，或者差异中的差异。即将处理组的 y 在处理前后的变化（第一次差分）与未处理组的 y 在处理前后的变化（第二次差分）进行比较。双重差分估计方程为：

$$y_{i,\,t} = \beta_0 + \beta_1 p_t + \beta_2 d_i + \beta_3 (d_i \times p_t) + \varepsilon_{i,\,t}$$

如果时期 t 处在处理之后，$p_t=1$；否则 $p_t=0$，如果样本处在实验组，则 $d_i=1$；否则 $d_i=0$。这里的 β_1 代表实验组和对照组的 y 在处理前后时期的平均变化；β_2 代表实验组与对照组的 y 在处理前时期的平均变化；β_3 代表实验组的 y 在处理前后的平均变化相对于控制组的 y 在处理前后的平均变化。β_3 就是我们平时所称的双重差分估计。

如果我们需要 β_3 估计处理的因果效应,这里的识别假设是平行趋势假设。即在没有实验时,处理组 y 的变化将与控制组 y 的变化相同。为了说明为何这是潜在的识别假设,我们可以借助双重差分的一种等价的差分分解的方式:

$$\bar{y}_{i,\,\text{post}} - \bar{y}_{i,\,\text{pre}} = \beta_0 + \beta_1 d_i + (\bar{\varepsilon}_{i,\,\text{post}} - \bar{\varepsilon}_{i,\,\text{pre}})$$

其中,β_1 估计了实验组与控制组实验前后差异中的差异,而这里平行趋势假设是关键。同样地,在回归方程 $y_{i,\,t} = \beta_0 + \beta_1 p_t + \beta_2 d_i + \beta_3 (d_i \times p_t) + \varepsilon_{i,\,t}$ 中,如果违反平行趋势假设,即使 $\beta_3 > 0$,回归也没有效用。

对于简单的差分,很多情况都能够阻碍因果推断。对于横截面差分,实验组与控制组的平均 y 的差别可能仅仅是由与是否被处理有关的因素决定的。对于时间序列差分,实验组的平均 y 可能仅仅是由与被处理的时机有关的因素决定的,这些因素同时改变了处理后的情况。在双重差分中,一些阻碍因果推断的情况就很难成立。为了使双重差分中因果推断不成立,我们需要在处理后 y 所产生的变化与未处理的 y 的变化有所不同,同时这些不同导致了处理或恰好在处理的时间发生。例如,伯特兰德(Bertrand)和穆来纳森(Mullainathan)(2003)采用了美国各州之间使公司并购变得更困难的法规的变化进行研究。他们对比了法规改变的州与未改变的州,在法规改变前后企业员工的工资变化。哪些情况可能导致在这个双重差分中,因果推断不成立呢?法规的变化刚好处于一个工资快速上涨的时期,这个情况不能导致因果推断不成立,因为实验组与处理后的虚拟变量解释了所有工资上涨的原因。同样地,实行了法规的州更可能有工会,因此,有更高的工资,这种情况也不能导致因果推断不成立,因为实验组的虚拟变量解释了这种工资上的平均不同。

然而,事前实验组与控制组在某些方面的平均差异,可能说明处理不是随机的。并且,有时候事前的差异是有问题的,因为它可能导致违反平行趋势假设。例如,拥有更多工会的州的工资趋势是不同的,因为工会的力量也随着处理发生了改变。

例6.4　最低工资增长的影响。此例为卡德(Card)和克鲁格(Krueger)(1994)研究中的一个准自然实验。该实验探究了1992年4月新泽西州最低工资增长的影响,卡德和克鲁格的自然实验方法在过去二十年中被广泛使用在实证微观经济学中。1992年4月,新泽西州最低工资从4.25美元/小时增加到5.05美元/小时。我们感兴趣的问题是该事件对特许快餐店就业情况的影响。卡德和克鲁格收集了最低工资增加前(1992年2月)和增加后(1992年11月)的就业数据,包括最低工资增加的新泽西州和附近最低工资保持在4.25美元的宾夕法尼亚州东部地区。该实验总共调查了410家餐馆。

根据这些数据,卡德和克鲁格得出结论,就业效应比许多经济学家之前认为的要小。他们的主要发现如表6-1所示。

表6-1 最低工资提高前后就业情况变化

变　　量	宾夕法尼亚州	新泽西州	差异(新泽西-宾夕法尼亚)
最低工资提高前的平均就业人数	23.33	20.44	−2.89
	(1.35)	(0.51)	(1.44)
最低工资提后的平均就业人数	21.17	21.03	−0.14
	(0.94)	(0.52)	(1.07)
平均就业人数的改变	−2.16	0.59	2.76
	(1.25)	(0.54)	(1.36)

注:就业人数按每个门店的全职员工计算。括号中给出了常规标准误(SE)。

通过使用最小二乘回归模型 $y_{it} = \beta_1 + \beta_2 T_t + \beta_3 D_i + \beta_4 (T_t \times D_i) + \varepsilon_{it}$,可以很容易地得到表6-1中所示的SE。重要的是,LS回归给出了事件冲击效果 β_4 的LS估计量 b_4 和 $SE(b_4)$,可用于假设检验并得到置信区间。结果如图6-1所示,宾夕法尼亚州2月份的就业人数略高于新泽西州,但11月有所下降,而新泽西州的就业人数有所上升。双重差分估计量表示最低工资的增加对就业产生了2.76的积极影响,并在约5%的水平上显著。这一结果似乎令人惊讶且极具争议。卡德和克鲁格给出的解释是,该结果与雇主在其劳动力市场中具有某种形式的垄断权力是一致的。

评估准实验的一个核心问题是对照组的有效性,因此要求事件冲击要近乎是随机的。目前有关双重差分模型的许多研究都针对这一问题展开了探索。在卡德和克鲁格的例子中,关键的假设是这两个州受到相同的潜在趋势的影响,即在没有事件冲击(在本例中指最低工资的增加)的情况下,这两个州的就业人数变化趋势是相同的。由于政策影响,许多后续研究重新审视了这个问题。尽管样本中快餐店的数据不是在较长时期内收集的,但新泽西州和宾夕法尼亚州的就业数据仍是可用的。这些数据表明,在以1992年为中心的较长时期内,这两个州的相对就业趋势存在显著的逐年变化。因此,卡德和克鲁格的结果可能只是反映了这两个州

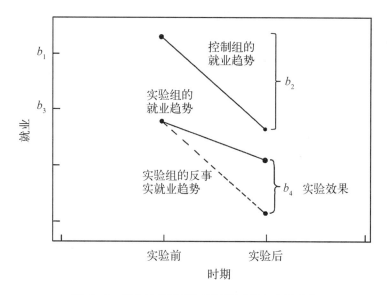

图 6-1　宾夕法尼亚州与新泽西州就业人数变化

每年的随机变化趋势。尽管如此,这篇论文仍然是近年来对"自然实验"进行研究的一个开创性例子。

例 6.5　大萧条时期的货币干预双重差分法。另外一个双重差分模型的例子是理查德森(Richardson)和楚斯特(Troost)(2009)的研究。20 世纪 30 年代美国的一个严重问题是银行破产。经济学家很早就提出,银行会遭受挤兑,即使银行有偿付能力,即基本面健全,也可能会遭遇这种情况。中央银行可以通过充当有偿付能力银行的最后贷款人来防止银行挤兑和银行破产。资产价值低于负债的银行需要被纳入清算范围,即对资不抵债的银行进行有序清算。在金融动荡时期很难对资产进行估值,并且可能存在很大的灰色地带。20 世纪 30 年代,在 12 个不同的地区,美联储提出不同的方式应对潜在的银行破产。

20 世纪 20 年代,美国南部最大的银行是考德威尔(Caldwell)公司。1929 年 10 月的股市崩盘最终导致了 1930 年 11 月"考德威尔帝国"的崩溃。这动摇了储户对整个南部银行的信心,特别是导致了 1930 年 12 月密西西比州的银行挤兑。

理查德森和楚斯特指出,亚特兰大联邦储备银行(第六联邦储备区银行)和圣路易斯联邦储备银行(第八联邦储备区银行)在银行挤兑方面采取了截然不同的政策,两个地区之间的边界东西延伸穿过密西西比州的中心。这就形成了一个自然实验,比较密西西比州两个区银行破产的结果。第六联邦储备区的政策倾向于使用联邦储备银行(Federal Reserve Bank,FRB)最后贷款人的角色向陷入困境的银行提供贷款,而第八联邦储备区的政策则认为应该在经济衰退时限制信贷。理查德森和楚斯特使用双重差分法对此进行分析。数据如表 6-2 所示[1]。

表 6-2　第六联邦储备区与第八联邦储备区银行数量变化

变　　量	第八联邦储备区	第六联邦储备区	差异 第六区-第八区
1930 年营业银行数量	165	135	—30
1930 年营业银行数量	132	121	—11
银行数量的变化	—33	—14	19

变化趋势如图 6-2 所示。基于这些结果,亚特兰大联邦储备银行对第六区的政策估计拯救了 19 家银行,约占 1930 年在第六区运营的银行的 14%。这通常被称为反事实估计,因为这是对第六区如果改为遵循第八区政策会发生什么的估计[2]。

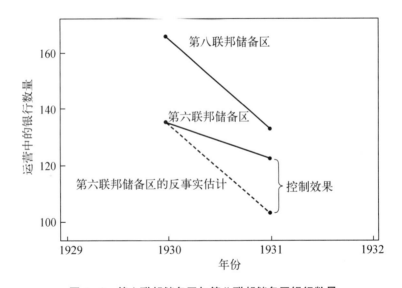

图 6-2　第六联邦储备区与第八联邦储备区银行数量

注:虚线描绘了第六区银行数量的反事实估计,即如果在这一时期有与第八区相同数量的银行倒闭的情形。

图 6-3 为安格里斯特和皮施克提供的 1929 年至 1934 年间两个地区的银行破产数据。如图所示,假设平行趋势得到了满足:除了在 1930 年和 1931 年之间,两条线大致平行移动。人们也可以使用这些数据得到双重差分估计量,以及基于这 12 个数

① 其他细节请参见安格里斯特和皮施克著书第 5 章。
② 由于两个时期内只有两个数据点,因此无法获得估计的标准误差。对于下面给出的更大的时间序列数据,这是可能的。

据点的效果的标准差。我们有

$$y_{dt} = 167 - \underset{(7.6)}{49} T_t - \underset{(8.8)}{29} D_d + \underset{(10.7)}{20.5} (T_t \times D_d) + e_{dt}$$

其中，$T_t = 1$ 代表 1931 年或以后的年份，$D_d = 1$ 代表第六联邦储备区。对于 $20.5/10.7 = 1.9$ 的 t 统计量，并使用双边检验，这在大约 10% 的水平上是显著的。这大概是 12 个数据点所能提供的最大证据了。

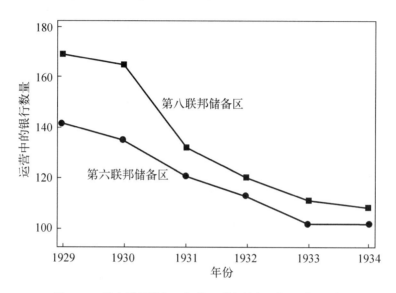

图 6‑3　第六联邦储备区与第八联邦储备区银行破产趋势

最后需要注意的是，双重差分估计量可以看作广泛用于研究面板数据的固定效应估计量的一个特例，我们将在后面更深入地讨论这种方法。

6.5.4　双重差分的估计

双重差分估计量的标准回归形式为

$$y_{i,t} = \beta_0 + \beta_1 p_t + \beta_2 d_i + \beta_3 (d_i \times p_t) + \varepsilon_{i,t}$$

如果时期 t 处在处理之后，$p_t = 1$；否则 $p_t = 0$。如果样本处在实验组，则 $d_i = 1$；否则 $d_i = 0$。这里的回归结果相当于只比较四个样本的均值。为了说明我们如何通过对比样本均值就能获得相同的结果（即 β_3），首先计算在 p 和 d 四种可能组合的情况下 y 的均值。四种可能的组合为

$$E(y \mid d = 1, p = 1) = \beta_0 + \beta_1 + \beta_2 + \beta_3$$
$$E(y \mid d = 1, p = 0) = \beta_0 + \beta_2$$

$$E(y \mid d=0,\ p=1)=\beta_0+\beta_1$$
$$E(y \mid d=0,\ p=0)=\beta_0$$

四种可能组合的不同结果如表 6-3 所示。

表 6-3　p 和 d 四种可能组合的不同结果

	处理后(1)	处理前(2)
处理组(a)	$\beta_0+\beta_1+\beta_2+\beta_3$	$\beta_0+\beta_2$
控制组(b)	$\beta_0+\beta_1$	β_0

	处理后(1)	处理前(2)	差异(1)—(2)
处理组(a)	$\beta_0+\beta_1+\beta_2+\beta_3$	$\beta_0+\beta_2$	$\beta_1+\beta_3$
控制组(b)	$\beta_0+\beta_1$	β_0	β_1
差异(a)—(b)	$\beta_2+\beta_3$	β_2	β_3

这就是为什么我们称之为双重差分估计。回归使我们能得到与取不同组均值之间的差异同样的估计。而之所以我们在双重差分中采用回归方法,是因为回归是有优势的。我们可以修改回归表达式以检验处理时间,也可以添加额外的控制变量 X。例如,我们可以向回归中添加控制变量:

$$y_{i,t}=\beta_0+\beta_1 p_t+\beta_2 d_i+\beta_3 (d_i \times p_t)+\Gamma X_{i,t}+\varepsilon_{i,t}$$

其中,X 是控制变量的向量,Γ 是系数的向量。需要注意的是,不应该添加本身可能会受到处理影响的控制变量。添加控制变量的两个主要原因:提高精度(即降低标准误差)和恢复实验组与控制组的"随机"分配。

添加控制变量是为了提高估计精度,可以吸收一些残留的变化(即噪声),使我们得到更准确的处理效应。加入控制变量不应当改变估计,如果处理是真正随机的,添加控制变量不应该影响实际估计,它们只应当帮助降低标准错误。如果添加控制变量改变了估计,我们可能面对不好的控制变量或非随机的处理。

恢复处理的随机性指的是观测公司的某些特征,当 x 更高时,更有可能得到处理。并且,具有这种特征的公司可能在结果 y 上有不同的趋势。添加 x 的控制变量可以恢复处理的随机性,即在控制 x 之后,被处理是随机的。例如,某一项自然实验中采用了监管法规的改变,受监管影响的公司并不是随机的,监管更有可能打击规模更大的公司。而且,我们认为较大的公司可能由于其他原因在处理之后的结果上有不同的趋势。另外,公司规模不会以任何方式受到监管变化的影响。这时,将公司规模作为控制变量是合适且可取的。

在前面的例子中,我们假设企业规模可能受到监管变化的影响。还有什么方法能够使加入控制变量与"不良控制变量"问题不发生冲突?使用加入处理前一年的公司规模,以及它与处理后虚拟变量的交互项,这将控制企业规模的非随机分配和企业规模的差异趋势。在实践中,使用控制变量来恢复随机性是不常见的,我们需要假设非随机分配也不与无法观测的变量相关。所以,除非有非常具体的非随机性的原因,否则加入过多的控制变量并不可取。

6.5.5　广义双重差分

假设我们有公司级别的面板数据,一些自然实验处理了一些公司而没有处理其他公司,我们就可以只估计标准的双重差分:

$$y_{i,t} = \beta_0 + \beta_1 p_t + \beta_2 d_i + \beta_3 (d_i \times p_t) + \varepsilon_{i,t}$$

或者可以增加固定效应,例如公司和年份固定效应以得到更准确的估计。

假设我们估计了:

$$y_{i,t} = \beta_0 + \beta_1 p_t + \beta_2 d_i + \beta_3 (d_i \times p_t) + \alpha_i + \delta_t + \varepsilon_{i,t}$$

p_t 与年份固定效应完全共线(因为它在公司之间没有变化),而 d_i 与公司固定效应完全共线(因为对于每个公司来说它不随时间变化)。在估计中,Stata 只是随机选取了几个固定效应的值,即对 p_t 和 d_i 的估计只是没有意义的随机截距。

所以,模型应当改为

$$y_{i,t} = \beta_0 + \beta_3 (d_i \times p_t) + \alpha_i + \delta_t + \varepsilon_{i,t}$$

这是广义的双重差分估计模型。广义差分的优点是它可以提高精度并提供更好的模型拟合。它不假设处理(或未处理)组中的所有公司都具有相同的平均值;它允许每个公司的截距不同。同时,它不假设事件发生时点附近,y 的共同变化仅仅是水平上变化,它允许两组之间的共同变化因年而异。

同样,在广义双重差分中,如果有多个处理前和处理后时期,需要小心标准错误。应当在每个个体层面上聚类标准误。或者,将数据折叠为每个横截面的一个处理前和一个处理后观测结果。我们将在标准误的章节中讨论更多关于标准误的内容。

现实中,很多时候存在多个处理事件。例如,葛姆雷(Gormley)和麦莎(Matsa)

(2011)研究了公司对增加的尾部风险的反应。对于多组观测,自然实验会在多个时间点重复。例如。美国各州在不同时间点做出特定的监管变化。这些设置对于减轻对违反平行趋势假设的担忧特别有用。多时点的事件可以显示不同时间段的相似处理效果,行业可以显示处理效果不是由一组特定的处理组公司驱动的。所以,多事件的估计只须估计以下方程:

$$y_{i,c,t} = \beta d_{i,c,t} + p_t + m_c + \varepsilon_{i,c,t}$$

$y_{i,c,t}$ 是单位 i(例如公司)在时期 t(例如年)和群组 c 的结果,其中"群组"表示了每个事件处理的不同公司的集合,β 估计多个事件的平均处理效果。例如,不同的公司可能会在不同的时间点受到监管变化的影响,在某个时间点受影响的公司是"同一类"。$d_{i,c,t}$ 是表示类别 c 在时间 t 受到影响,这相当于处理前后的交互项,p_t 是时期固定效应,它会控制每个事件的前后的虚拟变量,m_c 是组别固定效应,它将控制每个事件处理的虚拟变量。

直觉上,实现多事件的估计是通过在特定时间点,每个未经处理的观测值都作为该时间段内已处理的观测值的对照组。例如,一家在 1999 年因某种事件而接受处理的公司将作为一家在 1994 年受到处理的公司的控制组,直到其在 1999 年被处理。现在,考虑为多个事件运用广义双重差分模型:

$$y_{i,t} = \beta(d_i \times p_t) + \alpha_i + \delta_t + \varepsilon_{i,t}$$

其中,d_i 表示该特定事件中被处理的个体 i(例如公司),p_t 表示在 t 期间发生处理(例如年份),个体 i 和时期 t 固定效应控制 d_i 和 p_t 的独立影响。与标准差值相反,样本如果仅限于事件前后的小窗口内,例如事件前后的 5 年,并且,删除了由另一个事件处理的所有任何观测,即样本仅从先前未处理的观测开始,并且如果"对照观测值"后来被不同的事件处理,那些事后观测值被丢弃。现在,为每个被分析的"事件"创建一个类似的样本。然后,将样本"堆叠"到一个数据集中,并创建一个变量来标识每个观测所属的事件。注意:一些观测单位会在数据中出现多次,例如某公司在 1999 年可能处于控制组,但在 2005 年以后的事件中是一个经过处理的公司。

然后,在创建的堆叠数据集上估计以下模型:

$$y_{i,c,t} = \beta d_{i,c,t} + \delta_{t,c} + a_{i,c} + \varepsilon_{i,c,t}$$

其中,$d_{i,c,t}$ 是表示类别 c 在时间 t 受到影响,这相当于处理前后交互项,$\delta_{t,c}$ 是时期固定效应,它会控制每个事件前后的虚拟变量,$a_{i,c}$ 是组别固定效应,它将控制每个事件处理的虚拟变量。这种方法直觉上与第一种方法相同,但有几个优点:① 可以更轻松地分离每个事件周围我们感兴趣的特定时间窗口；② 先前的方法将所有处理前和处理后的观测结果相互比较；③ 可以更轻松地将其扩展为三重差分的模型。

6.5.6　双重差分的检验

虽然我们不能直接检验潜在的识别假设，但可以做一些安慰剂检验来支持双重差分的有效性：① 比较处理前的可观测值；② 检查观测到的变化的时间是否与事件的时间一致，即没有前趋势；③ 检查逆处理的效应；④ 检查不应该受到影响的变量；⑤ 添加三重差分。

1. 比较处理前的可观测值

我们假设实验"随机"处理一些观测子集。如果该假设为真，则接受处理的观测值的事前特征应类似于未处理的观测值的事前特征。这能够显示经过处理和未经处理的观测值在被认为对结果变量 y 有影响的维度上具有可比性，因而有助于确保分配是随机的。如果在某个变量 z 中找到事前差异，能否判断双重差分无效？答案是不一定。我们需要一些理由，以说明为什么个体在处理后（由于与处理无关的原因）在结果变量 y 上产生与 z 相关的差异趋势，因为这实际上是一个模型识别问题。而且，即使有了这些理由，我们也可以控制 z 与时间的交互项。但是，识别问题的担忧是什么？是不可观测的变量。如果处理前处理组和对照组在可观测的方面存在差异，我们也担心它们可能在不可观测的方面存在差异，这可能会违反平行趋势假设。

2. 检查处理前趋势

我们可以用非参数化的方式在回归方程中加入时间的虚拟变量，以描绘处理效果随时间而变化。平行趋势表明我们不应该在处理之前观测到最终处理的观测结果的任何差异趋势。估计以下方程：

$$y_{i,t} = \beta_0 + \beta_1 d_i + \beta_2 p_t + \sum_t \gamma_t (d_i \times \lambda_t) + \varepsilon_{i,t}$$

其中，d_i 和 p_t 的定义与之前一样，λ_t 是一个虚拟变量，如果事件时间为 t，则等于 1；否则为 0。γ_t 估计了相对于排除期间的变化。除了第一个时期外，每个时期都包括 λ_t，此时所有的估计 γ_t 都是相对于这个时期的，我们同时可以得到每个 γ_t 的置信区间。每个时段的估计可能有噪声。双重差分会告诉我们处理后的平均 y 是否与处理前显著不同。

研究人员可能会选择一个特定的处理前时期来使该效应显著。另一种类型的处理前趋势检验是在一些"随机"处理前观测值中进行双重差分以显示没有效果。这里的方法让我们能够看到时机是什么,并确定它是否合理。

3. 逆处理的效应

在某些情况下,"自然实验"随后被逆转。例如,在有关监管法规的自然实验中,监管随后被撤销。如果我们预计反转会产生相反的效果,确认这一点有利于建立因果推论。

4. 不应受影响的变量

在某些情况下,理论提供了哪些变量应该不受"自然实验"影响的指导。如果自然实验带来我们预期的结果,我们应该在数据中看到这些变量不受影响。所以我们需要对不应受影响的变量进行检查。

5. 利用三重差分

如果理论告诉我们对于一个观测子集的处理效果应该更大,我们可以用三重差异来检查这一点,即处理前与处理后,未处理与处理及较不敏感与较敏感。

三重差分回归的方程为:

$$y_{i,t} = \beta_0 + \beta_1 d_i + \beta_2 p_t + \beta_3 h_i + \beta_4(p_t \times h_i) + \beta_5(d_i \times h_i)$$
$$+ \beta_6(p_t \times d_i) + \beta_7(p_t \times d_i \times h_i) + \varepsilon_{i,t}$$

如果时间 t 发生在处理之后,则 $p_t = 1$;否则 $p_t = 0$。如果个体在处理组中,则 $d_i = 1$;否则为 $d_i = 0$。如果是我们预期对处理更敏感的组,$h_i = 1$;否则 $h_i = 0$。

如何选择和设置 h_i?例如从理论上,一项处理对大公司的影响更大。如果公司在处理前一年的资产高于中值规模,则可以设置 $h_i = 1$。如果我们认为潜在变量(决定敏感性)可能会受处理的影响,请注意使用事前的衡量来构建指标,这样可以避免不良控制变量。对于方程:

$$y_{i,t} = \beta_0 + \beta_1 d_i + \beta_2 p_t + \beta_3 h_i + \beta_4(p_t \times h_i) + \beta_5(d_i \times h_i)$$
$$+ \beta_6(p_t \times d_i) + \beta_7(p_t \times d_i \times h_i) + \varepsilon_{i,t}$$

我们有 8 个系数来解释 $2 \times 2 \times 2 = 8$ 个不同的组合。如何解释 8 个系数估计值?β_6 解释了对不太敏感的观测值进行双重差分估计。它解释了相对于未处理组中较不敏感的观测值的变化,代表处理组中较不敏感的观测从处理前到处理后期间的平均差异变化。β_7 是三重差异估计,它告诉我们对更敏感的观测值有多大的影响,说明了双重差分估计对于被认为对处理更敏感的观测值有多么不同。这些公司的总处理效果是 $\beta_6 + \beta_7$。

我们也可以用连续变量代替 h_i 指标来进行三重差分。例如,假设我们预计大公司的处理效果更大,可以只使用事前规模而不是基于事前规模构建指标。三重差分使用连续变量的优点是更好地利用数据中可用的变化,并提供对灵敏度大小的估计。缺点是采用了线性函数形式假设,分类指标对数据结构施加的假设则比较宽松,并且更容易受到异常值的影响。

类似于双重差分,我们可以使用广义三重差分,加入固定效应来吸收各种项,提高精度。例如,在具有公司和年份固定效应的公司层面面板回归中,我们会估计:

$$y_{i,t} = \beta_1(p_t \times h_i) + \beta_2(p_t \times d_i) + \beta_3(p_t \times d_i \times h_i) + \delta_t + \alpha_i + \varepsilon_{i,t}$$

其他项(包括常数)全部退出方程,因为它们与固定效应共线。

除了进行全面的三重差分之外,我们还可以只估计两个单独子样本中的双重差分:低敏感的观测值的双重差分(即 $h_i = 0$)和高敏感的观测值的双重差异(即 $h_i = 1$)。

注意子样本的估计值不会直接匹配先前估计中的 β_2、$\beta_2 + \beta_3$ 效应。原因是在子样本方法中,年份固定效应允许因子样本而异。因此,子样本方法实际上控制了更多的东西。然而,我们可以在一次回归中获得子样本估计值(并检验子样本之间的统计差异):

$$y_{i,t} = \beta_2(p_t \times d_i) + \beta_3(p_t \times d_i \times h_i) + (d_i \times h_i) + \alpha_i + \varepsilon_{i,t}$$

这里,添加年份固定效应和敏感组虚拟变量之间的交互项就可以提高估计灵活度。年份固定效应与敏感组虚拟变量交互项允许每个子样本有不同的年份固定效应,这就是我们在两个单独的回归中估计子样本时发生的情况。在之前的回归中,仅使用不太敏感的观测值的子样本,β_2 将等于双重差分的系数;仅使用更敏感观测的子样本,$\beta_2 + \beta_3$ 将等于双重差分的系数。对 β_3 的 t 检验告诉我们对更敏感的子样本的影响是否在统计学上不同于对不太敏感的子样本的影响。多个事件的堆叠回归方法的另一个优点是能够更轻松地合并三重差分。我们可以简单地在单独的子样本中运行堆叠回归以把三重差分构建在一个回归中。

正如在自然实验中提到的,三重差分也可以通过在两个单独的子样本中运行双重差分来实现,比如估计处理效应对小公司的影响,然后估计对大公司的影响。但是,需要注意的是,通过在两个单独的子样本中运行双重差分可能是有问题的。子样本之间的差异实际上可能没有统计学意义。只是简单对比分组结果的话很难知道是否有差异,因为差异是否显著取决于两个独立估计的协方差。所以,建议最好在文本或表格中显示相关的 p 值,以说明我们所做的任何统计显著性声明。如果差异没有统计学意义(例如,$p = 0.15$),可以说三重差分比较嘈杂,这个现象并不罕见。我们在表述上要更加谨慎,例如"我们发现了对大公司的影响,但没有发现影响小公司的证据。"

最后,虽然随机化确保了内部有效性(即因果推断),但外部有效性可能仍然是一个问题。实验设置是否代表研究人员感兴趣的其他设置？即我们可以将发现外推到其他环境吗？这里,我们需要仔细论证环境不是唯一的,或者基础理论和观测到的效应可能适用于其他地方。

总的来说,不要添加受处理影响的控制变量。处理不应该影响估计,但可以帮助提高精度。多时点双重差分有助于减轻对平行趋势假设的担忧。同时,我们应该做许多检验来帮助评估内部有效性,例如比较事前特征和检查观测到的效果的时间。三重差分是另一种检查内部有效性和减轻对识别的担忧的方法。

6.5.7　Stata 代码示例

这部分是第 6 章的 Stata do 文件代码示例——双重差分分析。这个 do 文件包含了 Stata 用于工具变量分析的主要步骤、代码,以及部分输出结果。这个例子主要研究的是政府的研究经费资助如何帮助提升研究人员的早期成果。我们利用政府的研究经费资助作为实验,同时检验成果提升的效应是否对于之前没有发表的研究人员和高 GPA(Grade Point Average,平均学分绩点)的研究人员更强。

```
clear all
set more off
global dir "C:\Users\yix\Desktop\lectures\Session 1"
use " $ dir/NSF Pilot Wide_mgmt607.dta"
label var research "Research Position"
label var teacher_k12 "K‐12 Teacher Position"
label var foc_academic "Academic Placement"
label var field_1 "Biochemistry"
label var field_2 "Ecology"
label var field_3 "Biology"
*  基础信息
tab foc_confirmed
    * 686 confirmed first placement (191 not confirmed)
    gen sample_a = 1 if div_cd == 1 & offered_award == 1
    replace sample_a = 2 if div_cd == 2 & offered_award == 1
    replace sample_a = 3 if div_cd == 3 & offered_award == 1
    replace sample_a = 4 if div_cd == 4 & offered_award == 1
```

```
keep if inlist(sample_a, 1, 2, 3, 4)

set seed 8675309

sample 150 if sample_a==1|sample_a==2|sample_a==3|sample_a==4, count
by(sample_a)
```

* 样本分布

```
tab year_prop

tab year_prop award

tab year_prop field

tab year_prop AwardType
```

* 描述性统计

```
global publications tot_pub first_pub_grfp_ref any_prior_pub

global controls female field_*

global outcomes time research foc_academic

global institutions g_df_fed_HE_RD carneigie_veryhigh g_d_uni_public

global pubrank top01_tot_pub_max

preserve

foreach x in tot_pub female field_1 field_2 field_3 $outcomes $institutions $pubrank {

drop if 'x' == .

}

eststo clear;

eststo: estpost sum $publications $controls $outcomes $institutions $rank if
tot_pub ! = . ;

    esttab using "$dir/Descriptive_Stats.csv", label title(Descriptive Statistics by
Award Type)

    mtitle ("Full Sample")

    cells("count(fmt(0)) mean(fmt(3)) sd(fmt(3)) min(fmt(3)) max(fmt(3))")
replace plain ;

eststo clear;

bys award: eststo: estpost sum $publications $controls $outcomes $institutions
$rank if tot_pub ! =.;

    esttab using "$dir/Descriptive_Stats.csv", label title(Descriptive Statistics by
Award Type)
```

```
        cells("count(fmt(0)) mean(fmt(3)) sd(fmt(3))") append plain ;
foreach var in tot_pub first_pub_grfp_ref any_prior_pub any_prior_pub_zero         {
sum 'var' if tot_pub ! = .
ttest 'var' if tot_pub ! = ., by(award)
}
foreach var in female field_1 field_2 field_3 {
sum 'var' if tot_pub ! = .
ttest 'var' if tot_pub ! = ., by(award)
}
foreach var in time research foc_academic {
sum 'var' if tot_pub ! = .
ttest 'var' if tot_pub ! = ., by(award)
}
foreach var in g_df_fed_HE_RD carneigie_veryhigh g_d_uni_public {
sum 'var' if tot_pub ! = .
ttest 'var' if tot_pub ! = ., by(award)
}
foreach var in top01_tot_pub_max   {
sum 'var' if tot_pub ! = .
ttest 'var' if tot_pub ! = ., by(award)
}
pwcorr award $ institutions
restore


* 主要结果
* 图表
histogram tot_pub
graph save Graph " $ dir/Graph_Pubs_Wide.gph", replace
histogram tot_pub_zeros
graph save Graph " $ dir/Graph_PubsZ_Wide.gph", replace
reg tot_pub_zeros award
outreg2 using " $ dir/Wide Results.xls", replace dec(3) e(ll r2_a rmse) ctitle(OLS,
```

Wide，Full) label

reg tot_pub_zeros award female i.field i.year_prop any_prior_pub_zero g_d_uni_public i.g_d_R3_mid

outreg2 using "$dir/Wide Results.xls"，append dec(3) e(ll r2_a rmse) ctitle(OLS，Wide，Full) label

quietly nbreg tot_pub_zeros award female i.field i.year_prop any_prior_pub_zero g_d_uni_public i.g_d_R3_mid

margins，dydx(*) post

outreg2 using "$dir/Wide Results.xls"，append dec(3) e(ll r2_a rmse) ctitle(NB ME，Wide，Full) label

test. See Cameron & Trivedi (2009) Chapter 17.

quietly poisson tot_pub_zeros award female i.field i.year_prop any_prior_pub_zero g_d_uni_public i.g_d_R3_mid

estat gof

margins，dydx(*) post

outreg2 using "$dir/Wide Results.xls"，append dec(3) e(ll r2_a rmse) ctitle(P ME，Wide，Full) label addtext(GOF，Rejected for NB)

zinb tot_pub_zeros award female i.field i.year_prop any_prior_pub_zero g_d_uni_public i.g_d_R3_mid，inflate(award female i.field i.year_prop) vuong

margins，dydx(*) post

outreg2 using "$dir/Wide Results.xls"，append dec(3) e(ll r2_a rmse) ctitle(ZINB ME，Wide，Full) label addtext(Vuong，Rejected for ZI，Inflate，Award Female Field Year)

reg tot_pub award female i.field i.year_prop any_prior_pub g_d_uni_public i.g_d_R3_mid

outreg2 using "$dir/Wide Results.xls"，append dec(3) e(ll r2_a rmse) ctitle(OLS，Wide，If Publish) label

* **估计 DD 模型**

clear all

set more off

use "$dir/NSF Pilot Long.dta"

drop dualprogram degree_type change_data_flag g_carnegie2005 grfp_ stipend_df grfp_ed_allowance_df grfp_stipend_df_ln research teacher_k12 foc_confirmed foc_noinfo foc_nonprofit foc_other foc_private foc_public ln_FAtotpub ln_top01_tot_pub ln_top05_tot_pub ln_top10_tot_pub g_d_ grfp_mention g_dt_grfp_mention g_dt_grfp_award g_d_grfp_award g_d_avg_ pubs_per_fac g_dt_grfp_total2yr g_flagship g_landgrnt g_hbcu grfp_ed_ allowance_df_ln subject prepost position_ * scipos_ * treatment g_d_ grfp_total2yr g_d_ProgramSize_Q proposal_id pi_appear_twice pi_name PossibleNameChange current_name undergrad current proposed graduate title dept_lab organization foc_inst soc_academic soc_nonacademic soc_ position PQ _ DissertationAdvisors PQ _ DissertationCommittee PQ _ DissertationDepartment PQ_DissertationTitle cv g_ipeds

```
save " $ dir/NSF Pilot Long_mgmt607.dta", replace
clear all
set more off
use " $ dir/NSF Pilot Long_mgmt607.dta"
* 数据清洗
br pi_id year
sort pi_id year
gen prior_pubs = .
replace prior_pubs = tot_pub if year == 5
egen priorpubs_full = max(prior_pubs), by(pi_id)
gen priorpubs_ind = 0 if priorpubs_full == 0
replace priorpubs_ind = 1 if priorpubs_full > 0 & priorpubs_full ! =.
gen priorpubs_rest = 0 if priorpubs_full == 0
replace priorpubs_rest = 1 if priorpubs_full > 0 & priorpubs_full < 5
gen pp_rest_wide = prior_pubs
replace pp_rest_wide = . if prior_pubs > 4
replace pp_rest_wide = 1 if prior_pubs > 0 & prior_pubs < 5


* 图表
sort year
by year: egen pub_a = mean(tot_pub) if award == 1
```

by year: egen pub_hm = mean(tot_pub) if award == 0

twoway (scatter pub_a year, mcolor(black) xline(6)) (scatter pub_hm year, mcolor(gold))(qfit pub_a year, mcolor(black)) (qfit pub_hm year, mcolor(gold))

twoway (scatter pub_a year, mcolor(black) xline(6)) (scatter pub_hm year, mcolor(gold))(qfit pub_a year if year<6, mcolor(black)) (qfit pub_hm year if year<6, mcolor(gold)) (qfit pub_a year if year>6 & year<17, mcolor(black)) (qfit pub_hm year if year>6 & year<17, mcolor(gold))

graph save Graph "$dir/Graph_Pubs_Full_Lines.gph", replace

by year: egen lnpub_a = mean(ln_totpub) if award == 1

by year: egen lnpub_hm = mean(ln_totpub) if award == 0

twoway (scatter lnpub_a year, mcolor(black) xline(6)) (scatter lnpub_hm year, mcolor(gold))(qfit lnpub_a year if year<6, mcolor(black)) (qfit lnpub_hm year if year<6, mcolor(gold)) (qfit lnpub_a year if year>6 & year<17, mcolor(black)) (qfit lnpub_hm year if year>6 & year<17, mcolor(gold))

graph save Graph "$dir/Graph_LNPubs_Full_Lines.gph", replace

by year: egen FApub_a = mean(FA_tot_pub) if award == 1

by year: egen FApub_hm = mean(FA_tot_pub) if award == 0

twoway (scatter FApub_a year, mcolor(black) xline(6)) (scatter FApub_hm year, mcolor(gold))(qfit FApub_a year if year<6, mcolor(black)) (qfit FApub_hm year if year<6, mcolor(gold)) (qfit FApub_a year if year>6 & year<17, mcolor(black)) (qfit FApub_hm year if year>6 & year<17, mcolor(gold))

graph save Graph "$dir/Graph_FA_Full_Lines.gph", replace

by year: egen tenpub_a = mean(top10_tot_pub) if award == 1

by year: egen tenpub_hm = mean(top10_tot_pub) if award == 0

twoway (scatter tenpub_a year, mcolor(black) xline(6)) (scatter tenpub_hm year, mcolor(gold))(qfit tenpub_a year if year<6, mcolor(black)) (qfit tenpub_hm year if year<6, mcolor(gold)) (qfit tenpub_a year if year>6 & year<17, mcolor(black)) (qfit tenpub_hm year if year>6 & year<17, mcolor(gold))

graph save Graph "$dir/Graph_Ten_Full_Lines.gph", replace

by year: egen onepub_a = mean(top01_tot_pub) if award == 1

by year: egen onepub_hm = mean(top01_tot_pub) if award == 0

twoway (scatter onepub_a year, mcolor(black) xline(6)) (scatter onepub_hm year, mcolor(gold))(qfit onepub_a year if year<6, mcolor(black)) (qfit onepub_ hm year if year<6, mcolor(gold)) (qfit onepub_a year if year>6 & year< 17, mcolor(black)) (qfit onepub_hm year if year>6 & year<17, mcolor(gold))

graph save Graph "$ dir/Graph_One_Full_Lines.gph", replace

by year: egen actpub_a = mean(tot_pub) if award == 1 & never_pub == 0

by year: egen actpub_hm = mean(tot_pub) if award == 0 & never_pub == 0

twoway (scatter actpub_a year, mcolor(black) xline(6)) (scatter actpub_hm year, mcolor(gold))(qfit actpub_a year if year<6, mcolor(black)) (qfit actpub_hm year if year<6, mcolor(gold)) (qfit actpub_a year if year>6 & year<17, mcolor(black)) (qfit actpub_hm year if year>6 & year<17, mcolor(gold))

graph save Graph "$ dir/Graph_Pubs_Active_Lines.gph", replace

by year: egen priorpub_a = mean(tot_pub) if award == 1 & priorpubs_rest == 1

by year: egen priorpub_hm = mean(tot_pub) if award == 0 & priorpubs_ rest == 1

twoway (scatter priorpub_a year, mcolor(black) xline(6)) (scatter priorpub_hm year, mcolor(gold))(qfit priorpub_a year if year<6, mcolor(black)) (qfit priorpub_ hm year if year<6, mcolor(gold)) (qfit priorpub_a year if year>6 & year< 17, mcolor(black)) (qfit priorpub_hm year if year>6 & year<17, mcolor(gold))

graph save Graph "$ dir/Graph_Pubs_Prior_Lines.gph", replace

by year: egen noppub_a = mean(tot_pub) if award == 1 & priorpubs_rest == 0

by year: egen noppub_hm = mean(tot_pub) if award == 0 & priorpubs_ rest == 0

twoway (scatter noppub_a year, mcolor(black) xline(6)) (scatter noppub_hm year, mcolor(gold))(qfit noppub_a year if year<6, mcolor(black)) (qfit noppub_ hm year if year<6, mcolor(gold)) (qfit noppub_a year if year>6 & year< 17, mcolor(black)) (qfit noppub_hm year if year>6 & year<17, mcolor(gold))

graph save Graph "$ dir/Graph_Pubs_NoPrior_Lines.gph", replace

by year: egen nppe_a = mean(tot_pub) if award == 1 & priorpubs_rest == 0 & never_pub == 0

by year: egen nppe_hm = mean(tot_pub) if award == 0 & priorpubs_rest == 0 & never_pub == 0

twoway (scatter nppe_a year, mcolor(black) xline(6)) (scatter nppe_hm year，mcolor(gold))(qfit nppe_a year if year<6，mcolor(black))(qfit nppe_hm year if year<6，mcolor(gold))(qfit nppe_a year if year>6 & year<17，mcolor(black))(qfit nppe_hm year if year>6 & year<17，mcolor(gold))

graph save Graph "$dir/Graph_Pubs_PubsNoPrior_Lines.gph"，replace

* **DD 模型**

gen prepost = .

replace prepost = 0 if year < 6

replace prepost = 1 if year > 6

gen treatment = award * prepost

global dd treatment award prepost

global pi female priorpubs_rest

global alt female

global dept i.g_d_R3_mid g_df_fed_HE_RD_ln

global altdept g_df_fed_HE_RD_ln

global uni carneigie_veryhigh g_d_uni_public

global fe i.field i.year_prop

reg tot_pub

outreg2 using "$dir/Primary_tot_pub.xls"，replace dec(3) e(ll r2_a rmse) ctitle(Test Constant)

reg ln_totpub

outreg2 using "$dir/Primary_ln_totpub.xls"，replace dec(3) e(ll r2_a rmse) ctitle(Test Constant)

foreach outcome in tot_pub ln_totpub {

quietly reg 'outcome' $dd $pi $dept $uni $fe if never_pub == 0, cluster(pi_id)

outreg2 using "$dir/Primary_'outcome'.xls"，append dec(3) e(ll r2_a rmse) ctitle(OLS Long DD，'outcome'，Publish) label addtext(Cluster，Yes，Time，Pre-Post Dummy)

quietly reg 'outcome' $dd $pi $altdept $uni $fe if g_d_R3_mid == 1 & never_pub == 0, cluster(pi_id)

outreg2 using "$dir/Primary_'outcome'.xls"，append dec(3) e(ll r2_a rmse) ctitle(OLS Long DD，'outcome'，Rank 1 Publish) label addtext(Cluster，Yes，Time，Pre-Post Dummy)

```
quietly reg 'outcome' $dd $pi $altdept $uni $fe if (g_d_R3_mid == 2 | g_d_
R3_mid == 3) & never_pub == 0, cluster(pi_id)
outreg2 using "$dir/Primary_'outcome'.xls", append dec(3) e(ll r2_a rmse)
ctitle(OLS Long DD, 'outcome', Rank 2 or 3 Publish) label addtext(Cluster, Yes,
Time, Pre-Post Dummy)
quietly reg 'outcome' $dd $alt $dept $uni $fe if priorpubs_rest == 1, cluster
(pi_id)
outreg2 using "$dir/Primary_'outcome'.xls", append dec(3) e(ll r2_a rmse)
ctitle(OLS Long DD, 'outcome', Prior) label addtext(Cluster, Yes, Time, Pre-
Post Dummy)
quietly reg 'outcome' $dd $alt $altdept $uni $fe if priorpubs_rest == 1 & g_
d_R3_mid == 1, cluster(pi_id)
outreg2 using "$dir/Primary 'outcome'.xls", append dec(3) e(ll r2_a rmse)
ctitle(OLS Long DD, 'outcome', Rank 1 Prior) label addtext(Cluster, Yes, Time,
Pre-Post Dummy)
quietly reg 'outcome' $dd $alt $altdept $uni $fe if priorpubs_rest == 1 & (g_
d_R3_mid == 2 | g_d_R3_mid == 3), cluster(pi_id)
outreg2 using "$dir/Primary_'outcome'.xls", append dec(3) e(ll r2_a rmse)
ctitle(OLS Long DD, 'outcome', Rank 2 or 3 Prior) label addtext(Cluster, Yes,
Time, Pre-Post Dummy)
quietly reg 'outcome' $dd $alt $dept $uni $fe if priorpubs_rest == 0 & never_
pub == 0, cluster(pi_id)
outreg2 using "$dir/Primary_'outcome'.xls", append dec(3) e(ll r2_a rmse)
ctitle(OLS Long DD, 'outcome', Pubs No Prior) label addtext(Cluster, Yes, Time,
Pre-Post Dummy)
quietly reg 'outcome' $dd $alt $altdept $uni $fe if priorpubs_rest == 0 & g_
d_R3_mid == 1 & never_pub == 0, cluster(pi_id)
outreg2 using "$dir/Primary_'outcome'.xls", append dec(3) e(ll r2_a rmse)
ctitle(OLS Long DD, 'outcome', Rank 1 Pubs No Prior) label addtext(Cluster,
Yes, Time, Pre-Post Dummy)
quietly reg 'outcome' $dd $alt $altdept $uni $fe if priorpubs_rest == 0 & (g_d_R
3_mid == 2 | g_d_R3_mid == 3) & never_pub == 0, cluster(pi_id)
```

outreg2 using " $ dir/Primary_'outcome'. xls", append dec(3) e(ll r2_a rmse) ctitle(OLS Long DD, 'outcome', Rank 2 or 3 Pubs No Prior) label addtext(Cluster, Yes, Time, Pre-Post Dummy)

}

* **样本的具体时间**

quietly reg tot_pub $ dd $ pi $ dept $ uni $ fe if (year == 5 | year == 11) & never_pub == 0, cluster(pi_id)

outreg2 using " $ dir/Time Period Specification. xls", replace dec(3) e(ll r2_a rmse) ctitle(OLS Long DD, Pubs, Publish, Pre 5 Post 11) label addtext(Cluster, Yes, Time, Pre-Post Dummy)

quietly reg tot_pub $ dd $ pi $ dept $ uni $ fe if (year == 5 | year == 16) & never_pub == 0, cluster(pi_id)

outreg2 using " $ dir/Time Period Specification. xls", append dec(3) e(ll r2_a rmse) ctitle(OLS Long DD, Pubs, Publish, Pre 5 Post 16) label addtext(Cluster, Yes, Time, Pre-Post Dummy)

forvalues i = 8(1)17 {

quietly reg tot_pub $ dd $ pi $ dept $ uni $ fe if year < 'i' & never_pub == 0, cluster(pi_id)

outreg2 using " $ dir/Time Period Specification. xls", append dec(3) e(ll r2_a rmse) ctitle(OLS Long DD, Pubs, Publish, Years < 'i') label addtext(Cluster, Yes, Time, Pre-Post Dummy)

}

* **主样本的处理效应检验**

gen awardyear = award * year

gen yearpost = year * prepost

gen triple = treatment * year

quietly reg tot_pub award year prepost awardyear treatment yearpost triple if never_pub == 0, cluster(pi_id)

outreg2 using " $ dir/Slope Diagnostic. xls", replace dec(3) e(ll r2_a rmse) ctitle(OLS Long DDD, Pubs, Publish) label addtext(Cluster, Yes, Time, Pre-Post

Dummy)

quietly reg tot _ pub award year prepost awardyear treatment yearpost triple if priorpubs_rest == 1, cluster(pi_id)

outreg2 using " $ dir/Slope Diagnostic. xls", append dec (3) e (ll r2 _ a rmse) ctitle(OLS Long DDD, Pubs, Prior) label addtext(Cluster, Yes, Time, Pre-Post Dummy)

quietly reg tot _ pub award year prepost awardyear treatment yearpost triple if priorpubs_rest == 0 & never_pub == 0, cluster(pi_id)

outreg2 using " $ dir/Slope Diagnostic. xls", append dec (3) e (ll r2 _ a rmse) ctitle(OLS Long DDD, Pubs, Pubs No Prior) label addtext(Cluster, Yes, Time, Pre-Post Dummy)

* 主样本中年份虚拟变量指示时间

quietly reg tot _ pub treatment award i. year $ pi $ dept $ uni $ fe if never _ pub == 0, cluster(pi_id)

outreg2 using " $ dir/Time Indicator. xls", replace dec(3) e(ll r2_a rmse) ctitle(OLS Long DD, Pubs, Publish) label addtext(Cluster, Yes, Time, Year Dummies)

* 三重差分

clear all

set more off

global dir "/Dropbox/Courses/Session 6"

use " $ dir/NSF DDD.dta"

keep post year pi_id tot_pub tot_FApub tot_top01 tot_adv award_p female_p prior_pub_dum g_d_uni_public_p year_prop_p field_1_p field_2_p field_3_p   bac_public g_d_R3_mid_p

save " $ dir/NSF DDD_mgmt607.dta", replace

clear all

set more off

use " $ dir/NSF DDD_mgmt607.dta"

gen post = .

replace post = 0 if year < 6

replace post = 1 if year > 6

```
gen dd = award_p * post
label var dd "Award * Post"
gen treat2 = award_p * female_p
label var treat2 "Award * Female"
gen treat3 = post * female_p
label var treat3 "Post * Female"
gen ddd = post * award_p * female_p
label var ddd "DDD Treatment Effect Post * Award * Female"
bys year: egen pub_af = mean(tot_pub) if award_p == 1 & female_p == 1
bys year: egen pub_hf = mean(tot_pub) if award_p == 0 & female_p == 1
bys year: egen pub_am = mean(tot_pub) if award_p == 1 & female_p == 0
bys year: egen pub_hm = mean(tot_pub) if award_p == 0 & female_p == 0
twoway (connected pub_af year, mcolor(teal) xline(6) lc(teal)) (connected pub_hf
year, mcolor (navy) lc (navy)) (connected pub _ am year, mcolor (gold) lc
(gold)) (connected pub_hm year, mcolor(black) lc(black))
graph save Graph "$dir/DDD_totpub.gph", replace
global ddd ddd dd treat2 treat3 post award_p female_p
global controls prior_pub_dum g_d_uni_public_p year_prop_p field_1_p field_2_p
field_3_p
global bac bac_public
* 主回归模型
quietly reg tot_pub award_p
outreg2 using "$dir/DDD Primary.xls", replace
foreach outcome in tot_pub {
quietly reg 'outcome' $ddd , cluster(pi_id)
outreg2 using "$dir/DDD Primary.xls", append dec(3) e(ll r2_a rmse) ctitle(OLS
DDD, 'outcome') label addtext(Cluster, Yes, Time, Pre-Post Dummy)
quietly reg 'outcome' $ddd $controls i.g_d_R3_mid_p , cluster(pi_id)
outreg2 using "$dir/DDD Primary.xls", append dec(3) e(ll r2_a rmse) ctitle(OLS
DDD, 'outcome') label addtext(Cluster, Yes, Time, Pre-Post Dummy)
quietly reg 'outcome' $ddd $controls i.g_d_R3_mid_p $bac , cluster(pi_id)
outreg2 using "$dir/DDD Primary.xls", append dec(3) e(ll r2_a rmse) ctitle(OLS
```

```
DDD, 'outcome') label addtext(Cluster, Yes, Time, Pre-Post Dummy)
}
```

* DD 模型

```
quietly reg tot_pub award_p
outreg2 using "$dir/AltDD.xls", replace
foreach outcome in tot_pub {
quietly reg 'outcome' post award_p dd $controls i.g_d_R3_mid_p $bac if
female == 1 , cluster(pi_id)
outreg2 using "$dir/AltDD.xls", append dec(3) e(ll r2_a rmse) ctitle(OLS DDD, '
outcome') label addtext(Cluster, Yes, Time, Pre-Post Dummy, Sample, Female)
quietly reg 'outcome' post award_p dd $controls i.g_d_R3_mid_p $bac if
female == 0 , cluster(pi_id)
outreg2 using "$dir/AltDD.xls", append dec(3) e(ll r2_a rmse) ctitle(OLS DDD,
'outcome') label addtext(Cluster, Yes, Time, Pre-Post Dummy, Sample, Male)
quietly reg 'outcome' female_p award_p treat2 $controls i.g_d_R3_mid_p $bac if
post == 0 , cluster(pi_id)
outreg2 using "$dir/AltDD.xls", append dec(3) e(ll r2_a rmse) ctitle(OLS DDD,
'outcome') label addtext(Cluster, Yes, Time, Pre-Post Dummy, Sample, Pre)
quietly reg 'outcome' female_p award_p treat2 $controls i.g_d_R3_mid_p $bac if
post == 1 , cluster(pi_id)
outreg2 using "$dir/AltDD.xls", append dec(3) e(ll r2_a rmse) ctitle(OLS DDD,
'outcome') label addtext(Cluster, Yes, Time, Pre-Post Dummy, Sample, Post)
quietly reg 'outcome' female_p post treat3 $controls i.g_d_R3_mid_p $bac if
award_p == 0 , cluster(pi_id)
outreg2 using "$dir/AltDD.xls", append dec(3) e(ll r2_a rmse) ctitle(OLS DDD,
'outcome') label addtext(Cluster, Yes, Time, Pre-Post Dummy, Sample, HM)
quietly reg 'outcome' female_p post treat3 $controls i.g_d_R3_mid_p $bac if
award_p == 1 , cluster(pi_id)
outreg2 using "$dir/AltDD.xls", append dec(3) e(ll r2_a rmse) ctitle(OLS DDD,
'outcome') label addtext(Cluster, Yes, Time, Pre-Post Dummy, Sample,
Awardees)
}
```

bys year：egen fapub_af = mean(tot_FApub) if award_p == 1 & female_p == 1

bys year：egen fapub_hf = mean(tot_FApub) if award_p == 0 & female_p == 1

bys year：egen fapub_am = mean(tot_FApub) if award_p == 1 & female_p == 0

bys year：egen fapub_hm = mean(tot_FApub) if award_p == 0 & female_p == 0

twoway（connected fapub_af year，mcolor(teal) xline(6) lc(teal)）（connected fapub_hf year，mcolor(navy) lc(navy)）（connected fapub_am year，mcolor(gold) lc(gold)）（connected fapub_hm year，mcolor(black) lc(black)）

graph save Graph " $ dir/DDD_fapub.gph"，replace

bys year：egen advpub_af = mean(tot_adv) if award_p == 1 & female_p == 1

bys year：egen advpub_hf = mean(tot_adv) if award_p == 0 & female_p == 1

bys year：egen advpub_am = mean(tot_adv) if award_p == 1 & female_p == 0

bys year：egen advpub_hm = mean(tot_adv) if award_p == 0 & female_p == 0

twoway（connected advpub_af year，mcolor(teal) xline(6) lc(teal)）（connected advpub_hf year，mcolor(navy) lc(navy)）（connected advpub_am year，mcolor(gold) lc(gold)）（connected advpub_hm year，mcolor(black) lc(black)）

graph save Graph " $ dir/DDD_advpub.gph"，replace

bys year：egen t1pub_af = mean(tot_top01) if award_p == 1 & female_p == 1

bys year：egen t1pub_hf = mean(tot_top01) if award_p == 0 & female_p == 1

bys year：egen t1pub_am = mean(tot_top01) if award_p == 1 & female_p == 0

bys year：egen t1pub_hm = mean(tot_top01) if award_p == 0 & female_p == 0

twoway（connected t1pub_af year，mcolor(teal) xline(6) lc(teal)）（connected t1pub_hf year，mcolor(navy) lc(navy)）（connected t1pub_am year，mcolor(gold) lc(gold)）（connected t1pub_hm year，mcolor(black) lc(black)）

graph save Graph " $ dir/DDD_t1pub.gph"，replace

END

6.6 断点回归

断点回归（Regression Discontinuity Design，RDD）的基本思想是对于自变量根据已知的中断规则进行"处理"。例如，对于某些可观测变量存在一个截断水平 x'，

如果 $x \geqslant x'$ 则进行处理,否则不处理。这个人为划定的中断规则是造成不连续性的原因。研究人员对这种处理如何影响结果变量 y 感兴趣。在现实中,这些类型的中断规则在经济金融领域很常见。如基斯等发现借款人 FICO[①] 分数大于 620 分时贷款证券化的可能性更大。罗伯茨(Roberts)和苏菲(Sufi)发现会计变量 x 超过某个阈值导致违反贷款契约。

断点回归与双重差分自然实验设置具有相似的原理,即我们应在 x' 的截止值处观测到 y 的急剧的不连续变化。而断点回归与双重差分在模型设置上的一些关键的区别是处理的分配不是随机的,而是基于 x 的值。当处理只取决于 x 时(称为"精确断点回归"),而且处理组和对照组之间没有重叠,即我们从不会观测到相同的处理组和对照组。

虽然断点回归对处理组和控制组的分配不是随机的,但它假设对个体 i 是否得到处理是随机的。即研究人员假设个体观测值不能完美地操纵它们的 x 值。因此,个体的 x 是否正好落在关键截断水平 x' 的上方或下方是随机的。x 被称为"强制变量"。强制变量可以是单个变量,也可以是多个变量,但为简单起见,我们将使用单个变量。x' 被称为"阈值",$y(0)$ 是没有处理的结果,$y(1)$ 是处理结果。

断点回归是另一种确定某些处理对结果的因果影响的方法。使用非随机的处理分配,但过程遵循一些已知的截止规则,在实践中存在很多常见的场景,而且估计参数会越来越多地使用。在应用中,存在两种类型的断点回归。精确的断点回归,即是否分配处理只取决于 x。如果 $x \geqslant x'$,则被处理的概率为1。模糊断点回归,即 $x \geqslant x'$ 只会增加处理的可能性,即其他因素(除了 x)将影响是否实际接受处理。精确的断点回归为当处理是确定性的并且只取决于 x,模糊断点回归为当处理是随机的并且处理概率在 x' 处不连续。它们的估计量相似但不同,模糊断点回归实际上只是一个工具变量 IV[②]。

6.6.1 断点回归假设

精确断点回归假设通过确定已知的决策规则分配处理:$d = d(x)$。如果 $x \geqslant x'$,$d = 1$;否则 $d = 0$。等号以及处理方向都并不重要(即也可以设置当 $x < x'$ 时,$d = 1$)。重要的是在阈值附近存在 x。处理概率在阈值 x' 附近从 0 变为 1。$x < x'$ 不处理,只有 x 决定是否处理。例如,Score $> x'$ 表示学生获得国家优秀奖学金,获得奖学金仅根据过去的 PSAT(Preliminary Scholastic Assessment Test,国家优秀奖

---

① FICO 是 SAP 中的财务模块,一块是 FI(Finance)模块,另一块是 CO(Controlling)模块。
② 工具变量 IV 的内容将在第 7 章进行阐述。

学金资格测试)分数确定。坎贝尔(Campbell)(1960)用这个断点回归来研究奖学金对职业规划的影响。

模糊断点回归假设对处理的分配是随机的,因为只有处理的概率在 x' 处具有已知的不连续性。也可以采用其他方式,即处理概率在 x' 处下降。我们所需要的只是在 x' 处处理概率的跳跃,比如处理的概率在 x' 处增加。此时仍然存在一些未经处理的 $x > x'$ 和一些经过处理的 $x < x'$,因为处理并非纯粹由 x 驱动。例如,信用评分 FICO > 620 时增加贷款被证券化的可能性。但是,贷款文件、贷方等的范围也同时决定了贷款被证券化的可能性。

精确的断点回归与模糊断点回归这种微妙的区别会影响如何估计处理的因果关系。使用精确的断点回归,我们基本上会比较 x' 上方和下方的平均值,而使用模糊断点回归,阈值附近的平均变化低估了因果效应。因为在比较模糊断点回归时,我们假设所有观测结果都已处理,但事实并非如此。如果所有观测结果都经过处理,观测到的 y 的变化会更大,我们将需要根据概率的变化重新调整。

但是,两种断点回归都具有以下关于局部连续性的假设。潜在结果 $y(0)$ 和 $y(1)$,以强制变量 x 为条件,在阈值 x' 处是连续的。换句话说,在不存在处理时,y 在阈值附近本该是一个平滑函数,即不要期望 y 在阈值 x' 处有任何跳跃。如果所有观测值都经过处理,y 在 x' 周围将是平滑的。未观测到的反事实,即如果没有得到处理也将是平滑的。对于精确的断点回归的模型设置,下面的模式能够估计处理 d 对于 y 的因果效应吗?

$$y_i = \beta_0 + \beta_1 d_i + \varepsilon_i$$

这里的问题是 d 与 x 是否相关,如果 x 同时影响 y,则上述方程有遗漏变量。例如在基斯等的研究中,以借款人的 FICO 分数来衡量影响违约的可能性,上述回归不能用于确定证券化对违约风险的影响。如何修改之前的回归来解释这个遗漏的变量? 我们可以控制 x,即我们可以估计 $y_i = \beta_0 + \beta_1 d_i + \beta_2 x_i + \varepsilon_i$。但是,为什么这个模型仍然存在问题? 这里假设 x 的影响是线性的,并且模型没有真正使用在阈值附近的随机分配。理想情况下,我们想比较阈值 x' 正下方和正上方的平均 y。 但问题是我们的观测结果不会很多,而且估计会很嘈杂。使用更宽的 x 范围会减少这种噪声,但会增加偏误的风险,即远离阈值的观测结果可能因其他原因而变化,包括因为 x 的直接影响而变化。

6.6.2　断点回归估计

为了在偏误和噪声之间平衡,通常有两种方法来做断点回归的权重:一种是使用所有数据,但以非常严格的方式控制 x 的影响;另一种是对 x 的影响使用不太严格的控制,但仅在阈值附近的小窗口中使用数据。

第一种方法使用所有可用数据并估计两个单独的回归: $y_i = \beta_i^b + f(x_i - x') + \varepsilon_i^b$(只采用阈值以下的数据估计); $y_i = \beta_i^a + g(x_i - x') + \varepsilon_i^a$(只采用阈值以上的数据估计)。只需要让 $f()$ 和 $g()$ 为 $x_i - x'$ 的任意连续函数,其中 $f(0) = g(0) = 0$,对估计的解释是处理效果为 $\beta^a - \beta^b$。

$$y_i = \beta_i^b + f(x_i - x') + \varepsilon_i^b$$
$$y_i = \beta_i^a + g(x_i - x') + \varepsilon_i^a$$

为什么要在方程中使用 $f()$ 和 $g()$? 使用 $f()$ 和 $g()$ 控制 x 对 y 的潜在影响。β^a 和 β^b 的估计解释为 β^b 是 $E(y \mid x < x')$,而 β^b 是 $E(y \mid x > x')$。

进行这个估算更简单的方法可以一步完成,且只须使用所有数据估计一次。

$$y_i = a + \beta d_i + f(x_i - x') + d_i \times g(x_i - x') + \varepsilon_i$$

其中,d_i 是表示 $x \geqslant x'$ 的虚拟变量,控制与 x(在 x 上方和下方)之间的关系。如果我们去掉 $d_i \times g(x_i - x')$,假设 x 和 y 之间的函数形式在 x' 的上方和下方是相同的,这是非常强的假设[①]。

我们应该使用 $f()$ 和 $g()$ 的哪种函数形式? 在实践中,高阶多项式函数用于 $f()$ 和 $g()$。例如,我们可以使用三次多项式。那么如何确定在实践中使用的多项式的正确阶数? 最终,多项式的正确阶数是未知的,因此最好展现稳健性。应该尝试说明研究的发现,在不同的多项式阶数下是稳健的。可以进行图形分析以提供对于多项式阶数的视觉检查。

另外一种估计方式和之前的断点回归估计类似,区别是将估计限制在 x' 周围的较小窗口内,并使用较低多项式阶数控制。例如,对于某些 $\Delta > 0$,在窗口 $x' - \Delta \leqslant x \leqslant x' + \Delta$ 中估计以下模型:

$$y_i = a + \beta d_i + \gamma_a (x_i - x') + \gamma_b d_i (x_i - x') + \varepsilon_i$$

使用这种方法的实际问题是什么是合适的窗口宽度和多项式阶数? 这没有标准答案。但是,在较小的窗口中可能不需要那么复杂的多项式。在研究中最好展示对窗口宽度、Δ 和多项式阶数选择的稳健性。

两种方法之间的权衡在于窗口较小的方法可能会受更多噪声的影响,但小窗口

---

① 安格里斯特和皮施克认为这通常不会在实践中产生很大的影响。

具有自身的优点：① 不假设样本中所有 x 值的处理效果相同。本质上，这是在估算平均处理效果。② 较少受到偏误的影响，因为在较小的窗口中正确控制 x 和 y 之间的关系不太重要。可以构建一个图表来直观地检查是否存在不连续性，以及选择的多项式阶数是否能很好地拟合数据。用断点回归做图是一个好方法，因为这能提供估计变化的完整性检验，以及视觉上的展示。首先，将 x 划分为不同间隔，确保 x' 不是任何间隔的内部点。例如，如果 x 介于 0 和 10 之间，并且针对 $x \geqslant x' = 5$ 进行处理，则可以构建 10 个区间，$[0, 1)$，$[1, 2)$，$\cdots$，$[9, 10]$。或者，如果 $x' = 4.5$，可以使用 $[0, 0.5)$，$[0.5, 1.5)$，$[1.5, 2.5)$ 等。其次，计算每个区间的平均值，并将其绘制在每个区间的中点上方。绘制的平均值表示 $E(y \mid x)$ 的非参数估计。③ 估计我们的断点回归并从估计中绘制预测值。非参数图中不应该在除 x' 之外的其他点产生 y 的跳跃，否则这将引起对断点回归的内部有效性的质疑。

什么是最佳的间隔宽？较小的间隔的权衡是精度和偏误之间的权衡，间隔宽度的选择是主观的。通过在每个平均值中包含更多数据点，更宽的间隔可以让我们更精确地估计 x 的那个区域中的 $E(y \mid x)$。但是，如果 $E(y \mid x)$ 在每个宽间隔内不是恒定的（即具有非零斜率），则更宽的间隔可能会出现偏误。我们可以为每个间隔构建指标，进行 y 对这些指标及其与强制变量 x 的交互项的回归，并对交互项进行联合的 F 检验。如果未通过检验，则表明某些间隔中有坡度，即间隔太宽。在实际应用中，有时并非所有高于阈值的观测值都能得到处理，也不是所有低于阈值的观测值都未被处理，$x > x'$ 只是增加了被处理的可能性，在阈值之上和之下的平均值比较将不起作用。所以，我们能做些什么？我们可以使用 $x \geqslant x'$ 作为 IV 进行处理，这种方法称为模糊断点回归。

如果感兴趣的事件被处理，则 $d_i = 1$；否则 $d_i = 0$。定义新的阈值指标 T_i。如果 $x \geqslant x'$，则 $T = T(x) = 1$，否则 $T = 0$。例如，如果贷款被证券化，$d_i = 1$。如果 FICO 分数大于 620，$T_i = 1$，这增加了贷款被证券化的概率。估计下面的模糊断点回归模型 2SLS 模型：

$$y_i = a + \beta d_i + f(x_i - x') + \varepsilon_i$$

这里使用 T_i 作为工具变量表示 d_i。工具变量的必要假设是 T_i 影响 $d_i = 1$ 的概率，这是相关条件；同时 T_i 与以 d_i 为条件的 y 无关，并控制 $f()$，这是排除条件。同样，$f()$ 通常是一个多项式函数。与精确的断点回归不同，允许函数形式上下变化并不容易。那么，如果担心不同的函数形式，我们则需要在事件周围使用更窄的窗口，这对 $f(x)$ 的函数形式不太敏感。实际问题是我们不知道正确的多项式阶数，也可以使用低阶多项式阶的小间隔。一般来说,我们需要显示对不同回归设定的稳健性。如果在 x 上做与精确断点回归类似的断点图,我们能在 x' 处看到 y 的不连续性,同时多项式也可以拟合得很好。除此之外,在模糊断点回归中,我们还应当绘制表示处理的虚拟变量 d 的图,这有助于确保在阈值处,处理的概率是不连续的。

6.6.3 断点回归检验

如果认为处理可能会根据模型中的 x 对 y 产生的不同影响,那么需要对断点回归进行一些额外的假设来确定局部平均处理效果。处理效果在 x' 处是局部连续的假设通常不是问题。它基本上只是表明在 x' 处处理效果没有任何跳跃,即再次假设 x' 两侧的观测结果具有可比性。对处理可能性的单调影响通常也不是问题,只是表明 $x > x'$ 并不会使某些观测结果更可能或更不可能被处理,大多情况下这都是成立的。没有操纵的假设在实践中意味着处理效果更大的样本观测值不会去操纵 x 使其位于阈值之上,或者个体的处理可能性不取决于与处理效果大小相关的一些变量。

对于内部有效性的稳健性检验,包括显示图形分析,确保多项式的选择对结果具有稳健性,确保间隔选择对结果是稳健的,以及更重要的是结果无操纵。研究人员可能存在以下问题:是否有任何理由相信选择阈值 x' 是因为 y 中存在一些预先存在的不连续性,或 y 在 x' 上缺乏可比性? 如果是这样,那就明显违反了局部连续性假设。有什么方法或理由可以使样本在阈值附近操纵 x? 同样,样本操纵 x 的能力可能导致违反局部连续性假设,即通过操纵改变 y, y 可能会在 x' 缺少操纵时出现跳跃。例如,在基斯等的发现中,FICO=620 时贷款违约率可能会上升,无论借款人是否操纵他们的 FICO 分数以获得 FICO 高于 620 时立即获得较低利率。然而,样本操纵 x 的能力不总是一个问题。如果样本不能完美地操纵它,那么处理仍然会有随机性,即在 x' 周围足够小的间隔中仍然会有随机性,因为即使试图操纵 x,特殊冲击也会使一些样本高于阈值或低于阈值。

我们应该寻找恰好高于或低于阈值的观测结果,任何聚集的值都会暗示操纵。对于断点回归的结果,我们还需要进行平衡检验。断点回归假设在截止点附近但相反两侧的观测值是可比较的。所以,我们需要使用图形检查,确保其他可能影响的可观测因素不会在阈值 x 处出现跳跃。为什么这个检验不能证明断点回归的有效性? 在不可观测的变量中可能存在不连续性。同样,我们也可以只添加可能会影响的其他变量的因素作为控制变量。如果断点回归在内部是有效的,这些额外的控制与自然实验类似,它们应该只影响估计的精度。如果它们影响了估计的处理效果,估计就会遇到更大的问题,阈值附近的观测值不可比较。

我们还可以进行安慰剂检验。如果阈值 x' 仅存在于某些年份或某些类型的观测中,例如,造成不连续性的法律在某一年通过,但在此之前不存在,或者该法律可能不适用于某些公司。那么,什么是好的安慰剂检验? 确保在没有间断的年份或对不应该产生影响的公司没有影响。

断点回归外部有效性影响估计的解释。异质性的关键只估计局部平均处理效果。

假设上述假设均成立,估计仅揭示处理在阈值附近的影响,而对于模糊断点回归,它仅揭示了对由于不连续性而改变处理状态的观测值的影响。因果识别依赖于接近截止阈值的观测值。对于远离该阈值的观测,处理效果可能会有所不同。我们不能把结果推广到距离 x 的阈值更远的观测结果上,即我们只接受那些不连续性促使接受处理的效果。例如,假设使用模糊断点回归研究博士学历对工资的影响。如果不连续性只对 GPA 中等的学生很重要,那么我们只估计博士学历对这些学生的影响,这与工具变量相同。所以我们需要注意不要从研究结果中做出过于广泛的推论。

6.6.4 Stata 代码示例

本小节是第 6 章的 Stata do 文件代码示例——断点回归分析。这个 do 文件包含了 Stata 用于断点回归分析、敏感性分析与稳健性分析的主要步骤、代码,以及部分输出结果。这个例子主要研究的是在美国大萧条时期的进入劳动力市场的效应。研究利用了年龄恰好高于和低于 14 岁作为断点回归识别策略。断点发生在 1916 年,1930 年时年龄为 14 岁。

注意在这个例子中,数据已经被清洗了,我们在这里主要关注与断点回归的模型,而不是数据部分。

```
clear all
set more off
global dir "C:\Users\yix\Desktop\lectures\Session 1"
log using " $ dir/RD.log", replace
use " $ dir/RD_JM.dta"s
sum
keep if hardhitbpl == 1 / * We will only be using those that were most impacted * /
```

sum

gen effect = (yearborn >=1916)

gen trend = yearborn − 1916

reg loginc effect trend，robust

predict incometrend

twoway(line incometrend yearborn)

gen incometrendpost = incometrend if effect == 1

replace incometrend = . if effect == 1

twoway(line incometrend yearborn)(line incometrendpost yearborn)

replace incometrend = incometrendpost − _b[effect] if yearborn == 1916

twoway(line incometrend yearborn，lcolor(black)) ///

(line incometrendpost yearborn，lcolor(black))，legend(off) xline(1916，///

lpattern(dash) lcolor(red)) ytitle("Log Income") xtitle("Year Born") ///

xlabel(1912[1]1920)

reg loginc i.yearborn

predict aveincome

twoway(line incometrend yearborn，lcolor(black))(line incometrendpost yearborn，///

lcolor(black))(scatter aveincome yearborn，msymbol(circle_hollow) mcolor

(gray))，///

legend(off) xline(1916，lpattern(dash) lcolor(red)) ytitle("Log Income") ///

xtitle("Year Born") xlabel(1912[1]1920)

gen posttrend = effect * trend

reg loginc effect trend posttrend

predict incometrendtwo

gen incometrendposttwo = incometrendtwo if effect == 1

replace incometrendtwo = . if effect == 1

replace incometrendtwo = incometrendposttwo − _b[effect] if yearborn == 1916

twoway(line incometrendtwo yearborn，lcolor(black))(line incometrendposttwo

yearborn，///

lcolor(black))(scatter aveincome yearborn，msymbol(circle_hollow) mcolor

(gray))，///

legend(off) xline(1916，lpattern(dash) lcolor(red)) ytitle("Log Income") ///

xtitle("Year Born") xlabel(1912[1]1920)

gen trend2 = trend^2

reg loginc effect trend trend2

predict incometrendQ

gen incometrendpostQ = incometrendQ if effect == 1

replace incometrendQ = . if effect == 1

replace incometrendQ = incometrendposttwo − _b[effect] if yearborn == 1916

twoway (line incometrendQ yearborn， lcolor (black)) (line incometrendpostQ

yearborn， lcolor (black)) (scatter aveincome yearborn， msymbol (circle _

hollow) mcolor (gray))，legend (off) xline (1916，lpattern (dash) lcolor (red))

ytitle("Log Income") xtitle("Year Born") xlabel(1912(1)1920)

rd loginc trend

rd loginc trend, kernel(rect)

rd loginc trend, noscatter graph

log close

* **导出结果到 Excel**

reg loginc effect trend, robust

reg loginc effect trend posttrend

reg loginc effect trend trend2

rd loginc trend

rd loginc trend，kernel(rect)

global y loginc

global x effect

quietly reg $y $x trend, robust

outreg2 using "$dir/Regression.doc"，replace dec(3)

quietly reg $y $x trend, robust

outreg2 using "$dir/Regression.doc"，replace dec(3) e(ll r2_a rmse) ctitle(RD,

$y) label addtext(Model, One Trend)

quietly reg $y $x trend posttrend

outreg2 using "$dir/Regression.doc", append dec(3) e(ll r2_a rmse) ctitle(RD, $y) label addtext(Model, Two Trends)

quietly reg $y $x trend trend2

outreg2 using "$dir/Regression.doc", append dec(3) e(ll r2_a rmse) ctitle(RD, $y) label addtext(Model, Quadratic)

quietly rd $y trend

outreg2 using "$dir/Regression.doc", append dec(3) e(ll r2_a rmse) ctitle(RD, $y) label addtext(Model, RD Triangular)

quietly rd $y trend, kernel(rect)

outreg2 using "$dir/Regression.doc", append dec(3) e(ll r2_a rmse) ctitle(RD, $y) label addtext(Model, RD Rectangular)

END

思考题

（1）哪些统计信息适合使用虚拟变量来表示,请举出几个例子。

（2）当样本中存在 n 个类别时,应该设定多少个虚拟变量,为什么？

（3）为什么会在计量模型中引入交互项？

（4）根据不同的变量类型,交互项可以区分为哪些种类？

（5）虚拟变量交互项模型与分组回归有什么区别？

（6）双重差分适合解决什么样的实际问题？

（7）双重差分与广义双重差分有什么区别和联系？

第 7 章
工具变量

7.1 简 介

在线性模型 $y = X\beta + \varepsilon$ 中,关于无偏性的一个关键假设是 $E(\varepsilon \mid X) = 0$,即自变量 X 是严格外生的。对于一致性和渐近正态性,较弱的假设也是可以的,关键假设是要满足:

$$Ex_i\varepsilon_i = 0$$

如果 $E(\varepsilon_i) = 0$,这相当于 ε_i 与同期自变量 x_i 的每个变量都不相关。渐近理论章节中讨论过一个关于时间序列回归的例子,在这个例子中滞后因变量是作为解释变量包含在内的,即

$$y_t = \alpha + \delta z_t + \gamma y_{t-1} + \varepsilon_t$$

其中,z_t 是外生的。包含滞后因变量是捕捉外生变量 z_t 和 ε_t 对因变量的动态影响的一种常用方法。此处的回归变量为

$$x'_t = (1, z_t, y_{t-1})$$

如果假设能合理地得到满足,即 $Ex_t\varepsilon_t = 0$。但更强的外生性假设 $E(\varepsilon_t \mid X) = 0$ 并不满足,因为 X 是解释变量在所有时间点 $t = 1, \cdots, T$ 的 $T \times K$ 矩阵。对于 $t \leqslant T-1$,X 包含 y_t,它必然与 ε_t 相关。因此,最小二乘估计量将有偏。但是,因为 $Ex_t\varepsilon_t = 0$ 成立,所以在这种相对弱的假设条件下,最小二乘估计满足一致性和渐进正态性。

为了实现 LS 的一致性,需要满足:

$$\frac{1}{n}X'X = \frac{1}{n}\sum_{i=1}^{n}x_i x'_i \xrightarrow{p} Q_{xx}, \text{ n.s.}$$

$$\frac{1}{n}X'\varepsilon = \frac{1}{n}\sum_{i=1}^{n}x_i\varepsilon_i \xrightarrow{p} 0$$

如果适用弱大数定律 WLLN(Weak Law of Large Numbers)，那么 $Q_{xx} = Ex_ix_i'$，但是考虑更一般的情况会更方便一点。如果解释变量能够很好地解释 y 的变化，则第一个条件成立；如果 $Ex_i\varepsilon_i = 0$ 成立，同时适用 WLLN，则第二个条件成立。这些条件可推出一致性，因为

$$b = (X'X)^{-1}X'y = \beta + \left[\frac{1}{n}X'X\right]^{-1}\left[\frac{1}{n}X'\varepsilon\right]$$

相反，如果 $Ex_i\varepsilon_i = Q_{x\varepsilon} \neq 0$，则在假设 WLLN 适用于 $\frac{1}{n}\sum_{i=1}^{n}x_ix_i' \xrightarrow{p} Q_{xx}$ 的情况下，

$$b \xrightarrow{p} \beta + Q_{xx}^{-1}Q_{x\varepsilon}$$

b 不满足一致性。

在许多情况下，期望条件 $Ex_i\varepsilon_i = 0$ 无法满足。有以下几种常见情形：

1. 遗漏变量

我们已经在第 4 章中讨论过这一点。当时我们探究了遗漏变量偏误，如果相关解释变量被遗漏，那么它就会成为 ε 的一部分。如果已包含在模型中的解释变量和遗漏变量是相关的，那么可以推导出 $Ex_i\varepsilon_i \neq 0$，因此无法满足 LS 一致性。以模型

$$y_i = \delta x_i + \gamma z_i + u_i$$

为例，为简单起见，我们假设所有变量的均值为零，因此不包括截距项。假设这个模型满足我们所有的标准假设，包括 $E(u_i \mid x, z) = 0$，但我们错误地将模型设定为

$$y_i = \beta x_i + \varepsilon_i$$

如果 z_i 与 x_i 相关（且 $\gamma \neq 0$），则 ε_i 与 x_i 相关，因为 $\varepsilon_i = \gamma z_i + u_i$。这会导致 LS 在大样本中的不一致性，因为

$$Q_{x\varepsilon} = Ex_i(\gamma z_i + u_i) = \gamma Ex_iz_i = \gamma\mathrm{cov}(x_i, z_i)$$

2. 联立方程

回归模型 $y_i = x_i'\beta + \varepsilon_i$ 可能有一个或多个 x_i 是内生的。现实中有很多这样的例子：

(1) 犯罪率和警察开支。假设我们使用城市层面（或者省份层面）的横截面数据检验人均警察支出 POL_i 对犯罪率 CR_i 的影响，回归模型为

$$\mathrm{CR}_i = \beta_0 + \beta_1 \mathrm{POL}_i + \tilde{x}_i' \gamma + \varepsilon_i$$

其中，$\tilde{x}_i$ 表示其他影响犯罪率的相关变量。如果 POL 和 $\tilde{x}$ 是外生的，那么我们将通过最小二乘法得到 β 无偏且一致的估计量。但是实际上几乎可以肯定 POL 是内生的。假设在城市 i 有一些因素使得犯罪率比其他情况下要高，所以 $\varepsilon_i > 0$。这可能提高该城市警察人均支出 POL_i，因此，我们可以预期 $E(\mathrm{POL}_i \varepsilon_i \mid \tilde{x}_i) > 0$，因此

$$E(\mathrm{POL}_i \varepsilon_i) > 0$$

我们称其为联立方程偏误，我们的回归只是系统中的某一个方程，在其他方程中，POL_i 由包括 CR_i 在内的各种因素决定。

（2）消费函数。假设实际人均消费 CONS_t 取决于人均可支配收入 INC_t，我们使用时间序列数据来进行估计：

$$\mathrm{CONS}_t = \beta_0 + \beta_1 \mathrm{INC}_t + \tilde{x}_i' \gamma + \varepsilon_i$$

其中，$\tilde{x}_i$ 包括财富值和利率。我们感兴趣的系数是 β_1，即可支配收入的边际消费倾向。当然，在这个静态公式中可能存在序列相关性，可以通过添加动态变量等进行处理，为简单起见，此处我们不考虑序列相关性。

同样，INC_t 和 CONS_t 之间也可能存在联立性问题，因此 INC_t 是内生的。假设第 t 期的消费高于其他情况下的消费水平，比如由于消费者偏好的转变或对未来经济状况的乐观预测等，使得 $\varepsilon_i > 0$。由于 $\varepsilon_i > 0$ 导致的较高的 CONS_t 很可能与 INC_t 的变化有关，这么是由于凯恩斯需求效应[①]，要么是由于工资和利率的变化（或两者兼有）。如果需求侧这一渠道很重要，那么我们会得到：

$$E(\mathrm{INC}_t \varepsilon_t) > 0$$

估计某种商品的需求函数时，用需求量对价格和其他变量进行回归，我们需要意识到，在大多数应用中价格是内生的（数量和价格同时由供需函数决定）。

（3）选择偏误。当自变量是二分变量，即只有两个取值，联立方程偏误有时被称为"选择偏误"。例如，一个人最近是否去过医院对于其健康状况 y_i 的影响的横截面回归为

$$y_i = \beta_0 + \beta_1 D_i + \varepsilon_i$$

其中，D_i 是一个虚拟变量，如果此人在医院接受过治疗，则 $D_i = 1$；否则取值为 0。如

---

① 凯恩斯需求效应：指通过在公债管理上调整公债的利息率和影响其供求状况来影响金融市场利率升降，从而对经济施加扩张性或抑制性影响。

果我们将系数 β_1 解释为去过医院对健康状况的影响,那么最小二乘估计量表示为 $b_1=\bar{y}_1-\bar{y}_0$,即平均结果的差异。如果 $E(D_i\varepsilon_i)<0$,这一结果将向下偏移,这是因为身体健康状况较差的人,即 $\varepsilon_i<0$,更有可能在医院接受过治疗。总之,在这个例子里,去医院的人这一"选择"不是随机的。

3. 解释变量的测量误差

被解释变量 y 的测量误差不会造成问题,因为该测量误差是 ε 的一部分,且与解释变量 x 不相关。但是,x 的测量误差确实会导致一些问题。考虑一个简单的回归模型:

$$y_i=x_i^*\beta+u_i$$

其中,x_i^* 是外生的,并且满足所有标准假设。为简单起见,我们假设不存在截距项。然而,假设我们没有观测到 x^*,而是用错误地方式衡量它:

$$x_i=x_i^*+v_i$$

其中,$v_i\sim \text{iid}(0,\sigma_v^2)$,并且 v_i 与 x_i^* 和 u_i 无关,因此是纯测量误差。假设我们没有关于 x_i^* 的数据,所以我们进行以下回归:

$$y_i=x_i\beta+\varepsilon_i$$

其中,ε_i 是不可观测的随机干扰项。因为

$$y_i=(x_i-v_i)\beta+u_i=x_i\beta+(u_i-\beta v_i)$$

则

$$\varepsilon_i=u_i-\beta v_i$$

因此,在 x_i 和 ε_i 中都存在测量误差的情况下,

$$Ex_i\varepsilon_i=E\big[(x_i^*+v_i)(u_i-\beta v_i)\big]=-\beta\sigma_v^2$$

如果 $\beta>0$,则 $Ex_i\varepsilon_i<0$;如果 $\beta<0$,则 $Ex_i\varepsilon_i>0$。最小二乘估计量被称为"衰减的",这类由于测量误差导致的偏误被称为"衰减偏误"。

以上是 x_i 和 ε_i 之间存在相关性的三种经典情况,这会导致有偏和不一致的估计量。当 $Ex_i\varepsilon_i\neq 0$ 时,我们通常会称该解释变量是"内生的",尽管可能在联立方程的情况下这个词的使用会更自然一些。如果有合适的变量,有一种方法可以处理 x_i 和 ε_i 之间的相关性,被称为工具变量法。

7.2　工具变量法

考虑以下估计模型：

$$y = \beta_0 + \beta_1 x_1 + \cdots + \beta_k x_k + \varepsilon$$

其中，$\text{cov}(x_1, \varepsilon) = \cdots = \text{cov}(x_{k-1}, \varepsilon) = 0$，$\text{cov}(x_k, \varepsilon) \neq 0$。我们是否会得到 β_k 的一致估计？显然不会。只有当 x_k 与所有其他 x_i，$i \neq k$ 不相关时，我们才能获得其他 β 的一致估计。工具变量为这个问题提供了一个潜在的解决方案。对于工具变量的理解，我们可以将 x_k 视为具有"好"和"坏"的变化：好的变化与 ε 无关，不好的变化与 ε 相关。

一个工具变量（我们称之为 z）是一个用于解释 x_k 的变化，但不解释 y 的变量。也就是说，它只解释 x_k 中的"好"变化。可以使用工具变量提取"好"变化，并仅用该部分替换 x_k。这种依赖于额外变量解决内生性的方法，被称为工具变量法（Instrumental Variables，IV）。工具变量与误差项 ε_i 不相关，但与解释变量 x_i 相关。模型为

$$y = X\beta + \varepsilon$$

即

$$y_i = x'_i \beta + \varepsilon_i, \ i = 1, \cdots, n$$

其中，X 是 $n \times K$ 矩阵，我们现在允许 $E x_i \varepsilon_i \neq 0$。假设有关于 K 个变量的数据为

$$\underset{n \times K}{Z} = \begin{pmatrix} z'_1 \\ \vdots \\ z'_n \end{pmatrix}$$

这些变量都是外生的。如果 X 中的某些变量是外生的，则这些变量包含在 Z 中。我们要求 Z 满足以下条件：

$$E z_i \varepsilon_i = 0, \ \frac{1}{n} Z'\varepsilon = \frac{1}{n} \sum_{i=1}^{n} z_i \varepsilon_i \overset{p}{\longrightarrow} 0$$

$$\frac{1}{n} Z'X = \frac{1}{n} \sum_{i=1}^{n} z_i x'_i \overset{p}{\longrightarrow} Q_{zx}, \ \text{n.s.}$$

$$\frac{1}{n} Z'Z = \frac{1}{n} \sum_{i=1}^{n} z_i z'_i \overset{p}{\longrightarrow} Q_{zz}, \ \text{p.d.}$$

这些条件的解释如下：① 第一个条件表明工具变量必须是外生的或是前定变量，因为它们与误差项不相关；② 第二个条件是工具变量应当与 X 相关。如果 X 包含一个截距项，则该条件意味着 z_i 和 x_i 之间的 $K \times K$ 渐近方差-协方差矩阵是非正定矩阵，例如，如果 Z 中的一个变量与 X 中的每个变量都不相关，那么就违反了这个条件；③ 第三个条件是 LS 中满秩条件的类比，即 K 个工具变量不能渐近线性相关，这个条件是应用中心极限定理（Central Limit Theorem，CLT）所必需的。直观地说，如果满足上述三个条件，那么 IV 可用于分离出 X 的变化中与 ε 不相关的那部分，并检验 X 中这部分变化如何影响 Y。

工具变量必须满足两个条件：相关性条件与排除条件。这两个条件是什么？我们能否检验它们是否得到满足？为了说明这些问题，让我们从最简单的情况开始，其中我们有一个工具 z，用于解决内生性问题的解释变量 x_k。

（1）相关性条件。在以下模型中：

$$x_k = \alpha_0 + \alpha_1 x_1 + \cdots + \alpha_{k-1} x_{k-1} + \gamma z + \upsilon$$

如果 $\gamma \neq 0$，则 z 满足相关性条件。这意味着什么？在控制了原始模型中所有其他回归变量的影响之后，z 与存在问题的解释变量 x_k 有关。这意味着相关性条件比较容易进行检验。只须在控制所有其他 x 后进行 x_k 对 z 的回归，判断 z 是否能够解释 x_k，这就是 IV 估计的"第一阶段"。

（2）排除条件。在原始模型中：

$$y = \beta_0 + \beta_1 x_1 + \cdots + \beta_k x_k + \varepsilon$$

如果 $\mathrm{cov}(z, \varepsilon) = 0$，则 z 满足排除条件。这意味着什么？z 与扰动项 ε 不相关，即在控制 x 后 z 对 y 没有解释能力。排除限制不能检验，因为扰动项 ε 是不可观测的。我们必须找到一个令人信服的经济金融理论作为论据，去论证工具变量为什么没有违反排除限制。许多人试图用下面的论点来支持排除条件，估计以下回归：

$$y = \beta_0 + \beta_1 x_1 + \cdots + \beta_k x_k + \gamma z + \varepsilon$$

如果 $\gamma = 0$，则排除条件可能成立。也就是说，在以控制其他自变量为条件后，z 并不能解释 y。这种方法的错误在于，如果原始回归没有给出一致的估计量，那么这个加入 z 之后的回归模型也不会给出。因为 $\mathrm{cov}(x_k, u) \neq 0$，所以 γ 的估计值仍然有偏误。此外，如果我们认为相关性条件是满足的，那么 z 的系数肯定是有偏误的，因为 z 与 x_k 相关。

什么是一个好工具变量？必须根据经济理论来证明其合理性。相关性条件可以在统计上进行检验,但统计上无法检验排除条件。我们应该有一个经济论据来解释为什么 z 只是通过它对 x 的影响解释了 y。

如上所述,X 中的某些变量可能是外生的或是前定变量,这些变量将包含在 Z 中。Stata 要求分别列出这两种类型的回归变量,即对于 X,要分别列出外生的自变量和内生的回归变量,然后在 Z 中单独列出作为内生回归的 IV。Stata 中的工具变量法是通过使用 ivregress 命令和 2SLS 估计完成的。

如果 Z 中的外生变量 z_k 作为 X 中一个或多个内生变量的工具变量,则它不能也包含在 X 中,这被称为排除性限制(Exclusion Restriction)。对于一个 IV 估计来说,我们需要使得在 Z 中而不在 X 中的外生变量的数量等于 X 中内生变量的数量。

IV 估计量由以下公式得出:

$$b_{\mathrm{IV}} = (Z'X)^{-1}Z'y$$

很容易可以得出 b_{IV} 满足一致性,我们有

$$b_{\mathrm{IV}} = (Z'X)^{-1}Z'(X\beta + \varepsilon) = \beta + (Z'X)^{-1}Z'\varepsilon$$

因此

$$b_{\mathrm{IV}} = \beta + \left[\frac{1}{n}Z'X\right]^{-1}\left[\frac{1}{n}Z'\varepsilon\right] \xrightarrow{p} \beta + Q_{zx}^{-1} \cdot 0 = \beta$$

在恰当的假设下,b_{IV} 也是渐近正态的,具有易于估计的方差-协方差矩阵。例如,如果我们假设有一个随机样本,$(x_i', z_i', \varepsilon_i)$ 满足独立同分布和条件同方差,那么

$$E(\varepsilon\varepsilon' \mid Z) = \sigma^2 I$$

因此

$$\sqrt{n}(b_{\mathrm{IV}} - \beta) \xrightarrow{d} N(0, \sigma^2 Q_{zx}^{-1} Q_{zz} Q_{zx}'^{-1})$$

因此

$$b_{\mathrm{IV}} \overset{a}{\sim} N[\beta, S^2(Z'X)^{-1}(Z'Z)(X'Z)^{-1}]$$

其中

$$S^2 = \frac{(y - Xb_{\mathrm{IV}})'(y - Xb_{\mathrm{IV}})}{n - K} = \frac{1}{n - K}\sum_{i=1}^{n}(y_i - x_i'b_{\mathrm{IV}})^2$$

S^2 是 σ^2 的一致估计量。该近似分布可用于使用 Wald 检验执行渐近有效的统计推断(假设检验和置信区间)。

例 7.1 假设使用时间序列数据估计的一个简单凯恩斯消费函数模型为

$$\text{CONS}_t = \alpha + \beta \text{INC}_t + \varepsilon_t$$

为简单起见,我们省略了除 INC 之外的其他解释变量。工具变量可以为

$$\text{GM}_t = \text{实际军费开支(Real Military Spending)}$$

这看起来是一个有效的工具变量,因为至少在短期内,政府支出中的这一部分,不太可能因经济形势的变化而发生变化,同时,因为它很可能与 INC 相关,GM 的变化可能会导致收入的变化。所以 $X = (\iota, \text{INC})$,$Z = (\iota, \text{GM})$。

假设我们已经对所有变量进行去均值化,因此模型中不包括截距。可得

$$y_t = \text{CONS}_t - \overline{\text{CONS}}, \ x_t = \text{INC}_t - \overline{\text{INC}}, \ z_t = \text{GM}_t - \overline{\text{GM}}$$

那么使用 z 作为工具变量的 IV 估计量为

$$b_{\text{IV}} = \frac{\sum_{t=1}^{T} z_t y_t}{\sum_{t=1}^{T} z_t x_t} = \frac{\widehat{\text{cov}}(y, z)}{\widehat{\text{cov}}(x, z)}$$

直观地说,这个估计量相当于一个外生改变 z,并进一步检验 x 和 y 的变化,然后通过查看 y 和 x 与 z 的协方差的相对大小来估计参数 β。进一步转换有

$$b_{\text{IV}} = \frac{\sum_{t=1}^{T} z_t y_t \bigg/ \sum_{t=1}^{T} z_t^2}{\sum_{t=1}^{T} z_t x_t \bigg/ \sum_{t=1}^{T} z_t^2} = \frac{b_{yz}}{b_{xz}}$$

其中,b_{yz} 是 y 对 z 回归的估计系数,b_{xz} 是 x 对 z 回归的估计系数。因为 z 是外生的,所以 b_{yz} 是 $\text{d}y/\text{d}z$ 的一致估计量,即 z 对 y 的因果效应。类似地,b_{xz} 是 $\text{d}x/\text{d}z$ 的一致估计量,即 z 对 x 的因果效应。如果满足排除性限制,则 z 不会直接影响 y,而是仅通过 x 影响,则可得 $\text{d}y/\text{d}z = (\text{d}y/\text{d}x)(\text{d}x/\text{d}z)$,$\beta = \text{d}y/\text{d}x$,$x$ 对 y 的因果效应,由下式给出:

$$\beta = \frac{\text{d}y/\text{d}z}{\text{d}x/\text{d}z}$$

因此,可以从 b_{yz}/b_{xz} 获得 β 的一致估计。估计量 b_{yz} 被称为 IV 对因变量的影响的简约式估计量(Reduced Form)。估计量 b_{xz} 通常被称为 IV 对自变量的第一阶段估计

量。本质上,这是一个包括外生变量 z 在内的因果链: $z \rightarrow x \rightarrow y$。外生变量 z 对 y 的影响首先作用于独立变量 x,然后通过 x 作用于因变量 y。通过简约式估计量除以第一阶段估计量,可以得到 x 对 y 的因果影响的一致估计。

例 7.2　IV 的一个早期应用是弗里德曼(Friedman)的持久收入假说(Permanent Income Hypothesis,PIH)。根据他的理论,家庭消费由下式得到:

$$c_i = \beta \tilde{x}_i + u_i$$

其中,$\tilde{x}_i$ 是持久收入,指消费者可以预计到的长期收入。我们无法对 $\tilde{x}_i$ 进行观测,但是可以对实际收入进行观测,由于短期冲击 v_i 会产生一定的偏离,因此

$$x_i = \tilde{x}_i + v_i$$

回归方程为

$$c_i = \beta x_i + \varepsilon_i$$

由于存在测量误差 $\varepsilon_i = u_i - \beta v_i$,则 x_i 和 ε_i 之间存在相关性。利维坦(Liviatan)(1963)连续两年收集了 883 个家庭的数据,则

$$c_{it}, \ x_{it}, \ t = 1, 2$$

如果对 x_{it} 的短期冲击在不同年份之间不相关,则 x_2 可以用作第一年回归的 IV(反之亦然)。例如,第一年的估计量为

$$b_{\text{IV}} = (x_2' x_1)^{-1} x_2' c_1$$

其中,每个向量表示特定年份中特定变量的观测值。在利维坦的估计中,截距也包括在内。

利维坦发现在大多数情况下(他还将样本进行了分组),估计的边际消费倾向 β 随着 IV 的增加而增加,正如持久收入假设 PIH 所预测的那样。然而,在这些模型中,截距项通常是正的,这一点与弗里德曼的持久收入假设不一致。

例 7.3　斯托克和沃森提出了一个估计香烟需求的模型。香烟需求的弹性一直是一个颇受关注的政策问题,因为吸烟会对人们的健康产生不利影响。人们经常公开讨论的一个问题是,是否有可能通过提高税收等方式提高香烟价格来劝阻人们吸烟。为了评估这一政策的有效性,我们需要知道香烟的需求弹性。然而很明显的是,我们不能指望通过香烟销售量对香烟价格的 LS 回归来回答这个问题,因为价格部分是内

生的,会导致联立方程偏误。香烟需求曲线的任何移动都可能导致销售量和价格的增加。

在斯托克和沃森的例子中,他们使用了 1995 年美国 48 个本土州的数据。他们提出的工具变量是销售税,即一包香烟的税收中来自销售税的部分。这个工具变量看起来是外生的:各州的销售税差异很大,因为不同的州会选择不同的销售税、个人所得税、企业税、财产税和其他税的组合,这主要是由与香烟需求无关的其他政治原因导致的。变量明显也是与因变量相关的,因为更高的销售税会导致更高的香烟税后价格(相关性很容易在数据中得到验证)。

IV 估计的结果是:

$$\ln(Q_i^{\text{cig}}) = 9.72 - \underset{(0.32)}{1.08}\ln(P_i^{\text{cig}})$$

这表明对香烟的需求接近单位弹性,也许比大多数人预期的要高。如果将人均实际收入作为回归变量(视为外生变量),结果不会有很大变化:

$$\ln(Q_i^{\text{cig}}) = 9.43 - \underset{(0.37)}{1.14}\ln(P_i^{\text{cig}}) + \underset{(0.25)}{0.28}\ln(\ln c_i)$$

斯托克和沃森也使用面板数据进行了回归面板数据,他们发现在 1985 年至 1995 年间使用 IV 来估计变量(包括 IV)变化的差异回归时,得到了非常相似的结果。

例 7.4 这一例子来自安格里斯特和克鲁格(1991),他们使用工具变量来探究学校教育对收入的影响。显然,一个人接受的学校教育是内生的。也就是说,它是由影响收入的因素部分决定的。一个好的 IV 是外生的,即与其他决定收入的因素不相关,但同时对自变量有显著的影响。好的 IV 通常来自专业知识的积累,包括该研究领域的权威信息,以及对变量影响渠道的理解。

安格里斯特和克鲁格的研究基于美国大多数州要求学生在六岁那年入学的政策。因此,在一年中较晚的月份出生的学生比一年中较早月份出生的学生更早开始上学。此外,义务教育法通常要求学生在学校受教育直到 16 岁,因此一年中不同时间出生的学生强制受教育的时间长度不同。这是一个自然实验。安格里斯特和克鲁格使用 1980 年人口普查数据对 20 世纪 30 年代出生的男性进行调查。方法是使用出生季度作为工具变量。数据表明,出生的季度与受教育年限有关。也就是说,IV 和自变量之间的关系在数据中是明确的。

可能存在偏误的 LS 估计为:

$$Y = \underset{0.0004}{0.071}S + 出生年份变量 + 出生所在州变量$$

其中，$Y=$ 周收入的对数，$S=$ 受教育年限，样本数量为 329 509。括号中为稳健标准误。需要注意的是，回归中我们还包括额外的外生变量，以控制可能会影响 Y 的其他因素。

使用第一季度出生的虚拟变量作为工具变量的 IV 估计结果如下：

$$Y=\underset{0.026}{0.104}S+出生年份变量+出生所在州变量$$

$$IV: QOB=1$$

因此，IV 估计量表明，学校教育对收入影响的 LS 估计主要不是由能力或家庭背景等这些遗漏变量驱动的。尽管通常 IV 估计量的 SEs 更大，但使用 IV 的点估计实际上比 LS 要大一些。

在这个 IV 估计中只使用了一个 IV，即判断是否为第一季度出生的虚拟变量。如果使用两阶段最小二乘法，我们还可以使用另外两个 QOB 虚拟变量作为附加 IV，这将在下一节讨论。

例 7.5　安格里斯特等（AER，2010）做了一个关于 KIPP（Knowledge is Power Program)特许学校和考试成绩的研究。KIPP 特许学校提供服务的学生中 95％为黑人和西班牙裔。与不在 KIPP 的同等学生相比，他们似乎在标准化考试中获得的分数更高。但这可能是因为最终进入 KIPP 学校的学生虽然与普通人群相比处于劣势，但他们的学习积极性比没有进入 KIPP 学校的学生更高。也就是说，KIPP 学校的学生取得的优异成绩可能是选择偏误的结果。

新英格兰的第一所 KIPP 学校位于马萨诸塞州林恩市，该学校在 2005 年 8 月申请人数超额。因此该学校通过抽签方式决定录取名单，这就提供了一个准实验环境可用于检验就读于 KIPP 学校是否提高了学生的考试成绩。然而，一个重要的复杂因素是，并非所有获得抽签录取资格的学生都决定到 KIPP 学校就读，有一些选择去其他学校，还有一些没有获得抽签录取资格的学生通过其他方式也进入了 KIPP 学校。尽管如此，KIPP 学校的录取名额确实是随机的，因此是外生的。这意味着成为获得录取资格的学生满足 IV 的关键外生性假设。此外，获得抽签录取与是否就读 KIPP 学校密切相关，这是其用作 IV 的另一个关键条件。安格里斯特等收集到获得抽签录取学生和没有获得抽签录取学生的检验分数结果，这使他们能够去估计就读于 KIPP 对考试成绩的因果影响。

他们的模型采取以下形式：

$$y_{igt}=controls+\rho s_{igt}+\varepsilon_{igt}$$

其中，y_{igt} 表示学生 i 在 t 年在 g 年级的考试分数，s_{igt} 是学生截至在考试日期在林恩市 KIPP 学校度过的时间(年)。我们感兴趣的因果效应是 ρ。控制变量包括测验年份和测验年级，以及人口统计学变量等。包含这些控制变量是必要的，因为抽签获得录取机会的概率因年份而异，因年级而异。这些变量也控制了不同程度的人数变动(退出该私立学校或离开本州)。因为担心 s_{igt} 是内生的，所以使用 Z_i 作为工具变量，即学生 i 是否获得抽签录取资格这个虚拟变量。

对于数学分数，系数估计结果很大且在统计学上显著。数学分数($N=856$)的基准回归结果如表 7-1 所示。

表 7-1　数学分数的基准回归结果

	第一阶段	简约式	IV
估计值	1.222	0.431	0.353
	(0.066)	(0.116)	(0.095)

注意，IV 估计量是简约式效应与第一阶段效应的比值。因变量是根据总体得分的一个标准差 σ 来衡量的。IV 估计结果显示 KIPP 学校学生的数学分数每年增加约 0.35σ。这些结果在统计上和经济意义上都是显著的。

工具变量在实际使用中可能会存在一些问题，首先是弱工具变量问题。如果 Q_{zx} 是奇异矩阵，则 IV 假设之一失效，b_{IV} 不再满足不一致性要求。如果 Q_{zx} 是近似奇异矩阵，那么从大样本结果可以看出，标准误可能非常大。与自变量相关性非常小的工具变量被称为弱工具变量。当存在弱工具变量时，渐近分布可能是实际小样本分布的非常差的近似。

弱工具指工具变量不能很好地解释有问题的回归量的变化。如果工具变量是弱工具变量时，工具变量将是一个一致但有偏的估计量。对于任何有限数量的观测值 N，IV 估计量为有偏误的 OLS 估计量。但是，当 N 接近无穷大时，IV 估计量收敛于真实系数。IV 的这一特征引发了我们所说的弱工具变量问题。

为什么这是一个问题？当工具变量较弱时，估计量的小样本偏误较大，即我们使用有限样本，可能会产生误导，而且有限样本中的 t 统计量也可能是错误的。弱工具变量偏误可能很严重，根据哈恩(Hahn)和豪斯曼(Hausman)的研究，2SLS 的有限样本偏误为

$$\frac{j\rho(1-r^2)}{Nr^2}$$

其中，j 是工具变量的数量，ρ 是 x_k 和 ε 之间的相关性，r^2 是来自第一阶段回归的 R^2，N 是样本数量。更多的工具变量 j 有助于增加 r^2，但如果它们很弱，即增加 r^2 较少，它们仍然可以增加有限样本偏误。同时，即使样本 N 很大，第一阶段的解释力低也会导致较大的偏误。

检测弱工具变量。当工具变量和有问题的回归量之间的协方差较低时，回归方程估计将获得较大的标准误。在单一内生回归变量的情况下，可以通过 Z 对内生变量的回归（第一阶段回归）来检验弱工具变量，即第一阶段回归的 F 统计量越高越好。对于所有斜率系数都为零的检验，斯托克（Stock）、莱特（Wright）和约戈（Yogo）（2002）发现，如果 F 统计量小于 10，则被认为是弱工具变量。

如果存在多个有问题的回归量，如以下情况：

$$y = \beta_0 + \beta_1 x_1 + \cdots + \beta_k x_k + \varepsilon$$

其中，$\mathrm{cov}(x_1, \varepsilon) = \cdots = \mathrm{cov}(x_{k-2}, \varepsilon) = 0$，但 $\mathrm{cov}(x_{k-1}, \varepsilon) \neq 0$，$\mathrm{cov}(x_k, \varepsilon) \neq 0$。那么我们有两个有问题的回归量：$x_{k-1}$ 和 x_k，则 IV 也可以解决这个问题。每个有问题的回归量只需要相对应的一个 IV，例如 z_1 和 z_2。然后，以类似的方式估计 2SLS。即在所有其他 x（x_{k-1} 除外）和两种工具 z_1 和 z_2 上，回归 x_k，并且在所有其他 x（x_k 除外）和两种工具 z_1 和 z_2 上，回归 x_{k-1}，并获取预测值 $\hat{x}_k$ 和 $\hat{x}_{k-1}$，接着执行第二阶段。所以，我们至少需要比有问题的回归变量更多的工具变量 IV，以确保预测值不与无问题的 x 共线。如果 IV 的数量与有问题的 x 的数量匹配，则模型称为"恰好识别（Just Identified）"。

"过度识别"问题。实际应用中，还可以具有比有问题的回归变量更多的 IV 的模型，称为"过度识别"（overidentified）模型。例如，m 个工具变量表示 h 个有问题的回归变量，其中 $m > h$，这就是我们所说的过度识别模型。过度识别的模型条件非常相似，排除限制仍然是没有一个工具与 ε 相关。相关性条件是每个第一阶段（将有 h 个）必须至少有一个系数非零的工具变量，而且在 m 个工具变量中，必须至少有 h 个与有问题的回归量部分相关。否则，模型无法被识别。例如，我们不能只有一个与所有有问题的回归量相关的 IV，而其他 IV 都不相关。过度识别模型的优势在于假设满足相关性和排除条件，我们将获得更多 IV 的渐近效率，即可以从估计的第一阶段提取更多"好"变化。

过度识别困境。有时，我们不仅会发现 h 个有问题的回归量的 m 个工具变量，而

且 $m > h$。为什么我们不想使用 $(m-h)$ 个额外的工具变量呢？正如我们之前所看到的,弱工具变量将增加有限样本偏误和误导性推论的可能性。如果有一个非常好的 IV,添加一些额外的(不太好的)IV 需要比较谨慎。

过度识别"检验"。当模型被过度识别时,我们可以"检验"IV 的质量。检验的逻辑是如果所有 IV 都有效,那么我们可以使用 IV 的任何子集获得一致的估计值。因此,我们比较来自不同子集的 IV 估计值。如果发现它们是相似,这表明 IV 是有效的。但是,不能认为如果模型通过了"过度识别检验",IV 肯定没问题。这种逻辑有什么问题？因为所有的 IV 都可能是"不好的"。过度识别"检验"隐晦地假设工具的某些子集是有效的,而事实可能并非如此。如果所有的 IV 都是非常值得怀疑的,因为它们缺乏令人信服的经济论据,那么没有检验证明 IV 是有效的统计方法,只能用经济理论来说明 IV 满足排除限制。当然,尝试对 IV 的有效性进行一些检查是有用的。例如,我们可以证明 IV 与其他无问题的回归变量或与之前的 y 不相关,这可能有助于支持经济论点,即 IV 与其他原因的结果 y 无关。

7.3 两阶段最小二乘法

如果我们已经找到了一个好的工具变量,应该如何估计？工具变量 IV 的估计是分两步完成的。第一步,对于其他的 x' 和 z,回归 x_k；第二步,在原始的模型中采用第一阶段预测的 $\hat{x}_k$ 进行估计,而不是 x_k。这就是为什么我们也将 IV 估计称为两阶段最小二乘法(2SLS)。两阶段最小二乘法的第一阶段估计模型为

$$x_k = \alpha_0 + \alpha_1 x_1 + \cdots + \alpha_{k-1} x_{k-1} + \gamma z + \upsilon$$

第一阶段的目标是估计 γ,并计算预测值 $\hat{x}_k$,其中

$$\hat{x}_k = \hat{\alpha}_0 + \hat{\alpha}_1 x_1 + \cdots + \hat{\alpha}_{k-1} x_{k-1} + \hat{\gamma} z$$

2SLS 的第二阶段使用预测值进行估计,将预测值替换有问题的回归量:

$$y = \beta_0 + \beta_1 x_1 + \cdots + \beta_k \hat{x}_k + \varepsilon$$

可以证明,当同时满足相关性和排除条件时,这个 2SLS 估计产生了对所有 β 的一致估计。

对于两阶段最小二乘法(Two-Stage Least Squaresregression, 2SLS)的理解是预测值 $\hat{x}_k$ 表示原始自变量 x_k 的"好"变化,因为它仅由与 ε 无关的因素驱动。具体而

言,预测值是与 ε 不相关的变量的线性函数。而且,在第一步我们需要工具变量 z 参与估计,不能只使用其他 x 来生成预测值,因为在第二步,预测值将是共线的。

简化形式的估计。"简化形式"估计是当我们直接进行 y 对工具变量 z 和其他无问题 x 的回归时:

$$y = \beta_0 + \beta_1 x_1 + \cdots + \beta_{k-1} x_{k-1} + \delta z + \varepsilon$$

它是通过 z 对 x_k 的影响实现 z 对 y 影响的无偏且一致的估计。

可以看出,x_k 的 IV 估计值为

$$\hat{\beta}_k^{IV} = \frac{\hat{\delta}}{\hat{\gamma}}$$

也就是说,在简化的形式中,如果我们没有发现 z 对 y 的影响,那么 IV 不太可能起作用。工具变量两阶段最小二乘法估计只是简化的形式的加强版本。

假设我们有 $L > K$ 个工具变量 Z 满足关键条件:

$$\frac{1}{n} Z'\varepsilon \xrightarrow{p} 0$$

我们不能得到估计量 $(Z'X)^{-1}Z'y$,因为 $Z'X$ 不是方块矩阵。一种方式是从 Z 中任意选择 K 个作为 IV,也可以利用全部变量得到更有效的 IV,这被称为"两阶段最小二乘法"(2SLS)。该方法首先形成 X 在 Z 的列空间上的投影:

$$\hat{X} = Z(Z'Z)^{-1}Z'X$$

有

$$\hat{X} = Z(Z'Z)^{-1}Z'(x_1, x_2, \cdots, x_k)$$

因此

$$\hat{X} = (\hat{x}_1, \hat{x}_2, \cdots, \hat{x}_k), \quad \hat{x}_k = Z(Z'Z)^{-1}Z'x_k$$

也就是说,$\hat{X}$ 的每一列 $\hat{x}_k$ 由 Z 上相应的列 x_k 的 LS 回归的拟合得到。很容易验证工具变量的关键条件为

$$\frac{1}{n} \hat{X}'\varepsilon \xrightarrow{p} 0$$

这一条件是被满足的。然后将 $\hat{X}$ 中的 K 个变量用作 IV。得到的 2SLS 估计量为

$$b_{IV} = (X'X)^{-1}X'y$$

或等价于

$$b_{IV} = [X'Z(Z'Z)^{-1}Z'X]^{-1}X'Z(Z'Z)^{-1}Z'y$$

由于 b_{IV} 是 IV 估计量,因此在适当的假设下,它是一致且渐近正态的。还可以证明 2SLS 估计量是有效的,因为它的渐近协方差矩阵至少与任何其他基于 Z 的 IV 估计量一样小。公式 $b_{IV} = (\hat{X}'X)^{-1}\hat{X}'y$ 强调了通过 2SLS 得到 IV 估计量的意义。我们能得到:

$$b_{IV} = (\hat{X}'\hat{X})^{-1}\hat{X}'y$$

这一点很容易证明,因为 $\hat{X}'\hat{X} = \hat{X}'X$。因此 b_{IV} 也是通过 y 对 $\hat{X}$ 回归获得的,这就是为什么将估计量称为两阶段最小二乘的原因。

要使用 Stata 进行 IV 或 2SLS 模型估计,点击"统计、内生协变量(statistics, endogenous covariates)"并选择"单一方程工具变量回归(single equation instrumental-variables regression)",会得到"ivregress"对话框。在"模型(model)"选项卡下,可以照常列出因变量 y 和外生自变量 x。另外,还要分别列出内生自变量和工具变量,不包括外生自变量。估计方法选择"两阶段最小二乘法(2SLS)"。在"SE/robust"选项卡下,通常的标准误被称为"默认标准误(Default SEs)"。对于纽威-韦斯特标准误(Newey-West SEs),选择"HAC with the Bartlet kernel"。

需要注意的是不要自己手动做两个阶段估计,一般通过相关的软件来做。例如,在 Stata 中,使用 IVREG 或 XTIVREG(用于面板数据)命令。如果我们手动做两个阶段估计,通常存在三种错误:① 标准误是错误的;② 第一阶段中使用非线性模型;③ 错误地使用拟合值。

如果我们尝试自己做 2SLS,为什么标准误会出错?因为第二阶段使用具有自身估计误差的"估计"值。在计算标准误时,需要考虑误差。在"第二阶段"工具变量回归中使用来自非线性模型的预测值,例如 Probit 或 Logit。但是,只有第一阶段的线性 OLS 才能保证第二阶段的协变量和拟合值将与误差不相关。第一阶段非线性模型的这种方法将导致回归估计系数不一致,这就是我们所说的"禁止回归"。

在具有二次项的模型中,例如 $y = \beta_0 + \beta_1 x + \beta_2 x^2 + \varepsilon$,如果使用一个工具变量 z 计算一个拟合值,然后将 $\hat{x}$, $\hat{x}^2$ 带入第二阶段。这样看起来很直观,但会导致估计值不一致。我们应该使用 z 和 z^2 作为 IV。总之,如果我们在进行 IV 二阶段估计时发现手动带入了拟合值,则可能容易带来错误。让软件完成估计,因为它会避免此类错误发生。

　　所有没有问题的控制变量 x 都需要包含在第一阶段,如果不这样做,就不会得到一致的参数估计,包括例如公司固定效应和年份固定效应。让统计软件进行 2SLS 估算的另一个好处是软件始终报告第一阶段的结果和 R^2。这样做有两个很好的理由:第一,这是对相关性条件的直接检验,也就是说,我们需要看到 $\gamma \neq 0$;第二,它帮助我们确定是否存在弱工具变量问题。

例 7.6　在安格里斯特和克鲁格通过使用"第一季度出生"这一工具变量来估计学校教育对收入的影响,也可以使用三个 QOB 虚拟变量(不是四个,否则会与截距完全共线)。使用全部三个 IV 的 2SLS 结果为

$$Y = \underset{0.020}{0.108}S + 出生年份变量 + 出生所在州变量$$
$$IV: QOB = 1,\ QOB = 2,\ QOB = 3$$

估计系数的大小略有增加,系数的标准误降低。说明使用 2SLS 估计出的影响效果比 LS 略大。根据回归结果,学校教育对收入的影响很大:学校教育每增加一年会使收入增加约 10%。LS 估计量似乎没有向上的偏误。

　　与许多"自然"实验一样,我们需要关注结果的"外部有效性"。我们可以识别出义务教育法导致的学校教育的外生变化,但它仅影响部分学生群体,因此结果可能无法推广到不受义务教育法律约束的学生群体[①]。

例 7.7　格林尼在书中提出了一个劳动力供应模型:

$$Wks_{it} = \gamma_1 + \gamma_2 \ln Wage_{it} + \gamma_3 Ed_i + \gamma_4 Union_{it} + \gamma_5 Fem_i + u_{it}$$

这些数据来自 1976 年至 1982 年期间的家庭户主的面板数据。Wks＝工作周数,Wage＝工资,Ed＝教育年限,如果工资在工会合同中规定,则 Union＝1,如果没有在工会合同中规定,则为 0,如果户主为女性,则 Fem＝1,反之为 0。尽管数据是从面板中提取的,但为了简单起见,格林尼将所有数据汇集在一起使用两阶段最小二乘法(即不使用面板数据结构)。首先一个问题是在均衡状态下,工资是由供求关系决定的,因此 $\ln Wage_{it}$ 和 u_{it} 可能是负相关的。在均衡状态下更高的劳动力供给冲击 u_{it} 往往会降低工资水平。格林尼给出了基于 LS 的估计和使用 IVs(2SLS)得到的估计,工具变量集为

---

　　① 换句话说,有一个隐含的假设,即 S 的系数对所有人都是一样的,正是这个假设允许我们利用 QOB 导致的 S 的变化来估计学校教育对收入的同质影响。

$$Z = [1, \ln d_{it}, Ed_i, Union_{it}, Fem_i, SMSA_{it}]$$

其中，Ed_i，$Union_{it}$ 和 Fem_i 被视为外生变量，内生变量 $\ln Wage_{it}$ 的工具变量是 Ind 和 SMSA，其中，如果该个体在制造业工作，则 $Ind_{it} = 1$，否则为 0。如果该个体在 SMSA 工作，则 $SMSA = 1$，否则为 0。

由于工具变量比自变量要多，因此使用 2SLS。格林尼给出了如表 7 - 2 所示的结果。

表 7 - 2　格林尼使用 2SLS 给出的结果

变　量	LS 估计量	SE	IV 估计量	SE
ln Wage	0.723 6	0.197 2	3.151 8	0.857 2

γ_2 的 LS 估计远小于 IV 估计。这与我们的预期一致，因为同时确定工资和工时可能会导致工资和误差项之间存在负相关。

尽管 IV 估计量相较于 LS 估计量的差异符合我们的预期，并且看起来似乎是合理的，但我们应该注意到隐含的假设是很强的。对于 Ind 和 SMSA 来说，要提供一致且有效 IV，它们必须满足几个要求。首先，我们需要假设 Ind 和 SMSA 本身不属于劳动力供给方程的自变量（这通常称为排除性约束）。如果 Ind 和 SMSA 直接影响 Wks，那么遗漏掉它们会产生遗漏变量偏误，导致估计量的不一致性。例如，生活在大城市地区的人可能更努力工作。其次，要想通过 Ind 和 SMSA 得到有效的 IV，需要假设它们是外生的，因此它们与 u 不相关。更热爱工作（u 为正）的人可能倾向于位于大城市地区工作。与 Wage 是内生的这个核心问题相比，使用 Ind 和 SMSA 作为 IV 的这些潜在问题可被视为是次要的，因此将它们用作工具变量仍然是合理的。然而，也正是这些需要关注的问题引发了经济学家们通过准实验寻找自然实验，因为在准实验中工具变量的外生性更加显著。

7.4　检验最小二乘法的有效性

在 $E(x_i \varepsilon_i) = 0$ 下，我们可能不知道 LS 是否有效。正如前面已证明的，如果这个条件和其他标准假设都成立，那么可以得到 $X'\varepsilon = \dfrac{1}{n} \sum_{i=1}^{n} x_i \varepsilon_i \xrightarrow{p} 0$，LS 估计量 b 与渐近方差矩阵一致且渐近正态。此外，可以证明在方差更小的情况下，LS 比 IV

（或 2SLS）更有效。另一方面，如果 $E(x_i\varepsilon_i)\neq0$，则 b 不满足一致性，但 b_{IV} 满足一致性。因此，对 b 是否一致进行检验是很必要。豪斯曼和吴提出了一种检验方法，一般来说我们也会遵循这种方法，因为它相对更简单。

检验的思路是，如果 LS 有效，则 $b_{\text{IV}}-b \xrightarrow{p} 0$，因为两个估计量是一致的，因此我们检验两个估计量之间是否存在显著差异。吴的"变量相加检验（variable addition test）"是基于 b 和 b_{IV} 的不同点，即 b 使用 X 作为回归变量，而 b_{IV} 使用 $\hat{X}$ 作为回归变量。如果模型是正确的且 LS 是有效的，那么 $\hat{X}$ 在解释 y 时不应当包含额外的信息。吴的检验方法如下：令 X^* 表示在 X 中但不在 Z 中的 K^* 个变量（X^* 中变量的数量可能等于 X，但通常 X 中的某些变量被认为是外生的包含在 Z 中，因此 X^* 是内生回归变量），令 $\hat{X}^*$ 为 X^* 中的变量在 Z 上回归的拟合值，即

$$\hat{X}^* = Z(Z'Z)^{-1}Z'X^*$$

然后我们使用 LS 来估计回归模型：

$$y = X\beta + \hat{X}^*\gamma + \varepsilon^*$$

并使用标准 F 检验：

$$H_0 : \gamma = 0$$

如果 LS 有效，则此 F 统计量在大样本中的分布为 $F(K^*, n-K-K^*)$，数值过大会被拒绝。拒绝原假设表示 LS 无效，应该使用 IV。

格林尼也对劳动力供应模型进行了进一步的探究，结果表明工资的外生性不成立，因此正如我们假设的那样，LS 是无效的。

7.5　工具变量讨论

在工具变量的实际应用中，经济金融领域经常出现的情况是：具有交互作用的工具变量、使用滞后的 y 或滞后的 x 作为工具变量、使用 x 的组平均值作为 x 的工具变量、将工具变量与 FE 固定效应一起使用，以及使用具有测量误差的工具变量。

1. 具有交互作用的工具变量

假设我们要估计

$$y = \beta_0 + \beta_1 x_1 + \beta_2 x_2 + \beta_3 x_1 x_2 + \varepsilon$$

在这里假设 $\mathrm{cov}(x_1, \varepsilon)=0$，$\mathrm{cov}(x_2, \varepsilon)\neq0$。现在，$x_2$ 和 $x_1 x_2$ 都有问题。假设我们只能找到一个 IV，即 z，那么有没有办法获得一致的估计？答案是肯定的。在这种情况下，可以从一个 IV 构建其他工具，将 z 用作 x_2 的 IV，并且将 $x_1 z$ 用作 $x_1 x_2$ 的 IV。

2. 构建附加工具变量

假设要估计

$$y = \beta_0 + \beta_1 x_1 + \beta_2 x_2 + \beta_3 x_3 + \varepsilon$$

这里 $\mathrm{cov}(x_1, \varepsilon)=0$，$\mathrm{cov}(x_2, \varepsilon)\neq0$，$\mathrm{cov}(x_3, \varepsilon)\neq0$。假设只能找到一个 IV，即 z，我们认为 z 与 x_2 和 x_3 都相关，但不建议使用 z 和 z^2 作为 x_2 和 x_3 的 IV。在将 z 部分剔除后，如果 z^2 与 x_2 或 x_3 相关，则 z^2 可能不是一个好的 IV。即使它满足相关性条件，它也可能是一个"弱"工具，这可能是非常有问题的。

3. 滞后的工具变量

在经济金融领域中，使用滞后变量作为工具已变得很普遍。通常采取两种形式：使用滞后 y 在固定效应的动态面板模型中代替滞后 y；或者使用相同的滞后版本的 x 代替有问题的 x 或滞后 y。例如，正如前面所示，我们无法估计同时具有滞后因变量和未观测到的固定效应的模型。

$$y_{i,t} = \alpha + \rho y_{i,t-1} + \beta x_{i,t} + f_i + \varepsilon_{i,t}, \; |\rho| < 1$$

滞后的自变量 $y_{i,t-1}$ 将与误差 ε 相关，一个可能的解决方案是使用滞后值 $y_{i,t-2}$ 作为 IV 来表示有问题的 $y_{i,t-1}$。具体来说，一些研究建议使用一阶差分与滞后值相结合，如 $y_{i,t-2}$，作为 $y_{i,t-1}$ 的工具。这种方法在理论上是可行的，滞后变量可能满足相关性标准，但是排除限制要求滞后值与差分残差 $\varepsilon_{i,t} - \varepsilon_{i,t-1}$ 不相关。然而，这种做法在经济金融领域可能不合理。如果误差是序列相关的，则 y 的滞后值将与误差的变化相关，这在经济金融中很常见。

另一种方法是假设 $x_{i,t}$ 与 $\varepsilon_{i,t}$ 相关，相关性条件背后的想法是 x 是强序列相关的，并能预测未来的 x 或未来 y。如果我们假设 $x_{i,t}$ 与未来冲击 ε 不相关，则排除限制得到满足。然而，在经济金融中，ε 的强序列相关性非常常见，几乎保证了 IV 是无效的。

4. 使用组平均值作为 IV

估计以下方程：

$$y_{i,j} = \alpha + \beta x_{i,j} + \varepsilon_{i,j}$$

$y_{i,j}$ 是第 j 组(如行业)中观测值 i (如公司)的结果。一些研究担心 $\mathrm{cov}(x,u) \neq 0$。因此,使用群平均值 $\bar{x}_{-i,j}$ 作为 IV,得:

$$\bar{x}_{i,j} = \frac{1}{J-1} \sum_{i \in j \, k \neq i} x_{k,j}$$

这里认为 x 的群平均值可能与自己的 x 相关,即相关性条件成立。而且,组平均值不会直接影响 y,排除限制成立。这种做法有问题吗?实际上,组平均值是一个非常不好的 IV。相关条件隐晦地假设一些常见的组间异质性 f_j 与 $x_{i,j}$ 相关。但是,如果模型存在 f_j (即组固定效应),那么 $\bar{x}_{i,j}$ 肯定将违反排除限制。

5. IV 与固定效应模型

正如之前所指出的,IV 在面板估计中也很有用。IV 可以帮助识别组中不变的变量的影响,也可以帮助解决测量误差。我们可以使用以下步骤来识别组中是否存在没有变化的变量:① 估计固定效应模型;② 取组平均残差,将它们回归到变量 x' 上,这些变量在组中不会变化(即在固定效应的模型中不能估计的变量)。然而工具变量方法的第二阶段是有问题的,因为未观测到的异质性部分解释了组平均残差,未观测到的异质性仍然与 x' 共线。工具变量方法的第二阶段的问题解决方案是使用 IV。我们可以使用在组中变化的协变量作为第二步中的工具。工具变量方法的第一阶段的哪些 x 是有效的 IV?是那些不与未观测到的异质性共同变化,但与组内不可变的变量共同变化的变量。在 Stata 中可以使用 XTHTAYLOR 完成。

测量误差可能在固定效应模型中会是一个问题。IV 提供了潜在的解决方案,即找到与误判变量相关但与 ε 无关的工具 z,但这在实际操作上十分困难。识别有效工具变量需要研究人员重新了解测量误差的确切来源。这是因为干扰项 ε 将包括测量误差。因此,如果不了解测量误差,我们将无法提出一个工具 z 与测量误差不相关的经济论证。

6. 外部有效性与内部有效性

在经济金融领域中,有两个主要工具变量的限制:外部有效性与内部有效性。

内部有效性是指估计策略成功,并能揭示因果效应。如果在研究中要使用工具变量来解决模型识别问题,除了说明使用的工具变量是什么,还需要提供一个强有力的经济金融论据,说明为什么它满足必要的排除条件。不要省略关于工具变量的解释,这样做很有可能得到一个不好的工具变量。如果有一个好的工具变量,不要忘记证明为什么我们应该相信排除限制成立,太多的研究人员只谈论相关性条件,其实排除限制更为重要。

找到一个好的工具变量十分困难，即使是看似最好的工具变量也可能有问题，即使是看似好的工具变量也可能违反排除限制。例如，本内森等的论文研究了家族 CEO 继任对企业绩效的影响，文章使用长子性别作为家族 CEO 继任的 IV。他们发现第一个孩子是男孩的家庭更有可能获得家族 CEO 继任。显然，长子的性别是完全随机的，这似乎是一个很好的工具变量。然而，问题是第一胎性别可能与干扰项有关。例如，第一胎是女孩的家庭可能只有在女儿非常有天赋并且非常出色的情况下才会把公司交给她。因此，家庭 CEO 更替的影响可能取决于第一个孩子的性别。也就是说，第一个孩子的性别与干扰项 ε 相关，因为它包括有问题的 x 和工具变量 z 之间的交互项。

外部有效性是自变量与因变量效应的估计，能够帮忙预测在其他情况下的结果。外部有效性是 IV 的另一个关注点。IV 的正确完成赋予我们内部有效性。但是，它并不一定能赋予我们外部有效性。问题在于，工具变量估计值只能告诉我们有关工具变量具有预测性的子样本。因为在工具变量的估计过程中，我们只是在利用由工具变量 z 驱动的 x 中的变化。然而，在工具变量 z 不能解释 x 的另外的子样本中，我们无法估计 x 对于 y 的影响。外部有效性是 LATE（Local Average Treatment Effects，局部平均治疗效果）的一个体现，会影响研究结论的解释。例如，在本内森等的研究中，在某些公司中，第一个孩子的性别可能只能预测家庭更替的可能性，即 CEO 认为女性（包括女儿）不太适合担任领导职位的家族企业。因此，我们只了解家族继承对这些公司的影响。为什么这很重要？因为这些公司可能与其他公司在其他维度上不同，这限制了我们研究结果的外部有效性。例如，这些可能是经营不善的公司。如果是这样，那么我们只确定使用工具变量对这种运营不佳的公司的影响。而且，家族继承在经营的公司中的影响可能完全不同。

如何检验外部有效性问题？第一阶段的残差大小告诉我们工具变量对某些观测值的重要性，残差大意味着工具变量没有解释太多观测值的变化，小的残差意味着工具变量有很强的解释能力。比较残差小的观测值组和残差大的观测值组的特征（即其他 x），以确保它们没有太大差异。

7. 工具变量的扩展

LS 估计量和 IV（和 2SLS）估计量都可以看作"广义矩估计"（Generalized Method of Moments，GMM）估计量在模型 $y = X\beta + \varepsilon$ 下的应用。构建 GMM 估计量是为了将数据与特定样本矩匹配：在 LS 下 $E(x_i\varepsilon_i) = 0$，对于 IVs 和 2SLS，$E(z_i\varepsilon_i) = 0$。广义矩估计原则可以很自然地扩展到其他情况，例如非线性模型和理性预期模型。

工具变量法还可以扩展到相关方程组，其中每个方程都由一组工具变量确定。比如在供给和需求的例子中，其中每个方程都可以用合适的 IV 进行一致估计。此外,还有其他系统估计方法,例如 3SLS,利用了各个方程扰动项之间的相关性。这种方法也可以使用最大似然方法进行估计。我们目前还没有讨论过这种方法,但它的确提供了一种替代 GMM 来构建估计模型的另一种选择。

　　总的来说,工具变量估计是克服识别挑战的一种可能方法。一个好的工具变量需要满足两个条件:相关性条件和排除条件。我们无法直接用统计方法检验排除条件,而必须用经济论据来支持它。同时,IV 估计有其局限性:很难找到好的工具变量;弱工具变量可能是一个问题,特别是当我们的工具变量比有问题的回归变量更多的时候。我们要注意工具变量的内部有效性和外部有效性。

7.6　Stata 代码示例

　　本节是第 7 章的 Stata do 文件代码示例——工具变量分析。这个 do 文件包含了 Stata 用于工具变量分析的主要步骤、代码,以及部分输出结果。这个例子来源于 Stata 软件对于 ivregress 工具变量分析的指南。数据是每个州的房屋价值和租金。因为担心一些外部冲击会同时影响房屋价值和租金,所以采用家庭平均收入作为工具变量。

```
clear all
set more off
global dir "/Dropbox/Courses/Session 5"
use "$dir/hsng2-1.dta", clear
*log using "$dir/IVE.log",replace
sum
    regress hsngval pcturban faminc reg2-reg4
    predict x_hat
    reg rent x_hat pcturban
    ivregress 2sls rent pcturban (hsngval = faminc reg2-reg4)


* 1. 工具变量

regress hsngval pcturban faminc reg2-reg4
testparm faminc reg2-reg4
```

```
ivregress 2sls rent pcturban (hsngval = faminc reg2 – reg4)
estat firststage
```

* 2. 内生性检验

```
ivregress 2sls rent pcturban (hsngval = faminc reg2 – reg4)
est store my_iv
reg rent hsngval pcturban
estimates store my_ols
hausman my_iv my_ols，constant sigmamore
regress hsngval faminc reg2 – reg4 pcturban
predict hsng_hat
sum hsng_hat hsngval
regress rent hsngval hsng_hat pcturban
regress hsngval faminc reg2 – reg4 pcturban
predict res_SV，res
regress rent hsngval res_SV pcturban
```

* 3. 排除限制（运用 ivreg 命令）

```
ivregress 2sls rent pcturban (hsngval = reg2 – reg4)
est store my_Z1
ivregress 2sls rent pcturban (hsngval = faminc)
est store my_Z2
hausman my_Z2 my_Z1，constant sigmamore
ivregress 2sls rent pcturban (hsngval = faminc reg2 – reg4)
predict res_iv，res
regress res_iv pcturban faminc reg2 – reg4
ereturn list
    scalar nr2 = e(N) * e(r2)
    di nr2
di 1 – chi2(3,nr2)
ivregress 2sls rent pcturban (hsngval = faminc)，first
ivregress 2sls rent pcturban (hsngval = reg2 – reg4)，first
```

ivreg y（x ＝ z）

predict res_iv，res

reg res_iv z

Compute LM statistic

log close

思考题

（1）工具变量需要满足什么基本条件？

（2）内生性的定义是什么？请举出几个内生性的例子。

（3）产生内生性问题的主要原因有哪些？

（4）当模型中不止一个内生变量,要怎么处理工具变量？

（5）为什么两阶段最小二乘法可以有效解决内生性问题？

（6）豪斯曼检验的主要作用是什么？

（7）实证研究中采用了弱工具变量会产生什么后果？

第 **8** 章
面板数据

8.1　简　介

经济学中的一些数据集同时包含时间序列数据和横截面数据。例如,经济合作与发展组织(Organization for Economic Cooperation and Develoment,OECD)数据集中关于许多国家的年度总体经济统计数据集。例如,国家纵向调查(National Longitudinal Surveys,NLS)和密歇根的收入动态研究(Panel Study of Income Dynamics,PSID)的两个数据集,它们包含在若干个时间点对数千个"单位"或"实体"(个人、家庭、公司、州、国家等)的观测。在这些数据集中,横截面数量通常很大,而时间单位的数量相当少。面板数据表示在每个观测单元中有多个观测值。例如,每家公司有多年的观测数据。我们假设有 N 个单位,且每单位观测值为 T。例如,在 20 年间,CompStat 中 5 000家公司的数据(即 $N=5\,000$,$T=20$);在 10 年间,Exec comp 中 1 000 名 CEO 的数据(即 $N=1\,000$,$T=10$)。

正如之前章节所述,遗漏变量对我们进行因果推断带来极大障碍。更糟糕的是,其中许多变量我们无法直接观测。例如,一个公司层面的回归模型为

$$\text{leverage}_{i,j,t}=\beta_0+\beta_1\text{profit}_{i,j,t-1}+\varepsilon_{i,j,t}$$

其中,leverage 是处在行业 j 中的公司 i 在 t 年的负债/资产(杠杆率),profit 是公司的净利润/资产。在该回归模型中,哪些可能是不可观测的遗漏变量? 有很多,如管理能力(风险规避能力)、行业供给(需求冲击)、资本成本、投资机会等是我们很容易想到会影响杠杆率并且与净利润相关的变量。同时,一些可能与公司所在地有关的不可观测变量和当地经济环境中不可观测的异质性,如机构、产权保护、金融市场发展、投资者情绪、区域需求冲击等,也会成为不可观测的遗漏变量。有时,我们可以使用

代理变量来控制这些不可观测的变量。但是,代理变量需要什么假设才能对其他参数提供一致的估计?我们需要一个足够完美的代理,这样在我们控制代理变量之后,不可观测变量就不能与其他解释变量相关联,但通常很难找到代理变量。

面板数据可以帮助我们处理特定类型的不可观测变量。面板数据有助于解决在观测组内不发生变化的任何不可观测变量。例如,面板数据能够帮助我们处理时间不变或者公司不变或者行业不变的遗漏变量问题。

为了表示面板数据,我们撰写了如下模型:

$$y_{it} = x'_{it}\beta + z'_i\alpha + \varepsilon_{it}$$

其中,$i = 1, \cdots, n$ 和 $t = 1, \cdots, T$。这里 x_{it} 和 β 是 $K \times 1$ 个,所以不包括常数项,有 K 个回归量。这里隐含地假设一个平衡面板,其中我们对每个个体(或"单位")$i = 1, \cdots, n$ 有相同的观测时长 T。我们的基本假设为 x'_{it} 和 z_i 是外生的,也就是说,以它们为条件 ε_{it} 的期望值为零,其具有恒定的条件方差 σ^2,并且当假设 $i \neq j$ 或 $t \neq s$ 时,有

$$E(\varepsilon_{it}\varepsilon_{js} \mid x, z) = 0$$

上述模型中反映异质性的 $z'_i\alpha$ 被称为"个体效应"或"实体效应"。如果 z_i 是由常数项和所有个体的观测变量组成,那么我们可以认为这恰好是一般线性模型的一种表现形式,因此可以通过 LS 来估计。然而,z_i 通常包括个体之间未观测到的差异,例如能力、技能或偏好的个体差异。紧接着,我们将模型简化为

$$y_{it} = x'_{it}\beta + c_i + \varepsilon_{it}$$

其中,$i = 1, \cdots, n$ 和 $t = 1, \cdots, T$,c_i 是不可观测的。

如何处理"个体"或"实体"效应?$z'_{it}\alpha = c_i$ 是面板数据估计中不同方法的主要来源。最简单的假设是 z_i 仅包含一个常数项,因此对于所有 i 都有 $c_i = c$。如果满足我们的其他基本假设,那么这个模型可以通过 LS 来使用所有 nT 个数据点的混合回归模型来估计。然而,这个假设通常是不合理的,我们需要假设存在未观测到的异质性,c_i 是因个体而异的。

处理异质性的两种主要方法称为"随机效应"和"固定效应[①]"模型。在随机效应模型中,我们写成 $c_i + \varepsilon_{it} = \alpha + u_i + \varepsilon_{it}$,其中随机个体扰动项 ε_{it} 和随机扰动项 u_i 相互独立,并且假设两者都独立于回归量 x_{it}。然而,未观测到的随机异质性与回归变量不相关

[①] "固定效应"一词可能具有误导性,因为它并不意味着该效应是非随机的,而是随着时间发展它对个体来说都是固定的。

的假设是一个强有力的假设。因此更广泛使用的是固定效应模型,它不需要这种假设。

8.2 两期固定效应模型

当 $T=2$ 时,固定效应估计方法简单直接,因此只考虑两期固定效应模型。我们优先考虑这个方法。这个方法的原理是通过查看自变量随时间变化对因变量变化的影响,给消除个体效应 c_i 带来的影响。令 $\Delta y_i = y_{i2} - y_{i1}$,$\Delta x_i' = x_{i2}' - x_{i1}'$ 和 $\Delta \varepsilon_i = \varepsilon_{i2} - \varepsilon_{i1}$,我们有

$$\Delta y_i = \Delta x_i' \beta + \Delta \varepsilon_i$$

其中,$i=1, \cdots, n$。注意到由于假设个体效应 c_i 随时间保持不变,因此采用差分消除它们的影响。尽管 c_i 可能与 ε_{i1} 和 ε_{i2} 相关,但是个体效应对 y_i 的变化没有影响,即对 Δy_i 没有影响。因此这个模型是标准式:

$$\Delta y \equiv \begin{pmatrix} \Delta y_1 \\ \vdots \\ \Delta y_n \end{pmatrix}, \ \Delta X \equiv \begin{pmatrix} \Delta x_1' \\ \vdots \\ \Delta x_n' \end{pmatrix} \ 和 \ \Delta \varepsilon \equiv \begin{pmatrix} \Delta \varepsilon_1 \\ \vdots \\ \Delta \varepsilon_n \end{pmatrix}$$

模型为

$$\Delta y = \Delta X \beta + \Delta \varepsilon$$

如果有

$$\Delta \varepsilon \mid \Delta X \sim N(0, \sigma_{\Delta \varepsilon}^2 I)$$

那么我们的所有假设都得到满足,并且从 Δy 对 ΔX 的最小二乘回归中获得 β 的估计值,即

$$b^{\text{diff}} = (\Delta X' \Delta X)^{-1} \Delta X' \Delta y$$

上式具有所有惯例的属性。因此,b^{diff} 是有条件无偏、有效的,并且一般推断程序是有效的,这有时被称为“差分”回归,并且 b^{diff} 通常被称为一阶差分估计量。从严格意义上来讲,这个回归不包括截距,因为它的一阶差分为 0。

例 8.1 交通死亡事故和酒精税(一)

斯托克和沃森提供了对固定效应估计方法的一个很好的说明。该数据是 1982

年至 1988 年间 48 个州的年度数据。因变量是交通死亡率,即该州在给定年份的交通死亡人数,每一万人在该州居住。主要的自变量是实际的啤酒税,以一箱啤酒在 1982 年的美元价格为单位,在该年由国家征收。众所周知,很大一部分交通死亡事故与酒驾有关,这里的基本研究问题是高额的酒精税是否是降低交通死亡率的有效方法。

假设我们从某一年中挑选数据,并进行啤酒税对交通死亡率的简单截面回归。结果为

$$\text{FatalityRate} = \underset{(0.15)}{2.01} + \underset{(0.13)}{0.15}\text{BeerTax} \ (1982 \text{ 年数据})$$

我们发现了一个正向的而不是负向的,但在统计上不显著的关系。如果改为使用获得的数据集的最后一年的数据,则

$$\text{FatalityRate} = \underset{(0.11)}{1.86} + \underset{(0.13)}{0.44}\text{BeerTax} \ (1988 \text{ 年数据})$$

现在啤酒税前面的回归系数实际上是正的,并且在 1% 的水平上具有显著性。

然而,遗漏变量似乎会使我们的估计产生偏误。如果存在影响死亡率的因素因州而异,并且与啤酒税相关,那么我们就存在遗漏变量偏误。斯托克和沃森提供了一系列简短的重要遗漏变量:在该州行驶的汽车质量、道路是否设计良好和维修良好、乡村和城市道路的相对重要性、在该州酒后驾车是否为社会所接受。这些因素中的任何一个都可能与酒精税相关(尽管在大多数情况下相关性的可能符号尚不清楚),如果是这样,那么这将导致遗漏变量偏误。

一种方法是尝试收集有关这些遗漏变量的数据并将它们添加到回归中。然而,一些变量将难以测量和/或数据可能不可用。因为我们有一个面板数据集,另一种方法是利用数据中的时间变化。如果关键遗漏因素 c_i 因州而异,但不随时间变化,或者至少变化非常缓慢,则可以使用差分回归。使用 1982 年到 1988 年之间的差异,我们得到:

$$\Delta\text{FatalityRate}_{1988-1982} = \underset{(0.065)}{-0.072} - \underset{(0.36)}{1.04}\Delta\text{BeerTax}_{1988-1982}$$

因此,正如我们最初预期的那样,我们现在获得了统计上显著负向的影响。通过查看时间差异,我们消除了任何不随时间变化的州层面的特定效应带来的影响。因此,我们的估计量反映了啤酒税在州层面的变化与死亡率变化之间的相关性。

我们注意到,在没有截距的情况下进行这种回归是很正常的。截距则考虑了 1982 年至 1988 年间所有州的平均死亡率的变化。

8.3 固定效应回归

许多面板数据集(如上述示例)具有多期数据,即 $T > 2$。回到我们讨论的早期模型:

$$y_{it} = x'_{it}\beta + \alpha_i + \varepsilon_{it}$$

其中,$i = 1, \cdots, n$ 和 $t = 1, \cdots, T$。我们对这个模型中的个体效应 c_i 采用了更传统的表示 α_i。事实证明,将该固定效应推广到 $T \geqslant 2$ 的一种适当方法是用每个个体或实体 $i = 1, \cdots, n$ 的虚拟变量估计模型,另一种等价的方法是用截距项和 $(n-1)$ 个实体虚拟变量。令

$$\underset{T \times 1}{y_i} = \begin{bmatrix} y_{i1} \\ \vdots \\ y_{iT} \end{bmatrix}, \underset{T \times K}{X_i} = \begin{bmatrix} x'_{i1} \\ \vdots \\ x'_{iT} \end{bmatrix}, \underset{T \times 1}{l} = \begin{bmatrix} 1 \\ \vdots \\ 1 \end{bmatrix} \text{和} \underset{T \times 1}{\varepsilon_i} = \begin{bmatrix} \varepsilon_{i1} \\ \vdots \\ \varepsilon_{iT} \end{bmatrix}$$

紧接着,这个模型可以改写为

$$y_i = X_i\beta + l\alpha_i + \varepsilon_i$$

其中,$i = 1, \cdots, n$。把所有变量整合在一起,我们可以写为

$$\begin{bmatrix} y_1 \\ y_2 \\ \vdots \\ y_n \end{bmatrix} = \begin{bmatrix} X_1 \\ X_2 \\ \vdots \\ X_n \end{bmatrix} \beta + \begin{bmatrix} l & 0 & \cdots & 0 \\ 0 & l & \cdots & 0 \\ & & \vdots & \\ 0 & 0 & \cdots & l \end{bmatrix} \begin{bmatrix} \alpha_1 \\ \alpha_2 \\ \vdots \\ \alpha_n \end{bmatrix} + \begin{bmatrix} \varepsilon_1 \\ \varepsilon_2 \\ \vdots \\ \varepsilon_n \end{bmatrix}$$

上述模型可以更简洁地写为

$$y = \begin{bmatrix} X & d_1 & d_2 & \cdots & d_n \end{bmatrix} \begin{bmatrix} \beta \\ \alpha \end{bmatrix} + \varepsilon, \text{或者}$$

$$y = X\beta + D\alpha + \varepsilon, \text{其中} D = \begin{bmatrix} d_1 & d_2 & \cdots & d_n \end{bmatrix}$$

这里的 y 是所有因变量观测值的 $nT \times 1$ 向量,X 是 $nT \times K$ 向量,D 是 $nT \times n$ 向量。d_i 变量是虚拟变量,即对于任一 i,要么在该期取值为 1,否则取值为 0。因为我们对每个 i 都设有一个虚拟变量,所以不包括一个单独的截距项(以免落入虚拟变量陷阱)。系数 β 是 $K \times 1$ 向量,而系数 α 是 $n \times 1$ 向量。

需要注意的是,x_{it} 中任何不随时间变化的变量都会类似于个别特定的常数项,

因此无法估计不随时间变化的变量的系数(包括它们会导致完全多重共线性)。这是使用一种对未观测到的随时间不变变量具有稳健性的方法要付出的部分代价,其中这些变量可能与回归量相关。

有时这种模型被称为"最小二乘虚拟变量模型"。我们注意到,虚拟变量控制了未观测到的个体固定效应。如果 $T=1$,那么这个方法将失效,因为这将违反满秩条件[如果 $T=1$,那么回归矩阵 (X,D) 将会是 $n \times (K+n)$]。但该方法在 $T \geqslant 2$ 时是可行的。

尽管这符合古典回归模型的准则,但是如果 n 很大,就像面板数据的情况一样,标准计算方法可能会不可行,因为通常的软件需要转换成 $(n+K) \times (n+K)$ 矩阵。事实证明,分部回归结果提供了一种替代的并且更有效的计算系数的方法。

分部回归公式中 β 的估计值由下式给出:

$$b^{\text{within}} = (X'M_D X)^{-1} X'M_D y,\text{ 其中 } M_D = I - D(D'D)^{-1}D'$$

或者,利用 M_D 是对称幂等矩阵,计算式为

$$b^{\text{within}} = [(M_D X)'M_D X]^{-1}(M_D X)'M_D y$$

在这里将 b 表示为 b^{within},并将其称为"组内"估计值,原因如下:

$$M_D = \begin{pmatrix} M^0 & 0 & \cdots & 0 \\ 0 & M^0 & \cdots & 0 \\ & & \vdots & \\ 0 & 0 & \cdots & M^0 \end{pmatrix}$$

其中 $M^0 = I_T - T^{-1} \iota \iota'$。这里 M_D 是一个 $nT \times nT$ 矩阵。由于 M^0 是对称幂等矩阵,是与均值矩阵的偏误。因此我们可得 $M^0 y_i = y_i - \bar{y}_{i.}\iota$,其中 $\bar{y}_{i.} = T^{-1}\left(\sum_{t=1}^{T} y_{it}\right)$。这里的"."表示在 $t=1, \cdots, T$ 的平均。因此可得

$$M_D y = \begin{pmatrix} y_1 - \bar{y}_{1.}\iota \\ y_2 - \bar{y}_{2.}\iota \\ \vdots \\ y_n - \bar{y}_{n.}\iota \end{pmatrix} \text{ 和 } M_D X = \begin{pmatrix} M^0 X_1 \\ M^0 X_2 \\ \vdots \\ M^0 X_n \end{pmatrix}$$

其中,$M^0 X_i = \begin{pmatrix} x'_{i1} - \bar{x}'_{i.} \\ \vdots \\ x'_{iT} - \bar{x}'_{i.} \end{pmatrix}$,$i = 1, \cdots, n$。我们注意到,$M^0 X_i$ 从 $T \times K$ 矩阵的每一

列中减去了 X_i 列的样本均值。

因此，固定效应面板数据估计量 b^{within}，$M_D y$ 对 $M_D X$ 的 LS 回归，等价于如下回归，对于 $i = 1, \cdots, n$ 和 $t = 1, \cdots, T$，$y_{it} - \bar{y}_{i.}$ 对 $K \times 1$ 个 $x_{it} - \bar{x}_{i.}$ 的回归。其中，$\bar{y}_{i.}$ 是 y_{it} 在第 i 组的 T 个观测值上的平均值，$\bar{x}_{i.}$ 是 x_{it} 在第 i 组（个体）的 T 个观测值上的平均值的 $K \times 1$ 向量。因此可得

$$y_{it} - \bar{y}_{i.} = (x_{it} - \bar{x}_{i.})' b^{\text{within}} + e_{it}$$

其中，$i = 1, \cdots, n$ 和 $t = 1, \cdots, T$。这个估计量通常被称为组内估计量，因为它只利用第 i 组均值周围数据的时间序列变化，而不是任何组间的变化。这是转换数据的"成本"，以便消除可能与回归变量相关的未观测到的个体特定影响。

这种估计值计算方法的优点是可以有效地转换数据来去除组均值，并且现在所需的求逆是一个 $K \times K$ 矩阵。$n \times 1$ 截距项的估计值 a 也可以很容易地获得。一般方程是 $Da + Xb^{\text{within}} = y$，这意味着 $D'Da + D'Xb = D'y$。因此 $a = (D'D)^{-1}(D'y - D'Xb)$，反过来则意味着：

$$a_i = \bar{y}_{i.} - \bar{x}_{i.}' b^{\text{within}}$$

其中，$i = 1, \cdots, n$。

最后，计算 $\text{var}(b^{\text{within}} \mid X)$ 的估计值也很简单，从中可以采取常用的方式计算系数标准误差（作为对角线项的平方根）。我们有：

$$\widehat{\text{var}}(b^{\text{within}}) = s^2 (X' M_D X)^{-1}$$

$$X' M_D X = \sum_{i=1}^{n} \sum_{t=1}^{T} (x_{it} - \bar{x}_{i.})(x_{it} - \bar{x}_{i.})'$$

$$s^2 = (nT - n - K)^{-1} \sum_{i=1}^{n} \sum_{t=1}^{T} e_{it}^2$$

$$e_{it} = y_{it} - x_{it}' b^{\text{within}} - a_i = (y_{it} - \bar{y}_{i.}) - (x_{it} - \bar{x}_{i.})' b^{\text{within}}$$

像 Stata 这样的现代软件系统可以很容易地使用这些公式进行固定效应回归，即它们使整个过程自动化。最后，我们注意到在 $T = 2$ 这种情况下，可以证明这个估计量减少到了我们在上一节中描述的差分估计量（这也只是利用了每组的变化）。因此，本节的估计量可以看作差分方法的推广[①]。

---

① $T = 2$ 的差分估计量还有其他扩展。一方面可以计算每对连续时期之间数据的一阶差分，然后使用这些 $n(T-1)$ 数据点估计模型。这个过程也消除了个体层面的影响 α_i。但是，如果满足标准假设，那么 b^{within} 将是有效的，并且 $T > 2$ 的差分估计量将引入负序列相关并且效率较低，即具有更高的条件方差。另一方面，如果 ε_{it} 随着时间的推移存在很强的正序列相关性，那么使用一阶差分估计量可能更有效。

例 8.1 交通死亡事故和酒精税(二)

由于 1982 年至 1988 年这七年中每一年的数据都可用,斯托克和沃森使用所有 $T=7$ 年的数据重新估计了模型。结果为

$$\text{FatalityRate} = -\underset{(0.29)}{0.66}\text{BeerTax} + \text{State Fixed Effects}$$

我们仍然得到啤酒税对死亡率的负影响。与仅使用 1982 年和 1988 年数据的差分回归相比,系数的量级要小一些,标准误差现在更小,这反映了使用附加数据的影响。

8.4 固定效应的应用与检验

根据交通死亡事故和酒精税的案例,如果一些遗漏变量随时间不变,但在不同州之间变化,而另一些变量在不同州保持不变但随时间变化,那么模型应该包括个体和时间固定效应。可以写为

$$y_{it} = x_{it}'\beta + \alpha_i + \delta_t + \varepsilon_{it}$$

其中 $i=1,\cdots,n$, $t=1,\cdots,T$, $\delta_1=0$, $\delta_2,\cdots,\delta_T$ 代表随时间变化的 y_{it} 平均值的总体变化。该模型可以再次使用虚拟变量来编写。值得注意的是,我们必须只包括 $(T-1)$ 个时间虚拟变量以避免虚拟变量陷阱。

另一种包含 $(T-1)$ 个时间虚拟变量的替代方法是考虑时间趋势或一个或多个随时间变化,但不随个体变化的变量。然而,面板数据集通常使用参数化程度较低且更稳健的方法,包括每年包含不同的虚拟变量。这个模型总共产生了 $(n+T-1)$ 个虚拟变量。

与只有个体虚拟变量的情况一样,存在计算 LS 估计值的高效计算方法。基本步骤是将 y_{it} 和 x_{it}' 从其个体和时间均值中分离出来,然后将分离的 y_{it} 对分离的 x_{it}' 进行回归。具体来说,允许时间和个体固定效应的固定效应面板数据估计量 b^{within} 可以通过 LS 回归获得,对于 $i=1,\cdots,n$ 和 $t=1,\cdots,T$, $\tilde{y}_{it}$ 对 $K\times 1$ 个回归量 $\tilde{x}_{it}$ 进行回归,其中:

$$\tilde{y}_{it} = y_{it} - \bar{y}_{i\cdot} - (\bar{y}_{\cdot t} - \bar{y}) \text{ 和 } \tilde{x}_{it} = x_{it} - \bar{x}_{i\cdot} - (\bar{x}_{\cdot t} - \bar{x})$$

此处的 $\bar{y}_{i\cdot}$ 是 y_{it} 在第 i 组(个体)的 T 个观测值上的平均值,$\bar{y}_{\cdot t}$ 是在 t 时的 n 个观测值上 y_{it} 的平均值,$\bar{y}$ 是在所有 nT 个数据点上的 y_{it} 的平均值。类似地,$\bar{x}_{i\cdot}$ 是个体 i 的 T 个观测值的 x_{it} 均值的 $K\times 1$ 向量,$\bar{x}_{\cdot t}$ 是在 t 时 n 个观测值的 x_{it} 均值,$\bar{x}$ 是在所

有 nT 个数据点上的 $K \times 1$ 向量 x_{it} 的平均值。$\widehat{\text{var}}(b^{\text{within}})$ 也可以直接从这个回归中计算出来,例如 Stata 这样的软件系统使程序变得简单。

还应该注意的是,当 $T = 2$ 时,这种情况特别简单。在这种情况下,包括个体固定效应,以及第二期的时间虚拟变量等价于包含截距项的差分回归。估计的截距项对应第二期内平均值的总体变化。

固定效应的应用一般是考虑随时间变化的效应及个体效应,我们也可以检验是否需要包含固定效应。考虑只有个体固定效应模型的情况。该模型的一个特例是所有固定效应都是相等的,即对于 $i = 1, \cdots, n$ 有 $\alpha_i = \alpha$。在这种情况下,这个模型简化为混合 LS 估计量。使用标准 F 检验利用固定效应和混合回归之间的 SSE 的差异(或 R^2 的变化)来检验对于 $i = 1, \cdots, n$ 有原假设 $H_0 : \alpha_i = \alpha$ 是很直接的手段。在原假设情况下,F 统计量具有 $F(n-1, nT-n-K)$ 分布。

在具有个体和时间固定效应的模型中,我们可以再次使用 F 检验来检验所有实体固定效应相等且没有时间效应。也可以使用标准 F 检验来检验具有个体和时间固定效应的模型是否没有时间效应。

8.5 固定效应模型估计的讨论

8.5.1 组内转换与最小二乘虚拟变量

考虑以下模型:

$$y_{i,t} = \alpha + \beta x_{i,t} + \delta f_i + \varepsilon_{i,t}$$

其中包含不可观测的时间恒定变量 f_i。如果不控制 f_i,就会有遗漏变量偏误(Omitted Variables Bias, OVB),如果可以控制 f_i,偏误就不会存在。我们假设 $E(\varepsilon_{i,t}) = 0$、$\text{corr}(x_{i,t}, f_i) \neq 0$,$\text{corr}(f_i, \varepsilon_{i,t}) = 0$,$\text{corr}(x_{i,t}, \varepsilon_{i,s}) = 0$。那么这个假设意味着什么呢?

如果在估计模型 $y_{i,t} = \alpha + \beta x_{i,t} + v_{i,t}$,其中,$v_{i,t}$ 代表 $\delta f_i + \varepsilon_{i,t}$,当 x 与干扰项 v 相关(通过与不可观测变量 f_i 相关,f_i 现在是干扰项的一部分),则

$$\hat{\beta}^{\text{OLS}} = \beta + \delta \frac{\sigma_{xf}}{\sigma_x^2}$$

这是标准的遗漏变量偏误,系数为遗漏变量 f 对 x 的回归。

显然,我们可以通过转换数据来解决这个问题。首先,如果取每个个体的因变量的总体平均值,我们可得

$$\bar{y}_i = \alpha + \beta \bar{x}_i + \delta f_i + \bar{\varepsilon}_i$$

$$\bar{y}_i = \frac{1}{T} \sum_t y_{i,t}, \quad \bar{x}_i = \frac{1}{T} \sum_t x_{i,t}, \quad \bar{\varepsilon}_i = \frac{1}{T} \sum_t \varepsilon_{i,t}$$

如果从 $y_{i,t}$ 中减去 $\bar{y}_i$,我们有

$$y_{i,t} - \bar{y}_i = \beta(x_{i,t} - \bar{x}_i) + (\varepsilon_{i,t} - \bar{\varepsilon}_i)$$

由于不可观测变量 f_i 是一个常量,其在减去均值后消失了。由于我们先前假设严格的外生性,很容易看出 $(x_{i,t} - \bar{x}_i)$ 与新的扰动项 $(\varepsilon_{i,t} - \bar{\varepsilon}_i)$ 不相关,这意味着方程估计是无偏的。转换后模型的 OLS 估计将产生 β 的一致估计。先前的转换称为“组内转换”,因为它对组内所有变量进行了去平均化。在这种情况下,“组”是每个公司随时间变化的观测结果的横截面,这也称为固定效应(Fixed Effect,FE)估计模型。不可观测变量 f 非常普遍,它不单单代表一个不可观测变量,而是代表组内没有变化的所有不可观测变量,这就是为什么我们经常称之为“未被观测的异质性”。

在 Stata 等软件中使用固定效应(FE)模型时,它会进行内部转换,不需要手动调整,因为自由度(Degrees of Freedom,DoF)(用于获得标准误差)有时需要根据面板的数量 N 进行调整。

最小二乘虚拟变量(Least Square Dummy Variable,LSDV)。进行 FE 估计的另一种方法是添加虚拟变量。需要注意的是,f_i 上的系数 δ 实际上没有任何意义,所以,可以重新缩放不可观测变量 f_i,使其等于 1。

$$y_{i,t} = \alpha + \beta x_{i,t} + f_i + \varepsilon_{i,t}$$

为了估计这个方程,我们可以将每个 f_i 作为要估计的参数。例如,为每组 i 创建一个虚拟变量,并将其添加到回归中,这是最小二乘虚拟变量模型。

现在,我们的估计方程与真正的基础模型完全匹配:

$$y_{i,t} = \alpha + \beta x_{i,t} + f_i + \varepsilon_{i,t}$$

我们得到的一致估计和标准误与我们在估计模型中得到的一致。由于虚拟变量与常数共线,因此其中一个需要在回归模型中删除,因此,不要试图解释截距。对于与删除的虚拟变量相对应的组,当所有 x 都等于零时,它是 y 的平均值。

可以证明,使用偏回归结果显示最小二乘虚拟变量和固定效应是相同的。为了控制某些变量 z,我们可以将 y 对 x 和 z 回归,或者我们可以在 y 对 x 回归之前从 y

和 x 中偏出 z(即将 x 对 z 的回归残差和 y 对 z 的回归残差进行回归),去平均化的变量就是这些变量本身对于组内虚拟变量的回归。使用最小二乘虚拟变量时,报告的 R^2 将更大。所有的虚拟变量将解释 y 的许多变化,从而提高 R^2。固定效应模型报告的组内 R^2 只是报告多少比例的 y 的组内变化是由 x 的组内变化解释的。我们通常对组内 R^2 更感兴趣,因为它体现了在分解出固定效应之后 X 的解释力度。想获得总体的调整 R^2,要用 areg 指令而不是 xtreg,fe。xtreg 得到的整体 R^2 不包括固定效应解释的差异,但是由 areg 得到的整体 R^2 包含这一部分。

8.5.2 固定效应模型优势和劣势

固定效应(FE)模型有许多优点:允许在 i 内的每个固定效应 f_i 和每个 x 之间进行任意关联。例如,它的适用范围很广,不会对数据结构有太多限制;解释直观,仅使用横截面内的变化就能确定系数;非常灵活,可以帮助我们控制许多类型的未被观测的异质性,如果担心时间上未被观测的异质性(如宏观经济冲击),可以增加时间固定效应,如果担心首席执行官(CEO)之间未被观测的异质性(如天赋能力、风险厌恶),则可以增加 CEO 个体固定效应,如果担心随着时间的推移各行业之间未被观测的异质性(如投资机会、需求冲击),则按行业添加固定效应。

固定效应模型的估计是普遍适用的,它适用于任何分组场景:企业可以按行业分组;首席执行官的观测值(可能跨越多家公司)可以按首席执行官-公司组合进行分组。一旦能够构建组别,就可以通过添加固定效应来消除任何未被观测的"组间异质性"。需要注意的是,估计量的一致性只需要有大量的组别。

但是,固定效应估计模型也有其劣势。固定效应无法识别组内没有变化的变量,可能存在较大的观测误差。在某些情况下可能很难估计。

(1)如果自变量 x 不存在组内变化,固定效应则无法将其与组内固定效应分离。它与群固定效应共线,并将被统计软件忽略或在内部转换中清除。考虑以下回归模型:

$$\ln(\text{totalpay})_{ijt}$$
$$= \alpha + \beta_1 \ln(\text{firmsize})_{ijt} + \beta_2 \text{volatility}_{ijt} + \beta_3 \text{female}_i + \delta_t + f_i + \lambda_j + \varepsilon_{ijt}$$

$\ln(\text{totalpay})$ 是指 t 年公司 j 的首席执行官 i,该模型包括时间、个体和公司层面的固定效应。在这个模型中,什么系数不能估计?答案是 β_3。在每个首席执行官的观测值中,female 并不存在差异,它与首席执行官固定效应完全共线。

需要注意的是,像 xtreg 这样的代码会删除 female 变量,而不报告它的系数估计值。但是,如果我们自己创建并输入虚拟变量,系统可能会删除其中一个变量,而不是 female。如果利用统计软件(如 Stata)进行估计,会得到 β_3 的估计,但没有意义,这只是一个随机截距值,完全取决于 Stata 指定的随机固定效应。工具变量可以为这个问题提供一个可能的解决方案。

(2) 固定效应会放大自变量的测量误差,以及由此产生的偏误。假设自变量有两种类型的变化:良好(有意义)变化与噪声变化。因为我们并没有精准地测量感兴趣的潜在变量,添加固定效应会消除许多良好变化,噪声引起的剩余变化的比例上升。添加固定效应可能会排除相关的变化,比如 y 在公司固定效应模型可能会响应 x 的长期变化,而不是短暂的变化。有了固定效应,模型只剩下短暂的变化;在固定效应估计中可能发现 x 与 y 不相关,即使 x 的长期变化是 y 的最重要决定因素。所以,固定效应模型中,错误测量变量的衰减偏误将上升。我们需要小心解释可能被误测回归系数的"零"系数,其可能只是衰减偏误。需要注意的是,通常很难知道其他系数的偏误符号,即使所有变量都被完美测量,这个问题也可能适用。

(3) 估计具有多种固定效应的模型在计算上可能很困难。当有多种类型的固定效应时,不能在转换中同时删除多个组内的固定效应,通常只能在转换中清除一个。通过向模型中添加虚拟变量来处理其他固定效应,比如公司和年度固定效应。考虑以下模型:

$$y_{i,t} = \alpha + \beta x_{i,t} + f_i + \varepsilon_{i,t}$$

要在 Stata 中估计这一点,我们将使用如下命令:

xtset firm

xi：xtreg $y x i$.year, fe

xtset firm 传达给 Stata 面板维度由公司变量给定,fe 传达给 Stata 通过在转型中执行删除面板(即公司)的 fe,i.year 告诉 Stata 为年份变量创建和添加虚拟变量。在内部转换中未被清除的虚拟变量实际上是估计的。对于年份固定效应,这不是问题,因为没有那么多年份的数据。然而,如果必须估计 1 000 家公司的固定效应,这可能是一个问题。事实上,这就是为什么我们要清除公司固定效应而不是年度固定效应,因为公司的数量更多。经济金融研究人员通常使用更大的数据集和更复杂的固定效应结构,比如,如果尝试同时添加公司和行业×年份固定效应,由于估计 4 位数的 SIC×年份时会产生大量的虚拟变量,估计时需要更多的运算能力和内存。

(4) 非线性固定效应模型。在实践中,因为我们不能得到固定效应的一致估计,所以我们不能用固定效应估计非线性面板数据模型,Logit、Tobit 和 Probit 不应使用许多固定效应进行估计。它们只在相当强和不现实的假设下给出一致的估计。固定效应的 Probit 模型要求未观测到的 f_i 正态分布，并且 f_i 和 $x_{i,t}$ 独立。含 $x_{i,t}$ 的 Logit 模型需要在对可观测 $x_{i,t}$ 和不可观测 f_i 进行控制后，y 没有序列相关性。这些假设在经济金融研究的实际应用中都难以实现。

（5）随机效应模型（Random Models，RE）。随机效应模型与固定效应模型非常接近：

$$y_{i,t} = \alpha + \beta x_{i,t} + f_i + \varepsilon_{i,t}$$

但是，一个很大的区别是它假设未观测到的异质性 f_i 和观测到的 $x_{i,t}$ 不相关，这一假设意味着 OLS 将为我们提供 β 的一致估计。随机效应模型相对于固定效应的潜在效率增益。固定效应不再是最有效的估计量。如果我们的假设是正确的，我们可以通过不消除固定效应和进行广义最小二乘来获得更有效的估计。然而，f_i 和 $x_{i,t}$ 不相关的假设在经济金融研究中可能是不现实的。回顾之前的例子，未观测到的变量 f_i（如管理人才、需求冲击等）与 $x_{i,t}$ 之间的相关性将导致变量估计偏误，实际上，重新建模不是很有用。相对于固定效应估计，随机效应需要更强的假设。所以在经济金融领域研究中，我们一般采用固定效应。

（6）关于一阶差分（First Difference，FD），一阶差分是消除未观测到的异质性的另一种方法，不是从每个变量中减去变量的组平均值，而是减去滞后观测值。

对于之前的模型，我们有

$$y_{i,t} = \alpha + \beta x_{i,t} + f_i + \varepsilon_{i,t}$$
$$y_{i,t-1} = \alpha + \beta x_{i,t-1} + f_i + \varepsilon_{i,t-1}$$

从这里我们可知：

$$y_{i,t} - y_{i,t-1} = \beta(x_{i,t} - x_{i,t-1}) + (\varepsilon_{i,t} - \varepsilon_{i,t-1})$$

那么，OLS 的估计何时能提供 β 的一致估计？在固定效应的严格外生性假设下，即 $x_{i,t}$ 和 $\varepsilon_{i,t}$ 对于所有 i 和 t 都是不相关的。即使组内的观测不按时间排序，也可以进行一阶差分。只须按想要的方式对组内的数据进行排序，并获取"差异"。这是可行的，但通常不这样做。对于一阶差分与固定效应，当每组只有两个观测值时，它们彼此相同。在其他情况下，两者是一致的。差异通常关于估计效率。如果扰动项 $\varepsilon_{i,t}$ 是序列不相关的，则固定效应更有效。如果扰动项 $\varepsilon_{i,t}$ 遵循随机游动，则一阶差分更有效。如果违反严格的外生性（即 $x_{i,t}$ 和 $\varepsilon_{i,s}$ 相关，$s \neq t$），固定效应可能更好。只要我们相信 $x_{i,t}$ 和 $\varepsilon_{i,t}$ 不相关，固定效应的不一致性以 $1/t$ 的速率收缩到 0。但是，一阶差分随着每组的观测次数 T 的增大并没有改善。

如果存在忽略变量或测量误差的偏误，我们将得到一阶差分和固定效应的不同答案[①]。

总之，面板数据允许我们控制某些类型的未观测的变量。固定效应估计量能以非常灵活的方式控制这些潜在的未观测变量，大大减少了我们需要担心的潜在遗漏变量偏误的范围。随机效应模型在大多数实证经济金融环境中是无用的，然而，固定效应估计量有缺点，无法估计组内没有变化的变量，这会放大任何测量误差。因此，在解释可能误测变量的零系数或小系数时应谨慎，没有工具变量时，不能用于因变量值滞后的模型。在估计非线性模型（如 Probit、Tobit、Logit）时，固定效应通常不是一个好方法，因为估计量不一致。一阶差分可以消除未观测到的异质性，在相对效率方面与固定效应有一些不同，取决于误差项的结构。

固定效应模型处理存在与回归量相关的未观测变量的稳健性显然很有作用；但是有几个重要的潜在陷阱需要注意。最重要的几点注意事项如下。

除了固定效应之外，干扰项是 iid 的假设非常强。特别重要的是，在 $T > 2$ 的这种情况下，对于给定个体 i，干扰项 $\varepsilon_{i1}, \cdots, \varepsilon_{iT}$ 是相关的。这种自相关似乎很可能，并且它的存在将导致有偏误的系数标准误差，并破坏推断程序。有一些计算标准误差的程序对这种类型的自相关（以及异方差）具有稳健性。这些被称为稳健聚类标准误。聚类标准误允许个体内的任意自相关。斯托克和沃森报告的结果使用了聚类标准误。

考虑针对不随时间变化或不随个体变化的遗漏变量的个体和时间固定效应控制。但是这些技术无法控制不同实体和随时间变化的遗漏变量。因此，在使用面板数据方法时，重要的是要考虑这种类型的重要遗漏变量，并尝试将它们包含在额外的控制变量 x_{it} 内。下面将结合"啤酒税"示例进行讨论。

（1）自变量中的测量误差。正如我们看到的，LS 中的另一个偏误来源是自变量中的测量误差。这往往会导致估计值的衰减，即纯随机测量误差往往会使系数偏向零。尽管此问题可能存在于横截面或时间序列回归及面板数据估计中，但使用固定效应估计技术可能会加剧该问题。这是因为偏误的程度取决于测量误差的方差相对于正确测量的自变量的方差（也称为"信噪比"）。如果对于给定实体，自变量随时间变化不大，则可能存在相对于信号的高比例测量误差。如果两个横截面单元之间的持续时间很短，则此问题可能最为严重。

---

① 格里利兹（Griliches）和豪斯曼（1986）表明，由于测量误差导致一阶差分和固定效应中可预测的不同偏误，在某些情况下可以使用有偏误的估计来推出真实参数。

（2）联立方程偏误。另一个可能的偏误来源是自变量和因变量之间的同步性。例如，如果其中一个自变量也是由因变量引起的，那么估计的系数会有偏误。在某些情况下，如果有合适的外生变量可用，那么可以使用我们接下来讨论的工具变量方法来解决最后两个潜在问题。

控制未观测到的异质性是实证的一个基本挑战。不可观测的因素影响公司政策和股价，这些因素可能与感兴趣的变量相关，未观测到的异质性的重要来源通常很常见，比如行业内各公司的需求冲击、当地经济环境的差异等。这里，我们可以使用许多不同的策略。正如我们前面看到的，FE 可以控制未观测到的异质性，并提供一致的估计，但是，还有其他策略也可以用于控制未观测到的小组层面的异质性。"调整后的 Y"（AdjY）即因变量在组内被去除均值，例如"行业调整"。"平均效应"（AvgE）即使用因变量的组平均值作为控制变量，例如控制州-年分组。虽然 AdjY 和 AvgE 被广泛使用，但两者不一致，正如葛姆雷（T. A. Gormley）和麦莎（D. A. Matsa）所示，两者都可能比 OLS 更偏误，都可以得到相反的符号，在实践中，偏误是可能的，试图预测其符号或大小通常是不切实际的。现在，让我们分析原因。具有未观测异质性的模型为

$$y_{i,j} = \beta X_{i,j} + f_i + \varepsilon_{i,j}$$

其中，i 表示观测组（如行业），j 表示组内的观测值（如公司），$y_{i,j}$ 表示因变量，$X_{i,j}$ 表示相关自变量，f_i 表示未观测到的组内异质性，$\varepsilon_{i,j}$ 表示残差项。我们假设：N 组，每组 J 个观测值，且 J 小，N 大，X 和 ε 是跨组的独立同分布，但不一定是组内的独立同分布。

$$\text{var}(f) = \sigma_f^2, \ \mu_f = 0$$
$$\text{var}(X) = \sigma_X^2, \ \mu_X = 0$$
$$\text{var}(\varepsilon) = \sigma_\varepsilon^2, \ \mu_\varepsilon = 0$$

最后，做出以下假设：

$$\text{cov}(f_i, \varepsilon_{i,j}) = 0$$
$$\text{cov}(X_{i,j}, \varepsilon_{i,j}) = \text{cov}(X_{i,j}, \varepsilon_{i,j})$$
$$\text{cov}(X_{i,j}, f_i) = \sigma_{Xf} \neq 0$$

这些假设意味着模型是正确的，如果我们可以控制 f，我们将正确识别 X 的影响，如果我们不控制 f，就会忽略变量偏误。我们已经知道 OLS 是有偏误的，真实模型为

$$y_{i,j} = \beta X_{i,j} + f_i + \varepsilon_{i,j}$$

但是 OLS 估计的是 $y_{i,j} = \beta^{\mathrm{OLS}} X_{i,j} + u$。

由于未能控制群体效应，f_i、OLS 存在标准遗漏变量偏误：

$$\beta^{\mathrm{OLS}} = \beta + \frac{\sigma_{Xf}}{\sigma_X^2}$$

一般来说，在存在未观测到的群体异质性的情况下，所有三个估计值都不一致，AdjY 和 AvgE 可能不是 OLS 的改进，这取决于各种参数值。AdjY 和 AvgE 可以产生与真系数符号相反的估计。有了这个框架，很容易看出其他常用的估计会有偏误，其他 AdjY 估计是有问题的。同样的问题也出现在其他 AdjY 估计中，减去中值或值加权平均值，减去匹配对照样本的平均值。用于资产定价的特征调整收益是资产定价中的 AdjY 型估计。通常基于一种变量思想对投资组合中的股票收益进行排序和比较以影响收益。但是，回报通常首先"按特征调整"，研究人员减去包含类似特征股票的基准投资组合的平均回报，这相当于 AdjY，其中"调整后收益"回归到每个投资组合，该方法无法控制平均自变量在基准投资组合中的变化。研究中偶尔使用 AdjY 和 AvgE，因为当存在多个固定效应时，FE 估计在计算上很困难。

现在，让我们看看为什么这是否为一个问题。LSDV 通常需要两个 FE，考虑以下具有两个 FE 的模型：

$$y_{i,j,k} = \beta X_{i,j,k} + f_i + \delta_k + \varepsilon_{i,j,k}$$

除非面板是平衡的，否则内部转换只能用于移除固定效应中的其他一个，对于其他 FE，我们需要添加虚拟变量，例如，添加时间虚拟变量。为什么这样的模型会有问题？使用多个虚拟变量估计固定效应模型可能需要大量计算机内存，比如公司和数以千计行业年度固定效应的估算大约需要 40 GB 内存。这是一个日益严重的问题，多种未观测到的异质性越来越受重视。高管薪酬和其他应用中的经理和公司固定效应、公司和行业×年度 FE，以控制行业级冲击。有两种技术可用于在不需要太多内存的情况下获得一致的 FE 估计。交乘固定效应可以将多个固定效应合并为一维固定效应，并在变换中删除。比如，公司和行业-年度 FE 可替换为公司-行业-年度 FE，但是这也有局限性，会严重限制可以估计的参数，可能有严重的衰减偏误。

（3）内存保存程序。使用稀疏矩阵的属性来减少所需内存，或者迭代到完全消除内存问题。两者都可以在 Stata 中使用命令 felsdvreg 和 reghdfe 完成。

例 8.1 　交通死亡事故和酒精税（三）
回到交通事故和酒精税的示例，斯托克和沃森运行了一些额外的回归来反映其中的一些问题。在这些回归中,他们考虑了时间和州固定效应来控制变化,例如新车的安全改进,它们会随着时间而变化并影响所有州。他们还担心因州而异,但也可能随时间变化的变量,于是主要专注于两类变量,包括:

(1) 可能影响交通死亡的法律变化。这里的主要变量是该州每年的最低饮酒年龄,以及首次定罪后是否有强制入狱或强制社区服务。

(2) 州层面的车辆使用措施和经济状况。这里的一个主要问题是,当经济强劲时,往往会有更多的车辆使用,而当州经济疲软时,由此产生的预算赤字可能会导致更高的税收,包括更高的酒税。就这些因素在不同州和时间上的变化而言,需要考虑一些变量来控制它们。他们考虑的主要变量是失业率、人均实际收入和每位司机的平均行车里程。包含这些额外变量的基本模型如下:

$$FatalityRate = \underset{(0.30)}{-0.45}BeerTax + State\ Fixed\ Effects + Time\ Fixed\ Effects$$
$$+ Legal\ and\ Economic\ Variables$$

这些经济变量具有显著的系数,并且它们确实会降低啤酒税系数的大小(相比之下,惩罚和驾驶年龄变量并不显著)。然而,斯托克和沃森指出,−0.45 的点估计值仍然是很大的影响。数据中的平均啤酒税为每箱 0.50 美元(以 1988 年美元计)。因此,加倍征收该税对死亡率的估计影响将为每 10 000 名居民有 0.45×0.50=0.23 的死亡率。平均交通死亡率为每 10 000 人中有 2 人,因此交通死亡人数减少了 11.5%。同时,必须承认该系数在 5% 的水平上与原假设没有显著差异,即使在单侧检验中也是如此(尽管它在 10% 的水平上是显著的)。换句话说,95% 的置信水平是可靠的。

最后应注意两点。第一点,尽管斯托克和沃森在处理随时间变化和不同个体变化的遗漏变量方面付出了相当大的努力,但他们并没有解决潜在的同步性问题。这种担忧的一个例子是,交通事故死亡率较高的州可能已决定增加酒精税,以试图减少酒后驾驶。如果是这样,估计的系数将部分反映这一点,因此是对啤酒税对交通死亡的因果影响的有偏估计。联立方程偏误将在后面关于工具变量的讲解中讨论。处理潜在的同步性需要找到一个"工具变量",这是一个外生变量,它会导致啤酒税在样本期内随州和时间而发生变化。第二点,他们的示例中使用的关键自变量是啤酒税,其实,所有形式的酒精消费都会影响驾驶,葡萄酒和烈酒也会被征税。我们应该将估计的系数从字面上解释为啤酒税,还是更普遍地代表酒精税? 如果实际的酒精税倾向于与实际的啤酒税大概一致,那么可以理解为这个结果提供了一些证据,表明更高的酒精税往往会减少交通死亡人数,但对系数的具体解释需要更加谨慎。

8.6　Stata 代码示例

本节是第 8 章的 Stata do 文件代码示例——面板数据分析。这个 do 文件包含了 Stata 用于面板数据分析的主要步骤、代码，以及部分输出结果。

```
* 第一部分：固定效应和一阶差分模型
global dir "C:\Users\yix\Desktop\lectures\Session 1"
clear all
set more off
use "$dir/HRS-FE.dta"
sum
gen earndiff = r2iearn-r1iearn
gen childdiff = h2child-h1child
gen healthdiff = r2shlt-r1shlt
keep if r1iearn ! = . & r2iearn ! = . & raedyrs ! = . & r1shlt ! = . & r2shlt ! = .
& h1child ! = . & h2child ! = . & ragender ! = .
reshape long h@child r@iearn r@shlt r@cenreg, i(hhidpn) j(wave)
xtset hhidpn wave
xtdescribe
keep if riearn ! = .
keep if rshlt ! = . & hchild ! = .
xtdescribe
xtsum ragender riearn rshlt
tab rshlt
xttrans rshlt
xttrans rshlt, freq
tab wave, gen(t)
reg earndiff healthdiff childdiff t* if wave == 2, noconstant
xtreg riearn rshlt hchild t* if wave == 1 | wave == 2, fe
reg D.(riearn rshlt hchild raedyrs ragender t*) if wave == 2, noconstant
reg D.(riearn rshlt hchild raedyrs ragender) t* if wave == 2, noconstant
```

```
reg riearn rshlt hchild raedyrs ragender t *
xtreg riearn rshlt hchild raedyrs ragender t * , fe

areg riearn rshlt hchild raedyrs ragender t * , absorb(hhidpn)
xtreg riearn rshlt hchild if _n <= 2002, fe
reg riearn rshlt hchild i.hhidpn if _n <= 2002
testparm i. *
(1) 2010.hhidpn = 0
(2) 3010.hhidpn = 0
(3) 3020.hhidpn = 0
F(289, 1710) =11.06
Prob > F =0.0000


xtreg riearn rshlt hchild t * , fe
estimates store my_fe
reg riearn rshlt hchild t *
estimates store my_ols
reg riearn rshlt hchild ragender raedyrs t *
estimates store my_ols2
hausman my_fe my_ols, sigmamore
hausman my_fe my_ols2, sigmamore


* 第二部分: 固定效应、随机效应和混合回归
clear all
set more off
use " $ dir/HRS - FEREOLS - cluster.dta"
drop hatota
lab var wave "Wave, temporal panel component"
lab var rcenreg "Census Region"
lab var rahispan "Race"
lab var ragey_e "Age, wave"
lab var rshlt "Health Status"
```

```
lab var riearn "Income Earnings，level form"
gen black = (raracem == 2) if raracem ! = .
lab var black "Black，binary"
gen hispanic = (rahispan == 1) if rahispan ! = .
lab var hispanic "Hispanic，binary"
gen female = (ragender == 2) if ragender ! = .
lab var female "Female，binary"
xtset hhidpn wave
xtsum
qui tab rcenreg，gen(census)
xtsum census *
reg riearn rshlt black hispanic female i.wave
estimates store my_ols
xtreg rshlt black Hispanic female i.wave，re riearn
estimates store my_re
xtreg riearn rshlt black hispanic female i.wave，fe
estimates store my_fe
estimates table my_ols my_re my_fe
xtreg riearn rshlt black hispanic female i.wave，re
xttest0
Breusch and Pagan Lagrangian multiplier test for random effects
riearn[hhidpn,t] = Xb + u[hhidpn] + e[hhidpn,t]
xtreg riearn rshlt black hispanic female i.wave，fe
hausman my_fe my_ols，sigmamore
hausman my_fe my_re，sigmamore
gen femalehealth = female * rshlt
xtreg riearn rshlt femalehealth ragey_e，fe
xtreg riearn rshlt ragey_e if female == 1，fe
xtreg riearn rshlt ragey_e if female == 0，fe
gen femaleage = female * ragey_e
xtreg riearn rshlt femalehealth ragey_e femaleage，fe
```

思考题

(1) 面板数据具有什么特征?

(2) 处理面板数据的常用模型有哪些?

(3) 解决遗漏变量偏误的方法主要有哪些?

(4) 什么是固定效应?

(5) 混合回归模型、固定效应模型和随机效应模型之间有什么区别和联系?

(6) 如何判断使用混合回归模型还是固定效应模型?

(7) 如何判断使用固定效应模型还是随机效应模型?

第9章
动态回归模型：分布滞后和动态乘数

9.1 简 介

时间序列数据有一个重要的特征，即自变量通常对因变量具有滞后效应。因此，通常会出现随时间分布变化的动态结果。例如，我们通常认为货币政策变化对总投资和GDP的影响在货币供应量和利率变化后的五到六个季度左右达到峰值，对价格水平的影响滞后期更长。

滞后效应的另一个例子是汽油需求。对汽油的需求取决于其相对价格和人均收入，但从短期来看，这两个变量的变化对需求的影响可能小于长期。如果价格上涨，人们会迅速地做出一些调整，比如跟团游、拼车或改用自行车或公交车出行，或适当地改变旅行度假安排。而其他改变需要更长的时间：改用燃油效率更高的车辆、增加公共交通的使用频率或改变生活方式[①]。显然，这种关系是动态的，随着时间的推移，会出现分布滞后效应。

9.2 分布滞后

表示因变量对自变量的滞后效应的一种简单方法是通过包含滞后自变量或滞后因变量的动态回归模型。例如模型：

$$y_t = \delta + \beta_0 x_t + \beta_1 x_{t-1} + \beta_2 x_{t-2} + \varepsilon_t$$

---

① 其中一些决策还取决于对未来汽油价格的预期，人们对油价的预期也导致人们对观测到的价格做出滞后反应。然而，预期是如何形成的也是值得深入探讨的一个问题。

该模型在包括变量 x 对 y 的影响同时,还分别包括了滞后一期和滞后两期的自变量(这里为了简便,我们假设单个自变量 x_t,但我们能很容易推广得到含有 K 个自变量的模型)。x_{t-1} 和 x_{t-2} 的存在捕捉了 x 对 y 的滞后效应。从经济学角度来看,只要满足我们所有的标准假设,这个公式中就不会出现其他问题。估计值是无偏且一致的。在假设①至假设⑤下,它们是最佳线性无偏估计量(BLUE)。如果假设⑥也被满足,那么我们的标准统计推断(假设检验和置信区间)是有效的,但即使没有假设⑥,我们的统计推断在大样本中也是有效的。

有时候考虑滞后因变量对我们的研究是很有帮助的。以下是一个简单而通用的模型:

$$y_t = \delta + \beta_0 x_t + \beta_1 x_{t-1} + \gamma y_{t-1} + \varepsilon_t$$

在这种情况下,回归系数并不是严格意义上的外生变量。因此,估计值不再是无偏的。然而,如果 $E(\varepsilon_t \mid x_t, x_{t-1}, y_{t-1}, \varepsilon_{t-1}, \varepsilon_{t-2}, \cdots) = 0$,则自变量是预先确定的,并且在合理的假设下,如数据是一个稳定和遍历的过程,我们的估计将是一致的且渐近正态的。

关于脉冲响应函数与动态乘数,动态乘数是总结 x 对 y 的动态影响的一种方式。我们首先研究仅包含滞后自变量的模型,即

$$y_t = \delta + \sum_{i=0}^{r} \beta_i x_{t-i} + \varepsilon_t$$

需要注意的是,如果 x_s 对所有 s 取某个固定值即 $x_s = \bar{x}$,则 y_t 的平均值 $Ey_t = \bar{y}$ 由下式给出:

$$\bar{y} = \delta + \bar{x} \sum_{i=0}^{r} \beta_i$$

我们可以看到,有时候在理论上允许任意时长的滞后是有帮助的,假设当 i 趋于无穷时,b 足够快地趋于无穷,此时 $\sum_{i=0}^{\infty} \beta_i$ 是有界的。

假设在时点 t,自变量增加一个单位,其他时点 x_t 的值保持不变,x_t 中的单位变化(即脉冲)对 y 的影响将随着时间而扩散。可以观测到,y 会增加 β_0。那么在下一个期间,由于 $y_{t+1} = \delta + \beta_0 x_{t+1} + \beta_1 x_t + \beta_2 x_{t-1} + \cdots + \beta_r x_{t-r+1} + \varepsilon_{t+1}$,可以得出 y_{t+1} 会增加 β_1。用这种方式我们可以得到:

$$\text{对于 } i = 0, 1, \cdots, r, \frac{\partial y_{t+i}}{\partial x_t} = \beta_i$$

$$\text{并且},\text{对于 } i > r, \frac{\partial y_{t+i}}{\partial x_t} = 0$$

这个结果也可以从 y_t 的原始方程直接得到,它意味着对于 $i = 0, 1, \cdots, r$, 有 $\partial y_t / \partial x_{t-i} = \beta_i$; 对于 $i > r$, 有 $\partial y_t / \partial x_{t-i} = 0$; 因为等式在所有时点都成立,所以一定有 $\partial y_{t+i} / \partial x_t = \partial y_t / \partial x_{t-i} = 0$。

动态响应 $\{\beta_i\}_{i=0}^{\infty}$ 通常称为脉冲响应函数或 IRF(Impulse Response Functions), 因为它给出了 y 随时间变化对 x 的一次性单位脉冲(即一次性单位冲击)的响应。术语"动态乘数"也由此体现。

我们还可以观测 x 持续增加对 y 的影响。假设在时点 t, x 的值持续增加一个单位,例如从对于 $s \leqslant t-1$ 有 $x_s = \bar{x}$ 开始,我们设定对于 $j = 0, 1, 2, \cdots$, 有 $x_{t+j} = \bar{x} + 1$。 这对 y_{t+j} 有什么样的影响呢? 对 y_t 的直接影响仍是 β_0, 它通常被叫作"影响乘数"。r 期后的累积效应为 $\sum_{i=0}^{r} \beta_i$。 长期乘数(或均衡乘数)由下式给出:

$$\text{长期乘数} = \sum_{i=0}^{r} \beta_i$$

分布滞后模型 $y_t = \delta + \sum_{i=0}^{r} \beta_i x_{t-i} + \varepsilon_t$ 的一个问题是最大滞后时长 r 是未知的。另一个问题是,如果 r 很大,则可能存在严重的多重共线性,因为 x_{t-i} 的不同滞后彼此之间具有很强的相关性。解决这一问题的其中一个方式是允许滞后因变量 y_{t-i} 作为自变量。

9.3　自回归分布滞后模型

对分布滞后建立模型的一种形式是 ARDL(Autoregressive Distributed Lag Model)模型(自回归分布滞后模型),即

$$y_t = \delta + \sum_{i=1}^{p} \gamma_i y_{t-i} + \sum_{i=0}^{r} \beta_i x_{t-i} + \varepsilon_t$$

其中, $\varepsilon_t \sim \text{iid}(0, \sigma_\varepsilon^2)$。 假设 γ_i 满足稳定条件,确保 y_t 是稳定的。该模型也被称为 ARDL(p, r)模型。ARDL 构建的滞后模型有以下优点:

(1) 相对较小的 p 和 r 可以捕捉复杂的动态效应,包含滞后 y_{t-i} 可以捕捉最后消失的长期滞后效应。

（2）给定 p 和 r 的 ARDL 模型可以通过 LS 进行一致估计（由于包含滞后因变量，存在小样本偏误，但这种偏误在大样本中不再存在）。

（3）通常的 t 检验和 F 检验可用于帮助判断 p 和 r 是否为较好的选择，LM 检验可用于检验序列相关性。

（4）事实证明，包含足够大的 p 和 r 值通常会消除随机扰动项中几乎所有的自相关。

以下是 ARDL 模型的一个简单特例：

$$y_t = \delta + \beta_0 x_t + \gamma y_{t-1} + \varepsilon_t$$

其中，$|\gamma| < 1$。条件 $|\gamma| < 1$ 是确保 y_t 不随时间激增并保证 y_t 是一个稳定过程所需的条件。该模型只有三个参数：δ、β_0 和 γ，可以通过最小二乘法一致估计。x_t 变化的 IRF（动态乘数）可以通过递归替换获得：

$$
\begin{aligned}
y_t &= \delta + \beta_0 x_t + \gamma(\delta + \beta_0 x_{t-1} + \gamma y_{t-2} + \varepsilon_{t-1}) + \varepsilon_t \\
&= \delta(1+\gamma) + \beta_0 x_t + \gamma \beta_0 x_{t-1} + \gamma^2 y_{t-2} + \varepsilon_t + \gamma \varepsilon_{t-1} \\
&= \delta(1+\gamma) + \beta_0 x_t + \gamma \beta_0 x_{t-1} + \gamma^2 (\delta + \beta_0 x_{t-2} + \gamma y_{t-3} + \varepsilon_{t-2}) + \varepsilon_t + \gamma \varepsilon_{t-1} \\
&= \cdots
\end{aligned}
$$

或者，继续向后替换：

$$y_t = \frac{\delta}{1-\gamma} + \beta_0 \sum_{i=0}^{\infty} \gamma^i x_{t-i} + \sum_{i=0}^{\infty} \gamma^i \varepsilon_{t-i}$$

需要注意的是，包含 y_{t-1} 意味着对于 $i = 0, 1, 2, \cdots$，x_t 的冲击会影响所有未来的 y_{t+i}。对于这个模型，动态乘数由下式给出：

$$\frac{\partial y_{t+i}}{\partial x_t} = \frac{\partial y_t}{\partial x_{t-i}} = \beta_0 \gamma^i$$

对于最常见的情况 $0 < \gamma < 1$，我们得到呈几何递减的权重，这是一种看似合理的滞后模式。

对应 x 持续增加一个单位的长期乘数由下式给出：

$$\beta_0 \sum_{i=0}^{\infty} \gamma^i = \beta_0 / (1-\gamma)$$

这也可以通过以下论证得到。假设自变量 x_s 固定在一个常数值即 $x_s = \bar{x}$。因为我们假设 y_t 的随机过程是稳定的，那么平均值 $\bar{y} = E y_t = E y_{t-1}$ 必须满足：

$$E(y_t) = \delta + \beta_0 \bar{x} + \gamma E(y_t)$$

所以

$$\bar{y} = (1-\gamma)^{-1}\delta + (1-\gamma)^{-1}\beta_0 \,\bar{x}$$

因此，$\dfrac{\partial \bar{y}}{\partial \bar{x}} = \dfrac{\beta_0}{1-\gamma}$ 是 x 持续增加一个单位对 y 的影响的长期乘数。

一个稍大但仍然简单的 ARDL 模型是 ARDL(1, 1)：

$$y_t = \delta + \beta_0 x_t + \beta_1 x_{t-1} + \gamma y_{t-1} + \varepsilon_t$$

其中，$|\gamma| < 1$，影响乘数为 β_0，动态乘数可以通过递归替换获得。动态乘数现在可以有更复杂的形式，这取决于 β_0 和 β_1。然而，对于 x 的持续单位增加，长期乘数也很容易从 $E(y_t) = \delta + \beta_0 \bar{x} + \beta_1 \bar{x} + \gamma E(y_t)$ 中得出，我们可以得到：

$$\frac{\partial \bar{y}}{\partial \bar{x}} = \frac{\beta_0 + \beta_1}{1-\gamma}$$

事实上，对于一般的 ARDL(p, r) 模型，长期乘数很容易获得，并且由下式给出：

$$\frac{\partial \bar{y}}{\partial \bar{x}} = \frac{\displaystyle\sum_{i=0}^{r} \beta_i}{1 - \displaystyle\sum_{i=0}^{p} \gamma_i}$$

ARDL(p, r) 模型的动态乘数仍然可以通过递归替换获得。但是当 p 和 r 较大时，这种计算可能很复杂冗长。

前面提到的 ARDL 模型的一个优点是：包含足够多的 x_t 和 y_t 的滞后变量可以消除扰动项中几乎所有的自相关性。为了证明这一点，考虑以下模型：

$$y_t = \alpha + \beta_0 x_t + \beta_1 x_{t-1} + \varepsilon_t$$
$$\varepsilon_t = \rho \varepsilon_{t-1} + u_t$$

其中，$|\rho| < 1$，$u_t \sim \mathrm{iid}(0, \sigma_u^2)$。

我们假设对于所有的 t、s、x_t 和 ε_s 是独立的，因此 x_t 是外生的。选取"差量 ρ"，正如在关于自相关的广义回归模型章节中一样，我们可得

$$y_t - \rho y_{t-1} = \alpha(1-\rho) + \beta_0(x_t - \rho x_{t-1}) + \beta_1(x_{t-1} - \rho x_{t-2}) + u_t$$

也可以写成

$$y_t = \alpha(1-\rho) + \rho y_{t-1} + \beta_0 x_t + (\beta_1 - \rho\beta_0)x_{t-1} - \rho\beta_1 x_{t-2} + u_t$$

它的特殊形式为

$$y_t = \mu + \phi y_{t-1} + \delta_0 x_t + \delta_1 x_{t-1} + \delta_2 x_{t-2} + u_t$$

其中，$u_t \sim \text{iid}(0, \sigma_u^2)$。可以通过最小二乘法一致地估计。通过包含额外的 x_t 和 y_t 滞后项，我们得到了带有序列不相关扰动项的模型。这种设定消除了自相关，不会改变动态乘数 $\partial y_{t+i} / \partial x_t$，即可以证明对于 $i \geqslant 2$，$\partial y_t / \partial x_t = \beta_0$，$\partial y_{t+1} / \partial x_t = \beta_1$ 及 $\partial y_{t+i} / \partial x_t = 0$ 仍然成立。

这种方法十分普遍。例如，如果 $y_t = \alpha + \gamma_1 y_{t-1} + \beta_0 x_t + \beta_1 x_{t-1} + \varepsilon_t$ 且 $\varepsilon_t = \rho_1 \varepsilon_{t-1} + \rho_2 \varepsilon_{t-2} + u_t$，这可以转换为 ARDL 模型 $y_t = \mu + \sum_{i=1}^{3} \phi_i y_{t-i} + \sum_{i=0}^{3} \delta_i x_{t-i} + u_t$。

例 9.1 **ARDL 模型举例** 考虑一个简单消费函数的动态设定，将实际消费的对数 c_t 与实际可支配收入的对数 x_t 关联起来。我们使用美国从 1950 年第一季度至 2007 年第三季度的季度数据，并采用 ARDL(1, 1) 模型进行估计。得到结果如下：

$$\hat{c}_t = \underset{(0.919\,2)}{-0.259\,4} + \underset{(0.053\,6)}{0.330\,8} x_t - \underset{(0.053\,4)}{0.289\,0} x_{t-1} + \underset{(0.020\,5)}{0.958\,7} c_{t-1}$$

影响乘数的估计值为 0.330 8。对于 x 持续增加一个单位，c_t 长期乘数的估计值为

$$\frac{0.330\,8 - 0.289\,0}{1 - 0.958\,7} = 1.012$$

该长期乘数估计值的标准误可以用 Delta 法得到最小二乘估计的估计方差矩阵。动态乘数 $\partial y_{t+i} / \partial x_t$ 的估计值可以通过上述递归替换方法从估计方程中得到。

9.4 带有固定效应的滞后因变量

我们无法容易地估计既有滞后的因变量，又有未观测的固定效应的模型：

$$y_{i,t} = \alpha + \rho y_{i,t-1} + \beta x_{i,t} + \delta f_i + \varepsilon_{i,t}$$

其中，$|\rho| < 1$ 与之前的固定效应不同，现在真实模型包含滞后的因变量作为自变量，即使 $x_{i,t}$ 和 f_i 不相关，也无法使用 OLS 进行估计，并且无法使用固定效应进行估算。

要了解 OLS 的问题，假设估计如下：

$$y_{i,t} = \alpha + \rho y_{i,t-1} + \beta x_{i,t} + v_{i,t}, \quad v_{i,t} = \delta f_i + \varepsilon_{i,t}$$

但是，$y_{i,t-1} = \alpha + \rho y_{i,t-2} + \beta x_{i,t-1} + \delta f_i + \varepsilon_{i,t-1}$。因此，$y_{i,t-1}$ 和复合误差 $v_{i,t}$ 正相关，因为它们都包含 f_i。也就是说，我们会得到忽略变量的偏误。即使不存在未观测到的异质性 f_i，有滞后的因变量的模型也会产生偏误，因此具有滞后因变量的固定效应模型并不让人满意。同样的问题也适用于一阶差分。这时，我们需要用工具变量 IV(Instrumental Variable)去解决这个问题。

9.5　Stata 代码示例

本节是第 9 章的 Stata do 文件代码示例——动态回归模型：分布滞后分析。这个 do 文件包含了 Stata 用于分布滞后的分析的动态回归模型主要步骤、代码，以及部分输出结果。

以下代码分别检验了联邦政府的 R&D 投资是否对地方政府、非营利组织的 R&D 投资充当了补充或替代作用。

数据清洗

```
lab var fice "Unique university id"
lab var dept_id "Unique department id"
gen double dept_to_id = dept_id * 0.01
gen double fice_dept = fice+dept_to_id
lab var fice_dept "Unique university—department id"
tab year, gen(year_dum)
tab dept_broad, gen(dept_broad_dum)
foreach y in dept_broad_reclassify {
foreach x in dept_broad {
gen 'y' = 1
replace 'y' = 1 if 'x' == 1
replace 'y' = 2 if 'x' == 2
replace 'y' = 3 if 'x' == 3
replace 'y' = 4 if 'x' == 4 | 'x' == 5
replace 'y' = 5 if 'x' == 6
```

```
replace 'y' = 6 if 'x' == 7 | 'x' == 8
replace 'y' = 7 if 'x' == 9
}
}
drop if research_uni_c05_DC == 0
drop if dept_broad_reclassify == 8
drop if dept_broad_reclassify == 7
gen dept_all_sciences = 1
/ * Total number of observations：53，222
>       Distribution
>       2010：10634
>       2011：11544
>       2012：10582
>       2013：10244
>       2014：10218
>       Total number of departments：11，674
>       Balance of R&D funding data：84.19% balanced；4.9% with only 1 panel
>       Total number of universities：449 * /
gen public_dummy = 1 if control == "Public"
recode public_dummy (.=0)
lab var public_dummy "Public dummy (1)，Private (0)"
gen private_dummy = 1 if control == "Private"
recode private_dummy (.=0)
lab var private_dummy "Private dummy (1)，Public (0)"
sum public_dummy private_dummy
tab dept_broad_reclassify, gen(dept_broad_reclassify_dum)
sort Year
set more off
by Year：sum total_exp
sort fice_dept year
br total_exp fed_exp state_local_exp business_exp nonprofit_exp university_exp
other_exp
```

```
sum total_exp fed_exp state_local_exp business_exp nonprofit_exp university_exp
other_exp
sum uni_num
xtset fice_dept year
panel variable: fice_dept (unbalanced)
time variable: year, 2010 to 2014, but with gaps
delta: 1 unit
xtdescribe
sort public_dummy
egen dept_num_pub = group(fice_dept) if public_dummy == 1
(18954 missing values generated)
egen dept_num_pri = group(fice_dept) if public_dummy == 0
(34268 missing values generated)
sum dept_num_pub dept_num_pri
foreach x in fed_exp state_local_exp business_exp nonprofit_exp {
set more off
xtdescribe if 'x' > 0
}


* Assess fields with missing information
foreach x in fed_exp_df_log business_exp_df_log state_local_exp_df_log nonprofit_
exp_df_log other_exp_df_log {
sum 'x' if 'x' > 0
}
tab dept_broad_reclassify, gen(dept_broad_reclassify_d)
preserve
* keep if full_panel_fed > 0
* keep if full_panel_fed == 5
sum fed_exp_df_log business_exp_df_log state_local_exp_df_log nonprofit_exp_df_
log other_exp_df_log
foreach x in fed_exp_df_log business_exp_df_log state_local_exp_df_log nonprofit_
exp_df_log other_exp_ df_log {
```

```
sum 'x' if 'x' > 0
}
preserve
keep if full_panel_fed > 0
foreach y in dept_all_sciences dept_broad_reclassify_d1 dept_broad_reclassify_d2
dept_broad_reclassify_d3 dept_broad_reclassify_d4 dept_broad_reclassify_d5 dept_
broad_reclassify_d6 {
set more off
sum fed_exp_df_log business_exp_df_log state_local_exp_df_log nonprofit_exp_df_
log other_exp_df_log if 'y' == 1
}
```

```
    Variable |     Obs       Mean    Std. Dev.     Min        Max        ** Engineering == 1
-------------+--------------------------------------------------------
  fed_exp_df~g |  28,835   11.48908    5.355897       0     20.06972
  busine~f_lo    28,83     5.75821     6.039869       0     19.211
           g |      5                                             65
  state_ ~f_lo   28,83     5.51786     6.092301       0     17.964
           g |      5                                             99
  nonpro~f_lo    28,83     6.09315     5.974529       0     18.631
           g |      5          9                                  83
  other_ ~f_lo   28,83     3.36995     5.280674       0     18.287
           g |      5          5                                  37
    Variable |     Obs       Mean    Std. Dev.     Min        Max        ** Physical Sciences == 2
-------------+--------------------------------------------------------
  fed_exp_df~g |   6,847   12.09325    5.061793       0     19.77908
  busine~f_lo     6,847     8.14390     5.916908       0     17.708
           g |                  2                                 53
  state_ ~f_lo    6,847     6.52138     6.178083       0     17.222
           g |                  5                                 58
  nonpro~f_lo     6,847     5.95818     5.853744       0     16.905
           g |                  4                                 39
  other_ ~f_lo    6,847     3.88248     5.491377       0     17.038
           g |                  7                                  6
    Variable |     Obs       Mean    Std. Dev.     Min        Max        ** Environmental Sciences
                                                                               == 3
-------------+--------------------------------------------------------
  fed_exp_df~g |   4,220   11.78302    5.085249       0     18.95054
  busine~f_lo     4,220     5.12154     5.71654       0     15.334
           g |                  2                                 57
  state_ ~f_lo    4,220     3.88038     5.447425       0     15.407
           g |                  9                                 21
  nonpro~f_lo     4,220     5.60140     5.712263       0     16.660
           g |                  4                                 22
  other_ ~f_lo    4,220     2.83410     4.894806       0     16.274
           g |                  6                                 28
    Variable |     Obs       Mean    Std. Dev.     Min        Max        ** Math Sciences & CS == 4
-------------+--------------------------------------------------------
  fed_exp_df~g |   3,350   10.43937    5.846356       0     18.15405
  busine~f_lo     3,350     4.48724     5.67323       0     16.881
           g |                  6                                 91
```

```
restore
br fice_dept year fed_exp_df_log full_panel_fed doctoral_uni_c05_DC c05_DC_15 c05_
DC_17
gen hdg_doctoral = 1 if full_panel_fed == 5
replace hdg_doctoral = . if hdg ! = "Doctorate-granting"
replace hdg_doctoral = . if c05_DC_15 == 1 | c05_DC_17 == 1
```

* 分析
* 我们选择最具代表性的样本进行分析

keep if hdg_doctoral == 1

keep Year year state_local_exp_df_log business_exp_df_log nonprofit_exp_df_log other_exp_df_log fed_exp_df_log fice_dept year dept_all_sciences dept_broad_reclassify public_dummy private_dummy FICE total_exp total_exp_df university_exp_df dept_id university_exp_df_log fice

tab dept_broad_reclassify，gen(dept_broad_reclassify_d)

tab year，gen(year_dum)

lab var fed_exp_df_log "Federal"

lab var business_exp_df_log "Industry"

lab var state_local_exp_df_log "State & Local"

lab var nonprofit_exp_df_log "Nonprofit"

lab var other_exp_df_log "Other"

save "$ dir1/RD Funding_PLOS.dta"，replace

* file /Dropbox/Courses/Session 9/RD Funding_PLOS.dta saved

clear all

set more off

use "$ dir1/RD Funding_PLOS.dta"

* 描述性统计

sort FICE Year

by FICE Year：egen total_uni_exp = sum(total_exp)

by FICE Year：egen total_uni_exp_df = sum(total_exp_df)

sum total_exp_df fed_exp_df state_local_exp_df business_exp_df nonprofit_exp_df university_exp_df other_exp_df

set more off

by dept_broad_reclassify：sum total_exp_df fed_exp_df state_local_exp_df business_exp_df nonprofit_exp_df university_exp_df other_exp_df

br fice_dept dept_broad_reclassify Year total_exp_df

sort dept_broad_reclassify Year

set more off

```
by dept_broad_reclassify Year: egen total_dept_annual_funding = sum(total_exp)
by dept_broad_reclassify: sum total_dept_annual_funding if Year == 2014
sort Year
by Year: egen total_annual_funding = sum(total_exp)
sum total_annual_funding if Year == 2014
foreach x in fed_exp_df_log business_exp_df_log state_local_exp_df_log nonprofit_
exp_df_log other_exp_ df_log {
sum 'x' if 'x' > 0
}
egen uni_num_plos = group(fice)
sum uni_num_plos
egen uni_num_pub_plos = group (fice) if public_dummy ==1
(4715 missing values generated)
egen dept_num_pub_plos = group (fice_dept) if public_dummy ==1
(4715 missing values generated)
egen dept_num_plos = group(fice_dept)
sum dept_num_plos
tab dept_broad_reclassify
xtset fice_dept year
panel variable: fice_dept (strongly balanced)
time variable: year, 2010 to 2014
delta: 1 unit
xtdescribe
* Min: 1; Max: 26; SD: 6.8
```

* 回归分析

```
xtset fice_dept year
panel variable: fice_dept (strongly balanced)
time variable: year, 2010 to 2014
delta: 1 unit
set more off
  global x fed_exp_df_log
```

```
global y business_exp_df_log
 global z state_local_exp_df_log nonprofit_exp_df_log other_exp_df_log
xi：xtabond2 $y $x $z l. $y i. year, gmmstyle ( $x l. $z l. $y) ivstyle
(i.year) robust
i.year    Iyear 2010－2014       (naturally coded; Iyear 2010 omitted)
outreg2 using " $dir/Results/full output. xls"，bdec(3) rdec(3) replace ctitle
(Industry outcome) label a ddtext (Department FE, Yes)
dir：seeout
global y state local exp df log

global z business exp df log nonprofit exp df log other exp df log

xi：xtabond2 $y $x $z l. $y i. year, gmmstyle ( $x l. $z l. $y) ivstyle
(i.year) robust

i.year    Iyear 2010－2014
 global y nonprofit exp df log

 global z business exp df log state local exp df log other exp df log

xi：xtabond2 $y $x $z l. $y i. year, gmmstyle ( $x l. $z l. $y) ivstyle
(i.year) robust

i.year    Iyear 2010－2014       (naturally coded;  Iyear 2010 omitted)
outreg2 using " $dir/Results/full output. xls"，bdec(3) rdec(3) append ctitle
(Nonprofit outcome) label a ddtext(Department FE, Yes)
global x fed exp df log
    * 表 2
   * global y business_exp_df_log
   * global z state_local_exp_df_log nonprofit_exp_df_log other_exp_df_log
    * 表 3
   * global y state_local_exp_df_log
   * global z business_exp_df_log nonprofit_exp_df_log other_exp_df_log
    * 表 4
   global y nonprofit_exp_df_log
   global z business_exp_df_log state_local_exp_df_log other_exp_df_log
set more off
*1* 最终模型
```

```
xi：xtabond2 $y $x $z l. $y i. year, gmmstyle（$x l. $z l. $y）ivstyle
(i. year) robust
i. year     Iyear 2010 - 2014
outreg2 using "$dir/Results/full output. xls"，bdec（3）rdec（3）replace ctitle
(Primary Model) label addt ext(Department FE，Yes)
* 2 * 混合 OLS 模型
tsset fice_dept year
40
reg $y $x $z i.year l. $y l2. $y, cluster(fice_dept)
outreg2 $y $x $z i. year l. $y l2. $y using "$dir/Results/full output. xls"，
bdec(3) rdec(3) append ctitle (Double Lag OLS) label addtext(Department FE，No)
* 3 * 固定效应
xtset fice_dept year
panel variable：fice_dept（strongly balanced）
time variable：year, 2010 to 2014
delta：1 unit
xi：xtreg $y $x $z i.year, fe
i.year     _Iyear_2010 - 2014      (naturally coded；_Iyear_2010 omitted)
outreg2 $y $x $z i.year using "$dir/Results/full output.xls"，append ctitle(FE)
label addtext(Department FE，Yes)
* 4 * 聚类标准误
xi：xtabond2 $y $x $z l. $y i. year, gmmstyle（$x l. $z l. $y）ivstyle
(i. year) robust
Robust Check
xi：xtabond2 $y $x $z l. $y i. year, gmmstyle（$x $z l. $y）ivstyle
(i. year) robust
outreg2 using "$dir/Results/full output. xls"，bdec（3）rdec（3）append ctitle
(xtabond2：pre x&z end y) l
> abel addtext(Department FE，Yes)


/ * 3 分组设定
    global x fed_exp_df_log
```

```
global y nonprofit_exp_df_log
global z business_exp_df_log state_local_exp_df_log other_exp_df_log
  global x fed_exp_log
   * global y business_exp_log
   * global z state_local_exp_log nonprofit_exp_log other_exp_log
   * global y state_local_exp_log
   * global z business_exp_log nonprofit_exp_log other_exp_log
  global y nonprofit_exp_log
  global z business_exp_log state_local_exp_log other_exp_log
matrix m1＝(1)
matrix m2＝(1)
matrix m3＝(1)
matrix m4＝(1)
foreach dept in dept_all_sciences dept_broad_reclassify_d1 dept_broad_reclassify_d2
dept_broad_reclassify_d3 dept_broad_reclassify_d4 dept_broad_reclassify_d5 dept_
broad_reclassify_d6 {
foreach x in $x {
set more off
xtset fice_dept year
preserve
keep if 'dept' == 1
xi：xtabond2 $y $x $z l. $y i. year，gmmstyle（$x l. $z l. $y）ivstyle
（i.year）robust
 * $y：endogenous；$x：predetermined；$z：endogenous
 * xi：xtabond2 $y $x $z l. $y i. year，gmmstyle（$x $z l. $y）ivstyle
（i.year）robust
xtreg $y $x $z i.year，fe
matrix mp = r(table)
matrix m1 = m1\(_b['x'])
matrix m2 = m2\(_se['x'])
matrix m3 = m3\(e(N))
matrix m4 = m4\mp[4,1]
```

```
matrix drop mp
restore
}
}


sort Year dept_broad_reclassify
forval x=25(25)75{
by Year dept_broad_reclassify: egen p_tot_dept_exp_rcl 'x'=pctile(total_exp),
p('x')
}
 forval x=25(25)75{
 gen q_tot_dept_exp_rcl 'x'=0
 replace q_tot_dept_exp_rcl 'x'=1 if total_exp>p_tot_dept_exp_rcl 'x'
 }
egen Q_tot_dept_exp_rcl = rowtotal(q_tot_dept_exp_rcl25-q_tot_dept_exp_rcl75)
replace Q_tot_dept_exp_rcl=Q_tot_dept_exp_rcl+1
tabulate Q tot dept exp rcl, generate(d totdeptexp rcl quartile)
label variable d_totdeptexp_rcl_quartile1 "Total Exp (by dept & year) Q1, reclassify"
label variable d_totdeptexp_rcl_quartile2 "Total Exp (by dept & year) Q2, reclassify"
label variable d_totdeptexp_rcl_quartile3 "Total Exp (by dept & year) Q3, reclassify"
label variable d_totdeptexp_rcl_quartile4 "Total Exp (by dept & year) Q4, reclassify"
sort fice dept
by fice_dept: egen H_res_dept_rcl = max(d_totdeptexp_rcl_quartile4)
gen L_res_dept_rcl = 1 if H_res_dept_rcl == 0
recode L_res_dept_rcl (.=0)


 调节效应——研究能力分组
 global x fed_exp_df_log
 global y business_exp_df_log
 global z state_local_exp_df_log nonprofit_exp_df_log other_exp_df_log5
             global x fed_exp_log
             global y business_exp_log
```

global z state_local_exp_log nonprofit_exp_log other_exp_log

```
matrix m1=(1)
matrix m2=(1)
matrix m3=(1)
matrix m4=(1)
foreach strat in H_res L_res {
foreach x in $x {
set more off
xtset fice dept year
preserve
keep if 'strat' == 1
* xi: xtabond2 $y $x $z l. $y i. year, gmmstyle ($x l. $z l. $y) ivstyle
(i.year) robust
        * $y: endogenous; $x: predetermined; $z: endogenous
* xi: xtabond2 $y $x $z l. $y i. year, gmmstyle ($x $z l. $y) ivstyle
(i.year) robust
        * $y: endogenous; $x: predetermined; $z: predetermined
xtreg $y $x $z i.year, fe
matrix mp = r(table)
matrix m1 = m1\( b['x'])
matrix m2 = m2\( se['x'])
matrix m3 = m3\(e(N))
matrix m4 = m4\mp[4,1]
matrix drop mp
restore
}
}
```

* 3 *　调节效应——上市公司和非上市公司分组

```
global x fed_exp_df_log
 * global y business_exp_df_log
 * global z state_local_exp_df_log nonprofit_exp_df_log other_exp_df_log
```

```
global y state_local_exp_df_log
global z business_exp_df_log nonprofit_exp_df_log other_exp_df_log
 * global y nonprofit_exp_df_log
 * global z business_exp_df_log state_local_exp_df_log other_exp_df_log
    global x fed_exp_log
    * global y business_exp_log
    * global z state_local_exp_log nonprofit_exp_log other_exp_log
    global y state_local_exp_log
    global z business_exp_log nonprofit_exp_log other_exp_log
    * global y nonprofit_exp_log
    * global z business_exp_log state_local_exp_log other_exp_log
matrix m1＝(1)
matrix m2＝(1)
matrix m3＝(1)
matrix m4＝(1)
foreach strat in public_dummy private_dummy {
foreach dept in dept_all_sciences dept_broad_reclassify_d1 dept_broad_reclassify_d2
dept_broad_reclassify_d3 dept_broad_reclassify_d4 dept_broad_reclassify_d5 dept_
broad_reclassify_d6 {
foreach x in $x {
set more off
xtset fice dept year
preserve
keep if 'dept' == 1
keep if 'strat' == 1
 * xi: xtabond2 $y $x $z l. $y i. year, gmmstyle( $x l. $z l. $y) ivstyle
(i.year) robust
        * $y: endogenous; $x: predetermined; $z: endogenous
 * xi: xtabond2 $y $x $z l. $y i. year, gmmstyle( $x $z l. $y) ivstyle
(i.year) robust
        * $y: endogenous; $x: predetermined; $z: predetermined
xtreg $y $x $z i.year, fe
```

```
matrix mp = r(table)
matrix m1 = m1\( _b['x'])
matrix m2 = m2\( _se['x'])
matrix m3 = m3\(e(N))
matrix m4 = m4\mp[4,1]
restore
}
}
}
```

结果呈现

```
** Engineering == 1
** Physical Sciences == 2
** Environmental Sciences == 3
** Mathematical Sciences & Computer Sciences == 4
** Life Sciences == 5
** Social Sciences & Psychology == 6
** Other Sciences == 7
xtset fice_dept year
panel variable：fice_dept (strongly balanced)
time variable：year，2010 to 2014
delta：1 unit
```

非营利结果

```
global x fed_exp_df_log
global y nonprofit_exp_df_log
global z business_exp_df_log state_local_exp_df_log university_exp_df_log other_exp_df_log
xtabond $y $x $z year_dum1 year_dum2 year_dum3，twostep maxldep(1) vce(robust) artests(2)
note：year_dum1 dropped because of collinearity
estimates store nonprofit_total
preserve
keep if dept_broad_reclassify == 3
```

(15,580 observations deleted)

xtabond $y $x $z year_dum1 year_dum2 year_dum3，twostep maxldep(1) vce(robust) artests(2)

note：year_dum1 dropped because of collinearity

estimates store nonprofit_envsci

restore

州和地方结果

global x fed_exp_df_log

global y state_local_exp_df_log

global z business_exp_df_log nonprofit_exp_df_log university_exp_df_log other_exp_df_log

xtabond $y $x $z year_dum1 year_dum2 year_dum3，twostep maxldep(1) vce(robust) artests(2)

note：year_dum1 dropped because of collinearity

estimates store statelocal_total

preserve

keep if dept_broad_reclassify == 1

(12,695 observations deleted)

xtabond $y $x $z year_dum1 year_dum2 year_dum3，twostep maxldep(1) vce(robust) artests(2)

note：year_dum1 dropped because of collinearityestimates store statelocal eng

restore

preserve

keep if dept_broad_reclassify == 5

(14,200 observations deleted)

xtabond $y $x $z year_dum1 year_dum2 year_dum3，twostep maxldep(1) vce(robust) artests(2)

note：year_dum1 dropped because of collinearity

estimates store statelocal_life

restore

商业成果

global x fed_exp_df_log

global y business_exp_df_log

global z state_local_exp_df_log nonprofit_exp_df_log university_exp_df_log other_exp_df_log

xtabond $y $x $z year_dum1 year_dum2 year_dum3, twostep maxldep(1) vce(robust) artests(2)

* note：year_dum1 dropped because of collinearity

estimates store industry_total

preserve

keep if dept_broad_reclassify == 2

(14,715 observations deleted)

estimates store industry_phys

restore

preserve

keep if dept_broad_reclassify == 1

(12,695 observations deleted)

xtabond $y $x $z year_dum1 year_dum2 year_dum3, twostep maxldep(1) vce(robust) artests(2)

estimates store industry_eng

restore

preserve

keep if dept_broad_reclassify == 4

(15,380 observations deleted)

xtabond $y $x $z year_dum1 year_dum2 year_dum3, twostep maxldep(1) vce(robust) artests(2)

note：year_dum1 dropped because of collinearity

estimates store industry_mathcom

restore

相关系数表

coefplot (nonprofit_total, label(Nonprofit)) (nonprofit_envsci, label(Nonprofit Environmental Science)) (statelocal_total, label(State & Local)) (statelocal_eng, label(State & Local Engineering)) (statelocal_life, label(State & Local Life Science)) (industry_total, label(Industry)) (industry_phys, label(Industry Physical Science)) (industry_eng, label(Industry Engineering)) (industry_mathcom,

label(Industry Math & Computer Science))，keep(fed_exp_df_log) ///
mlabel mlabposition(12) format(%6.0g) coeflabels(fed_exp_df_log = "Federal Funding") levels(95 90 75)ciopts(lwidth(1.75 ..) lcolor(∗.4 ∗.6 ∗.8 ∗1))
log close

思考题

（1）时间序列数据具有什么特征？

（2）什么是滞后效应？

（3）产生滞后效应的原因有哪些？

（4）对分布滞后模型进行估计存在什么困难，实证研究中如何解决这些困难？

（5）分布滞后模型、自回归模型和自回归分布滞后模型之间有什么区别和联系？

（6）为什么有滞后因变量的模型也会产生偏误？

第10章
广义回归模型

10.1 简 介

回顾一下 OLS 标准假设：① 线性于参数——$y = X\beta + \varepsilon$；② 满秩——X 具有列满秩；③ 外生性——$E[\varepsilon \mid X] = 0$；④ 同方差和非自相关——$E[\varepsilon\varepsilon' \mid X] = \sigma^2 I$；⑤ 数据生成——$X$ 可以是非随机的（固定的）或随机的；⑥ 正态分布——$\varepsilon \mid X$ 是多元正态的。本章的重点是假设④。广义回归模型：

$$y = X\beta + \varepsilon$$
$$E[\varepsilon \mid X] = 0$$
$$E(\varepsilon\varepsilon' \mid X) = \sigma^2 \Omega = \Sigma$$

其中，Σ（也就是 Ω）是正定矩阵。这里我们经常写成 $\sigma^2\Omega$，$\sigma^2 > 0$，以保持与 $\Omega = I$ 的标准情况的比较。另外，在某些情况下，Ω 的形式在某些比例参数下是已知的，因此 $\sigma^2\Omega$ 是有用的。我们要考虑异方差和自相关两种情况，异方差意味着不同观测值的方差不同。

10.2 异方差

纠正估计的标准误，核心是要确保标准误正确，以避免误导或不正确的推论。例如，太小的标准误差将导致我们拒绝原假设，更容易推断估计的系数 β 是显著区别于零。也就是说，当不存在同方差即存在异方差性时，我们可能会错误地以为发现了"具有统计学意义"的效应。在尝试找出适当的标准误时通常会出现的一个问题是同方差性与异方差性。同方差假设残差 ε 的方差在条件期望函数周围不依赖于协变量 X，而异方差性并不假设这一点。

同方差性意味着 $\text{var}(\varepsilon \mid x) = \sigma^2$，即干扰项的方差 ε 不取决于观测到的 x 的水平；异方差性意味着 $\text{var}(\varepsilon \mid x) = f(x)$，即干扰项方差 ε 在某种程度上取决于 x 的水平。在应用中，哪个假设更现实？例如，在投资回归中，同方差性和异方差性哪个更现实？$\text{Investment} = \alpha + \beta Q + \varepsilon$。答案是异方差性似乎是一个更安全的假设。

如果只有异方差存在，那么

$$\sigma^2 \Omega = \sigma^2 \begin{pmatrix} \omega_1 & 0 & \cdots & 0 \\ 0 & \omega_2 & \cdots & 0 \\ & & \vdots & \\ 0 & 0 & \cdots & \omega_n \end{pmatrix} = \begin{pmatrix} \sigma_1^2 & 0 & \cdots & 0 \\ 0 & \sigma_2^2 & \cdots & 0 \\ & & \vdots & \\ 0 & 0 & \cdots & \sigma_n^2 \end{pmatrix} = \Sigma$$

其中，$\sigma_i^2 = \sigma^2 \omega_i$。异方差在横截面数据中并不少见，在这些数据中，因变量的规模在不同的观测值中变化很大。它也出现在金融市场的时间序列数据中，动荡期和高波动期通常集中在一起。

1. 异方差：分组数据

假设标准模型适用于个体，即

$$y_i = x_i'\beta + \varepsilon_i$$

其中，$i = 1, \cdots, n$。通常假设成立，包括 $E(\varepsilon_i^2 \mid X) = \sigma^2$。然而，假设我们只有组内平均的数据，即

$$\bar{y}_j = \bar{x}_j'\beta + \bar{\varepsilon}_j$$

其中，$j = 1, \cdots, m$，m 是组的数量。令 n_j 代表组内样本的数量（因此，$\sum_{j=1}^{m} n_j = n$），我们可得

$$\text{var}(\bar{\varepsilon}_j) = \frac{\sigma^2}{n_j}$$

那么

$$\Omega = \begin{pmatrix} 1/n_1 & 0 & \cdots & 0 \\ 0 & 1/n_2 & \cdots & 0 \\ & & \vdots & \\ 0 & 0 & \cdots & 1/n_m \end{pmatrix}$$

2. 规模效应引起的异方差

异方差经常会因规模效应而产生,例如,在企业的横截面中,大型企业往往会有较大方差的干扰。如果扰动项的方差取决于自变量,则条件性的异方差模型可能是合适的,例如:简单回归模型中的 $\sigma_i^2 = \sigma^2 x_i^2$ 或 $\sigma_i^2 = \sigma^2 (x_i'\alpha)^2$。 在后一种情况中,异方差取决于已知或未知的参数 σ。

自相关通常存在于时间序列数据中。如果一个干扰因素在某一特定时期是大的,那么它在其他邻近时期也可能是大的,而且符号相同。假设是同方差,这将导致协方差矩阵的形式为

$$\sigma^2 \Omega = \sigma^2 \begin{bmatrix} 1 & \rho_1 & \cdots & \rho_{n-1} \\ \rho_1 & 1 & \cdots & \rho_{n-2} \\ & & \vdots & \\ \rho_{n-1} & \rho_{n-2} & \cdots & 1 \end{bmatrix}$$

其中,$\rho_j \geqslant 0$, $j = 1, \cdots, n$。

10.3 自相关

假设

$$y_t = x_t'\beta + \varepsilon_t$$

其中,$t = 1, \cdots, T$。

$$\varepsilon_t = \rho\varepsilon_{t-1} + u_t$$

其中,$u_t \sim \text{iid}(0, \sigma_u^2)$。

我们有时用 t 代替 i,用 T 代替 n 来强调我们关注的是时间序列数据。我们需要施加限制 $|\rho| < 1$,以确保 ε_t 不会随着时间的推移突然变化,并且假设 $Eu_t\varepsilon_{t-j} = 0$,$j = 1, 2, 3 \cdots$,$\varepsilon_t$ 过程被称为 AR(1) 过程(一阶的自回归过程)。更一般地说,AR(p) 过程的形式是

$$\varepsilon_t = \lambda_1\varepsilon_{t-1} + \cdots + \lambda_p\varepsilon_{t-p} + u_t$$

有时也会遇到移动平均过程。移动平均 MA(p) 流程采用以下形式:

$$\varepsilon_t = u_t + \theta_1 u_{t-1} + \cdots + \theta_p u_{t-p}$$

其中，$u_t \sim \text{iid}(0, \sigma_u^2)$。

面板数据集由在几个时间点观测到的横截面组成，可以表现出异方差和自相关。

10.4　广义最小二乘的结果

回到一般情况，假设 $E(\varepsilon\varepsilon' \mid X) = \sigma^2 \Omega$，但我们还是要运行 LS。$b$ 的性质是什么？首先，b 是条件无偏的。像往常一样，我们可得

$$b = (X'X)^{-1}X'y = \beta + (X'X)^{-1}X'\varepsilon$$

所以

$$E(b \mid X) = \beta + (X'X)^{-1}X'E(\varepsilon \mid X) = \beta$$

然而，$\text{var}(b \mid X)$ 不是由我们的标准公式给出的。我们可得

$$\text{var}(b \mid X) = (X'X)^{-1}X'E(\varepsilon\varepsilon' \mid X)X(X'X)^{-1}$$

或

$$\text{var}(b \mid X) = \sigma^2(X'X)^{-1}X'\Omega X(X'X)^{-1}$$

但计算机报告的 $\text{var}(b \mid X)$ 估计值为

$$\widehat{\text{var}}(b \mid X) = s^2(X'X)^{-1}$$

显然，$\widehat{\text{var}}(b \mid X)$ 不会是 $\text{var}(b \mid X)$ 的条件无偏（或一致）估计。因此，我们基于 $\text{SE}(b_i)$ 的标准推断程序可能是错的。也就是说，我们通常的假设检验和置信度检验程序将失效。此外，正如我们看到的，LS 是无效的，也就是说它不是最小方差的条件无偏估计量。

对于自相关，已经有一些关于计算出的 SEs 的偏误方向的研究。在 $\rho > 0$ 的 AR(1) 情况下，如果自变量 x_t 趋向于或遵循一条平滑路径，那么我们通常计算系数 SEs 的公式往往会低估估计系数的真实标准差，有时甚至是大大低估。

1. LS 的渐近性

虽然 LS 效率低，但正如我们所见，它是条件无偏的。此外，它在附加假设下也是成立的。因为

$$b = \beta + (n^{-1}X'X)^{-1}(n^{-1}X'\varepsilon)$$
$$= \beta + \left(n^{-1}\sum_{i=1}^{n}x_i x_i'\right)^{-1}\left(n^{-1}\sum_{i=1}^{n}x_i\varepsilon_i\right)$$

当 $n^{-1} \sum\limits_{i=1}^{n} x_i x_i' \xrightarrow{p} Q$，且无显著差异，并且 $n^{-1} \sum\limits_{i=1}^{n} x_i \varepsilon_i \xrightarrow{p} 0$，我们可以得到一致的结论，在弱大数定律成立的时候也成立（例如，在随机抽样的前提下）。类似地，在许多情况下，b 是渐近正态的。

2. 广义最小二乘法

如果 Ω 是已知的，那么有一种方法可以用于纠正"非球面"扰动。需要注意的是，我们只需要知道 $\mathrm{var}(\varepsilon \mid X) = E(\varepsilon\varepsilon' \mid X)$。因为 Ω 是正定矩阵，所以 Ω^{-1} 也是正定矩阵，一个标准的线性代数结果是，每个正定矩阵都可以被分解为

$$\Omega^{-1} = P'P$$

其中，P 是无显著差异的。注意，这意味着：

$$\Omega = P^{-1}(P')^{-1}, \ P\Omega P' = I$$

我们可以得到一个有效估计值：

$$Py = PX\beta + P\varepsilon$$
$$y^* = X^*\beta + \varepsilon^*$$

其中，$y^* = Py$，$X^* = PX$，$\varepsilon^* = P\varepsilon$。接下来请注意 $E(\varepsilon^* \mid X) = E(P\varepsilon \mid X) = PE(\varepsilon \mid X) = 0$，并且

$$E(\varepsilon^*\varepsilon^{*\prime} \mid X) = PE(\varepsilon\varepsilon' \mid X)P' = \sigma^2 P\Omega P' = \sigma^2 I$$

因此模型为

$$y^* = X^*\beta + \varepsilon^*$$

遵守高斯-马尔可夫定理所需要的假设。由此可见，y 对 X 的 LS 回归将是有效的。也就是说，估计值

$$\hat{\beta} = (X^{*\prime}X^*)^{-1}X^{*\prime}y^*$$

是 β 的最优线性无偏估计量。此外，我们知道：

$$\mathrm{var}(\hat{\beta} \mid X) = \sigma^2 (X^{*\prime}X^*)^{-1}$$

将其代入，我们得到：

$$\hat{\beta} = (X'P'PX)^{-1}X'P'Py$$

或

$$\hat{\beta} = (X'\Omega^{-1}X)^{-1}X'\Omega^{-1}y$$

这被称为广义线性回归(GLS)估计值。

注意:

$$\mathrm{var}(\hat{\beta} \mid X) = \sigma^2(X^{*\prime}X^*)^{-1} = \sigma^2(X'\Omega^{-1}X)^{-1}$$

另外,$\mathrm{var}(\hat{\beta} \mid X)$ 的一个条件无偏估计值为

$$\widehat{\mathrm{var}}(\hat{\beta} \mid X) = s^2(X'\Omega^{-1}X)^{-1}$$

其中

$$s^2 = \frac{(y^* - X^*\hat{\beta})'(y^* - X^*\hat{\beta})}{n-K} = \frac{(y - X\hat{\beta})'\Omega^{-1}(y - X\hat{\beta})}{n-K}$$

这些公式可以按照通常的思路用来进行 t 检验和 F 检验。

3. GLS 的渐进性

与标准回归模型一样,在一些合理的附加假设下,可以证明,即使 ε 不是正态的,GLS 估计也是一致的,并且是渐进正态的。

4. 异方差举例

考虑一个简单的回归模型:

$$y_i = \beta_1 + \beta_2 x_i + \varepsilon_i$$

其中,

$$\sigma_i^2 = \sigma^2 x_i^2$$

那么

$$\Omega = \begin{pmatrix} x_1^2 & 0 & \cdots & 0 \\ 0 & x_2^2 & \cdots & 0 \\ & & \vdots & \\ 0 & 0 & \cdots & x_n^2 \end{pmatrix}, \quad P = \begin{pmatrix} \dfrac{1}{x_1} & 0 & \cdots & 0 \\ 0 & \dfrac{1}{x_2} & \cdots & 0 \\ & & \vdots & \\ 0 & 0 & \cdots & \dfrac{1}{x_n} \end{pmatrix}$$

因此

$$Py = \begin{bmatrix} \dfrac{y_1}{x_1} \\[2mm] \dfrac{y_2}{x_2} \\[2mm] \vdots \\[2mm] \dfrac{y_n}{x_n} \end{bmatrix}, \quad P\iota = \begin{bmatrix} \dfrac{1}{x_1} \\[2mm] \dfrac{1}{x_2} \\[2mm] \vdots \\[2mm] \dfrac{1}{x_n} \end{bmatrix}, \quad Px = \begin{bmatrix} 1 \\ 1 \\ \vdots \\ 1 \end{bmatrix}$$

所以,GLS 可以通过估计下面这个模型来进行:

$$y_i / x_i = (1/x_i)\beta_1 + \beta_2 + \varepsilon_i^*$$

这种转换使得干扰项 $\varepsilon_i^* = \varepsilon_i / x_i$ 是同方差的,因为 $\mathrm{var}[(\varepsilon_i / x_i) \mid X] = x_i^{-2}\mathrm{var}(\varepsilon_i \mid X) = x_i^{-2}\sigma^2 x_i^2 = \sigma^2$。

如果 Ω 是未知的,那么一个自然的替代方法就是根据普通最小二乘法来估计 Ω,然后用这个估计值来进行 GLS 估计。这就是所谓的两步估计法,通常被称为"可行的 GLS"或 FGLS(Feasible Generalized Least Square)。例如,假设我们有一个多元回归模型:

$$y_i = x_i'\beta + \varepsilon_i$$

其中,$i = 1, \cdots, n$。而且我们认为有条件的异方差是存在的,σ^2 取决于自变量:

$$\sigma_i^2 = x_i'\alpha$$

其中,向量 α 是未知的。作为第一步,我们可以用 LS 来估计 β 的 b。b 不是有效的,但它是条件无偏的,并且是一致的(在相对较弱的假设下)。由此可见,$e_i = y_i - x_i'b$ 是 ε_i 的一致估计量。这是因为 $e_i - \varepsilon_i = x_i'(\beta - b)$,因此 $b \xrightarrow{p} \beta$ 意味着 $e_i - \varepsilon_i \xrightarrow{p} 0$。我们也可以把它写成 $e_i \xrightarrow{p} \varepsilon_i$。

由于 $\sigma_i^2 = E(\varepsilon_i^2 \mid x_i)$,所以 $\varepsilon_i^2 = \sigma_i^2 + \eta_i$,其中 $E(\eta_i \mid x_i) = 0$,或 $\varepsilon_i^2 = x_i'\alpha + \eta_i$。那么,一个自然的程序就是通过下面这个回归来估计的。

$$e_i^2 = x_i'\alpha + \nu_i$$

其中,α 为这个回归的 LS 估计值。可以证明,α 是一致的,即 $a \xrightarrow{p} \alpha$。可行的 GLS 程序可以执行 GLS,通过

$$\hat{\Omega} = \begin{pmatrix} x_1' a & 0 & \cdots & 0 \\ 0 & x_2' a & \cdots & 0 \\ & & & \vdots \\ 0 & 0 & \cdots & x_n' a \end{pmatrix}$$

可以证明,这给出了一个一致的、渐进有效的估计。

5. 自相关举例

带有 AR(1) 干扰项的 GLS。对于 AR(1) 过程,我们的模型是:

$$y_t = x_t' \beta + \varepsilon_t$$

其中,$t = 1, \cdots, T$。

$$\varepsilon_t = \rho \varepsilon_{t-1} + u_t$$

其中,$|\rho| < 1$,$u_t \sim \mathrm{iid}(0, \sigma_u^2)$。

我们假设 ε_t 是一个稳定的随机过程。因此 $\mathrm{var}(\varepsilon_t) = E\varepsilon_t^2$ 是独立于日历时间的,同样,$\mathrm{cov}(\varepsilon_t, \varepsilon_{t-j}) = E\varepsilon_t\varepsilon_{t-j}$,$j = 1, \cdots, n$,与日历时间 t 无关。

随机过程 u_t 有时被称为独立同分布"白噪声"时间序列过程(白噪声过程是一个具有恒定方差的零平均连续不相关过程)。像往常一样,x_t 被假定为外生的,因此 $E(\varepsilon_t \mid X) = 0$,而且也方便做出更强的假设,即 x_t 和 ε_s 对所有的 s 和 t 也是独立的。

通过递归替代,我们可以得到:

$$\varepsilon_t = u_t + \rho u_{t-1} + \rho^2 u_{t-2} + \cdots$$

因此,$E(u_t \mid \varepsilon_{t-1}, \varepsilon_{t-2}, \cdots) = 0$。我们现在来计算方差-协方差矩阵 $\mathrm{var}(\varepsilon) = E\varepsilon\varepsilon'$。通过 $\varepsilon_t = u_t + \rho u_{t-1} + \rho^2 u_{t-2} + \cdots$ 我们有

$$\mathrm{var}(\varepsilon_t) = \mathrm{var}(u_t)(1 + \rho^2 + (\rho^2)^2 + \cdots) = \frac{\sigma_u^2}{1 - \rho^2}$$

且与 t 无关。我们也可得

$$E\varepsilon_t\varepsilon_{t-1} = E(\rho \varepsilon_{t-1} + u_t)\varepsilon_{t-1} = \rho \mathrm{var}(\varepsilon_t)$$

使用 $\mathrm{var}(\varepsilon_{t-1}) = \mathrm{var}(\varepsilon_t)$,更普遍的是

$$E\varepsilon_t\varepsilon_{t-j} = \rho^j \mathrm{var}(\varepsilon_t)$$

其中,$j = 1, 2, 3, \cdots$

因此,通过 $\sigma_\varepsilon^2 \equiv \mathrm{var}(\varepsilon_t)$,我们可得

$$E\varepsilon\varepsilon' = E(\varepsilon\varepsilon' \mid X) = \sigma_\varepsilon^2 \Omega = \sigma_\varepsilon^2 \begin{pmatrix} 1 & \rho & \cdots & \rho^{T-1} \\ \rho & 1 & \cdots & \rho^{T-2} \\ & & \vdots & \\ \rho^{T-1} & \rho^{T-2} & \cdots & 1 \end{pmatrix}$$

为了进行 GLS 估计,我们需要计算 Ω^{-1},然后将其分解为 $\Omega^{-1} = P'P$。可以证明

$$P = \begin{pmatrix} \sqrt{1-\rho^2} & 0 & 0 & \cdots & 0 \\ -\rho & 1 & 0 & \cdots & 0 \\ 0 & -\rho & 1 & & 0 \\ & & & \vdots & \\ 0 & 0 & \cdots & -\rho & 1 \end{pmatrix}$$

可以通过乘以 $P'P$ 及计算逆矩阵来验证(或通过展示 $P\Omega P' = I$)。

将 $T \times K$ 的数据矩阵逐个写为

$$X = \begin{pmatrix} x'_1 \\ \vdots \\ x'_T \end{pmatrix}$$

其中,$x'_i = (x_{i1} \quad \cdots \quad x_{iK})$。

我们可得 $y^* = Py$,且 $X^* = PX$。

$$y^* = \begin{pmatrix} \sqrt{1-\rho^2}\, y_1 \\ y_2 - \rho y_1 \\ y_3 - \rho y_2 \\ \vdots \\ y_T - \rho y_{T-1} \end{pmatrix}, \; X^* = \begin{pmatrix} \sqrt{1-\rho^2}\, x'_1 \\ x'_2 - \rho x'_1 \\ x'_3 - \rho x'_2 \\ \vdots \\ x'_T - \rho x'_{T-1} \end{pmatrix}$$

GLS 估计值可以被直接计算:

$$\hat{\beta} = (X'\Omega^{-1}X)^{-1}X'\Omega^{-1}y$$

或通过运行 y^* 对 X^* 的回归。

有一个几乎同样好的估计方法,而且更容易得到。请注意,对第一个观测值的转换处理是不同的。如果我们抛开第一个观测值,那么转换后的回归就相当于运行下面这个回归:

$$y_t - \rho y_{t-1} = (x_t - \rho x_{t-1})'\beta + u_t$$

其中, $t = 2, \cdots, T$, $u_t \sim \mathrm{iid}(0, \sigma_u^2)$ 是驱动 ε_t 的不相关误差项。事实上,通过计算 $y_t - \rho y_{t-1}$ 并使用对 ε_t 的 AR(1) 假设,可以直接从模型中看到这一点。做这种回归会忽略第一个数据点,但这不会影响渐进的效率。注意:省略第一个数据点相当于从 P 中删除第一行,对应方程 $\sqrt{1-\rho^2}\, y_1 = \sqrt{1-\rho^2}\, x_1 + \sqrt{1-\rho^2}\, \varepsilon_1$。

6. 在 AR(1) 情况下的可行 GLS

在实际中 ρ 是未知的,必须进行估计。如果我们对 ρ 有一个一致估计,那么我们可以用它来获得 Ω 的一致估计 $\hat{\Omega}$,则 FGLS(可行的广义 GLS)可以进行,其中 $\hat{\Omega}$ 用来代替 Ω,可以证明用 $\hat{\Omega}$ 代替真实的 Ω 没有损失效率。

为得到 ρ 的一致估计,一种常见的方法是使用下面的两步程序。在第一步中,模型是由 LS 估计的。由于 b 是一致的,每个 t 处的残差是一致的,即 $e_t - \varepsilon_t \xrightarrow{p} 0$,样本量 $T \to \infty$。这是因为 $e_t - \varepsilon_t = (b - \beta)x_t$。可以证明,这意味着可以通过 LS 残差对其滞后值的回归来获得 ρ 的一致估计,即

$$\hat{\rho} = \frac{\sum_{t=2}^{T} e_t e_{t-1}}{\sum_{t=2}^{T} e_{t-1}^2}$$

在第二步中,用这个 ρ 的估计值通过 FGLS 来估计模型,这被称为普莱斯-温斯顿程序。如果放弃第一个观测值,则称为科克伦-奥克特程序。可以证明,这些程序中的任何一个都是渐进有效的。还有其他方法可以持续地估计 ρ,它们都是渐进等价的。然而,在有限的样本中,这些程序将提供不同的估计。

10.5 稳健标准误

异方差性会导致估计系数偏误吗?答案是否定的。$E(\varepsilon \mid x) = 0$(这是我们一致估计所需要的)是完全不同的。异方差性只影响回归方程的 SE。异方差性只是意味着 OLS 估计可能不再是最有效(即精确)的线性估计。Stata 等程序报告的默认标准误假定为同方差(HOK)SE。如果标准误差是异方差的,从这些标准误得出的统计推断可能是不正确的。我们如何纠正这一点?使用"稳健标准误(SE)"选项获得异方差稳健的标准误(用于假设检验),通常会增加 SE,但在实践中通常不会造成太大影响。

如果标准误差下降,可能会出现问题,所以要使用较大的标准误差。

在横截面数据中,我们经常怀疑条件异方差的存在,但不确定它的形式。由于 Ω 中有 n 个未知元素,我们无法用容量为 n 的样本一致地估计它们。尽管有可能估计条件异方差的一般参数形式,但实际中使用的一个重要替代方式是通过 LS 估计 β,使用一致的异方差矩阵 $\text{var}(b)$ [1] 估计。方法如下。因为

$$\text{var}(b \mid X) = (X'X)^{-1} X'\Sigma X (X'X)^{-1}$$

为了方便这里写成 $\sigma^2 \Omega = \Sigma$,则

$$\frac{1}{n} X'\Sigma X = \frac{1}{n}(x_1 \quad \cdots \quad x_n) \begin{pmatrix} \sigma_1^2 & 0 & 0 \\ 0 & \ddots & 0 \\ 0 & 0 & \sigma_n^2 \end{pmatrix} \begin{pmatrix} x'_1 \\ \vdots \\ x'_n \end{pmatrix}$$

$$= \frac{1}{n} \sum_{i=1}^{n} \sigma_i^2 x_i x'_i \text{。}$$

虽然我们不能一致地估计每个元素 σ_i^2,但这也被证明是不必要的。注意 $\sigma_i^2 = E\varepsilon_i^2$,并且 e_i 是 ε_i 的一个一致估计,对 $X'\Sigma X$ 的一个自然估计是

$$X'\hat{\Sigma} X = \sum_{i=1}^{n} e_i^2 x_i x'_i$$

可以证明,在合理的假设下,$\dfrac{1}{n} X'\hat{\Sigma} X$ 在概率上收敛,并且可以用来持续地估算出 $\sqrt{n}(b - \beta)$ 的极限正态分布。因此,对于大样本来说:

$$b \overset{a}{\sim} N[\beta, \widehat{\text{var}}(b)]$$

即 b 近似分布于协方差矩阵:

$$\widehat{\text{var}}(b) = (X'X)^{-1} X'\hat{\Sigma} X (X'X)^{-1}, \text{ 或等价于}$$

$$\widehat{\text{var}}(b) = \left(\sum_{i=1}^{n} x_i x'_i \right)^{-1} \left(\sum_{i=1}^{n} e_i^2 x_i x'_i \right) \left(\sum_{i=1}^{n} x_i x'_i \right)^{-1}$$

这很容易通过软件程序计算出来。$\widehat{\text{var}}(b)$ 有时被称为异方差一致的协方差估计,或被称为怀特(White)异方差一致的协方差估计。这个矩阵对角线元素的平方根通常被称为稳健标准误。

如果我们愿意容忍使用 LS 而不是 GLS 带来的效率损失,那么稳健标准误为我

---

[1] 更确切地说,我们计算出 $\sqrt{n}(b - \beta)$ 的渐进协方差矩阵的一致估计,并利用它来近似大样本中的 $\text{var}(b)$。

们提供了一种不知道 Ω 形式的方法。使用稳健的 SE，我们可以做 t 检验并形成在大样本中有效的置信区间，即使存在异方差（甚至 ε 不是正态的）。此外，上述异方差一致的协方差估计也可以用来做沃尔德（Wald）形式的 F 检验。

Stata 这样的程序报告的默认标准误假设了同方差性，这就是我们所说的"经典"标准误。正如我们在前面的章节中所讨论的那样，这通常不是一个合理的假设。"稳健"标准误差允许异质性。是否应该始终使用稳健标准误？不一定。从渐近逼近上讲，"经典"和"稳健性"标准误是正确的，但两者都受到有限样本偏误的影响，这往往会使它们在小样本中太小。稳健标准误有时可能比经典标准误更小，由于估计有偏性或简单的噪声。有限样本偏误在经典标准误差中很容易纠正，并且由 Stata 自动完成的。而对于稳健的标准误来说，这并不容易。对于稳健标准误，小样本偏误可能会更糟，虽然有限样本校正会有所帮助，但它们的典型值并不能完全消除小样本中的偏误。我们可以借助 Stata 软件尝试和纠正这种有限样本偏误。默认情况下，当使用 vce(robust) 计算标准误时，Stata 会自动执行其中的操作。Stata 还有其他方法，例如，regress y x，vce(hc2) 和 regress y x，vce(hc3)[①]。

将稳健标准误与经典标准误进行比较，并取两者中的较大值。安格里斯特和皮施克认为，在表现出异质性的小样本中，这往往更接近真正的标准误。如果小样本有偏是真正需要担心的问题，则可能需要使用 HC2 或 HC3 而不是典型的"robust"选项。如果数据实际上是同方差的，使用这种方法的标准误差可能会太大，但这个并不是我们担忧的问题。

10.6 异方差与自相关检验

1. 异方差的检验

最著名的是戈德菲尔德-匡特（Goldfeld-Quandt）检验和怀特检验。因为稳健标准误很容易计算和使用，所以一般只是在通常的（非稳健的）标准误之外报告它们，而不是进行异方差的检验。然而，如果稳健标准误大得多，而且我们想检验假设异方差不存在是否有效，那么后者可能是有用的。

2. 序列自相关的检验

在时间序列的背景下，对自相关的检验是相当重要的，因为自相关的存在会导致

---

① 由戴维森（Davidson）和麦金农（MacKinnon）（1993）开发，当异质性较差时效果更好。

系数标准误被严重低估。检验无自相关这一原假设的第一个正式程序是德宾-沃森检验。虽然这个检验没有像以前那样具有核心作用,但它仍然非常有用,因为它可以在许多软件程序中自动测算出来,而且快速的德宾-沃森检验往往可以发现自相关是一个严重的问题。德宾-沃森的统计学假设是:

$$\varepsilon_t = \rho \varepsilon_{t-1} + u_t, \ |\rho| < 1$$

其中,$u_t \sim \mathrm{iid}(0, \sigma_u^2)$。

并旨在检验

$$H_0 : \rho = 0 \ \text{vs.} \ H_1 : \rho > 0$$

检验统计量是

$$\mathrm{DW} = \frac{\sum_{t=2}^{T} (e_t - e_{t-1})^2}{\sum_{t=1}^{T} e_t^2}$$

德宾和沃森为了理论上的方便,选择了这个统计数字。不难发现:

$$\mathrm{DW} \approx 2(1 - \hat{\rho})$$

其中,在我们对 AR(1) 干扰项的讨论中给出了 $\hat{\rho}$。对于 $\rho = 0$,人们期望的值为 DW≈2。DW 较低的正值强烈表明正的序列相关。

在无序列相关的原假设下,DW 统计量的分布取决于 X。德宾和沃森能够在所有可能的 X、d_L 和 d_U 上获得上下限临界值。接下来的程序是,如果 DW < d_L,则拒绝支持正序列相关的原假设;如果 DW > d_U,则接受原假设。如果 d_L < DW < d_U,则该检验没有结论。

德宾-沃森检验有几个不足之处:① 它只对一阶自相关有作用,无法检测到高阶的序列相关;② 该检验的一个不变的原则为 X 是(严格)外生的,例如,如果 X 包括滞后的因变量,则不满足这一假设。众所周知,在这种情况下,检验的效用通常非常低。

克服上述不足之处的检验被称为布罗斯-戈弗雷拉格朗日乘数检验,它可以针对两个主要的替代方案检验高阶序列的相关性,即

$$H_0 : \text{无序列相关}$$
$$H_1 : \varepsilon_t \text{ 是 AR}(p) \text{ 或 MA}(p)$$

检验统计量为

$$LM = TR_0^2$$

其中，R_0^2 是 e_t 回归结果的 R^2，即 LS 对 x_t'，e_{t-1}，$\cdots$，e_{t-p} 回归结果的残差。可以证明在 H_0 下，对大样本来说：

$$LM \overset{a}{\sim} \chi^2(p)$$

对于大的拉格朗日乘数来说要拒绝 H_0。

LM 检验的主要优点是，即使存在滞后的因变量，它也是有效的。检验可以针对不同的 p 值进行。另一方面，我们必须注意，这是一个渐进的检验，因此，小样本特性有时是不可靠的。然而，鉴于其一般的渐进有效性，LM 检验是应用计量经济学中对残差自相关的标准检验。

如果 DW 或 LM 检验表明存在自相关，那么我们应该使用对自相关稳健的标准误，使用可行的 GLS，或者重新表述模型的动态结构。首先考虑稳健的标准误。

3. $\mathrm{var}(b)$ 的组威-韦斯特 HAC 估计值

这个模型有可能扩展上述异方差一致性的协方差估计方法，我们可以得到时间序列估计的异方差和自相关一致性（或 HAC）的 $\mathrm{var}(b)$ 估计。与上面对异方差一致性协方差矩阵的讨论相类似，在合理的条件下，我们可得

$$b \overset{a}{\sim} N[\beta, \widehat{\mathrm{var}}(b)]$$

其中，$\widehat{\mathrm{var}}(b) = (X'X)^{-1}X'\hat{\Sigma}X(X'X)^{-1}$

然而，计算 $\widehat{\mathrm{var}}(b)$ 的中间项 $X'\hat{\Sigma}X$ 时，我们允许残差间可能的序列相关。其基本思想是，对于 $\Sigma = (\sigma_{ts})$，即其中 Σ 有元素 t，s 使 $\sigma_{ts} = E\varepsilon_t\varepsilon_s$，然后

$$X'\Sigma X = \sum_{t=1}^{T}\sum_{s=1}^{T}\sigma_{ts}x_tx_s'$$

这表明可以通过 $X'\hat{\Sigma}X = \sum_{t=1}^{T}\sum_{s=1}^{T}e_te_sx_tx_s'$ 来估计它。然而这过于理想化：因为这个矩阵估计有 T^2 项，事实证明，当乘以 T^{-1} 时，它在概率上不会收敛。因此，有必要将序列相关的顺序限制为 $|t-s| \leqslant L$，其中 $L < T$，并对具有较大 $|t-s|$ 的项降低权重。此外，需要进行调整，以确保估计值给出对称正定的 $\widehat{\mathrm{var}}(b)$。

由组威和韦斯特设计的估计方法（其中我们用 $t = 1, \cdots, T$ 对观测值进行索引）由以下公式表示：

$$X'\hat{\Sigma}X = \sum_{t=1}^{T} e_t^2 x_t x_t' + \sum_{l=1}^{L}\sum_{t=l+1}^{T} w_l e_t e_{t-l}(x_t x_{t-l}' + x_{t-l} x_t')$$

其中，$w_l = 1 - \dfrac{l}{L+1}$，$l = 1, \cdots, L$。注意，第一项只是对异方差的怀特修正。这里 L 是序列相关的最大滞后长度，w_l 是一个加权矩阵（所谓的巴特利特核心），它对在时间上相距较远的估计误差之间的相关性重视程度较低。通常推荐的经验法则是选择 $L = T^{1/4}$。$\text{var}(b)$ 的 HAC 估计值很容易计算，在 Stata 和其他软件系统中都有。使用这些标准误的有效性基于大样本量的渐近性结论。HAC 标准误差的一个普遍问题是，SE 的大小有时敏感地取决于 L 的选择和加权矩阵的选择。

如果检验表明存在自相关，另一种方法是使用可行的 GLS 重新估计模型。如果认为 ε_t 是一个 AR(1) 过程，那么这个方法是很简单的。然而，对于一个高阶 AR(p) 过程，尽管可行的 GLS 程序可以扩展到 AR(p) 随机干扰，但还有一个选择适当 p 值的问题。在这种情况下，一个更实用的替代方法是估计分布式滞后模型，其中 y_t 依赖于它自己的滞后期，以及 x_t 和 x_t 的滞后期。模型包括了足够的滞后期，通常会消除随机干扰的自相关。这种方法的一个优点是可以用标准的 F 检验和 t 检验来检验要包括的适当滞后期期数。

10.7　固定效应面板数据的聚类标准误

对于固定效应面板数据估计值 b^{within}，我们在 $T > 2$ 的情况下注意到的一个问题是，对于每个实体 i 的随机干扰项 $\varepsilon_{i1}, \cdots, \varepsilon_{iT}$ 可能是序列相关的。这会使系数估计的通常标准误产生偏误。为了处理这个问题，可以使用"聚类"标准误，这基本上也是一般化的异方差一致的稳健标准误。"聚类"是在一个实体内随时间变化的残差。

回顾一下，b^{within} 可以通过 $\tilde{y}_{it}$ 对 $\tilde{x}_{it}$ 的 LS 回归得到，其中，$i = 1, \cdots, n$，$t = 1, \cdots, T$，$\tilde{y}_{it}$ 和 $\tilde{x}_{it}$ 是实体平均值的偏误，即

$$\tilde{y}_{it} = y_{it} - \bar{y}_i, \quad \tilde{x}_{it} = x_{it} - \bar{x}_i$$

这里 $\tilde{x}_{it}$ 是一个 $K \times 1$ 向量（如果包括时间固定的固定效应，那么 $\tilde{y}_{it}$ 和 $\tilde{x}_{it}$ 也会扣除总体平均值的时间偏误）。

为了获得对异方差和每个实体内的任意序列相关性都是稳健的标准误，我们通过以下方式来估计 $\text{var}(b^{\text{within}})$。

$$\widehat{\mathrm{var}}(b^{\mathrm{within}}) = \Big(\sum_{i=1}^{n}\sum_{t=1}^{T}\tilde{x}_{it}\,\tilde{x}'_{it}\Big)^{-1}\times$$

$$\Big[\sum_{i=1}^{n}\Big(\sum_{t=1}^{T}\tilde{x}_{it}e_{it}\Big)\Big(\sum_{t=1}^{T}\tilde{x}_{it}e_{it}\Big)'\Big]\times$$

$$\Big(\sum_{i=1}^{n}\sum_{t=1}^{T}\tilde{x}_{it}\,\tilde{x}'_{it}\Big)^{-1}$$

其中，e_{it} 是固定效应估计的残差。注意这个公式与前面讨论的与稳健标准误有关的 $\mathrm{var}(b)$ 的异方差一致估计的形式相似。然而，这里的中间项是以一种允许每个实体内残差自相关的方式构建的。与纽威和韦斯特估计值相比，我们不需要使用他们的调整方式来限制序列相关的顺序，并降低日期相隔较远的项的权重。这是因为在面板中 n 通常比 T 大得多。对于给定的 T，当 $n \to \infty$，我们得到一致的 $\mathrm{var}(b^{\mathrm{within}})$ 估计值，它允许 $t=1, \cdots, T$ 的干扰项的任意序列相关。

聚类标准误 $\mathrm{SE}(b_k^{\mathrm{within}})$，$k=1, \cdots, K$，由 $\widehat{\mathrm{var}}(b^{\mathrm{within}})$ 的对角元素的平方根计算出。可以看出，这些标准误与 $n \to \infty$ 一致。也就是说，以这种方式计算的标准误，在大样本中给出了有效的置信区间和假设检验，它们对异方差和每个实体内的序列相关性具有稳健性。

"经典"和"稳健"标准误取决于独立性的假设。也就是说，我们的观测值 y 是从总体中随机抽取的，因此与其他抽取结果不相关。这个假设在经济金融领域中可能是不现实的。例如，考虑企业层面的资本结构面板回归，公司的结果（如杠杆）可能与同行业中的其他公司相关，并且公司在 t 年的业绩可能与 $t-1$ 年、$t-2$ 年等年份的结果相关。在实践中，独立假设在经济金融中往往是不切实际的。这种非独立性会导致我们估计的标准误差出现显著的向下的偏误。一旦我们纠正了这一点，标准误差很容易两倍甚至三倍出现。这与纠正异质性不同，根据安格里斯特和皮施克的研究，"经典"与"稳健"标准误最多增加约 30%。

违反独立性的情况是指非独立同分布错误，这种情况基本上意味着我们的错误 ε 不是假设的独立同分布。违反独立性的情况往往有两种形式：① 横截面"聚类"，例如 ROA，往往与同一行业中的其他公司相关，因为它们受到相同的需求冲击；② 时间序列相关性，例如 Ln(资产)，往往与同一公司的其他年份相关，因为随着时间的推移存在序列相关性。

具体来说，我们可以将标准误视为成组内关联：

$$y = \beta_0 + \beta_1 x_{ig} + \varepsilon_{ig}$$

其中，ε_{ig} 是观测值 i 在组 g 中的误差，假设 $\mathrm{var}(\varepsilon_{ig}) = \sigma_\varepsilon^2 > 0$，$\mathrm{corr}(\varepsilon_{ig}, \varepsilon_{jg}) =$

$\rho_\varepsilon \sigma_\varepsilon^2 > 0$。$\rho_\varepsilon$ 被称为组内相关系数，经典与稳健的标准假设 $\mathrm{corr}(\varepsilon_{ig}, \varepsilon_{jg}) = 0$。

标准误聚类的关键思想是标准误在组（即集合）内相关，但不在组之间相关。在具有一个时间段的横截面的背景下，组可能是行业，即行业内的观测值相关，但不同行业的观测值不相关。在时间序列相关性中，我们可以将"聚类"视为每个横截面的多个观测值，例如公司的观测值随着时间的推移在组内相关。为什么经典标准误差太低？从广义上讲，在计算标准误差时，观测值的随机变化并不像我们真正认为的那样多。因此，经典的标准误差太小了。例如，如果通过复制现有数据将观测值增加一倍，即使没有新信息，Stata 没有意识到观测结果不是独立的，经典标准误差也会下降。

通过假设误差的非独立同分布的结构，我们可以推导出一个公式，如果偏误很大，则偏误将由两个关键因素决定：ε 中组内相关性的大小和 x 中组内相关性的大小。允许任何类型的组内关联的更常见方法是"聚类"标准误。在 Stata 中使用命令中的 vce(cluster variable) 来实现。基本思想是，它允许组内任何类型的误差项关联。例如，如果"集合"是一家公司的第 1 年，第 2 年，……，直到第 T 年的观测，那么它将允许 $\mathrm{corr}(\varepsilon_{i1}, \varepsilon_{i2})$ 与 $\mathrm{corr}(\varepsilon_{i1}, \varepsilon_{i3})$ 不同。然后，我们可以利用跨组的独立性和渐近性估计标准误。

横截面数据聚类的一个例子是从公司角度的横截面数据回归：

$$y_{ij} = \beta_0 + \beta_1 x_j + \beta_2 z_{ij} + \varepsilon_{ij}$$

y_{ij} 是公司 i 在行业 j 中的结果，x_j 仅在行业层面上有所不同，z_{ij} 在行业内有所不同。在这个模型中应如何聚类呢？答案是行业层面的聚类。观测值可能在行业内相关，其中一个协变量 x_j 在行业内完全相关。

横截面数据聚类的另一个例子是企业层面的面板数据的回归：

$$y_{ijt} = \beta_0 + \beta_1 x_{jt} + \beta_2 z_{ijt} + \varepsilon_{ijt}$$

y_{ijt} 是公司在 t 年在行业 j 中的结果。如果我们认为随着时间的推移，企业会受到类似的行业冲击，那么将如何聚类？答案是行业年度层面的聚类。观测值可能在给定年份的行业内相关。

行业层面的聚类允许行业内的错误随着时间的推移而相关，这很可能与经济金融中数据结构的真实性质相关。例如，冲击和误差 ε 在 t 年在行业 j 中可能是持续的，并且对于我们分析的许多变量仍然有部分存在于 $t+1$ 年。所以 $\mathrm{corr}(\varepsilon_{ijt}, \varepsilon_{ijt+1})$ 不等于零。在行业层面进行集群将解释这一点。在行业年度层面进行聚类则不允许任何跨时间的相关性。聚类发生在行业层面，公司层面或者地区层面是一种非参数化且稳健的方式。时间序列相关性在企业融资中很常见。例如，杠杆、规模等都随着时间的推移而持续存在。这种连续相关性很重要。当非独立同分布结构来自序列相关性时，每组的观测值数 n 是每个面板的年数。因此，当拥有更多的年份的数据时，经典标准误或稳健标准误的向下偏误将更大，这在双重差分法中可能很重要。

序列相关性在双重差分中尤其重要，因为：① 实验虚拟变量随着时间的推移高度相关，例如，对于处于非实验组的企业，在整个时间内保持零，对于实验组的企业，其在实验后保持等于 1；② 经常有多个实验前和实验后的观测结果，即多重观测结果；③ 因变量通常对它们具有很高的时间序列依赖性。伯特兰德（M. Bertrand）、杜芙若（E. Duflo）和穆来纳森（S. Mullainathan）的研究显示了这种标准误偏误的不好影响。在标准类型的双重差分法中，当真实的 $\beta=0$，我们会发现在 5% 的水平上有显著的影响的案例多达 45%。但是，在真实效果上为 0 的情况下，我们应该只在 5% 的情况下拒绝原假设。

是否同时使用固定效应和聚类经常引起研究人员的困惑。例如，我们应该在公司层面上同时拥有公司的固定效应和聚类。那么，同时拥有公司的固定效应和聚类达到了什么效应？我们考虑以下回归：

$$y_{it} = \beta_0 + \beta_1 x_{it} + f_i + v_{it}$$

y_{it} 是公司 i 在 t 年的结果，f_i 是时间不变的未观测异质性，$u_{it}=f_i+v_{it}$ 是如果不控制 f_i 的估计误差项，v_{it} 是如果控制 f_i 的估计误差项。

为什么不使用企业固定效应而只做企业聚类可能不是一个好主意？聚类分析只能纠正标准误，如果 $\mathrm{corr}(x, f) \neq 0$，则不用企业固定效应处理潜在的遗漏变量将导致偏误。即使我们已经有了企业固定效应，为什么我们仍然应该在公司层面进行聚类？企业固定效应从误差项中移除了时间不变异质性 f_i，但它没有考虑可能的序列相关性，即 v_{it} 可能仍然与 v_{it-1}，v_{it-2} 相关。例如，公司可能会在 t 年受到冲击，而这种冲击的影响会随着时间的推移而慢慢消失。那么我们是否会获得与公司固定效应和公司聚类的一致估计？答案是否定的。因为聚类分析只能纠正标准误，它不能处理估计中由于遗漏变量问题导致的潜在偏误。而且，在这种情况下，公司固定效应是不够的，因为遗漏变量不是随着时间不变的。

在实际应用中，我们应该在协变量中以最大的总体变化水平进行聚类。例如，如果一个协变量仅在行业层级或者地区层面上变化，则在该层面进行聚类。同时，始终假定序列相关，不要在地区年度、行业年度、公司年度聚类，而是在地区、行业或公司聚类，这在双重差分中尤其如此。聚类不能替代固定效应，应同时使用固定效应来控制跨组的未观测到的异质性，并使用聚类标准误来处理标准误的自相关性。当聚类数量较少时，我们需要足够的组的数量。估计聚类标准误的渐近一致性取决于聚类的数量,而不是观测值的数量。即只有当我们有很多聚类时,才能保证获得正确标准误的精确估计。如果聚类数量太少,标准误就会太小。例如,企业面板回归有 50 个地区和地区层面的聚类,是否表示有足够的聚类? 50 个分组在实际上不是一个大问题,伯特兰德等的模拟表明,50个聚类在他们的设定中是足够的。事实上,10 个地区的偏误并不是那么糟糕。这与汉森(Hansen)研究的一致,后者发现当使用聚类来解释序列相关性时,10 个聚类就足够了。

彼德森(2009)强调了潜在的在第二维度中聚类的想法,即双聚类。例如,针对年份的聚类和针对企业的聚类。注意这与同时针对企业-年份的聚类不同。额外的年份聚类允许误差项以任意方式关联,年份聚类允许诸如"当公司 A 和 B 在几年内高度相关,但公司 A 和 C 不相关"之类的情况。双重聚类是必要的吗? 在资产定价领域中,答案是肯定的,但在公司金融领域不一定。在资产定价中,一些公司对多年来的系统性冲击反应更大(即更不稳定的公司)。但是,很难想象为什么对于公司金融变量在一年中的相关性或误差会在公司之间出现不同。彼德森在公司金融的研究中发现,添加年份固定效应可能就足够了。

在 Stata 中,xtreg,fe 和 areg 两个命令可以进行固定效应估计。它们是相同的,除非涉及聚类稳健的标准误。xtreg,fe 聚类稳健的标准误很小,因为它在聚类时不会调整样本自由度。当固定效应嵌套在聚类中时,xtreg,fe 是合适的。例如,企业固定效应嵌套企业、行业或国家聚类中。因此,如果有公司固定效应,并且聚类在公司、行业或地区,在这样的情况下,我们应该使用 xtreg,fe。如果固定效应不嵌套在聚类里,xtreg,fe 将产生错误,在这样的情况下,我们应该使用 areg。

总之,让标准误正确估计非常重要。如果聚类不重要,应当同时运行经典标准误和稳健标准误,并选择更大的结果。在以下情况下使用聚类:① 一个关键的自变量仅在聚类层面变化(如行业、地区等);② 因变量或自变量可能表现出时间序列依赖性。关于聚类分析,最好假设时间序列依赖性,例如聚类在组层级,而非同时聚类在组和年层级。企业固定效应和企业聚类不是互相取代的替代品,并使用由 xtreg 而不是 areg 生成的聚类标准误。

思考题

(1) 什么是异方差?

(2) 请介绍一种检验异方差的方法。

（3）请介绍一种消除异方差的方法。

（4）什么是自相关？产生自相关的原因是什么？

（5）自相关对 OLS 估计量会产生什么影响？

（6）使用聚类标准误可以解决什么问题？

（7）稳健标准误和聚类标准误之间有什么区别和联系？

第11章
研究实例分析

11.1 富豪榜与分析师实地调研

随着经济的不断发展,我国金融市场日趋成熟,分析师对资本市场的作用也愈加凸显。分析师是资本市场中重要的参与者,在资本市场的信息传递中扮演着重要角色。作为资本市场重要的信息中介,分析师对公司相关信息进行挖掘与分析形成自己对公司价值的基本判断,并通过对公司未来盈利能力的预测,将这种判断在证券分析报告中体现出来,因此分析师的存在提高了市场信息的质量。随着我国资本市场完成了从弱势有效到半强势有效的转变,分析师的数量也从2000年的815人增长到了2022年初的3 433人。由此可以看出,分析师这一群体对资本市场的影响日益重要,尤其是对投资者所面对的信息环境具有重要影响。目前,我国资本市场制度还不够完善,企业披露虚假信息、过度盈余管理等行为层出不穷,对投资者的专业能力提出了很高的要求,而相比于具有专业知识的分析师,投资者缺少获取公司信息的渠道与解读信息的时间与精力,无法充分获取并准确地解读市场中企业的相关信息,容易做出非理性的投资决策。因此,具备财务、金融专业知识的分析师就成了投资者的重要依赖。分析师对企业进行关注,并凭借其专业能力对企业的盈余做出预测。其产出的分析报告缓解了企业与投资者之间的信息不对称,成为投资者做出投资决策的重要参考。实地调研作为分析师获取企业信息的重要手段,可以使分析师观察到企业的实际运营状况,与管理层进行深入沟通,从而获得更有价值的信息,提高所提供的盈余预测服务质量。

改革开放以来,中国已成为世界上最大的经济实体之一。在这一过程中,大量的富人随之出现,他们控制的公司成为中国资本市场的主要活跃分子。由于我国倡导"中庸"的价值观,加上富豪在财富积累过程中不可避免的寻租行为,因而富豪更倾向于向公众隐瞒财富,造成公众对这些富豪的相关信息知之甚少。在社会普遍对富人阶层好奇的背景下,胡润富豪榜诞生了。胡润富豪榜于 1999 年首次发布,经过 20 余年的发展壮大,目前胡润富豪榜已成为中国金融榜单中最具影响力的榜单。这份名单包括中国亿万富翁的财富、他们控制的公司,甚至他们的年龄、出生地和教育背景。以胡润富豪榜为代表的富豪榜单将富豪及其所控制的公司暴露在了公众的"聚光灯"下,人们不仅讨论富豪的财富规模及控制的公司情况,还会讨论挖掘富豪的致富途径与财富积累过程。因此富豪上榜会使富豪及其所控制的公司所面对的公众关注发生显著变化。

目前的研究也认为,富豪上榜对上榜富豪所控制公司的公众关注具有着重要影响。一方面,由于公众普遍对我国的富豪阶级充满好奇,会有强烈的动机了解富豪致富发家的过程,而富豪榜的发布恰恰为公众提供了了解富豪阶级的渠道。另一方面,由于资本市场上存在大量的新闻媒体,而某些新闻媒体往往为了博取公众的眼球而根据公众的偏好编造故事,富豪榜恰恰为媒体提供了满足公众好奇心的资源。因此综合以上两个方面,富豪上榜将会造成公众关注的显著增加。而公众关注的变化会对资本市场产生巨大的影响。它有时会影响资本市场参与者甚至监管者的行为。随着互联网的发展,公众获取信息的渠道更加多样化,公众关注在资本市场中的作用也更加突出。根据中国互联网络信息中心发布的第五十次《中国互联网络发展状况统计报告》,截至 2022 年 6 月,我国网民规模为 10.51 亿,互联网普及率达 74.4%。在这样的背景下,公众对于资本市场的关注手段会更加便捷,公众关注对资本市场中参与者的影响也会更加显著。而在富豪上榜的情境下,资本市场中的重要组成部分——分析师对公司的实地调研行为是否会受到公众关注的影响?目前尚未有研究深入探究这其中的关系。因此我们试图运用公司控制者首次登上胡润富豪榜这一外生事件,以公众关注的视角探讨其中的关系。

11.1.1 实证设计

富豪上榜所具有的"准自然实验"性质可以缓解内生性的问题。认为公司控制者首次登上富豪榜具有"准自然实验"性质的原因有以下几点:① 富豪榜的筛选机制具有一定程度的独立性。胡润富豪榜使用公开数据、自行调查企业家所控制的上市公司及非上市公司,以及对各方进行采访来确定企业家的财富。对于上市公司来说,其价值是按照 8 月底的市值乘以企业家的持股比例计算的。对于非上市公司,胡润榜则使用可比公司的倍数来衡量公司价值。② 胡润富豪榜在关注其榜单上的上榜企业家时不会考虑其所关注的候选人是否愿意上榜的需求[①]。因此,公司控制者首次登上富豪榜可以被视作一个外生事件。本节在此基础上展开后续研究。为控制时间序列上其他事件可能带来的干扰,本节使用双重差分法(Difference in Differences,DID)进行研究。该方法最初于 1984 年在评估 CETA 项目培训对学员收入的影响时提出。由于它能有效地解决常见的内生问题,近年来大量文献采用这种研究方法来探索变量之间的因果关系。相关数据处理使用 Stata16.0 与 Excel 完成。

1. 样本选取与数据处理

本节的样本包含以下几个部分:富豪榜数据、分析师实地调研数据、上市公司财务信息相关数据。

(1) 富豪榜相关数据。根据胡润研究院每年发布的《胡润富豪榜》,研究得到了 2007—2019 年内每年上榜富豪的姓名等相关信息。利用网络搜索、上市公司财务报告及招股说明书,确定了上榜富豪所控制的 A 股上市公司。进一步地,研究在胡润富豪榜中筛选出了每年首次上榜的富豪及其控制的上市公司。此外,由于部分上榜富豪所控制的公司在上市之前就已经上榜,而公司在上市之前其财务信息取得难度极大且可信度存疑,因此研究在样本中剔除了"上榜在上市之前"的这一部分公司。

(2) 分析师实地调研数据。研究从中国研究数据服务平台(Chinese Research Data Services,CNRDS)收集了 2007—2019 年的分析师实地调研数据。研究获取的原始数据包含样本区间内进行了实地调研的分析师具体信息,包括调研者姓名、机构名称、机构类型等。随后研究手工计算了每个公司每年被分析师实地调研的次数作为分析师实地调研指标。

(3) 上市公司的其他财务数据。研究与上市公司相关的其他财务数据均来源于国泰安 CSMAR 数据库。为了避免极端值的影响,研究对所有连续型变量均进行了上下 1‰分位的 Winsorize 处理。

研究将上述三部分数据通过 Stata 软件进行合并,并进行了如下处理:① 研究选取首次上榜在前 600 名的富豪作为研究对象,因为排名较为靠后的富豪及其公司较少会受到公众的关注。② 由于研究所获取的分析师实地调研数据区间为 2007—2019 年,为了比较富豪上榜前后分析师实地调研的变化,剔除了在 2007 年以及 2019 年首次上榜的富豪及其所控制的上市公司,因为无从考察这些样本在控制者

[①] 有经验证据显示,一部分企业家会主动与胡润富豪榜接触以避免出现在富豪榜上。例如 2000 年 9 月,在得知其 CEO 任正非将出现在即将发布的富豪榜上后,华为向出版商发出了一封法律信函,要求将任正非从富豪榜上除名,但是胡润富豪榜仍将任正非包括在其榜单上。

首次上榜前后分析师实地调研的变化。经过以上处理后,最终构建的样本包含 3 698 家公司的 20 281 个观测值,其中处理组公司(富豪公司)为首次登上前 600 名的富豪所控制的 391 家上市公司,其余为控制组公司(非富豪公司)。

2. 模型设计及变量定义

研究采用的模型为具有固定效应的 OLS 模型。固定效应回归是一种空间面板数据中随个体变化但不随时间变化的变量方法。基于双重差分法的基本原理,并参考之前的研究,固定效应模型可以获得相对无偏有效估计结果,因此研究拟采用具有固定效应的 OLS 模型,具体的模型如下:

$$\text{Visits}_{it} = \alpha_i + \beta_t + \gamma X_{it} + \delta \text{List}[T, T+4]_{it} + \varepsilon_{it} \tag{11-1}$$

其中,i 代表公司,t 代表时间,α_i 是公司固定效应,βt 是时间固定效应,T 为处理组公司最终控制者首次出现在胡润富豪榜上的年份,$\text{List}[T, T+4]_{it}$ 是控制者首次上榜后处理组公司的指示变量,处理组公司控制者首次上榜年及之后为 1,若为控制组公司或处理组公司在其控制者首次上榜之前的年份,则该变量赋值为 0,时间窗口为 T 到 $T+4$[①],由于富豪上榜发生在不同的年份,且样本中包含控制组公司,因此 $\text{List}[T, T+4]_{it}$ 的系数 γ 代表富豪上榜对处理组公司的影响效应,即为研究所重点关注的 DiD 估计量。X_{it} 是本模型的相关控制变量,参考 Bhushan 对分析师关注影响因素的研究,研究所选取的控制变量为股权集中度(Top1),上市时长(Age),公司规模(Size),国有股持股比例(Stateshare),董事会规模(BoardScale),独立董事比例(Independent),机构持股比例(Institution),盈利能力(ROA)以及杠杆水平(Lev)。Visits_{it} 为在 t 年分析师对企业 i 的实地调研次数加一的自然对数。具体变量定义如表 11-1 所示。

表 11-1 变量定义

变量类型	变量名称	含　义
因变量	Visits	一年内分析师对一家公司进行实地调研次数加一的自然对数
自变量	List[T, T+4]	控制者首次上榜后处理组公司的指标变量,处理组公司控制者首次上榜年及之后为 1,否则为 0,从 T 到 T+4
控制变量	Age	上市时长,公司上市年数的自然对数
	Size	公司规模,公司年末总资产的自然对数

① 由于[T, T+4]基本上涵盖了富豪上榜对分析师实地调研的影响,因此研究选取[T, T+4]作为时间窗口。为了增强研究结果的稳健性,同样选取[T, T+3]、[T, T+5]为时间窗口,使用模型(11-1)进行回归分析,结果与[T, T+4]一致。

变量类型	变量名称	含　义
控制变量	Stateshare	国有股持股比例,公司年末前十名股东持有中国股份占总股本的比例
	BoardScale	董事会规模,公司年末董事会总人数的自然对数
	Independent	独立董事比例,公司年末独立董事人数占董事总数的比例
	Institution	机构持股比例,公司年末机构持股占总股本的比例
	ROA	盈利能力,公司总资产报酬率
	Top1	股权集中度,公司第一大股东持股比例
	Lev	杠杆水平,公司年末资产负债率

11.1.2　描述性统计

表 11-2 列出了研究的全样本描述性统计结果。所有连续变量都进行了上下 1% 分位的 Winsorize 处理。从表 11-2 可以看出,样本企业之间的规模差异比较大。平均公司规模为 22.068(人民币总资产的对数值),董事会人数为 9 人($e^{2.146}=8.55$)。政府平均持有公司 7.9% 的股份。从股权集中度来看,样本公司由第一大股东持股比例平均达到 34.7%,最高达到 74.8%,证明中国上市公司股权集中度较高,存在"一股独大"的现象。关于盈利能力,样本公司的 ROA 为 3.7%。总体而言,样本中关键变量的汇总统计数据与 Wu 和 Ye 报告的统计数据相当。

表 11-2　全样本描述性统计

变　量	观测值	均　值	标准差	最小值	中位数	最大值
Visits	20 281	1.210	1.671	0	0	5.088
Top1	20 281	0.347	0.151	0.085	0.327	0.748
Size	20 281	22.068	1.352	19.027	21.864	26.990
Age	20 281	2.677	0.441	1.099	2.773	3.401
BoardScale	20 281	2.146	0.202	1.609	2.197	2.708
Stateshare	20 281	0.079	0.179	0	0	0.717
Institution	20 281	0.455	0.246	0.004	0.475	0.922
Independent	20 281	0.374	0.054	0.308	0.333	0.571
ROA	20 281	0.037	0.070	−0.356	0.038	0.212
Lev	20 281	0.442	0.216	0.050	0.434	1.111

为了更好地了解样本中处理组与对照组的情况,我们进行了分组描述性统计。由表 11-3 可知,处理组公司因变量均值为 1.868,控制组公司因变量均值为 1.130,证明相比于非富豪公司,富豪公司会更多地被分析师进行实地调研。此外,相较于非富豪公司,富豪公司的股权集中度较高,盈利能力较强,杠杆水平较低。

表 11-3 分组检验

变 量	处 理 组				控 制 组			
	观测值	均 值	标准差	中位数	观测值	均 值	标准差	中位数
Visits	2 192	1.868	1.919	1.609	18 089	1.130	1.620	0
Top1	2 192	0.395	0.154	0.384	18 089	0.341	0.149	0.320
Size	2 192	22.017	0.993	21.954	18 089	22.074	1.389	21.849
Age	2 192	2.510	0.539	2.639	18 089	2.698	0.423	2.773
BoardScale	2 192	2.095	0.193	2.197	18 089	2.152	0.202	2.197
Stateshare	2 192	0.007	0.037	0	18 089	0.088	0.187	0
Institution	2 192	0.412	0.273	0.387	18 089	0.460	0.241	0.480
Independent	2 192	0.378	0.053	0.363	18 089	0.373	0.054	0.333
ROA	2 192	0.063	0.068	0.062	18 089	0.034	0.069	0.036
Lev	2 192	0.378	0.207	0.359	18 089	0.450	0.216	0.444

11.1.3 富豪榜对公众关注的影响

为了验证本研究视角的正确性与可行性,在探究富豪榜对分析师实地调研的影响之前,我们首先验证了富豪上榜对公众关注所产生的影响。参考已有文献对公众关注衡量方法,研究以网络搜索指数作为公众关注的衡量指标,探究富豪首次上榜对公众关注的影响。研究的网络搜索指数来源于 CNRDS 数据库,为以股票代码、公司简称、公司全称等为关键字的搜索值加总,研究将其加一后取自然对数(Search)作为因变量,使用模型(11-1)进行回归分析。由于数据库中只统计了 2011 年之后的网络搜索指数数据,因此将搜索指数作为因变量进行回归分析时会损失一定的观测值。表 11-4 展示了回归结果。从中可知,相比于非富豪公司,富豪公司在其控制者首次上榜后的网络搜索指数比上榜之前提高了 29.05%($e^{0.255}-1=0.290\,46$),且在 1% 的水平上显著。证明富豪上榜确实会显著提高其所控制的上市公司面临的公众关注。

表 11‑4 富豪榜引起公众关注变化

变　　量	Search
List$[T, T+4]$	0.255***
	(5.92)
Top1	−0.178**
	(−2.11)
Age	0.432***
	(7.83)
Size	0.153***
	(10.75)
Stateshare	0.053*
	(1.78)
BoardScale	−0.121**
	(−2.50)
Independent	−0.063
	(−0.47)
Institution	−0.832***
	(−14.71)
ROA	−0.232***
	(−3.51)
Lev	−0.023
	(−0.47)
公司固定效应	Yes
年份固定效应	Yes
观测值	16 432
R‑squared	0.994

注：*、**、*** 分别表示在 10%、5%、1%的水平上显著。

11.1.4 富豪榜与分析师实地调研

1. 主回归分析

表 11‑5 展示了富豪榜对分析师实地调研的影响结果。(a)列只控制了公司固定效应与年份固定效应,主估计量在 1%的水平上显著为正。(b)列控制了所有的控制变量,主估计量的系数同样在 1%的水平上显著为正,证明相比于非富豪公司,富豪公司在富豪上榜后被分析师实地调研的次数显著增加,增加比例约达到 35%

（$e^{0.300}-1=0.3499$）。这一结果无论是在经济上还是统计上都具有意义。表 11-5 所示的结果初步证明了公司控制者首次登上富豪榜后，由于资本市场中信息变得更加复杂，导致分析师实地调研次数的增加。

表 11-5　主回归分析

变　　量	（a）Visits	（b）Visits
List[T，$T+4$]	0.569***	0.300***
	（6.41）	（3.52）
Top1		−0.401*
		（−1.95）
Age		1.503***
		（10.32）
Size		0.331***
		（11.39）
Stateshare		0.173**
		（2.20）
BoardScale		0.080
		（0.66）
Independent		0.000
		（0.00）
Institution		0.077
		（0.53）
ROA		1.551***
		（8.61）
Lev		−0.246**
		（−2.32）
公司固定效应	控制	控制
年份固定效应	控制	控制
观测值	20 281	20 281
R-squared	0.606	0.625

注：*、**、***分别表示在 10%、5%、1%的水平上显著。

2. 平行趋势检验

平行趋势检验的目的是确保发生外生事件之前，处理组公司的发展趋势和对照组公司是平行的，因此在发生外生事件之后，处理组和对照组之间的差异可以归因于该外生事件。作为双重差分法中不可或缺的一环，若缺少平行趋势检验则会影响结

果的可信度。基于模型(11-1),研究将模型扩展至动态回归模型如下:

$$\text{Visits}_{it} = \alpha_i + \beta_t + \gamma X_{it} + \sum \delta_\mu \text{List}[T,\ T+\mu]_{it} + \varepsilon_{it} \tag{11-2}$$

模型中 $\text{List}[T,\ T+\mu]_{it}$($\mu = -3, -2, -1, 0, 1, 2, 3, 4$)为处理组公司相对于上榜事件年 T 的一组指示变量,其他指标定义同模型(11-1)。该动态模型有助于缓解反向因果问题。若存在反向因果问题,则事件年 T 之前的指示变量将会显著。此外,该模型还有助于检验 DID 设计中的平行趋势假设,即在富豪上榜前富豪公司的发展趋势应与非富豪公司基本一致,由此富豪公司在富豪上榜后与非富豪公司的差异才可以归因于上榜事件。

表 11-6 展示了研究平行趋势检验的结果,可以看出在富豪上榜前,主估计量的系数并不显著,而从上榜当年开始至上榜后三年,富豪上榜事件对分析师实地调研有显著的正向影响。总的来说,多元回归和平行趋势检验的结果初步证明了富豪公司和非富豪公司分析师实地调研的变动差异是由富豪上榜造成的。

表 11-6　平行趋势检验

变　　量	Visits
List[$T-3$]	0.212
	(1.47)
List[$T-2$]	0.195
	(1.20)
List[$T-1$]	0.058
	(0.35)
List[T]	0.424***
	(2.62)
List[$T+1$]	0.479***
	(2.91)
List[$T+2$]	0.493***
	(2.91)
List[$T+3$]	0.360**
	(2.06)
List[$T+4$]	0.228
	(1.29)
Top1	−0.409**
	(−1.99)

续　表

变　　量	Visits
Age	1.516***
	(10.36)
Size	0.333***
	(11.41)
Stateshare	0.177**
	(2.25)
BoardScale	0.081
	(0.66)
Independent	0.001
	(0.00)
Institution	0.074
	(0.50)
ROA	1.543***
	(8.63)
公司固定效应	控制
年份固定效应	控制
观测值	20 281
R - squared	0.625

注：＊、＊＊、＊＊＊分别表示在 10%、5%、1%的水平上显著。

3. 安慰剂检验

本研究的基本假设是富豪上榜会对分析师实地调研产生影响。为了进一步验证研究的结果并不是由随机因素导致的，我们设计了安慰剂检验（Placebo Test）。本研究设计安慰剂检验的核心思想是构造一个"虚假的"处理组，即打乱 DID 估计值的临时存储，然后将其随机分配给样本中的公司，这样就构建了一个新的"虚假的"处理组，然后根据随机分配的样本数据再次使用模型（11-1）进行回归。安慰剂检验一般会重复上面的过程 1 000～5 000 次，为了保证结果的稳健性，研究设计了重复次数为 5 000 次的安慰剂检验。表 11-7 列出了 DID 估计量安慰剂估计的平均值、第 5、25、75、95 百分位，以及中位数和标准差，相应的 t 值。我们发现主估计量安慰剂系数的大小接近于零。此外，相应的 t 统计量较小且几乎不显著。这一发现表明，表 11-5 中所示的回归结果不太可能是由偶然因素驱动的。

表 11 - 7 安慰剂检验

	真实值	均 值	第 5 分位	第 25 分位	中位数	第 75 分位	第 95 分位
Visits	**0.300*****	0.001	−0.073	−0.030	0.001	0.029	0.047*
	(3.52)	(0.004)	(−1.648)	(−0.680)	(0.011)	(0.658)	(1.687)

注: * 、** 、*** 分别表示在 10%、5%、1%的水平上显著。

4. 倾向得分匹配法检验

倾向得分匹配法(Propensity Score Matching, PSM)常用于处理观察研究的数据。其原理是将众多可观察到的变量整合成一个倾向值,从而就可以较为充分地描述个体的特征。由于控制了众多的特征变量,因而倾向值相近的个体在分布上具有相近的特征。利用倾向得分匹配法可以最大程度上达到随机分组的效果,将两组的差异控制在是否受到外生冲击。

本研究将倾向得分匹配法与双重差分法结合使用的具体做法如下:以每一个处理组公司在控制者上榜前一年的特征为基准,采用最近邻匹配法 1∶1 不放回地匹配新的观测值,并将该观测值对应的公司作为新的控制组公司。倾向得分(P - Score)的计算是倾向得分匹配法的关键,本研究计算 P - Score 的模型如下:

$$\text{Prob}(\text{List}_{i,\,t+1}=1)=G(\alpha+\theta X_{it}+k_j+\varepsilon_{it}) \tag{11-3}$$

在该模型中, $\text{List}_{i,\,t+1}$ 是那些控制者在明年将会首次出现在富豪榜中的观测值的指示变量, G 是逻辑函数,向量 X 表示股权集中度(Top1),上市时长(Age)、公司规模(Size)、国有股持股比例(Stateshare)、董事会规模(BoardScale)、独立董事比例(Independent)、机构持股比例(Institution)、盈利能力(ROA),以及杠杆水平(Lev)等描述了公司特征的变量, k_j 为行业指示变量。在以 P - Score 为标准进行匹配后,将会得到处理组与新的控制组构成新的样本,本研究将模型(11 - 1)在新的样本中进行检验,以增强主回归结果的稳健性。表 11 - 8 列出了倾向得分匹配-双重差分法的结果。可以看出主估计量的系数在 1%的水平上显著为正,与主回归结果一致。

表 11 - 8 倾向得分匹配法检验

变 量	Visits
List[T, $T+4$]	0.303***
	(3.31)

变　量	Visits
Top1	−0.656
	(−1.35)
Age	1.820***
	(5.95)
Size	0.181***
	(2.80)
Stateshare	0.154
	(0.59)
BoardScale	0.164
	(0.53)
Independent	−0.371
	(−0.38)
Institution	0.166
	(0.50)
ROA	2.858***
	(6.55)
Lev	−0.111
	(−0.42)
公司固定效应	控制
年份固定效应	控制
观测值	3 886
R - squared	0.637

注：*、**、*** 分别表示在 10%、5%、1%的水平上显著。

11.1.5　公司治理、富豪榜与分析师实地调研

所有者与经营者之间的矛盾、控股股东与中小股东之间的矛盾是公司治理研究的两个重要问题。根据双重委托代理理论，在第一重委托代理关系中，要解决的根本问题便是如何使得高管人员以股东利益最大化为目标，从而降低委托代理成本，提高企业价值。一般认为，通过赋予高管人员股权，可以起到激励效果，将高管人员的个人收益与企业的利益相联系，从而降低代理成本。高管持股也因此作为考量公司治理水平的重要依据。因此，本研究首先采用高管持股比例作为衡量公司治理水平的指标，利用 CSMAR 数据库，获取高管持股比例数据，并以其中位数为分界点，将整个

样本分为高管持股比例较高的子样本与高管持股比例较低的子样本。使用模型(11-1)在两个子样本中分别进行回归分析。

此外,在第二重委托代理关系中要解决的主要问题是控股股东与中小股东之间的利益冲突。控股股东往往为了自身利益做出转移公司财产的行为,从而削弱了中小股东的利益,这也被称为"隧道挖掘效应"。余明桂和夏新平指出控股股东持股比例越高,公司的关联交易越多,越会导致公司资产被转移,中小股东的利益被侵害。基于此,我们采用控股股东持股比例作为衡量公司治理水平的另一个指标。同样以控股股东持股比例的中位数为分界点,将样本分为控股股东持股比例较高的子样本与控股股东持股比例较低的子样本,使用模型(11-1)在两个子样本中分别进行回归分析。

由表11-9看出,在高管持股比例低的子样本及控股股东持股比例高的子样本中,富豪上榜对分析师实地调研的影响效应更加显著。这说明治理水平较低的公司由于其相关信息环境较为复杂,因此分析师会更倾向于前往公司进行实地调研获取信息,

表 11-9 公司治理、富豪榜与分析师实地调研

变 量	高管人员持股低 Visits	高管人员持股高 Visits	控股股东持股低 Visits	控股股东持股高 Visits
List[T, $T+4$]	0.364**	0.130	0.261	0.422***
	(2.38)	(1.22)	(1.53)	(3.81)
Top1	−0.535**	−0.022	−0.727	−0.984**
	(−2.13)	(−0.05)	(−1.35)	(−2.58)
Age	1.277***	0.883***	1.850***	1.337***
	(6.09)	(3.76)	(7.66)	(6.16)
Size	0.181***	0.593***	0.337***	0.308***
	(5.68)	(10.81)	(8.23)	(5.46)
Stateshare	0.121	−0.290	0.193	0.209**
	(1.58)	(−0.99)	(1.12)	(2.25)
BoardScale	−0.058	0.082	0.121	−0.021
	(−0.43)	(0.37)	(0.71)	(−0.11)
Independent	−0.168	−0.028	0.282	0.080
	(−0.41)	(−0.04)	(0.56)	(0.15)
Institution	0.388**	0.220	0.028	0.385
	(2.15)	(0.96)	(0.14)	(1.32)

变　量	高管人员持股低 Visits	高管人员持股高 Visits	控股股东持股低 Visits	控股股东持股高 Visits
ROA	0.968***	2.106***	1.550***	1.983***
	(4.70)	(6.88)	(6.75)	(5.51)
Lev	−0.162	−0.435**	−0.200	0.214
	(−1.34)	(−2.44)	(−1.32)	(1.13)
公司固定效应	控制	控制	控制	控制
年份固定效应	控制	控制	控制	控制
观测值	9 716	9 715	9 896	9 853
R - squared	0.659	0.629	0.636	0.663

注：*、**、*** 分别表示在 10%、5%、1% 的水平上显著。

11.1.6　不确定性、富豪榜与分析师实地调研

Leahy 和 Whited 在 1996 年的研究中认为股票收益的波动描述了企业环境的变化。基于此,后续的研究也较多使用股票收益的波动程度对不确定性进行衡量。因此,本研究使用考虑现金红利再投资的日个股回报率的年标准差衡量不确定性,并以其中位数为界,向上向下将样本分别划分为股票回报波动大的上市公司与股票回报波动小的上市公司,使用模型(11-1)分别在两个样本中探究富豪上榜对分析师实地调研的影响。

此外,在我国制度背景下,本研究认为上市公司的产权性质也代表了企业的不确定性。国有企业的控制主体一般为政府,承担着对国民经济发展的调控作用,其行为除了反映企业盈利的基本目标以外,也反映着政府的意志及公众的利益。同时,国有企业的发展和运行一般是在国家与政府的指导下进行的,国家及政府对其干预程度非常高。因此国有企业与非国有企业的经营行为与企业风险都大有不同。具体体现在:① 相较于非国有企业,国有企业的高管大多来源于政府委派,同时具备企业高管与行政长官的双重身份,基于各方利益平衡考虑,其在经营过程中往往更侧重于投资决策的稳定性;② 由于有政府当局的背书,国有企业所作出的战略决策往往更加倾向于维持本身的现有地位,稳定中求发展,而非国有企业由于缺乏当局支持,面临激烈的竞争市场,决策相对更具有冒险性;③ 沈红波认为,由于国有资本的信用担保作用,相比于非国有企业,国有企业更加容易取得金融机构的贷款,在担保融资领域内也比较有优势,有着更加广泛的资金来源。而非国有企业则缺乏这种信用背书,导致

其融资难度较高,不确定性更大。最后,Chang、Chen 和 Liao 也认为国有企业拥有政府的"隐性担保",因此不确定性小于非国有企业。综上,参考现有学者的观点,研究认为,由于国有资本的"保障"效果,国有企业的不确定性更小,而相较于国有企业,民营与外资企业的不确定性较大。因此研究将样本按照产权性质分别划分为国有、民营、外资上市公司,由于外资企业较少,因此将民营与外资上市公司合并为一个子样本作为非国有上市公司,与国有上市公司进行对比分析。

表 11-10 列示了股票回报波动与产权性质的分组回归结果。富豪上榜对分析师实地调研的影响在股票回报波动大的上市公司及非国有上市公司中更加显著,证明面对不确定性大的上市公司,分析师更加倾向于前往公司进行实地调研获取信息。

表 11-10　不确定性、富豪榜与分析师实地调研

变　量	股票回报波动小 Visits	股票回报波动大 Visits	国有上市公司 Visits	非国有上市公司 Visits
List[T, $T+4$]	0.120	0.359 ***	−0.201	0.205 **
	(0.84)	(3.27)	(−1.04)	(2.26)
Top1	−0.256	−0.499 *	−0.449 *	−0.272
	(−0.90)	(−1.87)	(−1.75)	(−0.85)
Age	0.988 ***	1.756 ***	1.230 ***	1.269 ***
	(5.00)	(9.38)	(4.94)	(6.88)
Size	0.241 ***	0.318 ***	0.251 ***	0.429 ***
	(5.89)	(8.48)	(6.33)	(10.28)
Stateshare	0.030	0.300 **	−0.011	−0.333
	(0.33)	(2.51)	(−0.14)	(−0.67)
BoardScale	−0.027	0.144	0.115	−0.024
	(−0.16)	(0.89)	(0.79)	(−0.12)
Independent	−0.129	0.080	−0.134	−0.028
	(−0.28)	(0.15)	(−0.32)	(−0.05)
Institution	0.414 **	0.054	0.125	0.128
	(2.02)	(0.28)	(0.66)	(0.65)
ROA	2.056 ***	1.606 ***	1.408 ***	1.557 ***
	(6.61)	(7.10)	(5.28)	(6.68)
Lev	−0.101	−0.099	−0.341 **	−0.180
	(−0.64)	(−0.71)	(−2.48)	(−1.21)

变　量	股票回报波动小 Visits	股票回报波动大 Visits	国有上市公司 Visits	非国有上市公司 Visits
公司固定效应	控制	控制	控制	控制
年份固定效应	控制	控制	控制	控制
观测值	9 911	10 220	8 390	11 891
R - squared	0.714	0.659	0.673	0.595

注：*、**、*** 分别表示在 10%、5%、1%的水平上显著。

11.1.7　信息披露、富豪榜与分析师实地调研

一般认为,经国际四大会计师事务所审计的上市公司的信息披露质量较高。基于此,本研究将四大会计师事务所审计作为分组标准,将样本公司分为被四大会计师事务所审计的公司和非四大会计师事务所审计的公司,使用模型(11-1)在两个样本中分别进行回归分析。

此外,我们根据深圳证券交易所公布的上市公司透明度评级来衡量公司的信息披露。交易所对上市公司透明度的评级分为 A、B、C、D 四个等级,分别代表优秀、良好、及格、不及格。以此将样本分为信息披露优秀的公司与信息披露非优秀的公司,使用模型(11-1)在两个样本中分别进行回归分析。

表 11-11 列示了信息披露分组回归的结果。主估计量的系数在(a)列及(c)列正向显著。这证明了在信息披露质量较差的公司中,富豪上榜对分析师实地调研的影响更加显著。

表 11-11　信息披露、富豪榜与分析师实地调研

变　量	(a) 非四大审计公司 Visits	(b) 四大审计公司 Visits	(c) 信息披露非优秀 Visits	(d) 信息披露优秀 Visits
List$[T, T+4]$	0.284 ***	0.670	0.400 ***	−0.134
	(3.29)	(0.85)	(3.24)	(−0.46)
Top1	−0.411 *	−0.715	−0.850 ***	−0.539
	(−1.92)	(−0.73)	(−2.76)	(−0.34)
Age	1.543 ***	0.768 ***	1.507 ***	2.246 ***
	(9.86)	(3.12)	(7.54)	(3.51)
Size	0.331 ***	0.129	0.448 ***	0.600 ***
	(10.96)	(0.91)	(9.92)	(3.17)

变 量	(a) 非四大审计公司 Visits	(b) 四大审计公司 Visits	(c) 信息披露非优秀 Visits	(d) 信息披露优秀 Visits
Stateshare	0.184**	0.003	0.506***	0.116
	(2.08)	(0.03)	(2.59)	(0.33)
BoardScale	0.034	0.076	0.011	0.680
	(0.26)	(0.20)	(0.06)	(1.02)
Independent	−0.114	0.047	−0.035	−0.158
	(−0.29)	(0.07)	(−0.05)	(−0.11)
Institution	0.116	−0.663	0.284	0.041
	(0.76)	(−0.90)	(1.26)	(0.06)
ROA	1.548***	2.046**	2.329***	5.859***
	(8.44)	(2.01)	(8.47)	(3.68)
Lev	−0.255**	0.745	−0.011	−0.550
	(−2.34)	(1.32)	(−0.06)	(−0.89)
公司固定效应	控制	控制	控制	控制
年份固定效应	控制	控制	控制	控制
观测值	18 976	1 305	10 031	2 156
R - squared	0.619	0.765	0.501	0.677

注：*、**、*** 分别表示在 10%、5%、1%的水平上显著。

11.1.8 进一步研究

通过以上数据,本研究进一步证明了分析师在资本市场中的主要职责是获取与上市公司有关的信息,充分分析并且加工,从而为投资者提供相对理性的专业投资建议。更为准确的盈余预测,不仅是分析师进行实地调研的目的,也是分析师的专业服务给投资者带来的价值所在。通过上述研究,本研究已经证实了富豪上榜对分析师实地调研的正向作用。目前大多数研究认为,分析师的实地调研显著提高了分析师盈利预测的准确性,因为分析师可以观察公司的运营过程并与管理层沟通,从而在现场调研期间获得与公司相关的更有价值的信息。然而,也有研究认为,分析师实地调研与分析师绩效之间没有显著关系。因此,分析师实地调研是否能够提高分析师盈余预测准确性是一个实证问题。而由富豪上榜所导致的分析师实地调研,是否能提高分析师的盈余预测准确性,从而为资本市场投资者创造更大的价值? 为了进一步探究富豪榜对资本市场的深刻影响,我们将对分析师实地调研与盈余预测准确性的关系展开研究。

参考周开国,应千伟和陈晓娴的研究,我们构建了下述公式用以衡量分析师盈余预测准确性:

$$\text{FERR}_{it} = \frac{|\text{AEPS}_{it} - \text{FEPS}_{it}|}{|\text{FEPS}_{it}|} \qquad (11-4)$$

其中,i 代表公司,t 代表年份,AEPS_{it} 是公司 i 在 t 年的实际 EPS,FEPS_{it} 是公司 i 在 t 年被分析师预测的 EPS。对于同一家公司,新的分析师可能会在本财年新发布预测,已经做出预测的分析师也可能会修改之前的预测。研究选取各预测机构在公司实际收益公布前的最终预测值,取平均值作为分析师的预测 EPS。FERR 表示分析师盈余预测误差,FERR 越大,代表分析师预测的精确度越差。所用到的实际及预测盈余数据均来自 CSMAR 数据库。

我们使用如下回归模型来分析分析师实地调研与预测准确性之间的关系:

$$\text{FERR}_{it} = \alpha_i + \beta_t + \delta\text{Visits}_{it} + \gamma X_{it} + \varepsilon_{it} \qquad (11-5)$$

其中,i 代表公司,t 代表时间,X_{it} 表示与模型(11-1)相同的控制变量,Visits_{it} 为分析师实地调研,α_i 是公司固定效应,β_t 是时间固定效应。回归结果如表 11-12 所示。主估计量的系数在 1% 的水平上显著为负,证明实地调研能够显著降低分析师盈余预测误差。表 11-12 列示的结果初步证明了富豪上榜所引起的分析师实地调研的增加会带来分析师盈余预测准确性的提高。

表 11-12　分析师实地调研与盈余预测准确性

变　量	FERR
Visits	−0.274***
	(−4.06)
Top1	−3.721*
	(−1.68)
Age	1.111
	(1.10)
Size	0.596
	(1.59)
Stateshare	0.536
	(0.91)

变　　量	FERR
BoardScale	2.278
	(0.96)
Independent	8.001
	(0.90)
Institution	-5.542^{***}
	(-4.95)
ROA	-9.621^{***}
	(-5.75)
Lev	-2.468^{**}
	(-2.32)
公司固定效应	控制
年份固定效应	控制
观测值	17 490
R - squared	0.123

注：*、**、***分别表示在 10%、5%、1%的水平上显著。

11.1.9　稳健性检验

前面已经证明了富豪上榜对分析师实地调研的正相关关系，并进一步探究了公司治理水平及不确定性在富豪榜影响分析师实地调研中所起的作用。为了巩固研究成果，我们设计了稳健性检验。

1. 验证信息复杂程度对富豪上榜效应的影响

富豪上榜导致资本市场中与富豪公司相关的信息环境变得更加复杂，从而导致分析师前往企业进行实地调研以获取更多信息。为了验证假设逻辑的正确性，证明分析师实地调研确实是由资本市场中与公司相关复杂的信息驱动的，利用与公司相关新闻报道的情感分歧程度代表信息复杂程度进行探究。利用 CNRDS 数据库中报刊财经新闻数据，计算出每年内与每家上市公司相关的正面新闻报道数量及负面新闻报道数量，并进一步计算出正负面新闻报道的分歧程度。计算公式如下：

$$\text{Divergence}_{it} = \frac{|\text{Positnews}_{it} - \text{Negatnews}_{it}|}{\text{Positnews}_{it} + \text{Negatnews}_{it}} \qquad (11-6)$$

其中，Positnews_{it} 表示在 t 年与公司 i 相关的正面新闻数量，Negatnews_{it} 表示在 t

年与公司 i 相关的负面新闻数量，Divergence$_{it}$ 代表在 t 年内与公司 i 相关的新闻报道情感的分歧程度，该数值越小，代表着情感分歧越大。当市场中新闻报道的情感分歧更大时，分析师难以通过新闻报道获取明确真实的信息，因此会更加倾向于前往企业进行实地调研。基于此，我们以 Divergence$_{it}$ 的中位数为标准进行分组，将样本分为情感分歧较小的组与情感分歧较大的组，在两个子样本内，分别用模型（11-1）进行回归分析。

表 11-13 的（a）列与（b）列展示了回归结果。从（b）列可知，主估计量的回归系数在新闻报道情感分歧较大的子样本中显著，这巩固了本研究的假设逻辑，即分析师实地调研确实是由资本市场中与公司相关复杂的信息驱动的。

表 11-13 稳健性检验

变　　量	(a) 情感分歧小 Visits	(b) 情感分歧大 Visits	(c) Visits	(d) Repattention	(e) Visits
List[T, $T+4$]	0.126	0.356***	0.311***	0.367***	0.288***
	(0.86)	(3.10)	(3.01)	(5.07)	(3.47)
Top1	−0.421	−0.402	−0.572*	−0.761***	−0.224
	(−1.30)	(−1.62)	(−1.90)	(−3.97)	(−1.06)
Age	1.329***	1.833***	1.772***	−0.163	1.285***
	(6.77)	(9.13)	(9.80)	(−1.44)	(8.67)
Size	0.356***	0.204***	0.536***	0.519***	0.355***
	(8.43)	(5.77)	(13.09)	(20.31)	(12.30)
Stateshare	0.169	0.207**	0.272*	−0.137**	0.065
	(1.51)	(2.07)	(1.85)	(−2.01)	(0.80)
BoardScale	0.022	0.111	0.081	0.115	0.092
	(0.13)	(0.70)	(0.44)	(1.14)	(0.76)
Independent	−0.226	0.001	−0.075	0.202	0.050
	(−0.46)	(0.00)	(−0.13)	(0.64)	(0.14)
Institution	0.069	0.320*	0.036	1.423***	0.117
	(0.32)	(1.75)	(0.18)	(10.61)	(0.81)
ROA	2.223***	1.533***	2.039***	2.476***	1.410***
	(7.73)	(6.34)	(8.24)	(14.85)	(7.71)
Lev	−0.201	0.029	−0.383**	−0.769***	−0.268**
	(−1.27)	(0.22)	(−2.51)	(−8.15)	(−2.49)
公司固定效应	控制	控制	控制	控制	控制
年份固定效应	控制	控制	控制	控制	控制

变　　量	(a) 情感分歧小 Visits	(b) 情感分歧大 Visits	(c) Visits	(d) Repattention	(e) Visits
行业-年份固定效应					控制
观测值	9 341	9 689	13 378	20 281	20 184
R - squared	0.689	0.670	0.518	0.684	0.655

注：＊、＊＊、＊＊＊分别表示在 10%、5%、1%的水平上显著。

2. 调整样本

在主回归中,由于存在大量分析师未进行实地调研的公司,因而在 20 281 个观测值中存在大量分析师实地调研为 0 的观测值。这些公司的数据可能会对样本数据的统计分布造成影响,从而影响结果的可信度。在稳健性检验中,我们将这一部分公司所对应的观测值从样本中剔除,使用相同的模型进行回归分析,探究结果是否与主回归相一致? 结果如表 11 - 13 的(c)列所示,主估计量的系数仍然显著,证明本研究的结论并未受到这些观测值的影响。

3. 替换因变量

为了证明分析师实地调研的增加并非是由其他不可观测的变量所导致的巧合,我们使用替代因变量的方法进行稳健性检验。实地调研的目的是获取信息从而产出报告,更多的实地调研就意味着更加丰富的产出。因此我们使用研究报告关注度作为新的因变量进行研究。研究报告关注度即一年内关注某公司的研究报告数量,数据来源于 CSMAR数据库。我们将其加一并取对数替换模型(11 - 1)中的因变量。由表 11 - 13 的(d)列可以看出,替换原因变量后,主估计量系数仍显著为正,这使得本研究的数据结果更加稳健。

4. 增加固定效应

为了进一步排除另一种替代假设,即与富豪榜相关的不可观察、不随时间变化的公司特征导致了前面的主回归结果,并缓解结果由特定行业和时间因素驱动的影响,在控制了公司及年度固定效应的基础上,我们在模型中进一步控制了年度-行业固定效应。表 11 - 13 的(e)列表明,在控制年度-行业固定效应后,我们的主要结果仍然成立,这使本研究的结论更加稳健。

11.1.10　富豪榜与分析师 Stata 代码示例

```
＊baseline 回归
use baseline data
```

```
xtset Scode year
```

```
reghdfe Y_1  did_hurun  top1_1  age_1  size_1  StatesharesProp_1  BoardScale_1
independentdirectorratio_1  institutionprop_1  ROA_1 lev_1，absorb（year Scode）
cluster(Scode)
```

```
outreg2 using myfile.doc,replace tstat bdec(3) tdec(2) ctitle(Y_1)
```

//Y_1 为分析师访问次数加一的自然对数、did_hurun 为处理组公司上榜的指示变量,处理组公司上榜年及之后为 1,否则为 0、top_1 为第一大股东持股比例、age_1 为上市年数、size_1 为总资产的自然对数、StatesharesProp_1 为国有持股比例、BoardScale_1 为董事会人数的自然对数、independentdirectorratio_1 为独立董事占比、'institutionprop_1 为机构持股比例、ROA_1 为总资产收益率、lev_1 为资产负债率。均进行了 1%的 winsorize 处理。

```
gen samp=e(sample)
```

```
summarize  Y_1  top1_1  size_1  age_1  BoardScale_1  StatesharesProp_1
institutionprop_1 independentdirectorratio_1  ROA_1  lev_1  if  samp==1
```

```
summarize  Y_1  top1_1  size_1  age_1  BoardScale_1  StatesharesProp_1
institutionprop_1  independentdirectorratio_1  ROA_1  lev_1  if  samp==
1&treat==1
```

```
summarize  Y_1  top1_1  size_1  age_1  BoardScale_1  StatesharesProp_1
institutionprop_1  independentdirectorratio_1  ROA_1  lev_1  if  samp==
1&treat==0
```

```
*parallel
```

```
*生成 treat 区分处理组与对照组
```

```
gen treat=0
```

```
replace treat=1 if policy! =.
```

```
gen pre3_=(year-policy==-3&treat==1)
```

```
gen pre2_=(year-policy==-2&treat==1)
```

```
gen pre1_=(year-policy==-1&treat==1)
```

```
gen current_=(year-policy==0&treat==1)
```

```
gen post1_=(year-policy==1&treat==1)
```

```
gen post2_=(year-policy==2&treat==1)
```

```
gen post3_=(year-policy==3&treat==1)
```

```
gen post4_=(year-policy==4&treat==1)
```

```
reghdfe Y_1 pre3_ pre2_ pre1_ current_ post1_ post2_ post3_ post4_ top1_1 age_1 size_1
StatesharesProp_1 BoardScale_1 independentdirectorratio_1 institutionprop_1 ROA_1 lev_1,
absorb(year Scode) cluster(Scode)
save,replace
*分组
*产权性质分组
merge 1:1 Scode year using 产权性质
drop if _merge==2
drop _merge
save fullsample 产权性质分组
drop if Equity==.
count if Equity==1 //1 为国企
reghdfe Y_1 did_hurun top1_1 age_1 size_1 StatesharesProp_1
BoardScale_1 independentdirectorratio_1 institutionprop_1 ROA_1 lev_1 if
Equity==1, absorb(year Scode ) cluster(Scode)
outreg2 using myfile.doc,replace tstat bdec(3) tdec(2) ctitle(Y_1)
reghdfe Y_1 did_hurun top1_1 age_1 size_1 StatesharesProp_1
BoardScale_1 independentdirectorratio_1 institutionprop_1 ROA_1 lev_1 if
Equity！=1, absorb(year Scode ) cluster(Scode)
save,replace
*股票波动率分组
merge 1:1 Scode year using 波动率
drop if_merge==2
drop_merge
xtile test3= volatility1 ,nq(2)
reghdfe Y_1 did_hurun top1_1 age_1 size_1 StatesharesProp_1
BoardScale_1 independentdirectorratio_1 institutionprop_1 ROA_1 lev_1
if test3==1, absorb(year Scode ) cluster(Scode)
reghdfe Y_1 did_hurun top1_1 age_1 size_1 StatesharesProp_1
BoardScale_1 independentdirectorratio_1 institutionprop_1 ROA_1 lev_1
if test3==2, absorb(year Scode ) cluster(Scode)
save,replace
```

```
*信息披露分组
merge 1:1 Scode year using 信息披露质量
drop if _merge==2
drop _merge
replace omp=1 if omp==D
replace omp=2 if omp==C
replace omp=3 if omp==B
replace omp=4 if omp==A //omp 为深交所透明度评级
reghdfe  Y_1  did_hurun  top1_1  age_1  size_1  StatesharesProp_1
BoardScale_1 independentdirectorratio_1 institutionprop_1 ROA_1 lev_1 if
omp==4，absorb(year Scode) cluster(Scode)
reghdfe  Y_1  did_hurun  top1_1  age_1  size_1  StatesharesProp_1
BoardScale_1 independentdirectorratio_1 institutionprop_1 ROA_1 lev_1 if
omp! =4，absorb(year Scode) cluster(Scode)
outreg2 using myfile.doc,replace tstat bdec(3) tdec(2) ctitle(Y_1)
save,replace


merge 1:1 Scode year using 四大
drop if _merge==2
drop _merge
reghdfe  Y_1  did_hurun  top1_1  age_1  size_1  StatesharesProp_1
BoardScale_1 independentdirectorratio_1 institutionprop_1 ROA_1 lev_1 if
big4==1，absorb(year Scode) cluster(Scode)
reghdfe  Y_1  did_hurun  top1_1  age_1  size_1  StatesharesProp_1
BoardScale_1 independentdirectorratio_1 institutionprop_1 ROA_1 lev_1 if
big4! =1，absorb(year Scode) cluster(Scode)
outreg2 using myfile.doc,replace tstat bdec(3) tdec(2) ctitle(Y_1)
save,replace
*公司治理分组
merge 1:1 Scode year using 公司治理
drop if _merge==2
drop _merge
```

xtile test4＝ manager_ratio ,nq(2) //高管持股比例

reghdfe　Y_1　did_hurun　top1_1　age_1　size_1　StatesharesProp_1 BoardScale_1　independentdirectorratio_1　institutionprop_1　ROA_1　lev_1　if test4＝＝1，absorb(year Scode)　cluster(Scode)

reghdfe　Y_1　did_hurun　top1_1　age_1　size_1　StatesharesProp_1 BoardScale_1　independentdirectorratio_1　institutionprop_1　ROA_1　lev_1　if test4＝＝2，absorb(year Scode)　cluster(Scode)

xtile test5＝ control_ratio ,nq(2) //控股股东持股比例

reghdfe　Y_1　did_hurun　top1_1　age_1　size_1　StatesharesProp_1 BoardScale_1　independentdirectorratio_1　institutionprop_1　ROA_1　lev_1　if test5＝＝1，absorb(year Scode)　cluster(Scode)

reghdfe　Y_1　did_hurun　top1_1　age_1　size_1　StatesharesProp_1 BoardScale_1　independentdirectorratio_1　institutionprop_1　ROA_1　lev_1　if test5＝＝2，absorb(year Scode)　cluster(Scode)

save，replace

* placebo

forvalue i＝1/5000{

　　use baseline data，clear　//调入数据

　　*思路：打乱 did_hurun,即将 did_hurun 的全部取值拿出暂存,然后随机赋给每一个样本

　　*打乱 did_hurun,即将 did_hurun 的全部取值拿出暂存

　　g obs_id＝ _n //初始样本序号

　　gen random_digit＝ runiform() //生成随机数

　　sort random_digit　//按新生成的随机数排序

　　g random_id＝ _n　//产生随机序号

　　preserve

　　　　keep random_id did_hurun //保留虚拟的 did_hurun

　　　　rename did_hurun random_did_hurun

　　　　rename random_id id //重命名为 id,以备与其他变量合并(merge)

　　　　label var id 原数据与虚拟处理变量的唯一匹配码

　　　　save random_did_hurun，replace

```
restore
    drop random_digit random_id did_hurun //删除原来的 did_hurun
    rename obs_id id //重命名为 id,以备与 random_did_hurun 合并(merge)
    label var id 原数据与虚拟处理变量的唯一匹配码
    save rawdata, replace
```

*-合并,回归,提取系数

```
    use rawdata, clear
    merge 1:1 id using random_did_hurun,nogen
    reghdfe   Y_1   random_did_hurun   top1_1   age_1   size_1
StatesharesProp_1  BoardScale_1  independentdirectorratio_1  institutionprop_1
ROA_1   lev_1 , absorb(year Scode )   cluster(Scode)
    g _b_random_did_hurun= _b[random_did_hurun]  //提取 x 的回归系数
    g _se_random_did_hurun= _se[random_did_hurun] //提取 x 的标准误
    keep _b_random_did_hurun _se_random_did_hurun
    duplicates drop _b_random_did_hurun, force
    save placebo 'i' , replace   //把第 i 次 placebo 检验的系数和标准误存起来
}
```

*-纵向合并 5 000 次的系数和标准误

```
use placebo1, clear
forvalue i=2/5000{
append using placebo 'i' //纵向合并 5 000 次回归的系数及标准误
}
gen tvalue= _b_random_did_hurun/ _se_random_did_hurun
kdensity tvalue, xtitle("t 值") ytitle("分布") saving(placebo_test)
```

*-删除临时文件

```
forvalue i=1/5000{
    erase   placebo 'i'.dta
}
summarize _b_random_did_hurun _se_random_did_hurun,detail
```

```
* psm
use 2007 //在 2007 年上榜的公司
xtset Scode year
gen Y_growth=d.N/l.N
replace Y_growth=0 if l.N==0
logit treat   top1_1   age_1   size_1   StatesharesProp_1   BoardScale_1
independentdirectorratio_1   institutionprop_1   ROA_1   lev_1
predict pscore if e(sample), pr
gen double pscore2=ind_num * 10+pscore+year * 1000
psmatch2 treat, pscore (pscore2) outcome (Y_1) neighbor (1) noreplacement
common caliper(0.5) ties
gen pair = _id if _treated==0
replace pair = _n1 if _treated==1
bysort pair: egen paircount = count(pair)
drop if paircount ! =2
tab treat
save 2007 匹配


use 2008
xtset Scode year
gen Y_growth=d.N/l.N
replace Y_growth=0 if l.N==0
logit treat   top1_1   age_1   size_1   StatesharesProp_1   BoardScale_1
independentdirectorratio_1   institutionprop_1   ROA_1   lev_1
predict pscore if e(sample), pr
gen double pscore2=ind_num * 10+pscore+year * 1000
psmatch2 treat, pscore (pscore2) outcome (Y_1) neighbor (1) noreplacement
common caliper(0.5) ties
gen pair = _id if _treated==0
replace pair = _n1 if _treated==1
bysort pair: egen paircount = count(pair)
drop if paircount ! =2
```

```
tab treat
save 2008 匹配


use 2009
xtset Scode year
gen Y_growth=d.N/l.N
replace Y_growth=0 if l.N==0
logit treat  top1_1  age_1  size_1  StatesharesProp_1  BoardScale_1
independentdirectorratio_1  institutionprop_1  ROA_1  lev_1
predict pscore if e(sample), pr
gen double pscore2=ind_num * 10+pscore+year * 1000
psmatch2 treat, pscore (pscore2) outcome (Y_1) neighbor (1) noreplacement
common caliper(0.5) ties
gen pair = _id if _treated==0
replace pair = _n1 if _treated==1
bysort pair: egen paircount = count(pair)
drop if paircount ! =2
tab treat
save 2009 匹配


use 2010
xtset Scode year
gen Y_growth=d.N/l.N
replace Y_growth=0 if l.N==0
logit treat  top1_1  age_1  size_1  StatesharesProp_1  BoardScale_1
independentdirectorratio_1  institutionprop_1  ROA_1  lev_1
predict pscore if e(sample), pr
gen double pscore2=ind_num * 10+pscore+year * 1000
psmatch2 treat, pscore (pscore2) outcome (Y_1) neighbor (1) noreplacement
common caliper(0.5) ties
gen pair = _id if _treated==0
replace pair = _n1 if _treated==1
```

```
bysort pair：egen paircount = count(pair)
drop if paircount ！=2
tab treat
save 2010 匹配


use 2011
xtset Scode year
gen Y_growth=d.N/l.N
replace Y_growth=0 if l.N==0
logit treat  top1_1  age_1  size_1  StatesharesProp_1  BoardScale_1
independentdirectorratio_1  institutionprop_1  ROA_1  lev_1
predict pscore if e(sample)，pr
gen double pscore2=ind_num * 10+pscore+year * 1000
psmatch2 treat，pscore（pscore2）outcome（Y_1）neighbor（1）noreplacement
common caliper(0.5) ties
gen pair = _id if _treated==0
replace pair = _n1 if _treated==1
bysort pair：egen paircount = count(pair)
drop if paircount ！=2
tab treat
save 2011 匹配


use 2012
xtset Scode year
gen Y_growth=d.N/l.N
replace Y_growth=0 if l.N==0
logit treat  top1_1  age_1  size_1  StatesharesProp_1  BoardScale_1
independentdirectorratio_1  institutionprop_1  ROA_1  lev_1
predict pscore if e(sample)，pr
gen double pscore2=ind_num * 10+pscore+year * 1000
psmatch2 treat，pscore（pscore2）outcome（Y_1）neighbor（1）noreplacement
common caliper(0.5) ties
```

```
gen pair = _id if _treated==0
replace pair = _n1 if _treated==1
bysort pair：egen paircount = count(pair)
drop if paircount ！ =2
tab treat
save 2012 匹配


use 2013
xtset Scode year
gen Y_growth=d.N/l.N
replace Y_growth=0 if l.N==0
logit treat  top1_1  age_1  size_1  StatesharesProp_1  BoardScale_1
independentdirectorratio_1  institutionprop_1  ROA_1  lev_1
predict pscore if e(sample)，pr
gen double pscore2=ind_num * 10+pscore+year * 1000
psmatch2 treat, pscore（pscore2）outcome（Y_1）neighbor（1）noreplacement
common caliper(0.5) ties
gen pair = _id if _treated==0
replace pair = _n1 if _treated==1
bysort pair：egen paircount = count(pair)
drop if paircount ！ =2
tab treat
save 2013 匹配


use 2014
xtset Scode year
gen Y_growth=d.N/l.N
replace Y_growth=0 if l.N==0
logit treat  top1_1  age_1  size_1  StatesharesProp_1  BoardScale_1
independentdirectorratio_1  institutionprop_1  ROA_1  lev_1
predict pscore if e(sample)，pr
gen double pscore2=ind_num * 10+pscore+year * 1000
```

```
psmatch2 treat，pscore（pscore2）outcome（Y_1）neighbor（1）noreplacement
common caliper(0.5) ties
gen pair = _id if _treated==0
replace pair = _n1 if _treated==1
bysort pair：egen paircount = count(pair)
drop if paircount ！=2
tab treat
save 2014 匹配


use 2015
xtset Scode year
gen Y_growth=d.N/l.N
replace Y_growth=0 if l.N==0
logit treat  top1_1  age_1  size_1  StatesharesProp_1  BoardScale_1
independentdirectorratio_1  institutionprop_1  ROA_1  lev_1
predict pscore if e(sample)，pr
gen double pscore2=ind_num * 10+pscore+year * 1000
psmatch2 treat，pscore（pscore2）outcome（Y_1）neighbor（1）noreplacement
common caliper(0.5) ties
gen pair = _id if _treated==0
replace pair = _n1 if _treated==1
bysort pair：egen paircount = count(pair)
drop if paircount ！=2
tab treat
save 2015 匹配


use 2016
xtset Scode year
gen Y_growth=d.N/l.N
replace Y_growth=0 if l.N==0
logit treat  top1_1  age_1  size_1  StatesharesProp_1  BoardScale_1
independentdirectorratio_1  institutionprop_1  ROA_1  lev_1
```

```
predict pscore if e(sample)，pr
gen double pscore2＝ind_num * 10＋pscore＋year * 1000
psmatch2 treat，pscore（pscore2）outcome（Y＿1）neighbor（1）noreplacement
common caliper(0.5) ties
gen pair ＝ _id if _treated＝＝0
replace pair ＝ _n1 if _treated＝＝1
bysort pair：egen paircount ＝ count(pair)
drop if paircount ！＝2
tab treat
save 2016 匹配


use 2017
xtset Scode year
gen Y_growth＝d.N/l.N
replace Y_growth＝0 if l.N＝＝0
logit treat   top1＿1   age＿1   size＿1   StatesharesProp＿1   BoardScale＿1
independentdirectorratio_1   institutionprop_1   ROA_1   lev_1
predict pscore if e(sample)，pr
gen double pscore2＝ind_num * 10＋pscore＋year * 1000
psmatch2 treat，pscore（pscore2）outcome（Y＿1）neighbor（1）noreplacement
common caliper(0.5) ties
gen pair ＝ _id if _treated＝＝0
replace pair ＝ _n1 if _treated＝＝1
bysort pair：egen paircount ＝ count(pair)
drop if paircount ！＝2
tab treat
save 2017 匹配


use 2018
xtset Scode year
gen Y_growth＝d.N/l.N
replace Y_growth＝0 if l.N＝＝0
```

```
logit treat   top1_1   age_1   size_1   StatesharesProp_1   BoardScale_1
independentdirectorratio_1   institutionprop_1   ROA_1   lev_1
predict pscore if e(sample), pr
gen double pscore2=ind_num * 10+pscore+year * 1000
psmatch2 treat, pscore(pscore2) outcome(Y_1) neighbor(1) noreplacement
common caliper(0.5) ties
gen pair = _id if _treated==0
replace pair = _n1 if _treated==1
bysort pair: egen paircount = count(pair)
drop if paircount ! =2
tab treat
save 2018 匹配


use 2007 匹配
forvalue k =2007/2018 {
      capture {
            append using 'k'匹配.dta
            }
      } //把多年匹配到的数据合成非面板数据
save 无放回非面板数据
duplicates drop Scode,force
save 无放回非面板数据删掉了重复公司
use baseline data
merge m:1 Scode using 无放回非面板数据删掉了重复公司
keep if _merge==3
drop _merge
xtset Scode year
reghdfe  Y_1   did_hurun   top1_1   age_1   size_1   StatesharesProp_1
BoardScale_1   independentdirectorratio_1   institutionprop_1   ROA_1   lev_1,
absorb(year Scode )   cluster(Scode)
outreg2 using myfile.doc,replace tstat bdec(3) tdec(2) ctitle(Y_1)
save 面板数据
```

* 进一步研究

* 实地调研对预测准确性的影响

```
reghdfe FERR_1 Y_1 top1_1 age_1 size_1 StatesharesProp_1 BoardScale_1
independentdirectorratio_1 institutionprop_1 ROA_1 lev_1, absorb(year
Scode) cluster(Scode)
outreg2 using myfile.doc,replace tstat bdec(3) tdec(2) ctitle(FERR)
```

//FERR 为分析师预测误差。衡量方法参考金融研究《媒体关注度、分析师关注度与盈余预测准确度》周开国等 2014

* robust

* 情感分歧分组

```
xtile test6= diver ,nq(2) //diver 为新闻情感分歧度,公式为|正面新闻数量-负面
```
新闻数量|/新闻总量

```
reghdfe Y_1 did_hurun top1_1 age_1 size_1 StatesharesProp_1
BoardScale_1 independentdirectorratio_1 institutionprop_1 ROA_1 lev_1 if
test6==1, absorb(year Scode) cluster(Scode)
reghdfe Y_1 did_hurun top1_1 age_1 size_1 StatesharesProp_1
BoardScale_1independentdirectorratio_1 institutionprop_1 ROA_1 lev_1 if
test6==2, absorb(year Scode) cluster(Scode)
```

* 剔除分析师从未访问过的公司

```
merge m:1 Scode year using 未访问公司
drop if _merge==3
drop _merge
reghdfe Y_1 did_hurun top1_1 age_1 size_1 StatesharesProp_1
BoardScale_1 independentdirectorratio_1 institutionprop_1 ROA_1 lev_1 ,
absorb(year Scode) cluster(Scode)
```

* 替换 y

```
Reghdfe repattention_1 did_hurun top1_1 age_1 size_1 StatesharesProp_1
BoardScale_1 independentdirectorratio_1 institutionprop_1 ROA_1 lev_1,
absorb(year Scode) cluster(Scode) //y 为研报关注数量
```

* 加固定效应

```
gen ind_year=ind_num * year //加入年度-行业固定效应
```

reghdfe　Y_1　did_hurun　top1_1　age_1　size_1　StatesharesProp_1　BoardScale_1　independentdirectorratio_1　institutionprop_1　ROA_1　lev_1, absorb(year Scode ind_year)　cluster(Scode)

11.2　富豪榜与高管超额在职消费

在职消费是公司管理层在履行职责过程中所获得与职责有关或无关的非直接货币性收益,包括享受豪华办公室、乘坐飞机头等舱、拥有专机或专车及餐饮娱乐消费等。在职消费作为一种隐性激励手段,与货币薪酬、股权激励一同构成了企业激励机制,一直是社会各界关注的重点。一方面,在职薪酬的存在有着积极意义,当货币薪酬等显性收入无法弥补管理者时间、精力及能力等方面的付出时,在职消费能作为有效的补充,对提高管理层的工作积极性有着至关重要的作用。但另一方面,无节制的在职消费也会对企业产生负面影响,如果高管为了个人利益滥用公司资源满足个人欲望,进行个人消费,就会损害股东及投资者的利益,尤其是在当前我国公司治理水平不够完善,信息不对称情况严重的背景下,公司股东无法对高管的逐利行为进行有效的监督与约束,使得我国企业的高管在职消费问题更为严峻。近年来,屡屡有新闻爆出企业高管利用权力谋取个人私利,引发了社会各界对于高管滥用公司资源现象的关注。2012 年,中国铁建(601186)曾因高额的"业务招待费"被核查,最后以通报批评 57 人、党纪政纪处分 8 人、移送司法 1 人收场。2013 年,格力集团(000651)总经理周少强被曝一行人一次晚餐消费 3.7 万元,最终珠海市纪委做出决定,周少强因超标准公款消费,被停职检查。2015 年 1 月,中国电信北京公司(601728)通报了总裁刘博等人违规,使用公款吃喝等问题,被给予留党察看一年处分,同时被免去相关职务。类似高管滥用在职消费事件数量之多,涉事金额之大,令人瞠目结舌。

针对我国上市公司尤其是国有上市公司存在的超额在职消费问题,我国政府也采取了一系列措施并出台了多项相关规定。2006 年颁布的《关于规范中央企业负责人职务消费意见》给出了在职消费的明确定义,将通信费、差旅费、业务招待、国(境)外考察培训费等费用划入在职消费。2009 年,中共中央办公厅、国务院办公厅印发了《国有企业领导人员廉洁从业若干规定》,从滥用职权、以权谋私、侵害公共利益、职务消费和作风建设五个方面对相关领导人员提出了要求。2012 年,中国财政部会同监察部、审计署和国资委联合发布《国有企业负责人职务消费行为监督管理暂行办法》,明确列出国企负责人职务消费的 12 条禁令。2015 年起,修订后《中华人民共和国预算法》正式实施,强调要规范政府收支行为,建立起全面规范公开透明的预算制度,为国有企业在职消费改革开辟了道路。但在当前我国背景下,超额在职消费仍是资本市场的一种"顽疾",严重制约了企业成长与发展,损害了企业价值。因此,对超额在职消费展开研究具有深刻的理论和实践意义。

公众关注作为宏观治理环境不可或缺的组成部分,对企业的治理效应一直是学术界和实务界的热点问题。胡润富豪榜作为一个具有自然实验性质的外生事件,为我们研究公众关注的外部治理效应及其对高管超额在职消费的影响提供了很好的契机。1999 年,在上海安达信会计师事务所工作的英国人 Rupert Hoogewerf(胡润)创建了中国第一份财富榜单——胡润富豪榜,使全世界知晓了中国最富有的人的名字。自该富豪榜发布以来,二十多年来从未间断,其统计领域越来越广泛,方式也越来越精准。最初胡润富豪榜每年只披露 50 位富豪,发展至 2021 年已有 2 918 位企业家上榜,这在一定程度上也反映了我国经济发展历程。当今网络媒体盛行,在挖掘负面新闻和迎合大众偏好的激励下,媒体会对富豪及其关联的公司进行深入地挖掘报道,因此上榜会提高公众对于富豪及其关联公司的关注。一方面投资者获取信息的渠道和数量变多,因此会对公司高管起到监督作用;另一方面,为降低上榜引来巨大关注而可能招致的各种监管和风险,富豪公司的高管也会采取一些措施如提高公司治理的效率和效果。在上述两种情况下都有可能会对上市公司高管超额在职消费起到监督制约作用。那么,高管超额在职消费如何衡量,富豪榜又会对高管超额在职消费产生怎样的影响,它又是通过何种机制发生作用,本节将做进一步探究。

11.2.1 实证设计

1. 样本筛选

本研究选取 2007—2019 年我国上市公司作为研究样本。首先对胡润富豪榜 2007—2019 年的榜单信息进行收集和整理。从胡润富豪榜的官方网站手动收集 2007—2019 年上榜富豪名单,剔除重复上榜的富豪,只保留每年首次上榜的富豪数据。然后根据保留的富豪名单及其关联企业等信息,通过企业年报、公司官网、网易财经、新浪财经等网络搜索,对比上市公司实际控制人信息,确定上榜富豪所实际控制的上市公司,从而整理得到样本期间首次上榜的富豪实际控制的上市公司名单。由于榜单中存在部分企业实际控制人在其公司上市之前上榜,我们无法得到该公司在上榜及以前年度的相关财务数据,本研究剔除了这部分"富豪上榜在前,企业上市在后"的公司。另外,参考 Wu and Ye 的做法,考虑到排名靠后的富豪及其实际控制的公司引起的公众关注变化微乎其微,因此,我们选取每年榜单排名前 600 名的富豪作为实际控制人的上市公司为实验组。同时为了满足双重差分模型(DID),即要求事件冲击前后均有样本观测值,剔除了 2007 年与 2019 年首次上榜富豪实际控制的上市公司。经整理,共得到 449 家满足条件的富豪公司。本研究中所用到的在职消费相关变量来自中国研究数据服务平台(CNRDS),其他财务数据来自国泰安数据库(China Stock Market & Accounting Research Database, CSMAR)。此外,剔除了 ST、ST ∗ 等被特殊处理的及相关财务数据缺失的上市公司样本,同时为了避免极端值对研究结论可能造成的影响,对相关连续变量在 1% 和 99% 的水平上进行了缩尾处理。对上述数据我们采用 Excel 进行数据整理,使用 Stata 16.0 进行实证分析。

2. 变量选择

在职消费作为一种隐性薪酬,其信息可获得性存在限制,因而很难对其进行科学地衡量。目前学术界对于高管在职消费的衡量方式主要归纳为以下两种:一种方法是将企业的在职消费来衡量高管在职消费,将可能与高管在职消费相关的支出项目分为八类——办公费、通信费、差旅费、董事会费、出国培训费、业务招待费、小车费和会议费,通过查阅上市公司年报中"支付的其他与经营活动有关的现金流量"获得以上数据。这些费用项目很容易成为高管谋取私利的途径,将个人消费转嫁为公司支出。第二种方法是以管理费用扣除了董、监、高薪酬,计提的坏账准备、存货跌价准备,无形资产摊销等明显不归属于高管在职消费项目的金额来衡量在职消费。为了保持研究结果的稳健性,我们采用第二种方式来衡量在职消费。

在前面已经提到,高管在职消费中既包括了合理部分,同时也存在不合理在职消费。因此我们重点关注高管在职消费中的不合理部分,即超额在职消费。我们参考权小峰的模型,用高管在职消费与由经济因素决定的合理在职消费的差额来表示超额在职消费(Experks)。具体模型如下:

$$\frac{\text{Perks}_{i,t}}{\text{Assets}_{i,t-1}} = \alpha_0 + \beta_1 \frac{1}{\text{Assets}_{i,t-1}} + \beta_2 \frac{\Delta \text{Sales}_{i,t}}{\text{Assets}_{i,t-1}} + \beta_3 \frac{\text{PPE}_{i,t}}{\text{Assets}_{i,t-1}} \quad (11-7)$$
$$+ \beta_4 \frac{\text{Inventory}_{i,t}}{\text{Assets}_{i,t-1}} + \beta_5 \ln^{\text{Employee}_{i,t}} + \varepsilon_{i,t}$$

其中, $\text{Perks}_{i,t}$ 为在职消费,即管理费用扣除董、监、高薪酬,计提的坏账准备和存货跌价准备,无形资产摊销之后的金额, $\text{Assets}_{i,t-1}$ 为企业上一期期末总资产, $\Delta \text{Sales}_{i,t}$ 为主营业务收入的变动额, $\text{PPE}_{i,t}$ 为本期厂房、机器设备等固定资产净值, $\text{Inventory}_{i,t}$ 为本期存货总额, $\ln^{\text{Employee}_{i,t}}$ 为企业员工总人数的自然对数。通过以上模型对样本公司分年度分行业回归,得到的因变量拟合值即正常水平的在职消费,回归残差为超额在职消费 Experks。

解释变量方面,富豪上榜年份存在差异,因此将上榜时间锁定在某个年份会导致较大的估计偏误。本研究根据手工收集的样本区间内每年前 600 名富豪及其实际控制企业的名单,区分了每个企业的首次上榜年份。Rich 为判断是否为上榜富豪公司的虚拟变量,实验组的公司取 1,其他对照组公司取 0,Post 为判断实际控制人首次登上富豪榜时间前后的虚拟变量,实际控制人首次登上富豪榜当年及以后年份取 1,上榜之前的年份则取 0。

控制变量的选取主要是为了尽可能地缩小样本公司间的差距,提高研究结果的可靠性。考虑到公司特征、内部治理水平差异、高管薪酬水平等可能会对高管超额在职消费产生影响,在参考已有文献研究的基础上,本研究选取的控制变量有:公司规模、财务杠杆、成长性、总资产收益率、产权性质、高管薪酬、两职合一。

以上变量的具体含义及度量如表 11 - 14 所示。

表 11 - 14 变量定义与度量

变量类型	变量名称	变量符号	变 量 定 义
被解释变量	超额在职消费	Experks	高管实际在职消费与合理在职消费的差额,详情见变量说明部分
解释变量	富豪公司	Rich	是否为上榜富豪公司的虚拟变量,实验组的公司取 1,其他对照组公司取 0
	上榜前后	Post	上榜前后的虚拟变量,实际控制人首次登上富豪榜当年及以后年份取 1,上榜之前的年份取 0
控制变量	公司规模	Size	总资产的自然对数
	财务杠杆	Lev	总负债与总资产的比值
	成长性	Q	托宾 q 值,即公司市场价值与资产总计的比值
	总资产收益率	ROA	净利润与总资产余额的比值
	产权性质	State	是否为国有企业时,是取 1,否则取 0
	高管薪酬	Comp	前三名高管薪酬总额的自然对数
	两职合一	Dual	董事长与总经理为同一人时取 1,否则取 0

3. 模型构建

为了检验富豪上榜对高管超额在职消费的影响,我们参考叶青、Wu and Ye 等的做法,将每年前 600 名首次上榜富豪所实际控制的公司作为实验组,其余未上榜公司作为对照组,构造如下的双重差分模型(DID)来检验本研究提出的假设:

$$\text{Experks}_{i,t} = \alpha_i + \lambda_t + \beta \text{Rich}_i \times \text{Post}_t + \gamma X_{i,t} + \varepsilon_{i,t} \tag{11-8}$$

其中，α_i 为个体固定效应，用于捕捉不随时间变化的个体之间的差异，以克服不随时间而变化但随个体而变化的遗漏变量问题；λ_t 为时间固定效应，用来捕捉经济时期以及宏观经济变化，解决不随个体变化但随着时间而变化的遗漏变量问题；$Rich_i$ 和 $Post_t$ 为解释变量；交乘项的系数 β 是 DID 估计量，也是本研究所要关注的系数，它捕捉了富豪上榜对高管超额在职消费的净影响效应。如果富豪上榜后，其所实际控制的公司超额在职消费减少，则 β 的系数为负；$X_{i,t}$ 是一系列随时间变化的可观测的会影响超额在职消费的控制变量，包括公司规模、财务杠杆、成长性、总资产收益率、产权性质、高管薪酬、两职合一；$\varepsilon_{i,t}$ 为随机扰动项。

11.2.2　变量描述性统计

首先，对研究样本的主要变量做出描述性统计，结果如表 11 - 15 所示。我们的样本共包括 26 534 个企业年份观测值。其中实验组包含 449 家上市公司，共 3 778 个企业年度观测值。由于超额在职消费(Experks)由提取回归残差获得，因此该变量的均值和中位数均非常接近 0，并且经过 1% 和 99% 水平上的缩尾处理，数值分布比较集中，方差整体较为平稳。控制变量中，用于衡量公司规模的指标(Size)在取自然对数的处理之后，平均值为 22.07，标准差为 1.27，最小值为 19.71，最大值为 26.04，可见该处理缩小了样本公司之间的规模差异。财务杠杆(Lev)的平均值为 43.95%，中位数为 43.50%，尽管有少数企业杠杆率达到 90.52%，但整体上看国内上市公司的偿债能力较好，负债水平适中。托宾 q 值(Q)的均值为 2.04，大于 1，表明企业创造的价值大于投入的成本，为社会创造了净价值，是"财富创造者"，这也与我国当前经济高速发展的现状相符。样本公司的总资产收益率(ROA)最小值为 -0.27，最大值为 0.19，差异较大，可能是由于各上市公司采取的经营模式和盈利模式不同所导致的。关于样本公司的产权性质，我们设定虚拟变量 State 区分国有企业和非国有企业，在 26 534 个样本中，国有企业占 43.65%。高管薪酬(Comp)的平均值为 14.22，中位数为 14.23，标准差为 0.73，本研究采用前三名高管薪酬总额的自然对数来衡量，样本整体离散程度较小。两职合一(Dual)的平均值为 0.25，标准差为 0.43，在研究样本中约有四分之一的企业董事长与总经理两职合一，表明在我国上市公司中同一人兼任董事长和总经理的现象普遍存在。

然后，按照实验组(上榜富豪公司)和对照组(非上榜富豪公司)对研究样本进行分类，对主要变量进行描述性统计，结果如表 11 - 16 所示。统计结果表明实验组和对照组样本的主要变量间不存在显著差异。

表 11 - 15　Panel A 全样本描述性统计

变　量	观测数	平均值	标准差	最小值	中位数	最大值
Experks	26 534	0.000 2	0.031 5	−0.224 5	−0.000 4	0.172 5
Rich×Post	26 534	0.113 4	0.317 1	0.000 0	0.000 0	1.000 0
Size	26 534	22.074 6	1.271 3	19.713 7	21.895 4	26.037 9
Lev	26 534	0.439 5	0.207 8	0.054 6	0.435 0	0.905 2
Q	26 534	2.036 0	1.268 0	0.885 6	1.624 7	8.321 4
ROA	26 534	0.035 3	0.061 2	−0.274 5	0.034 51	0.187 3
State	26 534	0.436 5	0.494 6	0.000 0	0.000 0	1.000 0
Comp	26 534	14.223 3	0.730 3	12.338 9	14.227 7	16.186 9
Same	26 534	0.245 4	0.430 3	0.000 0	0.000 0	1.000 0

表 11 - 16　Panel B 分组描述性统计

变　量	实　验　组				对　照　组			
	观测数	平均值	中位数	标准差	观测数	平均值	中位数	标准差
Experks	3 778	0.000 3	0.000 7	0.030 6	22 756	−0.000 3	−0.000 5	0.031 6
Size	3 778	22.299 0	21.237 6	1.151 4	22 756	22.037 3	21.839 7	1.286 4
Lev	3 778	0.416 8	0.410 3	0.207 0	22 756	0.443 3	0.439 0	0.206 4
Q	3 778	2.192 1	1.716 1	1.378 5	22 756	2.010 0	1.610 5	1.246 8
ROA	3 778	0.050 4	0.048 9	0.066 3	22 756	0.032 8	0.033 5	0.059 9
State	3 778	0.050 8	0.000 0	0.219 7	22 756	0.488 8	0.000 0	0.499 9
Comp	3 778	14.413 6	14.425 3	0.787 7	22 756	14.191 7	14.195 3	0.715 5
Same	3 778	0.341 7	0.000 0	0.474 3	22 756	0.229 4	0.000 0	0.420 4

11.2.3　富豪榜对公众关注的影响

我们首先验证了富豪首次上榜后,公众对其所实际控制公司的关注度会有所提升。用网络搜索指数来衡量上市公司公众关注度(Web Search Volume Index, WSVI),计算方式为以该公司股票代码、公司简称、公司全称等为关键字的搜索值的日平均值,该数据来自 CNRDS。构建如下双重差分模型来检验富豪上榜后其所实际控制公司公众关注的变化:

$$\text{WSVI}_{i,t} = \alpha_i + \lambda_t + \beta \text{Rich}_i \times \text{Post}_t + \gamma X_{i,t} + \varepsilon_{i,t} \tag{11-9}$$

其中,α_i 和 λ_t 分别表示个体固定效应和时间固定效应。同模型(11 - 8),Rich_i 和

$Post_t$ 为解释变量,交乘项的系数 β 是 DID 估计量,$X_{i,t}$ 是一系列控制变量,$\varepsilon_{i,t}$ 为随机扰动项。回归结果如表 11 - 17 所示,(a)列仅控制了个体固定效应和时间固定效应,(b)列则是在控制了个体和时间固定效应的基础上加入了控制变量。两组回归结果 Rich×Post 的系数分别为 0.264 和 0.169,均在 1% 的水平上显著为正,表明富豪上榜之后,公众对其所实际控制公司的关注度显著提升,为接下来的研究奠定了基础。

表 11 - 17　富豪榜对公众关注的影响

变　　量	(a) WSVI	(b) WSVI
Rich×Post	0.264***	0.169***
	(6.57)	(4.36)
Size		0.134***
		(10.73)
Lev		0.137***
		(3.68)
Q		0.057***
		(14.04)
ROA		−0.129**
		(−2.22)
State		0.095***
		(3.19)
Comp		−0.010
		(−0.95)
Same		−0.010
		(−0.98)
常量	6.815***	3.792***
	(1 023.11)	(12.93)
公司固定效应	是	是
年份固定效应	是	是
观测值	20 113	20 111
Adj R - squared	0.786 1	0.789 0

注:*、** 和 *** 分别表示在 10%、5% 和 1% 水平上显著,括号内为 t 检验值。

11.2.4　富豪榜与高管超额在职消费

1. 主回归分析

在当今自媒体盛行的时代背景下,公司实际控制人首次登上富豪榜后,会引来众多的公众关注和媒体报道。大众会对上榜富豪的发家致富经历及其实际控制公司的行业、背景、经营范畴等信息产生好奇。富豪及其关联公司的任何行为都会被富豪榜的聚光灯效应放大，引发公众的关注甚至被质疑。公众关注的提升也会进一步影响企业的管理行为和经营决策。公众关注所引起的舆论讨论、媒体报道等扮演着外部监督的角色。孔东民等从保护中小股东权益的角度探究了媒体对于公司行为的影响，验证了媒体在上市公司运营管理的各个方面表现出的监督治理作用。Besley 和 Prat 的研究指出，社会舆论的压力可以引起政府部门对公司违规事件的关注和介入，并且进一步推动相关法律法规的制定。Joe、Wu 和 Ye 的研究结果也证明了审计师在针对公众关注更高的企业出具审计意见时会更加保守。因此，公众关注作为一种有效的外部治理机制，不仅可以起到外部监督作用，同时也会促进政府及其他外部监督者的监督管理，对企业高管施加了多重压力，使得超额在职消费水平下降。

为了研究公司实际控制人首次登上富豪榜对高管超额在职消费的影响，我们构建了双重差分实证模型（11-8）进行检验，通过 Stata 16.0 软件对样本数据进行回归分析，回归结果如表 11-18 所示。表 11-18（a）列仅控制了个体固定效应和时间固定效应，（b）列则是在控制了个体和时间固定效应的基础上加入了公司规模（Size）、财务杠杆（Lev）、成长性（Q）、总资产收益率（ROA）、产权性质（State）、高管薪酬（Comp）、两职合一（Dual）等可能会对超额在职消费产生影响的控制变量。（a）列和（b）列 Rich×Post 的系数分别为 -0.004 和 -0.005，均在 5% 的水平上显著为负，说明相对于未上榜的公司来说，实际控制人首次登上富豪榜的公司其高管超额在职消费在上榜后显著降低。此外，由（b）列的回归结果可以得出，在控制变量方面，总资产收益率、高管薪酬与超额在职消费呈显著正相关，而财务杠杆、产权性质、两职合一则与高管超额在职消费呈显著负相关，基本符合之前的主流研究成果。

表 11-18　富豪榜与高管超额在职消费

变　　量	(a) Experks	(b) Experks
Rich×Post	−0.004 **	−0.005 **
	(−2.12)	(−2.45)
Size		−0.001
		(−0.66)

变　量	(a) Experks	(b) Experks
Lev		-0.010^{***}
		(-3.33)
Q		0.000
		(0.31)
ROA		0.020^{***}
		(3.92)
State		-0.006^{***}
		(-2.79)
Comp		0.004^{***}
		(5.66)
Same		-0.002^{**}
		(-2.43)
常量	0.001^{***}	-0.040^{*}
	(2.79)	(-1.92)
公司固定效应	是	是
年份固定效应	是	是
观测值	26 534	26 534
Adj R - squared	0.541 9	0.548 5

注：* 、** 和 *** 分别表示在 10%、5% 和 1% 水平上显著,括号内为 t 检验值。

2. 平行趋势检验

使用双重差分模型可能会面临一个问题,即实验组和对照组之间的变化是由于预先存在的差异导致。为了检验模型的适用性,确认实验组和对照组事件冲击前具有共同的趋势,我们构建以下模型来检验双重差分模型的平行趋势假设:

$$
\begin{aligned}
\text{Experks}_{i,t} =\ & \alpha_i + \lambda_t + \beta_1 \text{Rich}_i \times \text{Before}_{i,t}^{-3+} + \beta_2 \text{Rich}_i \times \text{Before}_{i,t}^{-2} \\
& + \beta_3 \text{Rich}_i \times \text{Before}_{i,t}^{-1} + \beta_4 \text{Rich}_i \times \text{After}_{i,t}^{1} + \beta_5 \text{Rich}_i \\
& \times \text{After}_{i,t}^{2} + \beta_6 \text{Rich}_i \times \text{After}_{i,t}^{3+} + \gamma X_{i,t} + \varepsilon_{i,t}
\end{aligned}
\tag{11-10}
$$

其中, $\text{Experks}_{i,t}$ 为公司 i 在年份 t 的超额在职消费。$\text{Before}_{i,t}^{-3+}$, $\text{Before}_{i,t}^{-2}$, $\text{Before}_{i,t}^{-1}$, $\text{After}_{i,t}^{1}$, $\text{After}_{i,t}^{2}$, $\text{After}_{i,t}^{3+}$ 为一系列表示上榜时间的虚拟变量。如果企业所处时间为富豪上榜的前三年或以前,则 $\text{Before}_{i,t}^{-3+}$ 为 1,否则为 0;如果企业所处时间为富豪上榜的前两年,则 $\text{Before}_{i,t}^{-2}$ 为 1,否则为 0; $\text{Before}_{i,t}^{-1}$ 定义类似。如果企业所处时间为富

豪上榜的后三年或之后,则 $\text{After}_{i,t}^{3+}$ 为 1,否则为 0;如果企业所处时间为富豪上榜的前两年,则 $\text{After}_{i,t}^{2}$ 为 1,否则为 0;$\text{After}_{i,t}^{1}$ 定义类似。此外,同基准模型一致,在回归模型(11-10)中添加了一系列控制变量 $X_{i,t}$,并且进一步控制了个体固定效应 α_i 和时间固定效应 λ_t。

在平行趋势检验中,我们所关注的是交乘项系数 β_i($i=1, 2, \cdots, 6$),在检验对照组和实验组在上榜之前是否具有共同趋势的同时,还能够检验富豪上榜对高管超额在职消费影响的动态变化。我们希望系数 $\beta_1, \beta_2, \beta_3$ 不显著,则平行趋势假设得到验证。回归结果如表 11-19 所示,(a)列为仅控制了个体固定效应和时间固定效应的模型回归结果,(b)列则是在此基础上添加了一系列控制变量的模型回归结果。上榜之前的交乘项系数均不显著,证实了在上榜之前上榜富豪公司和非富豪公司的超额在职消费具有共同的变化趋势,同时富豪上榜对超额在职消费的影响并没有被夸大。(b)列的回归结果显示,在上榜后的第一年,即 $i=4$ 时交乘项系数仍不显著,而上榜之后的第二年、第三年及之后,即 $i=5, 6$ 时交乘项系数均在 1% 的水平上显著为负,且系数逐渐变大,说明富豪上榜对高管超额在职消费的影响具有一定的滞后性。随着公众关注提升、外界舆论发酵,公司高管会更加约束自身、谨言慎行,减少投机行为。

表 11-19 平行趋势检验

变 量	(a) Experks	(b) Experks
$\text{Rich} \times \text{Before}^{-3+}$	0.001	0.002
	(0.23)	(0.72)
$\text{Rich} \times \text{Before}^{-2}$	0.003	0.004
	(1.05)	(1.51)
$\text{Rich} \times \text{Before}^{-1}$	-0.001	-0.000
	(-0.54)	(-0.09)
$\text{Rich} \times \text{Before}^{1}$	-0.002^{*}	-0.002
	(-1.84)	(-1.53)
$\text{Rich} \times \text{Before}^{2}$	-0.005^{***}	-0.004^{***}
	(-3.67)	(-3.23)
$\text{Rich} \times \text{Before}^{3+}$	-0.007^{***}	-0.006^{***}
	(-4.35)	(-3.65)
Size		-0.000
		(-0.43)

变　量	(a) Experks	(b) Experks
Lev		−0.010 ***
		(−3.29)
Q		0.000
		(0.43)
ROA		0.020 ***
		(3.74)
State		−0.006 ***
		(−2.77)
Comp		0.004 ***
		(5.69)
Same		−0.002 **
		(−2.43)
常量	0.001 ***	−0.044 **
	(4.26)	(−2.15)
公司固定效应	是	是
年份固定效应	是	是
观测值	26 534	26 534
Adj R - squared	0.542 6	0.549 0

注：* 、** 和 *** 分别表示在 10%、5% 和 1% 水平上显著，括号内为 t 检验值。

3. 安慰剂检验

前面已经验证了上榜之前富豪公司和非富豪公司的超额在职消费具有共同的变化趋势。我们的假设是当公司实际控制人登上富豪榜后，高管超额在职消费会减少。但是除了实际控制人登上富豪榜这一变化外，一些其他政策或随机性因素也可能导致高管超额在职消费发生变化，而这种变化与实际控制人是否上榜没有关联，最终导致研究假设不成立。为检验高管超额在职消费的减少确实是由上榜这一外生事件引起的，我们进行了安慰剂检验，通过改变实际控制人上榜时间进行反事实验证。参考 Wu and Ye，对于实验组的上榜公司，本研究随机生成 2007—2019 年中的任意年份作为其上榜年份。然后基于这些随机生成的上榜年份重新进行双重差分模型的回归及平行趋势检验，观察上榜这一外在冲击发生的时间改变后，高管超额在职消费减少的现象是否仍然存在，从而使得研究结论更加具有说服力，结果如表 11 - 20 所示。(a)列为 DID 模型回归结果，交乘项 Rich×Post 的系数不再显著为负；(b)列为平行趋势检验回归结果,无论在上榜时间前后的哪一年,交乘项的系数均不显著。这说明把实际控制人首次登上富豪榜的时间改变后,我们所研究的上榜富豪公司样本就不存在超额在职消费减少的现象,从反面印证了富豪公司超额在职消费的降低确实是因为公司实际控制人登上富豪榜所引起的,从而排除了其他可能因素的干扰,证明了本研究结论的稳健性。

表 11 - 20　安慰剂检验

变　　量	(a) Experks	(b) Experks
Rich×Post	−0.001	
	(−0.86)	
Rich×Before^{-3+}		−0.000
		(−0.24)
Rich×Before^{-2}		0.001
		(0.36)
Rich×Before^{-1}		0.001
		(1.02)
Rich×Before^{1}		−0.000
		(−0.14)
Rich×Before^{2}		−0.001
		(−0.38)
Rich×Before^{3+}		−0.003
		(−1.47)
Size	−0.001	−0.001
	(−1.24)	(−1.19)
Lev	−0.010 ***	−0.010 ***
	(−3.44)	(−3.44)
Q	−0.000	−0.000
	(−0.10)	(−0.08)
ROA	0.021 ***	0.021 ***
	(4.00)	(4.01)
State	−0.005 **	−0.005 **
	(−2.26)	(−2.25)
Comp	0.004 ***	0.004 ***
	(5.80)	(5.80)
Same	−0.002 **	−0.002 **
	(−2.04)	(−2.04)

变　量	(a) Experks	(b) Experks
常量	−0.030	−0.031
	(−1.48)	(−1.53)
公司固定效应	是	是
年份固定效应	是	是
观测值	27 147	27 147
Adj R - squared	0.552 5	0.549 0

注：* 、** 和 *** 分别表示在 10%、5%和 1%水平上显著，括号内为 t 检验值。

11.2.5　富豪榜对高管超额在职消费的影响机制研究

前面基准回归已经证实，上市公司实际控制人首次登上富豪榜这一外生事件所引发的公众关注会减少高管超额在职消费。但这种影响是通过何种机制实现的。

1. 外部信息环境

富豪上榜使其与关联公司一并进入公众视野，提高了公司的曝光度和知名度。一方面，富豪上榜可以提高其实际控制公司的信息透明度，减少公司内部和外部的信息不对称。财务信息在投资市场中发挥着重要作用，外部投资者对公司财务信息的需求一方面是因为管理者通常比局外人更了解公司的经营状况和盈利能力，这种信息不对称使得外部投资者有时难以评估公司的投资机会；另一方面，由于所有权和控制权的分离，导致大部分投资者并不能直接参与公司的生产经营决策。除了自愿披露和强制性披露外，外部第三方（如媒体新闻和分析师研究报告）也是企业信息环境的重要组成部分。当管理者没有自愿公开所有信息时，资本市场就有了披露监管的空间。胡润富豪榜公布后引发公众关注，媒体为了吸引视线、制造话题，会对受到广泛关注的富豪及其关联公司进行挖掘报道，企图揭露他们潜在的可疑商业行为。同时，在信息需求的推动下，分析师专家等也会对上榜富豪及其公司进行跟踪。作为有效的信息中介，这些都会使公众以较低的成本收集到所需信息，大大降低了委托人和代理人之间的信息不对称。Fang 和 Press 以美国上市公司为样本进行实证分析，发现相对于未被公众关注的企业，那些被媒体大肆报道的公司信息不透明度和信息不对称风险更低。在公司信息透明度不断提高的情况下，高管人员侵占公司财产、以权谋私的空间被不断压缩，超额在职消费将减少。为了验证以上猜想，我们选用有无分析师跟踪及新闻报道的数量来衡量企业的外部信息环境。在基准回归模型的基础上,按照是否有分析师跟踪将样本分成无分析师跟踪组和有分析师跟踪组,数据来自 CSMAR。以网络财经新闻报道数量的中值为界,向上、向下将样本分成多新闻报道组和少新闻报道组,数据来自 CNRDS。回归结果如表 11-21 所示。无分析师跟踪组、少新闻报道组的回归中 Rich×Post 交互项的系数为负,且在 5% 的水平上显著,表明对于外部信息环境较差的公司来说,富豪上榜对于高管超额在职消费的影响更为显著,进而说明富豪上榜改善了公司的外部信息环境,对高管施加了更严格的监管压力,从而抑制高管超额在职消费水平。

表 11-21　外部信息环境机制检验结果

变　　量	无分析师跟踪组 Experks	有分析师跟踪组 Experks	少新闻报道组 Experks	多新闻报道组 Experks
Rich×Post	−0.014 **	−0.002	−0.006 **	−0.003
	(−2.35)	(−1.04)	(−2.51)	(−1.12)
Size	0.002	−0.002 *	−0.001	−0.001
	(1.04)	(−1.87)	(−0.75)	(−0.86)
Lev	−0.014 **	−0.005 *	−0.007	−0.012 ***
	(−2.47)	(−1.65)	(−1.60)	(−2.84)
Q	−0.001	0.000	−0.001	0.000
	(−1.09)	(0.78)	(−1.38)	(1.08)
ROA	0.001	0.032 ***	0.038 ***	0.006
	(0.11)	(4.90)	(5.06)	(0.80)
State	−0.009 **	−0.002	−0.005 *	−0.006 **
	(−1.98)	(−0.90)	(−1.83)	(−2.03)
Comp	0.004 **	0.003 ***	0.004 ***	0.003 ***
	(2.51)	(4.07)	(4.29)	(3.25)
Same	−0.004 **	−0.001	−0.002 *	−0.002 *
	(−2.24)	(−1.49)	(−1.89)	(−1.78)
常量	−0.097 **	−0.001	−0.033	−0.014
	(−2.02)	(−0.06)	(−1.26)	(−0.47)
公司固定效应	是	是	是	是
年份固定效应	是	是	是	是
观测值	6 410	19 382	13 058	12 757
Adj R - squared	0.474 5	0.605 4	0.559	0.593

注:*、** 和 *** 分别表示在 10%、5% 和 1% 水平上显著,括号内为 t 检验值。

2. 公司治理

富豪上榜所引起的公众关注提升会通过声誉机制约束管理层行为，提高公司治理水平。公众舆论是公司形象和声誉的重要组成部分。Dyck 和 Zingales 指出媒体能影响管理层决策，在公众关注下经理人会减少机会主义行为。Joe 等以因董事会效率低下而被媒体报道的上市公司为样本，探究这一事件对投资者行为及公司治理的影响，发现公众关注可以使董事会提高工作效率，促进公司价值的提升。李明实证检验了媒体报道对我国上市公司信息透明度的影响，认为公众关注的提升有助于公司治理的完善，对投资者利益保护有着积极的促进作用。富豪上榜后，为了在公众面前维护良好的形象，管理层会更加注重形象和声誉。对于管理者来说，声誉给他们带来财富和社会地位，促使他们更加关注媒体及公众的看法并对此及时做出反应。一旦出现负面新闻，不仅会造成管理者个人形象的破坏及损失，而且可能会因为舆论进一步发酵严重损害公司整体形象和利益。在声誉机制的压力下，管理层会更加关注公司的长期业绩，改善公司治理，同时也会减少个人投机主义行为。另外，富豪榜的公布使上榜富豪及其关联公司暴露在大众视野之中，媒体对上榜公司的报道可能会吸引政府及行政机关的注意。因此一旦投机违规行为被曝光，加之媒体的大肆渲染报道，管理层和企业或将面临处罚，违规成本陡然上升。因而理性的管理者会选择进一步规范企业的日常组织、改善公司治理、提高决策的谨慎性，同时低调行事、减少机会主义行为。因此，上榜所引起公众关注度的提高可以有效地作用于公司治理，改变管理者的行为，降低代理成本、提高管理效率，同时在利益相关者的相互监督中发挥积极作用，减少过度的高管在职消费。为了验证这一猜想，我们选用机构投资者持股比例、股权集中度、董事会规模来衡量企业的公司治理水平，并在基准回归模型的基础上进行分组回归。如表 11-22 所示，(a)列、(b)列按照机构投资者持股比例的中值将样本向上、向下分成高机构投资者持股组和低机构投资者持股组；(c)列、(d)列按股权集中度的中值向上、向下将样本分成高股权集中度组和低股权集中度组，其中股权集中度用公司第一大股东持股比例来衡量。(e)列、(f)列按照董事会人数的中值将向上、向下样本分成大董事会规模组和小董事会规模组，其中董事会规模的衡量方式为董事会人数的自然对数。以上三个分组数据均来自 CSMAR。表 11-22 的回归结果显示，在低机构投资者持股组、低股权集中度组、小董事会规模组的回归中，Rich×Post 交互项的系数为负，且均在 5% 或 1% 的水平上显著，说明对于公司治理水平较差的公司来说，富豪上榜对于高管超额在职消费的影响更为显著，从而验证了富豪上榜所引起的公众关注的提升有助于促进高管进一步改善公司治理水平，减少超额在职消费。

表 11-22 公司治理机制检验结果

变　量	(a) 低机构投资 者持股组 Experks	(b) 高机构投资 者持股组 Experks	(c) 低股权集 中度组 Experks	(d) 高股权集 中度组 Experks	(e) 小董事会 规模组 Experks	(f) 大董事会 规模组 Experks
Rich×Post	−0.005**	−0.005	−0.009***	−0.000	−0.005***	−0.001
	(−2.08)	(−1.44)	(−3.09)	(−0.08)	(−2.64)	(−0.11)
Size	−0.003**	−0.001	−0.001	−0.002	−0.001	−0.003
	(−2.53)	(−0.46)	(−1.02)	(−1.32)	(−0.87)	(−1.34)
Lev	−0.004	−0.009**	−0.007*	−0.005	−0.009***	−0.015*
	(−0.91)	(−2.01)	(−1.79)	(−1.25)	(−2.68)	(−1.95)
Q	−0.001	0.000	−0.000	0.001*	0.000	0.001*
	(−1.41)	(0.70)	(−0.76)	(1.92)	(0.14)	(1.80)
ROA	0.017***	0.023**	0.016**	0.024***	0.014***	0.037*
	(2.84)	(2.36)	(2.38)	(2.88)	(2.78)	(1.96)
State	−0.007**	−0.004	−0.005**	−0.010	−0.006***	0.001
	(−2.42)	(−0.99)	(−2.00)	(−1.14)	(−2.68)	(0.12)
Comp	0.003***	0.003***	0.003***	0.004***	0.004***	0.004**
	(3.43)	(3.13)	(2.86)	(3.35)	(5.23)	(2.13)
Same	−0.001	−0.002**	−0.001	−0.001	−0.002**	−0.000
	(−1.43)	(−1.98)	(−1.01)	(−0.84)	(−2.53)	(−0.11)
常量	0.023	−0.023	−0.007	−0.006	−0.034	0.006
	(0.79)	(−0.76)	(−0.20)	(−0.17)	(−1.61)	(0.13)
公司固定效应	是	是	是	是	是	是
年份固定效应	是	是	是	是	是	是
观测值	13 124	13 093	13 102	13 234	22 000	4 215
Adj R-squared	0.580	0.572	0.557 3	0.607 9	0.564 9	0.590 5

注：*、** 和 *** 分别表示在 10%、5% 和 1% 水平上显著，括号内为 t 检验值。

11.2.6 稳健性检验

1. 因变量的滞后效应

考虑到媒体报道和舆论发酵需要时间，企业也需要一定时间去完善治理水平，因此富豪榜对高管超额在职消费的影响在一段时间后发挥作用。我们将滞后一期和滞后两期的在职消费分别作为因变量进行回归，结果如表 11-23 所示。表 11-22(b) 列、(d) 列分别为添加了控制变量的滞后一期和滞后两期因变量的回归结果，可以看出 DID 系数仍然为负,且分别在 10% 和 1% 的水平上显著,验证了前面结论的稳健性。

表 11-23 因变量滞后一期、滞后两期的检验结果

变 量	(a) Experks$_{t+1}$	(b) Experks$_{t+1}$	(c) Experks$_{t+2}$	(d) Experks$_{t+2}$
Rich×Post	−0.005**	−0.003*	−0.006***	−0.005***
	(−2.50)	(−1.73)	(−3.85)	(−3.02)
Size		−0.004***		−0.004***
		(−4.20)		(−3.89)
Lev		−0.005		0.000
		(−1.63)		(0.12)
Q		0.000		0.001**
		(1.37)		(2.27)
ROA		0.047***		0.034***
		(7.58)		(5.16)
State		−0.002		−0.000
		(−0.79)		(−0.04)
Comp		0.003***		0.002**
		(4.18)		(2.15)
Same		−0.002**		−0.002**
		(−2.08)		(−2.23)
常量	0.000**	0.047**	0.000	0.054**
	(2.27)	(2.09)	(1.52)	(2.49)
公司固定效应	是	是	是	是
年份固定效应	是	是	是	是
观测值	21 815	21 815	18 631	18 631
Adj R-squared	0.567 5	0.577 6	0.580 2	0.585 1

注:*、** 和 *** 分别表示在 10%、5% 和 1% 水平上显著,括号内为 t 检验值。

2. 添加行业固定效应

来自不同行业的公司在职消费水平可能会有所不同,因此我们在模型中进一步控制了行业固定效应。回归结果如图 11-24 所示,(a)列和(b)列分别为没有添加控制变量和添加了控制变量的回归结果,交乘项均在 5% 的水平上显著,验证了本研究结论的稳健性。

表 11 - 24　添加行业固定效应的检验结果

变　量	(1) Experks	(2) Experks
Rich×Post	−0.004 **	−0.004 **
	(−2.23)	(−2.21)
Size		−0.001
		(−1.43)
Lev		−0.011 ***
		(−3.49)
Q		0.000
		(0.19)
ROA		0.021 ***
		(3.91)
State		−0.008 ***
		(−3.52)
Comp		0.004 ***
		(5.76)
Same		−0.002 ***
		(−2.69)
常量	0.001 ***	−0.022
	(2.93)	(−1.08)
公司固定效应	是	是
年份固定效应	是	是
行业固定效应	是	是
观测值	26 481	26 481
Adj R - squared	0.552 4	0.559 5

注：* 、** 和 *** 分别表示在 10%、5% 和 1% 水平上显著，括号内为 t 检验值。

3. 其他替代解释

尽管基准回归已经证实了我们的假设，但是有些潜在因素可能会干扰这些影响。接下来进一步排除其他可能的影响机制，以验证研究结论的稳健性。为了避免因遗漏关键解释变量而导致的偏差，我们确定了另外两个控制变量：政治关联和融资约束。

许多学者认为，高管的政治背景可以为公司带来投资和融资方面优势，从而提高公司价值。相比之下，有政治关联的高管可以在一定程度上抵制其他机构的压力。此外，由于有政治关联的公司通常承担更多的社会责任，他们需要支付更多的招待费、交通费、会议费等，这些费用会导致更高的在职消费。此外，政治关联在媒体报道偏误的形成中也起着重要作用。为了解决政治关联对富豪上榜和高管超额在职消费之间关系的干扰，我们在基准回归模型的基础上添加了一个虚拟变量——政治关联(Politic)。参考张国富和张有明的研究，我们将政治关联定义为企业董、监、高是否曾任或现任政府官员、人民代表大会代表、人民政治协商公议委员，是为 1，否则为 0。表 11‑25(a)列展示了这一回归结果，政治关联对超额在职消费的影响在统计上并不显著，Rich×Post 的系数在 5% 的水平上仍然显著为负，这表明我们的研究结论并没有受到影响。

Hart 认为，企业高管在职消费所产生的成本远远超过其激励效应。当企业持有较多的自由现金流量时，对于管理层人员来说，就意味着有更多的可支配资源，因此，融资约束低可能会导致在职消费过高。此外，现有研究表明，公众关注与融资约束之间存在负相关。为了减少融资约束可能对结果造成的干扰，我们在模型中增加了融资约束这一变量，衡量方式为 SA 指数，该指数由 Hadlock 和 Pierce 于 2010 年提出，计算公式为：

$$SA = -0.737 \times Size + 0.043 \times Size^2 - 0.040 \times Age \qquad (11\text{-}11)$$

其中，Size 是用企业实际总资产的对数值表示的企业规模，Age 是企业年龄，指样本观测年度与企业上市年度的差额。SA 指数计算所得的数值越大，表示企业的融资约束越小。回归结果如表 11‑25(b)列所示，在 1% 的显著性水平下，融资约束与超额在职消费呈负相关。Rich×Post 的系数仍然为负，且在 5% 水平上显著，表明在控制这些变量后，之前的实证结果没有发生实质性变化。以上稳健性检验结果说明之前实证结果是可靠的。

表 11‑25 其他替代解释

变　量	(a) Experks	(b) Experks
Rich×Post	−0.005 **	−0.005 ***
	(−2.45)	(−2.69)
Politic	0.001	
	(0.44)	
SA		−0.026 ***
		(−4.98)
Size	−0.001	0.030 ***
	(−0.66)	(4.85)

续　表

变　　量	(a) Experks	(b) Experks
Lev	−0.010***	−0.010***
	(−3.33)	(−3.52)
Q	0.000	0.000
	(0.31)	(0.97)
ROA	0.020***	0.020***
	(3.92)	(3.80)
State	−0.006***	−0.007***
	(−2.79)	(−2.85)
Comp	0.004***	0.004***
	(5.66)	(5.41)
Same	−0.002**	−0.002**
	(−2.43)	(−2.27)
常量	−0.040*	−0.608***
	(−1.93)	(−5.26)
公司固定效应	是	是
年份固定效应	是	是
观测值	26 534	26 534
Adj R - squared	0.548 5	0.550 6

注：＊、＊＊和＊＊＊分别表示在 10%、5% 和 1% 水平上显著,括号内为 t 检验值。

11.2.7　富豪榜与高管超额在职消费 Stata 代码示例

```
*间接法计算超额在职消费
clear
import excel "C:\高管在职消费--间接法.xlsx", sheet("高管在职消费--间接法") firstrow
labone,nrow(1)
drop in 1
destring,replace
rename Scode Stkcd
rename Year year
xtset Stkcd year
```

```
merge 1:1 Stkcd year using controls //导入控制变量

keep if_merge==3

*行业代码

gen industry=substr(Indcd, 1, 1)

replace industry=substr(Indcd, 1, 2) if industry=="C"

*生成各个变量

xtset Stkcd year

replace Mafees=0 if Mafees==.

replace Dsmsalary=0 if Dsmsalary==.

replace Amoria=0 if Amoria==.

replace Pbaddebts=0 if Pbaddebts==.

replace Pdinvt=0 if Pdinvt==.

gen perksID=Mafees-Dsmsalary-Amoria-Pbaddebts-Pdinvt

rename A001000000 asset

xtset Stkcd year

gen Perks_a=perksID/L.asset

xtset Stkcd year

gen 1_Asset=1/L.asset

gen D_sale_a=D.Rev/L.asset

gen Inventory_a=Invt/L.asset

gen PPE_a=Fixast/L.asset

rename Y0601b employee

gen LnEmployee=ln(employee)

*筛选

* 剔除金融业

drop if industry=="J"

* 剔除当年 ST、ST* 类股票

drop if Status=="B"

drop if Status=="D" //A=正常交易;B=ST;C=PT;D=*ST;T=退市整理期;

drop if Status=="C"

drop if Status=="T"

*筛选年份 2007-2019
```

```
keep if year>=2007 & year<=2019
*剔除行业观察值小于10(具体可以根据需要调整)的样本
bysort industry year：gen N=_N
drop if N<10
* 剔除有缺失值的变量
foreach i in Perks_a_1_Asset D_sale_a PPE_a Inventory_a LnEmployee {
    drop if 'i'==.
}
*缩尾+回归
winsor2 Perks_a_1_Asset D_sale_a PPE_a Inventory_a LnEmployee，replace
bys industry year：asreg Perks_a_1_Asset D_sale_a PPE_a Inventory_a
LnEmployee,fitted
gen experks=_residuals
*保存
keep Stkcd year Perks_a perks industry experks
save Y1 //剔除 ST、ST*、PT 类股票,剔除金融行业


* Baseline 回归
* merge control
clear
use controls，clear
merge 1:1 Stkcd year using Y1
drop if_merge==1
drop_merge
tab year
gen salary3=ln(Executive_3)
order Stkcd year Indcd industry Perks experks size cash lev growth Q roa salary3
workingcapital margin idp mgtshare share_boardD share_boardS share_senior
lntotalnum lnboardD lnboardS lnmgtnum   mgtsalary ceosalary1 ceosalary2 Total_
Num Director_Num Supervisor_Num Executive_Num Same Total Directors
Supervisors Executives Ratio_1 Ratio_3 state Same Shrcr1 Shrcr2 Shrcr3 Shrcr4 //
对变量进行排序
```

```
* 导入 Shock
merge 1:1 Stkcd year using hr_x
drop if_merge==2
drop_merge
gen newx = .
gen policy = .
bys Stkcd: replace newx=year if hurun ~=.
sort Stkcd newx
bys Stkcd: replace policy = newx[1]
sort Stkcd year
gen hurun_x=1 if year >= policy  //富豪上榜当年及之后年份为 1
replace hurun_x=0 if hurun_x==.
set more off
xtset Stkcd year
drop if year<2007
drop if year>2019
drop if policy==2007
drop if policy==2019  //为了满足双重差分模型(DID),即要求事件冲击前后均有样
```
本观测值,剔除了 2007 年与 2019 年首次上榜富豪实际控制的上市公司。
```
* 回归
foreach i in experks hurun_x size lev Q roa state salary3 Same{
    drop if 'i' ==.
}
winsor2 size lev Q roa state salary3 margin, replace
reghdfe experks hurun_x ,absorb(Stkcd year) cluster (Stkcd)  //只有 xy 的回归
outreg2 using baseline_xy.doc,replace tstat bdec(3) tdec(2) ctitle(experks)  //输出
```
回归结果
```
reghdfe experks hurun _ x size lev Q roa state salary3 Same,absorb (Stkcd
year) cluster (Stkcd)  //添加控制变量后的回归,控制变量依次是公司规模、财务杠
```
杆、成长性、总资产收益率、产权性质、高管薪酬、两职合一。
```
outreg2 using baseline.doc,replace tstat bdec(3) tdec(2) ctitle(experks)  //输出
```
结果

* 描述性统计

```
gen sam＝e(sample)
keep if sam＝＝1
logout,save (Descriptive) excel:tabstat experks hurun_x size lev Q roa state salary3
Same,s(N mean sd p25 p50 p75 min max) f(％12.4f) c(s)
```

* 分组描述性统计

```
logout,save (Descriptive0) word:tabstat experks hurun_x size lev Q roa state
salary3 Same if policy＝＝.,s(N mean sd p25 p50 p75 min max) f(％12.4f) c(s)
logout,save (Descriptive1) word:tabstat experks hurun_x size lev Q roa state
salary3 Same if policy!＝.,s(N mean sd p25 p50 p75 min max) f(％12.4f) c(s)
```

* 处理组时间及行业分布

```
drop if policy＝＝.
duplicates drop Stkcd，force
tab year
tab industry
```

* 平行趋势检验

```
gen treat＝0
replace treat＝1 if policy!＝.
set more off
xtset Stkcd year
gen distance ＝ year－policy
tab distance，missing
replace distance ＝ －3 if distance ＜ －3 //将上榜之前三年及以前归为一组
replace distance＝－999 if distance＝＝.
replace distance ＝ 3 if distance ＞ 3 ////将上榜之后三年及以后归为一组
replace distance＝. if distance＝＝－999
```

* 生成 d_j

```
forvalues i＝1/3 {
gen d_'i'  ＝ 0
replace d_'i'  ＝ 1 if treat＝＝ 1 & distance＝＝ －'i'
```

```
}
* 生成 dj
forvalues i=1/3 {
gen d 'i'  = 0
replace d 'i' = 1 if treat== 1 & distance== 'i'
}
* 生成 current。
gen current  = 0
replace current = 1 if treat== 1 & distance== 0
```
* 回归法进行平行趋势检验：
```
reghdfe experks d_3 d_2 d_1 d1 d2 d3 size lev Q roa state salary3 Same,absorb(Stkcd
year) cluster (Stkcd)
outreg2 using parallel.doc,replace tstat bdec(3) tdec(2) ctitle(experks) //如果 d_3
```
d_2 d_1 系数不显著,d1 d2 d3 系数显著,则平行趋势检验得到验证。

* 预检验——富豪榜与网络搜索指数
* 检验富豪榜公布后,上榜富豪实际控制的公司的公众关注度有所提升
```
use regression,clear
merge 1:1 Stkcd year using search
drop_merge
gen WSVI = log(svi_ave)
```
* 导入 x
```
merge 1:1 Stkcd year using "D:\新\hr_x.dta"
drop if_merge==2
drop_merge
gen newx = .
gen policy = .
bys Stkcd：replace newx=year if hurun ～=.
sort Stkcd newx
bys Stkcd：replace policy = newx[1]
sort Stkcd year
gen hurun_x=1 if year >= policy
```

```
replace hurun_x＝0 if hurun_x＝＝.
set more off
xtset Stkcd year
gen salary3＝ln(Executive_3)
drop if policy＝＝2007
drop if policy＝＝2019
＊回归
foreach i in WSVI hurun_x size lev Q roa state salary3 Same{
    drop if 'i'＝＝.
}
winsor2 WSVI size lev Q roa state salary3 Same,replace
reghdfe WSVI hurun_x size lev Q roa state salary3 Same,absorb（Stkcd year）
cluster（Stkcd）
outreg2 using y_WSVI1.doc,replace tstat bdec(3) tdec(2) ctitle(WSVI)
reghdfe WSVI hurun_x,absorb(Stkcd year) cluster（Stkcd）
outreg2 using y_WSVIxy1.doc,replace tstat bdec(3) tdec(2) ctitle(WSVI)


＊＊ channel 外部信息环境——分析师跟踪(按照有无分析师跟踪进行分组)
merge 1:1 Stkcd year using analyst
drop if year＜2007
drop if year＞2019
keep if_merge＝＝3
drop_merge
xtset Stkcd year
＊分两组
replace AnaAttention＝0 if AnaAttention＝＝.
gen genzong＝0
replace genzong＝1 if AnaAttention！＝0
reghdfe experks hurun_x  size lev Q roa state salary3 Same  if genzong＝＝0,
absorb(Stkcd year) cluster（Stkcd）
outreg2 using genzong＝0.doc,replace tstat bdec(3) tdec(2) ctitle(experks)
reghdfe experks hurun_x  size lev Q roa state salary3  Same if genzong＝＝1,
```

absorb(Stkcd year) cluster (Stkcd)

outreg2 using genzong=1.doc,replace tstat bdec(3) tdec(2) ctitle(experks)

** channel 外部信息环境──网络新闻报道（按照新闻报道的数量进行分组）

merge 1:1 Stkcd year using media_final

drop if_merge==2

drop_merge

replace media=0 if media==.

xtile mediag=media,nq(2)

reghdfe experks hurun_x size lev Q roa state salary3　Same if mediag==1,

absorb(Stkcd year) cluster (Stkcd)

outreg2 using media1.doc,replace tstat bdec(3) tdec(2) ctitle(experks)

reghdfe experks hurun_x size lev Q roa state salary3 Same if mediag==2,

absorb(Stkcd year) cluster (Stkcd)

outreg2 using media2.doc,replace tstat bdec(3) tdec(2) ctitle(experks)

** channe2 公司治理──机构投资者持股

merge 1:1 Stkcd year using institution

drop if year<2007

drop if year>2019

keep if_merge==3

drop_merge

xtset Stkcd year

xtile inst= institution,nq(2)

reghdfe experks hurun_x size lev Q roa state salary3 Same if inst==1,absorb(Stkcd

year) cluster (Stkcd)

outreg2 using inst==1.doc,replace tstat bdec(3) tdec(2) ctitle(experks)

reghdfe experks hurun_x size lev Q roa state salary3 Same if inst==2,absorb(Stkcd

year) cluster (Stkcd)

outreg2 using inst==2.doc,replace tstat bdec(3) tdec(2) ctitle(experks)

* channe2 公司治理──股权集中度

```
xtile Shrcr= Shrcr1,nq(2)
reghdfe experks hurun_x size lev Q roa state salary3 Same if Shrcr == 1,
absorb(Stkcd year) cluster (Stkcd)
outreg2 using Shrcr==1.doc,replace tstat bdec(3) tdec(2) ctitle(experks)
reghdfe experks hurun_x size lev Q roa state salary3 Same if Shrcr == 2,
absorb(Stkcd year) cluster (Stkcd)
outreg2 using Shrcr==2.doc,replace tstat bdec(3) tdec(2) ctitle(experks)


* channe2 公司治理——board 董事会规模
xtile lnboardDg=lnboardD ,nq(2)
reghdfe experks hurun_x size lev Q roa state salary3 Same if lnboardDg == 1,
absorb(Stkcd year) cluster (Stkcd)
outreg2 using board1.doc,replace tstat bdec(3) tdec(2) ctitle(experks)
reghdfe experks hurun_x size lev Q roa state salary3 Same if lnboardDg == 2,
absorb(Stkcd year) cluster (Stkcd)
outreg2 using board2.doc,replace tstat bdec(3) tdec(2) ctitle(experks)


* 稳健性检验
* 添加行业固定效应
gen indyear=Indcd * year
reghdfe experks hurun_x size lev Q roa state salary3 Same,absorb (Stkcd year
indyear) cluster (Stkcd)
* 因变量的滞后效应
reghdfe F. experks hurun_x size lev Q roa state salary3 Same,absorb (Stkcd year)
cluster (Stkcd)
```

参考文献

[1] Alford A W, Berger P G. A simultaneous equations analysis of forecast accuracy, analyst following, and trading volume[J]. Journal of Accounting, Auditing & Finance, 1999, 14(3): 219 - 240.

[2] Almeida H, Campello M, Galvao Jr A F. Measurement errors in investment equations[J]. The Review of Financial Studies, 2010, 23(9): 3279 - 3328.

[3] Angrist J D, Dynarski S M, Kane T J, et al. Inputs and impacts in charter schools: KIPP Lynn[J]. The American Economic Review, 2010, 100(2): 239 - 43.

[4] Angrist J D, Keueger A B. Does compulsory school attendance affect schooling and earnings? [J]. Quarterly Journal of Economics, 1991, 106(4): 979 - 1014.

[5] Anne, Martensen, Lars, et al. Measuring and managing brand equity A study with focus on product and service quality in banking[J]. International Journal of Quality & Service Sciences, 2010(3): 300 - 316.

[6] Arellano M, Bover O. Another look at the instrumental variable estimation of error-components models[J]. Journal of Econometrics, 1995, 68(1): 29 - 51.

[7] Arellano M, Bond S. Some tests of specification for panel data: Monte Carlo evidence and an application to employment equations[J]. The Review of Economic Studies, 1991, 58(2): 277 - 297.

[8] Bennedsen M, Nielsen K M, Pérez-González F, et al. Inside the family firm: The role of families in succession decisions and performance[J]. The Quarterly Journal of Economics, 2007, 122(2): 647 - 692.

[9] Bertrand M, Duflo E, Mullainathan S. How much should we trust differences-in-differences estimates? [J]. The Quarterly Journal of Economics, 2004,

119(1)：249 - 275.

[10] Bertrand M, Mullainathan S. Cash Flow and Investment Project Outcomes：Evidence from Bidding on Oil and Gas Leases[R]. Cambridge, MA：MIT Working Paper, 2003.

[11] Besley T, Prat A. Handcuffs for the grabbing hand? Media capture and government accountability[J]. American economic review, 2006, 96(3)：720 - 736.

[12] Bhushan R. Firm characteristics and analyst following[J]. Journal of accounting and economics, 1989, 11(2 - 3)：255 - 274.

[13] Blundell R, Bond S. Initial conditions and moment restrictions in dynamic panel data models[J]. Journal of Econometrics, 1998, 87(1)：115 - 143.

[14] Biorn E, Hagen T P, Iversen T, et al. The effect of activity-based financing on hospital efficiency：A panel data analysis of DEA efficiency scores 1992 - 2000[J]. Health Care Management Science, 2003, 6(4)：271 - 283.

[15] Chang C, Chen X, Liao G, et al. What are the reliably important determinants of capital structure in China? [J]. Pacific-Basin Finance Journal, 2014, 30：87 - 113.

[16] Cheng M, Subramanyam K R. Analyst following and credit ratings[J]. Contemporary Accounting Research, 2008, 25(4)：1007 - 1044.

[17] Cheng Q, Du F, Wang X, et al. Seeing is believing：Analysts' corporate site visits[J]. Review of Accounting Studies, 2016, 21(4)：1245 - 1286.

[18] Dellavigna S, Gentzkow M. Persuasion：Empirical Evidence[J]. National Bureau of Economic Research, Inc, 2009(1).

[19] Dimpfl T, Jank S. Can internet search queries help to predict stock market volatility? [J]. European Financial Management, 2016, 22(2)：171 - 192.

[20] Dyck A, Volchkova N, Zingales L. The corporate governance role of the media：Evidence from Russia[J]. Journal of Finance, 2008, 63(3)：1093 -1135.

[21] Dyck A, Zingales L. Private benefits of control：An international comparison[J]. Journal of Finance, 2004, 59(2)：537 - 600.

[22] Erickson T, Whited T M. Measurement Error and the Relationship between Investment and q[J]. Journal of Political Economy, 2000, 5：1027 - 1057.

[23] Faccio M. Politically Connected Firms[J]. American Economic Review, 2006,

96(1)：369 – 386.

[24] Fang L，Peress J. Media coverage and the cross-section of stock returns[J]. The Journal of Finance，2009，64(5)：2023 – 2052.

[25] Fazzari S M，Hubbard R G，Petersen B C. Financing Constraints and Corporate Investment[J]. Brookings Papers on Economic Activity，1988.

[26] Gormley T A，Matsa D A. Growing Out of Trouble? Corporate Responses to Liability Risk[J]. The Review of Financial Studies，2011，8：2781 – 2821.

[27] Greene，William H. Econometric analysis/[M]. 7th ed. Englewood Cliffs, NJ：Prentice Hall，2013.

[28] Griliches Z，Hausman J A. Errors in variables in panel data[J]. Journal of Econometrics，1986，31(1)：93 – 118.

[29] Guimaraes P，Portugal P. A simple feasible procedure to fit models with high-dimensional fixed effects[J]. The Stata Journal，2010，10(4)：628 – 649.

[30] Hahn J，Hausman J. Estimation with valid and invalid instruments[J]. Annales d'Economie et de Statistique，2005：25 – 57.

[31] Han B，Kong D，Liu S. Do analysts gain an informational advantage by visiting listed companies? [J]. Contemporary Accounting Research，2018，35 (4)：1843 – 1867.

[32] Hausman J A，Taylor W E. Panel data and unobservable individual effects[J]. Econometrica：Journal of the Econometric society，1981，16(1)：1377 – 1398.

[33] Holtz-Eakin D，Newey W，Rosen H S. Estimating vector autoregressions with panel data[J]. Econometrica：Journal of the Econometric Society，1988：1371 – 1395.

[34] Joe J R，Louis H，Robinson D. Managers' and investors' responses to media exposure of board ineffectiveness[J]. Journal of Financial and Quantitative Analysis，2009，44(3)：579 – 605.

[35] Joshua，Angrist，Jinyong，et al. When to Control for Covariates? Panel Asymptotics for Estimates of Treatment Effects[J]. Review of Economics & Statistics，2004，86(1)：58 – 72.

[36] Keynes J M. The General Theory of Employment，Interest and Money[J]. Foreign Affairs (Council on Foreign Relations)，1936，7(5).

[37] Lanahan L，Graddy-Reed A，Feldman M P. The domino effects of federal

research funding[J]. PloS one, 2016, 11(6): e0157325.

[38] Liviatan N. Consistent estimation of distributed lags [J]. International Economic Review, 1963, 4(1): 44 - 52.

[39] Luo W, Zhang Y, Zhu N. Bank ownership and executive perquisites: New evidence from an emerging market[J]. Journal of Corporate Finance, 2011, 17(2): 352 - 370.

[40] Mitchell A, Petersen. Estimating Standard Errors in Finance Panel Data Sets: Comparing Approaches[J]. Review of Financial Studies, 2009, 1: 435 - 480.

[41] Mullainathan S, Shleifer A. The market for news[J]. American economic review, 2005, 95(4): 1031 - 1053.

[42] Mroz T A. The sensitivity of an empirical model of married women's hours of work to economic and statistical assumptions [M]. California: Stanford University, 1984.

[43] Nerlove M. Returns to Scale in Electricity Supply[J]. Readings in Economic Statistics & Econometrics, 1963.

[44] Porta R L, Shleifer L D S, Shleifer A. Government Ownership of Banks[J]. Journal of Finance, 2002, 57(1): 265 - 301.

[45] Rajan R G, Wulf J. Are perks purely managerial excess? [J]. Journal of financial economics, 2006, 79(1): 1 - 33.

[46] Riedl M, Geishecker I. Keep it simple: estimation strategies for ordered response models with fixed effects [J]. Journal of Applied Statistics, 2014, 41(11): 2358 - 2374.

[47] Roberts M R, Sufi A. Control Rights and Capital Structure: An Empirical Investigation[J]. Journal of Finance, 2009.

[48] Sapienza P. The effects of government ownership on bank lending[J]. Journal of Financial Economics, 2004, 72(2): 357 - 384.

[49] Soltes E. Private interaction between firm management and sell-side analysts [J]. Journal of Accounting Research, 2014, 52(1): 245 - 272.

[50] Stock J H, Watson M W. Introduction to Econometrics, 3/E[M]. London: Pearson Education Inc, 2007.

[51] Stock J H, Yogo W M. A Survey of Weak Instruments and Weak Identification in Generalized Method of Moments[J]. Journal of Business and Economic

Statistics，2002，20(4)：518－529.

[52] Tetlock P C. Giving content to investor sentiment：The role of media in the stock market[J]. The Journal of Finance，2007，62(3)：1139－1168.

[53] Wooldridge J M. Econometric analysis of cross section and panel data[M]. Cambridge，MA：MIT Press，2010.

[54] Wu D，Ye Q. Public attention and auditor behavior：The case of Hurun Rich List in China[J]. Journal of Accounting Research，2020，58(3)：777－825.

[55] You J，Zhang B，Zhang L. Who captures the power of the pen?［J］. The Review of Financial Studies，2018，31(1)：43－96.

[56] Zheng Y，Liu F，Hsieh H P. U-air：When urban air quality inference meets big data[C]//Proceedings of the 19th ACM SIGKDD international conference on Knowledge discovery and data mining，2013：1436－1444.

[57] 陈冬华，梁上坤.在职消费、股权制衡及其经济后果：来自中国上市公司的经验证据[J].上海立信会计学院学报,2010,24(01)：19－27＋97.

[58] 孔东民，刘莎莎，应千伟.公司行为中的媒体角色：激浊扬清还是推波助澜？［J］.管理世界,2013(07)：145－162.

[59] 李明，叶勇，张瑛.媒体报道能提高公司的透明度吗?：基于中国上市公司的经验证据[J].财经论丛,2014(06)：82－87.

[60] 马健，林树.产权性质、地区发展水平差异与非效率投资[J].世界经济与政治论坛,2021(05)：65－86.

[61] 权小锋，吴世农，文芳.管理层权力、私有收益与薪酬操纵[J].经济研究,2010,45(11)：73－87.

[62] 单小凡.多个大股东、产权性质与上市公司投资效率[D].兰州：兰州大学,2022.

[63] 沈红波，廖冠民，曹军.金融发展、产权性质与上市公司担保融资[J].中国工业经济,2011(06)：120－129.

[64] 夏孝霄.网络搜索指数在房地产市场比较法估价中的应用研究[D].重庆：重庆理工大学,2022.

[65] 徐媛媛，洪剑峭，曹新伟.我国上市公司特征与证券分析师实地调研[J].投资研究,2015,34(01)：121－136.

[66] 叶青，李增泉，李光青.富豪榜会影响企业会计信息质量吗?：基于政治成本视角的考察[J].管理世界,2012(01)：104－120.

[67] 余明桂，万龙翔.富豪榜对企业盈余管理的影响："声名远扬"还是"引火上身"

[J].中国地质大学学报(社会科学版),2016,16(05)：110 - 120＋156.

[68] 张国富,张有明.CEO 政治关联与创新绩效：促进或抑制?：基于财务绩效的中介效应[J].财会通讯,2022,10：48 - 53.

[69] 张铁铸,沙曼.管理层能力、权力与在职消费研究[J].南开管理评论,2014,5：63 - 72.

[70] 朱育清.富豪榜对年报文本可读性的影响：韬光养晦还是脱颖而出[D].武汉：中南财经政法大学,2020.